北京市教育委员会专项资助

史红◎主编

北京中小学艺术教育

创新实践案例精粹

北京市学校美育研究中心
首都师范大学青少年美育研究发展中心 主办

首都师范大学出版社

CAPITAL NORMAL UNIVERSITY PRESS

图书在版编目（CIP）数据

北京中小学艺术教育创新实践案例精粹 / 史红主编. —北京：首都师范大学出版社，2018.5

ISBN 978-7-5656-3713-1

Ⅰ．①北… Ⅱ．①史… Ⅲ．①艺术教育－教学研究－中小学 Ⅳ．①G633.950.2

中国版本图书馆 CIP 数据核字（2017）第 324122 号

BEIJING ZHONGXIAOXUE YISHU JIAOYU CHUANGXIN SHIJIAN ANLI JINGCUI

北京中小学艺术教育创新实践案例精粹

史红　主编

责任编辑　王慕飞　钱　浩

首都师范大学出版社出版发行

地　　址　北京西三环北路 105 号

邮　　编　100048

电　　话　68418523（总编室）　68982468（发行部）

网　　址　http://cnupn.cnu.edu.cn

印　　刷　北京九州迅驰传媒文化有限公司

经　　销　全国新华书店

版　　次　2018 年 5 月第 1 版

印　　次　2018 年 5 月第 1 次印刷

开　　本　710mm×1000mm　1/16

印　　张　29

字　　数　495 千

定　　价　58.00 元

前　言

　　本书为北京市教委委托专项基金"北京市艺术教育活动创新实践研究"成果之一。艺术的本质是崇尚美、表现美，艺术教育以培养高尚的灵魂、养成美丽的心灵为最高追求。通过对学生艺术素养的培养，使他们在与美亲近的过程中向真、向善、向美、向上，成为具有艺术精神、健全人格、全面发展的人。艺术的生命在于创造，艺术教育是培养学生创造力的重要途径。激发学生对生命的爱恋、对生活的热情、对美好的向往，去创造美的世界，艺术教育为学生创造力的培养提供绵延不绝的内在驱动。

　　2016 年《中国学生发展核心素养》发布，它以科学性、时代性和民族性为基本原则，以培养"全面发展的人"为核心，分为文化基础、自主发展、社会参与三个方面。综合表现为人文底蕴、科学精神、学会学习、健康生活、责任担当、实践创新六大素养，具体细化为国家认同等十八个基本要点。其中有关于审美情趣、健全人格、国家认同等要求，北京市中小学多年来一直遵循"公平、优质、开放、创新"理念，进行着审美教育特别是艺术教育，培养着学生们的审美情趣、审美情感、审美价值、审美能力以及人格、品质、意志、责任等。许多学校根据自己的定位、特点进行了诸多艺术教育课程与活动的创新与实践，为了总结北京中小学艺术教育改革的成功经验，研究其中的特点、方法、手段，向全国推广北京中小学艺术教育的独特模式，我们精选了一些优秀案例汇编成书。本案例荟萃了北京市中小学艺术教育活动的创新实践 45 篇，其中小学 27 篇，中学 18 篇，分为舞蹈类(舞蹈小品、舞剧)、音乐类(声乐、器乐、音乐剧)、美术类(绘画、书法)、戏剧类(话剧)、戏曲类(京剧)、综合类等六大类别。这些案例都是以艺术为基点，进行艺术教育的多维探索。它们反映出的共有特点主要有：

　　其一，在学校艺术教育的理念方面有正确思想，不是为了艺术教育而搞艺术教育，不是为了给学校锦上添花，而是有三个"注重"，注重艺术与培养全面发展的人相结合，注重艺术与促进学生积极向上的健康身心相结合，注重艺术与提升学生的能力、素养相结合。

　　其二，在活动目标方面有明确追求，有三个"瞄准"，瞄准学生的艺术潜能，进行挖掘；瞄准学生的个体性主观能动性，进行发挥；瞄准学生的艺术特长，进行发展。

其三，在活动内容方面有基本原则，有三个"遵循"，遵循体现学校的独特文化精神与内涵原则；遵循弘扬传统文化精髓与艺术精华原则；遵循艺术与其他学科的渗透原则。

其四，在活动实施过程方面有探索、协同精神，有三个"偏重"，偏重于大胆原创，如原创舞剧、戏剧等；偏重于跨界探求，艺术与不同科目的融合实验；偏重于全员参与、配合，老师与学生甚至专家、家长积极合作，共同承担活动实施的责任。

其五，在活动评估与评价方面有合理策略，有三个"反馈"，有学生的反馈，有教师的反馈，有家长的反馈，同时还有理论反思，这些综合的反馈可以较为全面、准确地反映艺术教育活动的质量。

其六，在活动特色方面有鲜明亮点，有三个"打造"，依托学生艺术社团，打造金帆团品牌；依托学校独特资源，打造校本课程；依托艺术经典，打造符合学生特征的少儿版作品。每一学校的活动几乎都别具一格，别开生面。

这些案例涉及的学校，它们都在重塑着学校的课程与教学实践，都是让艺术伴随学生成长，让艺术之光照亮孩子的人生，成就孩子大梦想，用艺术托起明天的太阳；都是以艺术活动带动全校的艺术教育，营造校园文化氛围，探索艺术教育自主发展空间。这些学校的经验、方法打造了一个"北京模式"，它不仅对北京市而且对全国的学校艺术教育改革来说，都具有引领意义、示范意义。"北京模式"的艺术教育让孩子们生命绽放，促进了优秀文化与艺术的传承，使得社会更加和谐有序发展。随着艺术教育改革的深入发展，在广大艺术教育工作者的努力下，"北京模式"会更为成熟、丰富。

史　红

2017 年 10 月

目　　录

上篇　小学篇

下篇　中学篇

上篇　小学篇

儿童京剧实验　展现国粹精华

北京市第二实验小学

摘要：北京市第二实验小学以京剧对学生进行艺术教育，在高年级开设京剧课，使每一位学生都能在课堂中感受到京剧的魅力，实现"人人学唱京剧，人人会唱京剧，人人能够欣赏京剧"，让学生感受传统文化的魅力。同时学校搭建平台，给孩子们提供表演机会，把京剧之美传递给更多的人，让中国传统戏剧瑰宝在舞台上绽放光彩！

关键词：京剧　素质教育

一、活动背景

近年来，随着素质教育的不断深入，我们在艺术教学目标的制定、课型的设计、现代技术与艺术课教学的整合等方面取得了一定的成果。京剧团是我校特色艺术类社团之一，经过专业教师的精心培养以及学生的刻苦训练，已经形成了一支具有较高水平的演出团队。近几年京剧团曾多次代表学校参加展演与交流，如：我校京剧团参加了国务院参事与中央文史研究馆馆员新春茶话会，其间表演了《贵妃醉酒》《霸王别姬》等经典剧目。融歌唱、舞蹈、音乐、美术为一体的京剧表演，给参会者带来一场美学盛宴，在弘扬中华民族优秀传统文化的同时，也充分展现了我校学生的艺术修养。

从近期参加各类京剧展演活动的表现来看，现有校京剧团的团员们已经具备了独自登台表演的能力。经校内商议决定推陈出新，为京剧团的小演员们举办一场属于他们的专场演出，一方面，充分展示我校京剧团艺术教育成果和团员们积极昂扬的精神风貌，另一方面，引导孩子们更加热爱我国的传统艺术，不断将我们的国粹京剧传承下去，促进孩子的全面发展。

二、学校艺术教育理念

北京市第二实验小学一贯注重培养学生的文化艺术修养，尤其是传统文化艺术的传承。

在四、五年级开设京剧课，使每一位学生都能在课堂中感受到京剧的魅力，实现"人人学唱京剧，人人会唱京剧，人人能够欣赏京剧"。京剧不仅是民族的、国家的，也是世界的。学校创造机会，搭建平台，给孩子们提供表演机会，让孩子们在表演中深刻理解京剧魅力的同时，把这份美轮美奂的艺术与更多的人共同分享，让中国传统戏剧瑰宝在舞台上绽放光彩！

三、演出策划方案

演出时间：2015 年 6 月 15 日 19：00
演出地点：梅兰芳大剧院
演出曲目：《锁五龙》《杨门女将》《天女散花》等经典京剧曲目

参演演员：京剧团李小妹等指导教师，京剧团小演员，四、五年级学生

出席嘉宾：

李崇林（中国戏曲学院教授、中国戏剧家协会会员）

李佩红（国家一级演员、天津京剧院著名程派表演艺术家）

北京市教委领导

北京市实验二小领导及学生家长等

四、演出教学计划

1. 演出团分为 A 团、B 团

(1) A 团共 80 人

女生分为 3 组行当（青衣、花旦、花衫）

男生分为 3 组行当（老生、武生、花脸）

(2) B 团为三年级男女生（梯队）共 15 人

2. 团内分团长和团委

（1）团长：从全团团员中选拔优秀的、负责任的同学一名担任。主要负责京剧团的训练和排练，与指导教师密切配合、管理团队。

（2）团委：从各专业队的团员中选拔优秀的、负责任的同学担任。主要工作是协助团长做好训练、排练、演出等工作的考勤，协助老师管理道具、服装，为团员们服务。

3. 训练时间

演出训练、排练均以学校全天课程安排中的空余时间，每周四 15：30—17：30 和每周日 8：30—11：30 时段。

五、演出记录

2015 年 6 月 15 日晚，北京市第二实验小学京剧团首届专场演出在梅兰芳大剧院隆重举行。中国戏曲学院教授、中国戏剧家协会会员李崇林，国家一级演员、天津京剧院著名程派表演艺术家李佩红、北京市教委部分领导以及实验二小的部分师生和家人们莅临现场，观赏了孩子们带来的精彩演出。

整台晚会由著名主持人白燕升和两位王府校区的同学主持。晚会优美动听的唱腔、丰富多彩的造型、栩栩如生的人物形象、跌宕起伏的故事情节，给观众带来了一场美学盛宴，学生们的精湛表演获得一致好评，喝彩声和掌声此起彼伏。

表演之前，全体观众通过舞台上的视频观看了京剧团日常的训练活动。随后在"弘扬民族文化，展现国粹精华"的主题中，演出正式开始。整场演出由传统京剧、现代京剧和小折子戏三个篇章组成。

首先，饰演老生和花脸两个行当的男生演绎了传统京剧《锁五龙》《三家

店《定军山》和《空城计》。五年级女生给大家带来了传统京剧《杨门女将》《廉锦枫》和《天女散花》。七位杨贵妃和十二位虞姬的盛大阵容展演了梅派经典剧目《贵妃醉酒》和《霸王别姬》。传统经典曲目唱段的排演，能够为中国传统京剧的传承与发展做出一定的贡献。

现代京剧曾经影响了整整一代人，京剧团的孩子们分别表演了现代京剧《沙家浜·智斗》片段，包括老生、花脸和青衣三个行当，其中饰演老生的是一位来自王府校区二年级的女生。四年级女生表演了20世纪60年代的现代剧目《红灯记》《红色娘子军》选段，让全体观众一同重温了经典。

京剧的程派艺术在唱、做、念、舞等方面都有独创性，特别是其低回婉转、柔中有刚，能够充分表现出人物的性格特征。《锁麟囊》是程派的代表剧目，在当晚的小折子戏表演中，实验二小京剧团的青衣小同学们和天津京剧院的三名成人丑角演员共同表演了此段压轴戏，将整台晚会带到了高潮。

最后京剧团的专业教师李小妹和陈肖艳与同学们共同演唱了《戏说脸谱》，而来自王府校区的体育老师王浩则带来了精彩的变脸表演。整场演出在满场的欢呼喝彩中落下了帷幕。

六、演出成果反馈

北京市教委王处长看完演出后，用"不到园林，怎知春色如许"表达了自己对整场演出的高度评价。他还说："中国传统文化五彩斑斓，孩子们本着对艺术的追求刻苦训练、艺术家们本着对艺术的传承谆谆教诲，才有这样一场精彩的晚会。实验二小在传统文化上不但有奖牌还有舞台，孩子们在舞台上绽放光彩，希望京剧团明天会更好。"

李崇林教授在点评中，提及白居易的《秦中吟》中"天下无正声，悦耳即为娱；人间无正色，悦目即为姝"，并语重心长地说道："以梅兰芳大师为代表的艺术家们将京剧表演提升到悦耳悦目、正声正色的高度，而实验二小的此次专场演出很好地阐释了新一代对京剧艺术的传承。"

在当今科技时代，我们越发意识到国粹在百姓心中的无限魅力，这激励着新一代京剧艺术的接班人要不断提高自身艺术素养，要认真审视并挖掘，对经典曲目的创新表演形式，特别是要加快对现代京剧曲艺的学习和开发。给孩子们创造更多的表演机会，让孩子们在演绎中更深刻地体会其中的内涵。通过我校京剧教师和热爱京剧的学生们的不断探索，我校京剧团专场的演出只是刚刚起步，我们要让它融入我校的文化，不断传承下去。

（李小妹）

童话京剧《木偶奇遇记》的国粹创新

北京市中关村第一小学

摘要：戏曲教育的本质并非在于培养学生的表演技能，而在于通过艺术与审美的熏陶引导学生人格的完善与素养的全面发展。在这样的艺术教育理念以及我校"做最好的我"的核心价值选择的引领下，我校教师将著名意大利童话《木偶奇遇记》与我国国粹京剧相结合，创编出大型童话京剧《木偶奇遇记》，并聘请专业导演和我校戏剧教师共同指导学生进行排演。在师生的共同努力下，《木偶奇遇记》被打磨成为童话京剧精品，多次演出均获圆满成功。在此过程中，学生加深了对戏曲的理解和认识，提升了表演能力、角色意识、语言表达能力、想象力和创造力，学会了与同学、老师交往合作，发展了自己的社会交往能力、组织能力、领导能力、与人团结合作等能力。此外，学生的自信心和顽强意志在戏曲体验与表演的艺术形式中也得到了充分锻炼，其人格得到全面发展和充盈。

关键词：艺术教育　戏曲课程　童话京剧

一、艺术教育的创新理念、思路和宗旨

学校本着"立足北京，辐射全国，走向世界"的发展总目标；以"育人为本、立足未来、服务社会"为办学宗旨；遵循"尊重差异，开发潜能，一切为了孩子的健康发展"为办学思想；以"自主发展，不断创新，追求卓越，创国内一流、国际知名的品牌学校"为办学目标。用爱心、诚心、细心和耐心换取家长的放心，成为每一位教师工作的座右铭。教育即发现，教育不能改变人生而具有的本质，只能根据人的潜质来促进人的发展。但是，没有一个人能完全认识到自己天分中沉睡的可能性，因此需要教育来唤醒，需要教育来引导，需要教育来成就。

在办一所具有"儿童立场、首都特质、国际视野"的师生互相学习的最好学校的共同愿景感召下，在"做最好的我"的核心价值选择引领下，在"自主发展、主动适应、自我超越"的办学理念的影响下，在艺术教育工作中，我们本

着"为每一名学生创造体验机会"的原则，鼓励人人都有想法，人人都能创造，人人都会成功，以"在艺术教育中发现自己"为目标，遵循儿童成长规律，为每一名学生搭建发现自己、体验成功的舞台，努力提高每一名学生的审美素质和艺术修养，激励学生的健全人格，培养会学习、懂生活、能负责、敢担当的学生，为学生实现梦想、终身发展而助力。为此，学校严格贯彻执行教育部《关于推进学校艺术教育发展的若干意见》的政策方针，制定《中关村第一小学艺术教育三年发展规划》，以规划引领学校艺术教育工作。

我校艺术教育立足于提供可选择的"发现每一个学生""引导每一个学生""成就每一个学生"的支持平台，让每个儿童获取"美的态度"，实现美的人生。在此过程中，不仅引导学生学会欣赏艺术之美，还要通过艺术升华成一种懂得生活之美的情怀，以能够在生活中获得感受美、创造美、鉴赏美的能力和健康的审美情趣。因此，我校艺术教育以艺术与审美领域课程改革为引领，从艺术与生活、艺术与情感、艺术与文化出发，让学生在感知与体验、创造与表现、合作与交流中激发学习热情，挖掘潜能，提升艺术能力与人文素养。

二、创作背景

在戏曲教育中，如何既培养学生热爱祖国传统戏曲文化的意识，同时，引导学生了解中外优秀艺术作品，帮助学生树立国际视野，一直是我们关注且思考的问题。为了实现这一目标，我们从十年前就把国粹京剧——引入到课堂中来，在课堂中进行京剧的普及，并创立京剧社团，在学生的心里悄然埋下了一颗热爱国粹的种子。同时，结合学生在语言与人文领域课程中对国内外优秀文艺作品的学习，学校决定将著名意大利童话《木偶奇遇记》改编成为大型童话京剧《木偶奇遇记》（以下简称《木》）。

《木》是一场幻想的舞台盛会。栩栩如生的人物造型，复杂但并然有序的情节铺排，高雅悦耳的京剧唱腔以及美丽新颖的舞台设计和屏幕特效，将一个细腻逼真的儿童世界呈现在学生面前。它的主题是国粹、经典、童话，并且彰显当代中国少年儿童丰富多彩的世界。从这一个意义上说，童话京剧《木》立足在民族文化传统的承传，放眼于国际艺术教育视野，是中国基础教育与艺术美育的典范。

《木》是意大利作家科洛迪的代表作。小木偶匹诺曹是童话中第一个名气颇大的顽童，这个诞生于1881年的孩子真诚、勇敢，但缺点也不少：经常撒谎，极易被诱惑甚至误入歧途，做尽了荒唐事。改编后的童话京剧《木偶奇遇记》通过小木偶匹诺曹一系列不平凡的奇遇，从逃学、离家出走，被偷卖到木偶戏班、到种金币受骗等情节描绘了一个典型顽皮男孩的成长历程。但是，最后匹诺曹终于克服了缺点，由一个木头木脑的小木偶变成了一个聪明懂事的小男孩。匹诺曹身上有我们的孩子的影子，一代一代的孩子就像匹诺曹这样长大。可以说，匹诺曹的成长之路，几乎就是所有孩子成长之路的夸张式的投影。而匹诺曹不断从歧途中挣脱出来的过程，实际上象征了人生的一次次蜕变。其实，不仅仅在童年，任一成长阶段的人性当中都有一个匹诺曹存在。于是，我们才需要不断与自己的缺点斗争，以成就最好的我自己。

无论课堂内外，都是学生接受戏曲教育的重要场域。学校为孩子们提供了多元的、可选择的自由成长的支持平台，涉及艺术教育的有：学校的戏曲、戏剧表演俱乐部、志愿者联盟；一、二年级每周的京剧课；三年级的艺术选修课；每月12日校园艺术日；每年6月1日校园艺术节；每年12月25日校园戏剧节，此外，还有葵园戏剧社、金帆京剧团、手工艺社团、漫画社等，这些支持平台都为学生提供了走近戏曲、戏剧艺术的阶梯。

其中，中关村一小的小梅花京剧团是"金帆京剧团"，吸纳了全校300多名学生利用课余时间开展京剧学习。在学校众多的艺术社团中，金帆京剧团参与的学生最多，水平最高，基础最扎实。基于这样一种考虑，我们请小梅花京剧团的学生用京剧来演绎世界童话经典名著《木》。我校从2013年4月开始排练，历时7个月，由129名平均年龄只有9岁的小学生（其中有123名男孩）来表演此剧目。中国京剧艺术嫁接西方经典童话故事，这种全新的尝试丰富了"京剧进校园"的课程内容和教学方式，体现了"京剧进校园"活动近十年的教学实验成果，让更多的孩子们看得懂京剧，近距离地了解了京剧艺术的魅力。

三、策划方案

一所小学制作一台"童话京剧"本身就是亮点，参与创作的知名艺术家是亮点的保证，师生同台彰显学校同心协力的态度。学校先后邀请了首都师范大学、国家京剧院、北京京剧院、北京军区战友文工团京剧团、北京戏曲艺术职业学院、北京现代音乐学校、中国音乐出版社等专业团体教师进入校园指导童话京剧《木》。在学校艺术教师及专家团队的共同努力下，现已形成成熟的策划方案，具体如下：

（一）编剧

童话京剧《木》编剧构思巧妙，它将整个《木》的场景设计成了课堂中的一则故事，不留痕迹地将教育孩子要诚实守信、孝敬父母、勤劳勇敢的道理带进了京剧课堂。传统文化教育要从儿童抓起，这是多年来中关村一小对待经典艺术付出的不懈努力和追求。围绕这一主题，童话京剧《木》充分彰显中国当代少年儿童的风采，塑造中国少年"责任、友爱、勇敢"的精神形象。

(二)人物性格

根据原著中的人物，在我校创作的童话京剧《木》中，用戏曲行当中的生、旦、净、丑来刻画人物性格，贯穿全剧故事。老木匠用老生行当来体现，沉稳大气；小狐狸用花旦行当来体现，活泼灵巧；单眼猫用武丑行当来体现，幽默诙谐；仙女姐姐用青衣行当来体现，秀丽端庄；班主用花脸的行当来体现，粗犷威猛。这种用戏曲行当来区分人物性格的方式，更符合戏曲创作的规律，也符合《木》的创作背景，使童话中性格鲜活、迥异的人物形象在京剧表演的舞台上熠熠发光。

(三)人物化妆、服装造型

在人物形象塑造上，力求传统化、民族化、戏曲化、生动化。蓝头发的仙女、瞎猫、瘸狐狸、老木匠一个个身穿戏曲行头，转变为京剧角色。小木偶在化妆造型上比较特殊，从刚开始的"连体木头衣服"到"真正的男孩儿"，在服装造型上有一个明显的变化；同时，其化妆造型上也充满新意，突出了小木偶的特点。老木匠则是京剧中的老生扮相，老成沉稳，生动展现了一位伟大的父亲形象。小狐狸的化妆俊扮，头饰除了京剧中的梳大头外，最显眼的是她的狐狸头饰和服装上镶嵌的"小狐狸"的造型，加上演员的精彩表演，把小狐狸塑造得活灵活现。仙女姐姐这一形象借鉴了梅兰芳大师《天女散花》中天女的扮相，配带了一条14米长的三色彩绸，表演时腾云驾雾、祥云冉冉，真像是仙女下凡，由此造型体现仙女姐姐的美丽与善良。单眼猫这个人物也很有特色，在该剧中属于武丑，武生的功夫，丑行的扮相，表演幽默诙谐。班主的粗犷威猛，把京剧中的花脸形象展现得淋漓尽致。除了主要演员，很多群众角色的化妆、服装也都很有特色，比如驴舞的演员们，头戴"驴头造型"，身戴"驴尾巴"，加上优美形象的形体动作，整个形象栩栩如生；再如灯笼、高跷、风筝女孩、糖葫芦、老虎、蜂酿蜜、蚕吐丝、四白型、大海怪、海鸥等等，都是根据人物本身的特点来设计服装和造型的。

(四)唱腔设计

在京剧唱腔设计方面，老木匠、匹诺曹、小狐狸和单眼猫等人物都以京剧的传统腔式为设计基础。整个剧目的唱段，分别用了西皮散板、西皮原板、西皮流水、西皮摇板、高拨子导板、高拨子摇板、二黄散板等唱腔板式，演员根据人物的理解把唱段展现得淋漓尽致，耐人寻味，有继承更有创新。唱、念、做、打均按着戏曲行当中的老生、花旦、青衣、武丑等演唱风格和表演特色来展现人物的特点。虽然念白和唱词根据原著进行了改编和提炼，但仍不失原汁原味的京腔京韵。

(五)舞美设计

一部戏要找到一个核心的颜色，要有核心的视觉形象。在舞美设计上，我们将中关村一小的文化标志"葵"搬上舞台，在戏剧表演中加入中关村一小独特的标志。字幕以书法的形式出现，黑色底配蓝色半边葵花，将中国的传统艺术元素发挥到最大程度。演出剧场设在专业剧团的剧场，除了在剧场演出"普及版"以外，还可以在古典大戏楼中演出"精华版"，让孩子在传统氛围中领略真正古典、经典之美。孩子能在剧场中动起来，高兴起来，投入进去。由此，戏里戏外都能感受到中关村一小的艺术教育理念。

(六)形体设计

排练创作一部好戏，除了要有好的剧本，创作团队也要站在整剧的高度来创作各个环节。形体设计在整个剧目生产过程中占重要位置，主要演员的一颦一站、一颦一笑；群众场面的整齐划一、气势磅礴，都离不开形体设计老师的编创和构思。《木》除了主要演员的形体动作之外，还有几大场面令观众回味无穷。例如"游乐场"杂耍那一场戏，很多群众演员，角色各异，动作不同，如果不用心构思，展现出来的效果会很乱，经过形体老师的设计，本场通过踩高跷、糖葫芦、风筝女孩、武松打虎几个环节，把整场戏表现得活灵活现。再如"海鸥""海浪""阴阳脸""驴舞""船桨""柳仙""雪花"等整齐的舞蹈场面，群众演员的整齐划一，也为整个剧目的表演水平提高了一个档次。通过这样的训练，不仅仅是为了表演创作一个剧目，更重要的是让孩子们在创作过程中懂得了合作和集体的重要性。

(七)师资力量

我校拥有一支充满活力的 16 人艺术专职教师队伍，其中包括海淀区学科带头人 1 人，区级骨干 3 人。他们当中有德艺双馨的海淀区艺术之星获得者裴娟、海淀区优秀艺术辅导教师刘鹭、负责我校金帆团的教学及管理工作的教师陈艳丽等。这些优质的教师资源，为我校艺术教育的发展提供了坚实的保障。中关村一小金帆京剧团的外聘京剧教师均毕业于中国戏曲学院，分别来自国家京剧院、北京京剧院、北京戏曲艺术职业学院、北京战友京剧团等，这些戏剧方面的专家长期亲临我校进行指导。在童话京剧《木偶奇遇记》排演中，首都师范大学艺术学院的于大雪导演和中关村一小的京剧老师们因材施教，尽职尽责，他们既创作出精彩纷呈的童话京剧《木》，同时，在此过程中有意识地引导孩子体会京剧蕴含的文化学习与美育渗透。

（八）学生阅读原著的读后感

老师让我们读了很多童话故事，其中《木》给我的印象最深刻了。从这个故事中我懂得了：一个人从小就要诚实、善良、用功学习，不能整天想着吃、喝、玩、乐，要能体会爸爸妈妈的良苦用心，有时爸爸妈妈打骂我们的时候，其实是恨铁不成钢啊！我以后要像仙女那样善良，乐于助人；像改正错误的主人公匹诺曹一样勇敢、诚实，让爸爸妈妈为我骄傲！

——二年级 6 班邰琪瑶

在最后几篇故事中，匹诺曹改掉坏毛病，他为了救父亲，不顾一切地在海里游着，终于救出了父亲。当仙女生病时，匹诺曹把仅有的四十元钱拿了出来给了仙女。最后，他终于通过自己的努力，变成了真正的小男孩，我真为他感到高兴。我长大了以后，一定要孝敬父母，做一个善良的人。

——二年级 6 班张向颖

我喜欢匹诺曹，因为他先不听爸爸和仙女的话，所以才会让狐狸和猫这两个骗子逮住，被绳子捆住脖子挂到树上后来还是天蓝色的美丽小女孩叫老鹰和卷毛狗还有可爱的仙女把匹诺曹救了下来。经过这么多磨难的匹诺曹，终于明白了，鸟欲高飞先振翅，人求上进先读书。从此以后木偶听仙女的话去上学、读书，后来成为真正的人，所以，我最喜欢匹诺曹了！

——二年级 6 班甘浩光

读了《木》，我感觉匹诺曹在不停地自我成长，他以前不尊重父亲，不听仙女的话。有一次他来到了一个"勤劳蜜蜂国"，可匹诺曹不想干活，他就跪在地上要吃的，可是没一个人理他。他感到不干活，别人瞧不起他。最后，他用自己的力量把爸爸从鲨鱼的肚子里救出来了，仙女被感动了，把匹诺曹变成一个真正的小男孩。通过这本书使我明白了：懒惰是可耻的，勤劳是光荣的。只要认准方向努力去做，一定会取得好成绩的。

——二年级 6 班段晶晶

我喜欢《木》这个故事，匹诺曹活泼可爱，但他喜欢撒谎。这个小皮蛋，从造出来就又蹦又跳，从这个故事我明白了做人做事要诚实不撒谎。皮诺曹经过了无数次考验，历经了很多次灾难，但最后终于变成人了。虽然，在历险的时候，匹诺曹还是木头脑袋，但是，他在历险的时候，已经是人的脑袋，因为他明白了很多道理，同样我也是。

——二年级6班母金蓉

在《木》这本书中，我最喜欢杰佩托，因为他是那样深深地爱着小木偶匹诺曹。冬天到了，杰佩托卖了自己的外衣，给木偶买新识字课本，而自己身上只穿件单薄的衬衫。虽然有的时候也觉得小木偶做错了事，心里很伤心，但是总舍不得骂他。匹诺曹很久不回来，就很担心他会出事，就不顾一切地出去找他。杰佩托把木偶当自己的孩子看待，关心他呵护他。由此我想到了，其实天下每个父母都像他一样关心、爱护自己的孩子，不让自己的孩子受一点点伤害。"可怜天下父母心"，所以我们一定要理解我们的父母，孝敬我们的父母。

——二年级6班杨烁

和匹诺曹在一起，我们体验了一次冒险之旅，同时也与他一起逐渐学会勇敢、诚实、有责任心、爱学习、尊重他人……匹诺曹的故事给我们以有益的教诲和艺术的感染。故事通过匹诺曹的种种曲折、离奇的经历，表现出他热爱正义、痛恨邪恶、天真纯洁的品质，并借此教育我们每一个儿童要抵御种种诱惑，做一个诚实、听话、爱学习、爱劳动的好孩子。一本薄薄的《木》引出了那么多的道理，真是让人受益无穷、难以忘怀啊！直到永远、永远、永远……

——四年级1班李依维

四、实施方案

(一)大型童话京剧《木偶奇遇记》剧本

时间：虚拟　　　　　　　　　　　地点：虚拟

人物及行当：老木匠：老生　　　　老学究：老生

小木偶：娃娃生　　　　　　　　　众学童：娃娃生

狐狸：花旦　　　　　　　　　　　单眼猫：小花脸(丑)

仙女姐姐：青衣　　　　　　　　　蜗牛奶奶：老旦

班主：大花脸(净)　　　　　　　　鹤仙童：武生

第一场　人之初

开幕曲：(众学童坐长凳，老师上课。)

老学究：玉不琢，不成器；人不学，不知义。

【学生不知所云】

老学究：今天，我们学《三字经》。

众学童：(学童互相议论)你知道《三字经》吗？《三字经》是什么东西？

老学究：在说《三字经》之前，给你们讲个故事。

众学童：讲故事？

老学究：对！从前，有一个……

学　童：(接话)有一个大英雄！

老学究：不！有一个大木头。

众学童：大木头？

【大幕开，老木匠上。】

老木匠：对，就是这块木头，拿它劈柴取暖，我老木匠还些儿舍不得……木头啊木头，我老木匠对不起你了……

老木匠唱【四平调】

自古道好铁不打钉，好木料岂能劈柴用，怎奈是茅屋不避风，我只得劈柴取暖熬过冬啊………熬过冬

(老木匠举起斧头劈柴，木头发声。)

小木偶：哎呀，你砍疼我啦！

【老木匠惊吓，四处寻人不见，又劈。】

小木偶：别砍啦！

老木匠：谁在说话？

众学童：是木头说话，是木头说话！

老木匠：木头，不会吧？【举起斧头】

小木偶：老木匠，别把我劈柴烧成灰，你把我刻成人吧，求您啦！

【老木匠吓得坐在地上……】

小木偶：老木匠，成全我吧，我想变成人。

老学究：同学们，你们猜老木匠答应不答应木头的请求呀？

众学童：答应！不答应！

老学究：不要吵，不要吵！赞成答应的举手！哦！这么多同学呀！听我往下讲。虽然天寒地冻，善良的老木匠还是答应了木头的请求，把木头刻成了一个小木偶。你们看！……

【闪回，老木匠放下手中工具，欣赏着自己的杰作。】

老木匠："来，小木偶下地走走吧！"

(小木偶从房子出走到舞台中央。)

老木匠：唉！小木偶，停、停停停！

（老木匠走到小木偶左边，指了指小木偶。）【老木匠在小木偶头上拍了三下。】

小木偶：（手脚腿一起抖了起来）咦咦咦……哇哈哈，啊……哈……哈！

【念数板】

蹬开腿，伸伸腰，扭扭脖子，把头摇。吸吸气儿，眨眨眼，屋里屋外瞧一瞧。（扒开屋门）走一走，跑一跑，蹦一蹦，跳一跳。转一转，找一找，老木匠，不见了？老木匠，不见了？

【老木匠，躲在墙角。】

（众学童：一起指向屋后。）

（小木偶：跑到屋后将老木匠拉出来。）

小木偶：老木匠，不！你是打造我的大恩人，我该叫你……爹！

【往回闪身，冲上前去，扑到老木匠身前，"飞跪"，抱住腿……说。】

小木偶：您是我的亲爹呀！

老木匠：爹？我……我当爹啦！

小木偶：爹我这块木头，从今以后就变成一个真正的男孩儿了吧！

老木匠：孩子，别着急，要想成为真正的男孩，先要学会……

【穿越回课堂】

众学童：玉不琢，不成器；人不学，不知义。

【转回】

小木偶：这是什么声音？

老木匠：学堂的读书声。

小木偶：我也要读书。

老木匠：读书好哇，可……咱家穷，没钱买课本呀……

老木匠唱《西皮流水》：人家的孩子背书袋，爹爹无钱难买来。脱下破衣出门外……

（念）你等着。（老木匠开门，关门，脱衣冲下。）

【小木偶望窗外】

小木偶：爹爹，你去哪儿啊？

【闪回课堂】

众学童：家虽贫，学不辍，身虽劳，犹苦卓。家虽贫，学不辍，身虽劳，犹苦卓。

【老木匠返回，进门。】

老木匠：孩子，这是课本，放进书袋，还剩四文钱，放进钱袋，你背好，明天就去上学。

小木偶：爹爹，您的破棉衣呢？

老木匠：我给卖了？

小木偶：大雪天，为什么卖棉衣？

老木匠：我高兴，身上发热。

小木偶：……爹！（抱住父亲）

老木匠：孩子，

（唱）爹盼你学做人，成为好男孩。

第二场《游乐场》

【学生上学】

众学童：玉不琢，不成器；人不学，不知义。

媚眼狐、单眼猫上场。

【起音乐，众人雕塑，小木偶内唱。】

小木偶：（唱导板）小木偶离家去校园，举目望，大世界，气象万千。

【媚眼狐，单眼猫上，盯上小木偶。】

小木偶：（接唱）人来人往路难辨。

媚眼狐：小木偶，早上好！

单眼猫：吃了吗？

小木偶：（接唱）一狐一猫凑上前（说）你们认识我吗？

媚眼狐：我们和老木匠是老邻居了。

单眼猫：老木匠还给我猫食吃呐！

媚眼狐：就知道吃！唉！小木偶，这是上哪儿去啊呀？

小木偶：我要去学校读书。

媚眼狐：噢，你要去学校啊？（眼珠转两圈）必须经过游乐场 。

单眼猫：游乐场太好玩啦！

小木偶：哦（唱）二位领路往前赶（乐队扫头）。

狐、猫：随我来。

【三人一转身，大幕拉开，游乐场热闹非常。五花八门，看的小木偶眼花缭乱，猫伸手偷钱被小木偶抓住。】

小木偶：你怎么偷我的钱？

媚眼狐：浇上点水，把土盖上。（浇水）

单眼猫：夜深人静，小树猛长。

媚眼狐：待到天明，满树放光。

单眼猫：你有钱？我……我也有钱，干吗偷……偷你的钱！

媚眼狐：嗨！什么钱啊钱的。【一想】哎呦，还真有钱。小木偶，你想不想把几文钱变成……两千金币？

小木偶：两千，我可以给爹爹买件新衣裳？

单眼猫：那当然了！

小木偶：在哪儿变金币？

媚眼狐：咱们得去奇迹之乡。

【拉着小木偶，三人边舞边说。四棵树同时移形换位。】

媚眼狐：这儿就是奇迹之乡。

单眼猫：挖个小洞，把钱埋上。（埋钱）

单眼猫：哎呦！我困了，睡觉去，明早背金币。（单眼猫、媚眼狐互看一眼，点点头。）

小木偶：我不困，我等着看金树。

【媚眼狐，单眼猫躲在一旁商量。】

媚眼狐：小木偶，我俩先去给你找点吃的。

单眼猫：你可别动钱！（二人下）

【更鼓声，蜗牛奶奶上，第二次换位。】

小木偶：金树呀，金树，你怎么还不出苗呐？

（唱摇板）：盼金树，你快些快些长，有了钱，给爹爹买件衣裳。

蜗牛奶奶：小木偶，别听坏朋友的话，要不，你会后悔的！

小木偶：这是奇迹之乡？明早就会变出两千金币！

蜗牛奶奶：他们都是骗子，听我的话，往回走吧。

小木偶：这是奇迹之乡。

蜗牛奶奶：天已经黑了！

小木偶、众学童齐说：奇迹之乡！

蜗牛奶奶：路上有危险！

小木偶、众学童齐说：奇迹之乡！

【蜗牛奶奶叹气】

蜗牛奶奶：你要记住，任性的孩子早晚要后悔的。（唱西皮散板）为人不能有贪念，交友须防坏心肝，你若不听老人劝，只怕吃亏在眼前。

【木偶打哈欠。狐、猫蒙面扮成强盗拿刀站在后面。】

【三人夜斗】

小木偶被绑树上大喊："救命啊！救命啊！"

单眼猫：挖出钱来，赶紧跑吧。（挖钱，跑下）

小木偶：有人吗？……救命啊……

【众绿树仙子上。】

仙女姐姐：（上唱）祥云冉冉从天降。

【蜗牛奶奶招呼仙女过来解救】

仙女姐姐：（散板）木偶被捆在树上，求助仙鹤三击掌。

鹤仙童：来也！（上唱）仙姐有事我帮忙。

仙女姐姐：救下小木偶，扶至柳树林。

【鹤仙童放下小木偶，在其背后拍了三下，小木偶醒了。】

小木偶：你是谁？

仙女姐姐：他们都叫我"仙女姐姐"。

小木偶：仙女姐姐……太美啦！

仙女姐姐：你为何被绑在树上？

小木偶：【打背供】我……且慢，我得编个谎话，别让仙女姐姐看不起我。怎么编呢？要是有十几个小猴子帮我，就好了。

小木偶：

1. 我当时拿着钱，面对着十几个胆大包天的强盗。

2. 他们手拿着钢刀向我砍来。

3. 你以为我被十几个歹徒吓坏了吗？怎么可能，就凭我……

4. 空手神掌擒拿搏斗，一剑封喉挨着死，碰着伤，打得他们跪地告饶，喊爹叫娘呀……（豆汁儿）

5. 小木偶：又上来十几个强盗……围成一圈，把我捆在树上，救命呀！救命呀！（众猴们一起指着小木偶大笑）【他说一句谎，鼻子长出一大截。】

仙女姐姐：编完了吗？

小木偶：编完了，【一惊】不，是说完了。【大家笑】

小木偶：你们笑什么？

仙女姐姐：你看你那鼻子……

小木偶：我的鼻子怎么这么长呀？

仙女姐姐：撒谎之后，鼻子是会变长滴！

众猴子：【笑】

小木偶：【迟疑一下】我错了，我错了，我是说谎了。（痛哭）我的鼻子这么长，怎么缩回去呀？

仙女姐姐：认错就好。【击掌召唤小鸟】帮他啄去长鼻。【啄小木偶的鼻子】

小木偶：仙女姐姐，你真好！

鹤仙童：（上念）小木偶，你爹爹正在找你。

小木偶：我爹！他在哪儿？

鹤仙童：你爹爹四处寻你不见，他要漂洋过海找你回还。

小木偶：爹爹，我要去天涯海角与你相见！

仙女姐姐：且慢，这一来请鹤仙童背你升空打探，二来父老乡亲为你飞桨扬帆。（第三场音乐）

小木偶：飞起来啦！

第三场 战海怪

1.【白鹤飞翔——白鹤群舞】

鹤仙童：快看呀，前面有一个大海怪，正在兴风作浪，你爹恐怕有危险。

小木偶：鹤童哥，求你再飞低一点。（下）

2.【狂风大作，波浪滔天——众水旗舞蹈】

老木匠：（内喊）小木偶——你在哪儿？

（合唱高拨子导板）

在海上　漂浮着　一只小船。

（唱高拨子回龙）

在船头 举目望 千呼万唤喊破嗓，只怕他 失足落水覆汪洋，我造船出航。

3.【白鸟与黑浪搏斗】

4.【千船竞发——船工挥桨舞；万灯闪烁——村民举灯摆式】

5.【海怪出现】

老木匠：呀！（唱）海怪如山把路挡，口吞万物入肚肠。但愿得我儿无恙免遭魔障。

6.【海怪掀翻小船，老木匠被吞入口中。】

7.【小木偶从花道一直冲向岸边。】

小木偶：爹……（被船工拉住）我要救爹爹！我要救爹爹……

老学究：【着急状态上】书上说……休息十分钟。

第四场　学做人

【学童A跑上台，打量小木偶。】

【上场门二人打铁动作。"勤劳国"】

小木偶：勤劳国

小木偶：哎！（唱流水板）【大幕开，若干学童手拿劳作物。】

过了一天又一天，心中好似滚油煎。寻父路上处处难，忍饥挨饿讨饭钱。

（向车夫行礼）

行行好吧，我饿的肚子要扁了。

车　夫：饭有的是，只要你把这车拉回家。

小木偶：我又不是驴马，从来不拉车！

车　夫：这里是勤劳国，不养乞丐。

小木偶：乞丐？【转身对农夫说】行行好，我饿的要死了。

农　夫：饭有的是，跟我一起翻翻地吧。【木偶抬锄头】

小木偶：锄头太重了。

农　夫：勤劳国不养懒汉！

小木偶：懒汉？

众人：勤劳国不养乞丐和懒汉。

小木偶：哎！（唱流水板【三家店秦琼】）

将身儿来至在大街口，尊一声过往的乡邻听从头。一不是懒汉混氓流，二不是乞丐并贼偷。老父造我成木偶，他卖衣为我把学求。舍不得爹爹的恩情厚，舍不得仙姐把我留。实难舍一路帮扶许多好朋友，舍不得仙童背我游。爹想儿连心肉，儿想爹来泪双流。眼见得红日堕落在西山口，忍饥挨饿何处投？

【勤有功，戏无益，戒之哉，易勉励。】

学童A：勤有功、戏无益，戒之哉、易勉励……

小木偶：同学，这哪来的读书声？

学童A：随我来。

【舞美变化。众顽童嬉戏，木偶最后饿倒。】

学童A：你怎么了？

小木偶：我饿……

学童A：快拿点吃的，快拿点吃的！

【小木偶狼吞虎咽低头快吃。仙女上】

仙女：小木偶——

小木偶：【上前抱住】仙女姐姐呀！

（唱）都只为寻爹爹四处流浪，今日里见仙女似见亲娘。

仙女姐姐：小木偶，这就是师生课堂。此处之人，全都勤劳又好学，你要好好学过。

小木偶：我……我不识字呀！

老学究：没关系，跟我学。

犬守夜，鸡司晨，苟不学，曷为人。

学童甲：犬守夜（学狗叫，机警四看。）

学童乙：鸡司晨（学鸡打鸣，昂首挺胸，做金鸡独立状。）

小木偶：苟不学，不是人。（众笑）

老学究：曷，念何音，曷为人，即，怎能做人呐？往下讲！

老学究：蚕吐丝，蜂酿蜜，人不学，不如物。

学童丙：蚕吐丝（女生，学蚕软绵绵吐丝状，众叫好。）

学童丁：蜂酿蜜（抖翅膀，转，做酿蜜状。）

小木偶：我知道。人不学，还不如这些动物！对吗？

众学童：对！（群唱）

狗看家，鸡报晓。蜂儿酿蜜蚕吐丝。人若不学不如物，不爱劳动怎做人？

小木偶：仙女姐姐，我在勤劳国学会了自食其力，我要做个真正的男孩。

仙女姐姐：有志气！

小木偶：我有能力把爹爹找回来。我走了……

【大家挥手告别，送到下场门。关幕】

第五场　寻父难

【狐、猫、班主、阴阳脸、灯笼懒靠在上场门 】

众学童：（念）快活林？

班主：正是快活林……

【西皮散板】

去到那里逛一逛，美丽遥远的好地方。快活林内演马戏，各种小吃请尝尝。

单眼猫：吃，来吧！大块的……

媚眼狐：那是卖西瓜的，小吃有（贯口）豌豆黄、爱窝、豆汁、焦圈、豆腐脑、油条、羊肚汤……

单眼猫：哎——大小金鱼哎——

小木偶：【西皮摇板】

勤劳国内学中干，自食其力苦也甜。再去寻父把路赶……

媚眼狐：快上车呀！

单眼猫：快上车呀！

小木偶：呀！【唱】冤家路窄在眼前！嘿！老朋友，跑这儿骗人来啦？

【狐、猫看见小木偶，忙藏班主身后。】

班主：老朋友……你们相识？

小木偶：两个骗子！我要做真正的男孩。今后交友慎重，不再上当受骗。

班主：嗯……是个好材料，哦不，是个好孩子！【抓住狐、猫的手】你们骗他上车，不然，我就……

单眼猫：嘿嘿！哈哈！哈哈哈哈……小木偶，您呐，大人不计小人过，我俩当众道歉，请您上车。

媚眼狐：我俩拉你去游玩！

小木偶：没时间，我还得去找我爹爹。

狐、猫：老大，他要去找老木匠。

班主：老木匠……噢，他就在快活林享福呢！

小木偶：什么？你再说一遍……

班主：老木匠在快活林，好福气也！

【西皮快板】

见顽童把我心乐坏，大夸木偶小天才。你不该迟来我山寨，你不该背父逃学惹祸灾。我为你修造成名路，我为你花费许多财。一炮打响名在外，马戏台上称大牌。快活林内人如海……

念：上车呀，开车！

唱：此一去父子相见永不分开。【开大幕】

【快活林，各种美食、玩具和招牌。】

小木偶：我爹爹在哪儿呢？

班主：你别着急呀！杂耍马戏就要开张！

狐、猫：【猫拿镲、狐拿锣】开张啦！开张啦！

1. 阴阳脸，高、矮灯笼

班主：把他也变成驴……哈哈哈……【阴阳脸抓住木偶】

2. 群驴舞

班主：【二次说】把他也变成驴！

【众人围观，猫和狐无奈灌药。】

小木偶：【西皮导板】口吞魔药变驴妖，

狐、猫：【狐、猫被踢翻】哎呦——

小木偶：上当受骗苦煎熬。

班主：【抽鞭】快跑，快跳！【众人闪开，木偶变驴。】

小木偶：无奈学驴满场跑，

【走驴步，由慢渐快，跑圆场。前后闪步，飞起"屁股坐子"卧在地上，班主抽鞭，"跪搓步"、"飞叉"、"抢背"。】

小木偶：筋疲力尽泪双抛。

【狐狸、猫把木偶扶到旁边】

班主：让他去跳火圈！

媚眼狐：是……亲爱的观众呐，您瞧，驴皮王子多卖力呀！

单眼猫：让他跳火圈吧！来，掌声欢迎！

媚眼狐：【回头，见小木偶还坐地上。】亲，该你啦，跳火圈吧！

小木偶：不跳！

媚眼狐：哎哟我的祖宗呀，您要不跳火圈，我们俩就得跳火坑啦！

单眼猫：哥们儿，行行好吧！

小木偶：跳吧……

【小木偶跳过第一次火圈，扑过去，被火圈绊到腿，"飞趴虎"，摔在地上，仙女消失。】

小木偶：哎呀……疼呀！哎呀！

【观众围观过来，阴阳脸、灯笼把大家拦住，并驱散下场。】

狐、猫：【关切地摸腿】班主，小木偶的腿摔坏了，让他养病吧？

班主：养病？谁给钱啊。不如，扒下驴皮，蒙个大鼓。

小木偶：扒皮蒙鼓！？你太狠心啦！（推开众人，跑上悬崖。）

班主：【举手抽鞭子，被猫拦住。】

狐、猫：小木偶，快跑呀！【小木偶从悬崖上跳入海中……】

【海妖挥动大浪旗，跑过观众席。引出巨大蓝布盖住观众，音乐用海斗开头】【黑浪舞旗】黑浪：掀翻巨浪如山倒，鱼鳖虾蟹逞英豪。跟着海王随意闹，独霸一方乐逍遥。

【被海怪擒住。】

第六场　真男孩

小木偶：救命啊！救命啊！……

【四白出现】老木匠：【提灯笼走来】谁呀？

【木偶大惊，老木匠举油灯，二人战战兢兢的会面。】

小木偶：爹爹……（摔倒，爬起，跪搓步，父子抱住。）

小木偶：爹，我可找到你了。【小木偶环顾四周】爹！咱们想办法，从这海怪肚子里逃出去吧。【环顾】

老木匠：【环顾】孩子……我怕拖累了你。

小木偶：【鼓足勇气】这一路上我拉过车，扛过煤。现在我力气大着呐！

老木匠：孩子，你长大啦！（接唱四句流水）

（唱）转眼之间儿长大，这样的孩子人人夸。

小木偶：（接唱）我背老爹闯虎口，至死不能把手撒。

众学童：（齐唱）决不把手撒！

5. 海怪、浪追父子。

【海怪张着大嘴冲台下咆哮不止，众船工也来助阵。海怪就要咬到木偶，老木匠舍身救儿受了重伤，小木偶背着老木匠逃走了。海浪（水旗）退潮，海怪消失。】【静音1分钟】

老木匠：孩子

小木偶：爹爹

老木匠：孩子

小木偶：爹爹

【爬】【天上开始飘起雪花，起乐，二胡独奏曲。】

小木偶：爹！

老木匠：孩子，我高兴呀！身上发热呀！

小木偶：爹！（小木偶背着老木匠走到舞台中央）

小木偶：有人吗？有人吗？救命呀！【舞台中央】【观众席】

小木偶：老木匠，别把我劈柴烧成灰，求你了！

小木偶：老木匠，成全我吧，我想变成人。

小木偶：老木匠，不！你是打造我的大恩人，我该叫你……爹！

小木偶：我这块木头，从今以后就变成一个真正的男孩儿了吧！

【寒风袭来，倾盆大雪砸下。】

小女孩：【哭】：呜呜呜呜呜……

老学究：你为何啼哭？

小女孩：木偶哥哥，他们后来怎么了？

老学究：这后来么？你来看……

小女孩：大家快来救人呀！快来救人呀！

【雪中一个扫雪的农夫出现】

小木偶：快救救我爹爹！我来帮你扫！

农夫：好！好！

小木偶：快救救我爹爹！我来帮你拉车！

（打铁匠上台，小木偶跑到铁匠面前。）快救救我爹爹吧！

车夫：快！快把老木匠抬到村里吧？

众学童：对，把老木匠抬到村里吧！

小女孩：不行，路太滑！抬不走！

小木偶：我来扫！

【1. 小木偶干活下场

2. 回看老木匠，学童A表示老木匠平安

3. 木偶累倒

4. 学童A去叫老木匠】

（老木匠醒来起身，转向观众，众学童散去，老木匠要去叫醒小木偶，被仙女姐姐阻止。）

小木偶【梦话】：玉不琢不成器，人不学不知义。玉不琢不成器……

老学究：玉不琢不成器，人不学不知义。

众学童：玉不琢不成器，人不学不知义。……

【翻身过来，让观众看见他在睡觉。】

小木偶：爹爹，我是个真正的男孩了吧？

老木匠【扑过去抱住】：孩子，你就是一个真正的男孩！

小木偶：【惊醒】爹爹！

老木匠：呵呵，孩子你早就是一个真正的男孩！

班主说：小木偶祝贺你！

猫、狐狸说：小木偶祝贺你！

学究、木匠：知义求学为成器，

班主、净行：交友不慎惨变驴，

仙女：感恩寻父千万里，

学生、丑：一块木头堪称奇！

群唱：木偶奇遇记……

【全体剧中人物上台向小木偶祝贺，向观众致意，谢幕。最后大幕关上，小木偶书写一个"终"字。】

(二)《木偶奇遇记》服装设计图

小木偶

班主

海浪

小木偶

阴阳脸

大海浪

（三）乐谱（选摘）

《木偶奇遇记》

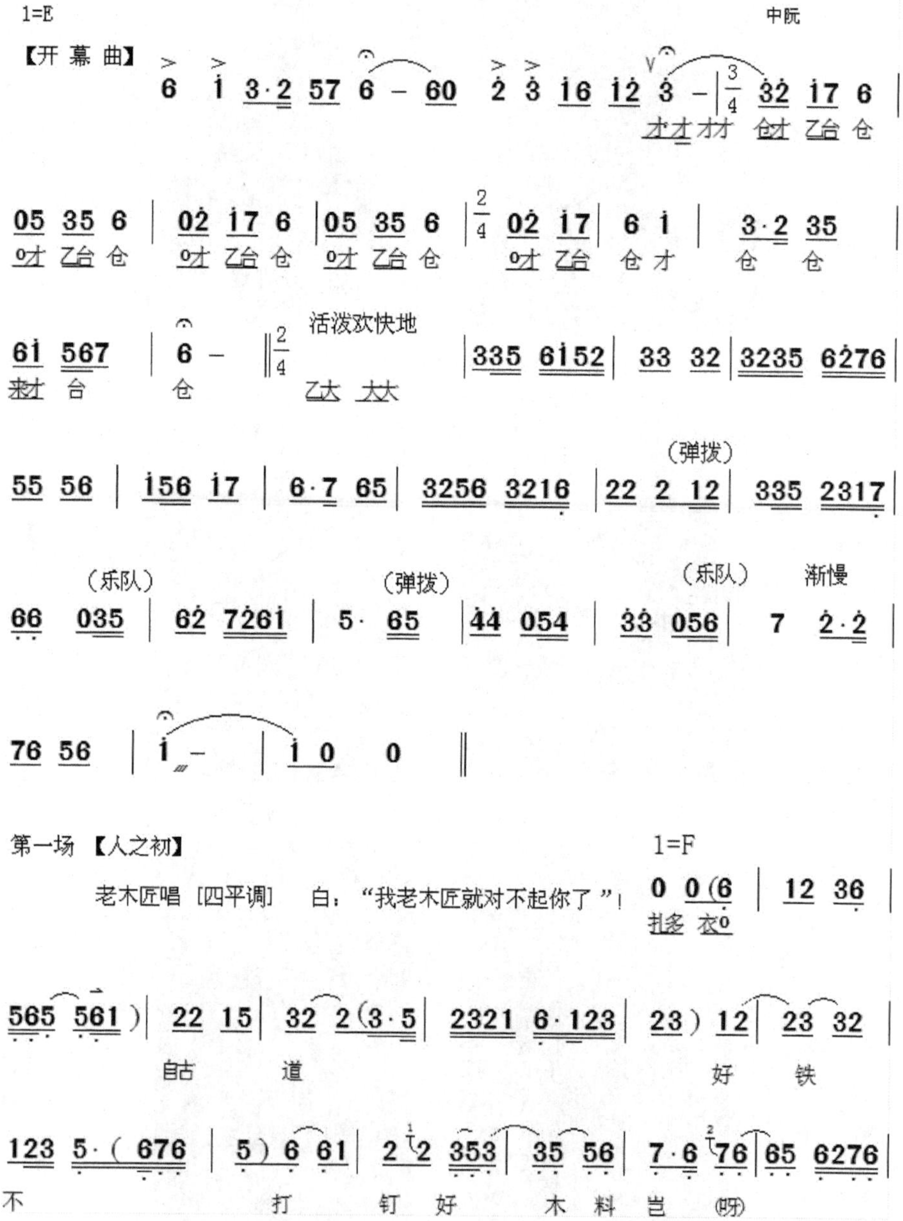
1=E
中阮
【开幕曲】
活泼欢快地
（弹拨）
（乐队）
（弹拨）
（乐队）
渐慢
第一场 【人之初】
1=F
老木匠唱 [四平调] 白："我老木匠就对不起你了"！
自古 道 好 铁
不 打 钉 好 木 料 岂 (呀)

56 (7656) | 123 5·(676 | 5) 3 2321 | 6 1 1(23) |
　能　　　　　劈　　　　　柴　　　　用

6 6 6 1 | 16 2 2(3·5 | 2321 6·123 | 2 56) 22 |
　愁　　　　是　　　　　　　　　　　茅

253 356 | 1612 5·(676 | 5) 6 6 1 | 2 2 3 3 |
屋　　　　　不　　　　避（呀）风　我

3 5 5 6 | 1265 3656 | 1625 3 3 | 3 3 2326 |
只　得　劈柴　取暖　熬　　　　过

1 1 1(43 | 2321 6·123 | 1321) 6123 | 2 7 7 6 |
冬　　　　　　　　　啊

5·656 762 | 765 3561 | 5(5　5 5 | 5 2 7656 |
熬　　过　　　冬

1·6 561) ‖: 0 7 7 6 | 5·6 76 5 | 02 3276 |

5·6 765 | 0 5 6 1 | 2·1 612 | 0 5 6 1 |

　　　　　　　　　　　　　　　转〔八叉〕

2·1 612 | 0 5 3 2 | 1·6 561 ‖ 0 6 1 1 |

6 1 6 5 | 3 2 3 | 3 6 5 1 | 6 5 4 3 |

231　2·2　｜　　2 5　3235　｜　　2 3　3217　｜

6723　7656　｜　1 6　1　｜　0 2　3 2　｜　3　7656　｜

1·2　3 2　｜　323　7656　｜　1623　767　｜　02　3276　｜

556　765　｜　06　767　｜　0 2　3276　｜　5656　765　｜

0 1　6 5　｜　323　5 5　｜　5 1　6 5　｜　4323　5　｜

6561　543　｜　223　5 3　｜　235　323　｜　1 6　1　‖

老木匠唱〔西皮流水〕　　白："没钱买课本呀！"　　　1=F

（3·5｜61 5）｜1 35｜
　　　　台·大 台 台

　　　　　　　　人家

2（1 2）｜3 21｜32 35｜21｜3·3｜21 12｜12 1（62 1）3｜23｜1·2｜
的　　　孩子　背书　袋　爹爹 无钱　难买来　　　脱下 破

35｜2（3｜12）｜35｜21 16 01｜　p　6·1｜61 25｜32 1·2 35｜22｜
衣　　　出 门 外

22｜2（3 2161｜212 03｜21 6·1｜23 43｜21 61｜212 03｜

（京胡停）

| 21 61 | 23 43 | 21 61 | $\frac{2}{4}$ 2 06 | 51 65 | 4·5 | 65 43 |

| 2·3 | 16 46 | 5·3 | 51 65 | 46 53 | 23 16 | 2·3 |

（京胡入）

| 13 2161 | 5 0 | 5 36 | 5 1 | 65 36 | 56 3·5 | 65 36 |

| 56 11 | 65 35 | 2 0 | 2 61 | 2 3 | 21 61 | 2 03 |

（京胡停）

| 21 61 | 23 43 | 21 61 | 5 06 | 51 65 | 4·5 | 65 43 |

| 2·3 | 16 46 | 5·3 | 51 65 | 46 53 | 23 16 | 2·3 |

| 13 2161 | 5 0 | 5 36 | 5 1 | 65 36 | 56 3·5 | 65 36 |

两 遍

| 5 1 1 | 65 35 | 2 0 ‖: 2 61 | 2 3 | 21 61 | 2 0 :‖

| 21 61 | 23 43 | 21 61 | 2 0) | 2 2 | 2 21 | 23 21 |

来　　来　　来

| 6·1 2 | (2 2 | 2 22 | 23 2161 | 20 0) | 2 1 | 2 35 |

爹 盼　 你 学

做 人　做个　好　男 孩

（ 5　55　1 － ）‖
八 大　仓才

第二场　【结损友】

幕间曲　末罗入 [反柳青娘] 2/4

小木偶内唱 [西皮导板] 1=F

小木 偶　离 家　　　　　　　去 校　　园

才·才才 仓

（呢）

五、活动教学计划

为了保证学生在童话京剧《木》的排练及表演中进行全面、系统地学习，我校专门为《木》设计了具体的活动教学计划，具体内容如下：

(一)排练时间

2013 年 4 月—7 月，排练

2013 年 8 月 29 日，合排

2013 年 10 月 25—27 日，首演

(二)演出时间

2013 年 8 月 29 日在农大附中彩排，10 月 27 日在舞蹈学院演出。

2013 年 11 月 16—18 日，在清华大学新清华学堂连续演出三场。

2014 年 1 月，在伦敦小美人鱼剧场演出。

2014 年 5 月，在中国剧院三场演出。

2015 年 6 月，在清华大学新清华学堂演出三场。

2016 年 5 月 25—27 日，在清华大学新清华学堂演出三场。

(三)参演人数

《木》自 2013 年诞生以来，已经成功演出第五轮，演出场次共计 16 场。参演的演员也由当初的 129 人增加到 200 多人，演员的平均年龄只有 9 岁。

(四)演出场地

《木》的演绎是一个由细致造就极致，由精心做出精品的过程。它共经历了十八场演出，演出地点包括北京舞蹈学院剧场、中国剧院、清华大学新清华学堂、伦敦小美人鱼剧场。

六、教师笔记

(一)老师的感悟与体会

童话京剧《木》成功演出，给孩子们带来了丰富的情感体验，我也从其中强烈地意识到了几点教育的哲学智慧。

1. 鼓励，让孩子超越。老师们在给孩子们训练的过程中，总会不断地激励孩子：你也可以当主角，希望你在别人练习的时候认真听，认真记，抓住一切机会向他人学习，鼓励孩子勇于超越自己。今后高年级的同学毕业了，你可以根据自己的喜好自由申报角色，你也有机会做主演。如今，很多孩子对《木》的台词早已烂熟于心，幕间休息的时候，常常听到身边的孩子们在唱整段的唱腔，背大段的台词。一方面我们得意小木偶的形象已经扎根于孩子的心田，另一方面我们也为学校在戏剧教育方面所做的微不足道的工作而自豪。

2. 兴趣，让孩子闪亮。"闪亮一次，也许就成了这个孩子上进的起点"，这是李希贵校长《学生第一》这本书里的一句话。正是源自兴趣，因为喜爱，130多名孩子聚到了一起。共同的兴趣激励着他们积极地参与。扮演猴子的八位男生，学习京剧的时间长短不一。身上还存在着散漫的小毛病，但是他们对京剧非常感兴趣，在专业老师的带领下，非常刻苦认真地学习。老师们也从孩子的特点出发，为他们量身设计了一段"猴戏"，场上的他们活跃、俏皮，表演认真、惟妙惟肖。兴趣，让他们改变，更让他们变得闪亮。

3. 坚持，让孩子正确面对困难。炎炎夏季，孩子们要从四面八方来到学校；若干个兴趣班等待着孩子们，需要去调整；家里实在安排不开，就要自己坐公交、挤地铁或是自己打车上下学。面对众多的困难，孩子们学会了思考和调整，收获的是战胜困难的勇气。

戏剧教育给了孩子们一个更宽更广的空间，他们在这个舞台上挥洒自如……教师在排演过程中还积累了过程性记录，这些过程性素材对教育科研来说很重要。学校科研部门不久将要出一个《木》的研究报告，以科研的角度看这件事。学校也在专家、领导、家长的提议下，将《木》作为学校的经典剧目固定下来，在课程中组织学生排练，提供给孩子们现场演出的机会，使这部童话京剧能够可持续发展。2014年剧目不仅要在国内演，还将走出国门，参加戏意大利、美国、苏格兰戏剧节的演出。

(二)2013年3月—7月学期工作总结

小木偶的成长，就是我们的倒影，这倒影比我们更大，更强，他是你，也是我。这部作品是演给孩子们看的，说给每一个长大的我们听的。本学期天秀京剧团承担了《木》的主场排练，由于导演要求舞者的人数要多，加上杂耍、人物等近90人庞大的队伍。剧本出来后，我们就投入到紧张的准备中，从找角色、对台词、练动作……孩子们都非常认真、努力！裴老师作为京剧团的管理者任务艰巨而繁重：外聘京剧教师的管理协调，与每位学生的班主任、家长的沟通与协调，演员角色的分配，与导演沟通交流、科学安排训练时间，同时还担负着课间操的训练，解决孩子们每天发生的矛盾……

具体总结：

1. 合理的安排排练时间与内容，有计划地进行排练。从 3 月份到现在，在我们合理的安排下，《木》剧的雏形已经出来了，导演对我们的速度很满意，我觉得这与我们提前制定排练计划，合理安排排练时间是分不开的。每个周五，导演和老师们都会坐在一起制定下周每天的排练计划，排练要达到的水平。有的时候，因为一些特殊原因延误或者提前进度，我们还会召开临时的会议。在排练中间，经常出现今天是这个动作，明天又换成了其他的动作，每次换新动作的时候，孩子们都会有一段时间的消化、适应的过程，怎么能让他们在最短的时间内进入到熟练的阶段呢？裴老师在导演来之前，将每一分、每一秒安排得井井有条，哪位老师负责海鸟、哪位老师负责海浪、哪位老师负责对台词她都提前安排得非常细致，以致导演来时孩子们都能将动作掌握熟练，不耽误下面的训练。

2. 做好各种沟通工作，保证排练顺利进行。(1)做孩子们的朋友，经常与他们沟通、交流，可以拉近与学生之间的距离。(2)多与家长沟通，尽可能地得到家长的认可与支持。

从排练到现在，有很多家长来电咨询，人数多需要老师们耐心的解释。主要原因还是有些孩子的学习成绩较差，家长怕耽误学习；有些孩子平时晚上要上课外班。因为这些问题，裴老师每天都要和家长们解释、沟通。团里有学习好的孩子，我们也充分调动了他们的积极性，帮助那些学习上有困难的孩子；裴老师经常找一些不喜欢学习的同学聊聊天，开开玩笑，让他们知道学习的重要性；每天排练时将人员和时间安排好，为不用排练的孩子提供写作业的场地，尽量让孩子们两不耽误。(3)多与辅导教师、导演进行沟通，使每日的排练顺利进行。在排练《木》剧中，辅导教师起了非常重要的作用，他们从专业的角度指导我们的孩子，帮助我们的孩子纠正每一个细小的动作，但是与每位辅导教师之间的沟通也是必不可少的。有些老师为了我们的排练在外面推掉了很多活动；为了我们的排练，经常从上午一直在学校待到傍晚；有些老师为了不耽误排练，自己生病了都顾不上去看，坚持工作。裴老师每天都会和每位老师沟通，了解每位老师的近况、了解每位老师的想法。(4)多与领导沟通，得到领导的理解与支持。从开学排练到现在，教导处的领导非常支持我们的工作。《木》需要合练没有场地，领导帮我们联系农大附中的排练厅；在学校里，每天学生放学以后，让我们在一楼的大天井里进行训练。暑训时，帮我们与食堂沟通，为孩子们准备可口的饭菜、清凉的水果、祛暑的绿豆汤。

3. 关心学生身心健康，保证排练顺利进行。保证排练时学生们的安全。各项工作同时进行。《木》剧虽是本学期的重点工作，但别的活动我们京剧团的师生们也不能耽误。就在六一即将到来之际，裴老师还担负着二年级的排练，仅有两天的时间，完成《木偶奇遇记》、《守株待兔》的排练。有时面临着班里老师的不理解，但时间紧甚至没有时间去跟老师解释！那就让结果来告诉老师们吧。仅用了一天半的时间为二年级排练了40余人的小歌舞剧《葫芦娃》、《黑猫警长》，受到老师和孩子们的好评。我们还成功地表演了原创京剧课本剧《守株待兔》。7月暑训结束后，马不停蹄地带着华正阳参加全国"小梅花"的比赛，华正阳同学不负众望，得到了金花的奖励和十佳的称号。

经过一个学期的努力，《木》剧已经基本排完，它凝聚着老师们的智慧、辛苦；孩子们的努力！我坚信：任何一个社团，只要她想走得更远，那么在发展过程中就会是艰辛的。只要我们抱着勤勤恳恳、踏踏实实、无私奉献的工作态度，不管多么艰巨的任务我们都能完成。

（三）教案

《木偶奇遇记》教学计划

学生	金帆京剧团	人数：	120人左右	时　间：	2013.3—2014.12
知识点	童话京剧《木偶奇遇记》全剧中的唱、念、做、打				
教科书	《木》原著；童话京剧《木》剧本；戏曲身段表演训练法。				
教学环境	形体练功教室，梨园小巷练功房，二楼阶梯教室，阳光大厅。				
已有知识点	戏曲基本功技巧，身段组合，经典唱段，剧目片断。				
教学重点	戏曲基本功技巧的基本训练方法；剧目片断的深入理解和细致学习；《木》的排练和演出；同时整理剧目片断并备战"小梅花"比赛。国戏杯中小学生戏曲比赛。				
教学难点	巩固已掌握的戏曲程式，不断以戏带功进一步加强。《木》和"剧目片断"参加演出和比赛。理解人物和唱腔的含义。				
教学目标	1. 讲解戏曲中剧目的重要性，并解释戏曲基本功训练在剧目运用中的重要性，学习基本功技巧的训练方法。学会演戏的本领。 2. 通过练习戏曲，训练学生的协调性、灵敏性，培养学生的节奏感、韵律感和表现力，达到增进健康、陶冶心灵的教学目标。 3. 真正做到京剧进校园，达成普及中华民族传统文化的重任。				

《木偶奇遇记》总的教学程序具体安排如下：

时间	教授的内容	学生需达到的目标	组织教法与要求
3月份	1. 圆场功 2. 基本功训练 3. 身段组合 4. 定人物、分配角色 5. 对词、练习唱段、人物分析 6. 剧本分析 7. 对台词	1. 圆场小而快、规范。 2. 软度、踢腿的速度快。 3. 动作到位，姿态舒展，眼神随手而变动，团扇基本要领。 4. 掌握人物性格，并准确的体现出来。 5. 学生读《木》剧本 6. 了解原著 7. 熟读台词	要求： 认真观察、模仿、体会。 互帮互助、相互交流、合作学习，共同进步。 精神饱满、注意力集中、服装整齐。 教法： 1. 讲授法 2. 示范法 3. 因材施教法
4月份	1. 复习原有基本功所有内容 2. 对词、练习唱段、人物分析。 3. 分场次排练。 4. 群众角色分段练习（海鸥、海浪、糖葫芦、风筝女孩儿等） 5. 细：排《木》剧第一、二场 6. 合排海鸥和海浪舞蹈片段	精神饱满，基本功动作规范。 模仿老师，吐字清晰，韵味十足。 动作到位，节奏明显，表情自然大方，形象鲜明。	要求： 1. 认真观察、模仿、体会。 2. 互帮互助、相互交流、合作学习，共同进步。 精神饱满、注意力集中、服装整齐。 教法： 1. 讲授法 2. 示范法 3. 因材施教法
5月份	1. 复习原有基本功所有内容 2. 对词、练习唱段、人物分析。 3. 分场次排练。 4. 群众角色分段练习（海鸥、海浪、糖葫芦、风筝女孩儿等） 5. 杂耍部分排完，细排舞蹈部分 6. 中旬审查节目排练情况 7. 初步定5月中旬完成杂耍、仙女、海浪、海鸥的动作编排。	精神饱满，基本功动作规范。 模仿老师，吐字清晰，韵味十足，以戏带功。 认真模仿，刻苦练习，演人物。 服从老师的安排，认真排练。	要求： 1. 跟老师节奏练习。 2. 身体要收腹、立腰、提气。 3. 动作准确、到位、路线清楚 4. 认真观察、模仿、体会。 5. 互帮互助、相互交流、合作学习，共同进步。 教法： 1. 讲授法 2. 示范法 3. 因材施教法

时间	教授的内容	学生需达到的目标	组织教法与要求
6月份	1. 复习原有基本功所有内容 2. 所有演员熟悉台词、唱腔、动作等。 3. 分场次排练。 4. 群众角色分段练习（海鸥、海浪、糖葫芦、风筝女孩儿等） 5. 细排第五、六场 6. 抽空排练"国戏杯"和"小梅花"参赛节目 7. 6月中旬排成前三场	1. 精益求精，动作协调。 2. 唱腔到位，动作协调，节奏稳姿态优美。 3. 动作整齐，节奏明显，学生注意力集中。	要求： 1. 跟老师节奏练习。 2. 收腹、立腰、提气，目视前方。 3. 动作准确，路线清晰。 教法： 1. 讲授法 2. 示范法 3. 因材施教法
7月份	1. 复习所有学习过的内容 2. 对《木》剧进行联排、细抠阶段	熟练掌握所学习的内容。姿态优美，动作协调，节奏性强。 全体学生认真训练，刻苦练习，圆满完成本学期的学习任务。	要求： 全体学生认真、动作熟练、准确到位、规范。
8月份	《木》剧农大附中彩排	找出不足，及时修改。 检验各部门配合情况。	要求： 全体演职人员集中精力，认真准备。
9月份	1. 京剧团正常排练 2. 三校区在农大附中排练厅合排	1. 熟练掌握《木》剧的内容。 2. 姿态优美，动作协调，节奏性强。 3. 理解人物，能够演的活灵活现。	要求： 全体学生认真、动作熟练、准确到位、规范。
10月份	京剧团正常排练 《木》全剧加紧细排，为下月演出打下坚实基础。	1. 熟练掌握《木》剧的内容。 2. 姿态优美，动作协调，节奏性强。 3. 理解人物，能够演的活灵活现。	要求： 全体学生认真、动作熟练、准确到位、规范。

续表

时间	教授的内容	学生需达到的目标	组织教法与要求
11月份	11月16—18日在清华大学新清华学堂公演	1. 达到演出水平。 2. 各部门高度重视，争取首演成功。 3. 理解人物，能够演的活灵活现。	要求： 各部门认真对待。
12月份	《木》剧演出总结	参演学生写演出感受 家长写观看感受 教师写排练感受	要求： 为更好排演《木》剧，各部门总结演出中的不足。
课后记录与反思	1. 采用讲授法、示范法、对比法进行教学。 2. 使学生了解《木》的内容，在表演中，并突出重点、难点和强调学习要求。 3. 在训练方面：有顺序、有层次的教授基本内容，讲解动作的规范性和规律性。 4. 检查学生的掌握程度时，每个角色单独进行，解决各个学生的不同问题。 5. 在排练过程中，对不同水平、不同悟性的学生因材施教。在讲解学习内容时，语言应当通俗易懂，使每一位学生都能明白《木》剧的内容和要求，并达到演出水平。		

(四)教学反思

《木》的故事家喻户晓，它讲述了一个任性、撒谎、懒惰、不爱学习、经不住诱惑的坏孩子经过种种磨难，并在磨难中接受了教训，变成一个老实、勤劳、勇敢、好学的好孩子的经过。这部100多年前意大利作家引人深思的童话，借着中国有着200多年历史的戏剧形式，穿越到了我们的眼前。尽管参与演出的小学生多达200人左右，但我们以课程统领排演，科学规划，经过几年的努力，最终用京剧的形式成功演绎出世界童话经典名著《木》。

孩子们在京剧的演绎过程中，除了拥有课余时间的排练体验，还收获了喜欢京剧，了解京剧的乐趣。教师们了解孩子们的兴趣点，还更好地把京剧的排演内容改编成京剧课本剧。我校除了排演大型童话京剧《木偶奇遇记》之外，先后创编了《包公审驴》《守株待兔》《三个和尚》《铁杵磨成针》《小马过河》等京剧课本剧，这些剧目都曾获得北京市学生艺术节一等奖，全国"国戏杯"学生戏曲大赛一等奖等。师生做的一切展现着京剧课程的魅力，旨在课程中培养学生的审美兴趣、培养人才。

通过排练，我们发现有很多孩子从最初的不懂到喜欢，再到最后痴迷上京剧。作为京剧教师，通过京剧进课堂、排练、演出，看到孩子们发自内心喜欢中国的传统文化，这是一件多么有意义的事情啊，顿时把排练中的苦和累抛到了脑后。中关村一小在排演剧目的同时也进行了校本教研，统一制定了三个校区京剧校本课程标准，不断修改京剧校本教材。通过成功上演童话京剧《木》，我校教师专门编著了以《木》为演出依据的中关村一小"艺术与审美"领域学生读本，其中"戏剧体验与表演"部分的内容全部涉及童话京剧《木》的相关知识，这为学生系统学习京剧文化知识和了解《木》提供了广阔的平台。

七、演出反馈

《木》的思想内涵"一个孩子从不完美走向完美"与中关村一小核心价值观"做最好的我"有契合之处。《木》排演的过程，也是每一个孩子践行"做最好的我"的过程。

（一）学生感悟

在《木》的排演过程中，学生参与其中，他们获得的，不仅仅是优美的体态与娴熟的表演，更有克服困难的勇气，坚持不懈的毅力，团结合作的精神，以及对其成长的更深刻的体会。

我有许多的爱好，但我最喜欢的还是京剧。我在《木》中一直扮演小狐狸，我们的节目成功上演，我既兴奋又感到自豪，因为我为这部剧努力过、奋斗过。2013年，我们学校编排了大型童话京剧《木》，老师信任我，让我参演比较重要的角色，我心里有说不出的高兴。我暗暗下定决心：一定要把这个角色演好。但是，在排练时，我也遇到了很多困难：不仅念白难，动作也很难，有时一个动作就要练习几十遍。真是太辛苦了，太累了！但是我想：功夫不负有心人，只有下苦功，才能真正品尝到成功后的喜悦。于是，我又努力坚持了下来。

——六年级2班小狐狸的扮演者诸栖华

在《木》里，我饰演小木偶，后来又被换成"武松打虎"中的老虎，虽然我不是主角，但我很喜欢演老虎，因为我很喜欢老虎这种动物，而且演出时要穿上老虎服会很好玩！后来，剧本又增加了老虎打武松的情节，想着自己饰演的老虎在舞台上翻转腾挪，我兴奋极了！有一次，需要在木地板上翻"轱辘毛儿"，我想：一定会很疼，有点儿害怕，不敢做。后来，我硬着头皮做了几次，发现没有想的那么疼！还有一次排练，我和武松的动作慢，总跟不上拍子，我俩就一遍一遍地练，把每一段都练地很熟了再连起来，老师夸我进步很大，我们高兴极了。同学们都很努力，老师们也很辛苦，我想：我们的演出一定会很成功！

——二年级4班老虎的扮演者刘景屹

我在《木》饰演美猴和学童。说实话，演两个角色真的很不容易。首先是要学会两个角色所需要的不同动作。其次是有帽子和鞋子在内的两套衣服，还有道具，穿戴和整理起来最需要的就是"速度"。不过，经过几次演出的锻炼，我们已经习以为常，轻轻松松——"搞定"。在表演时，我是要做"三角顶"的，在只有一层薄地毯的舞台上做这个动作，是非常硌头的，但我也咬咬牙坚持了下来。每当我顺利完成"三角顶"这个动作，听到台下热烈的掌声，我的心里美滋滋的，感觉头也不那么疼了。《木》里有一句台词是这样说的：我要做一个真正的男孩儿！通过参加这个剧组，参加每一次排练、演出，在一次次的坚持不懈中，我逐渐懂得了这句话的道理。今后我在学习中、生活中也要像参加《木》排练那样，继续坚持，继续努力，做一名真正的男孩儿。

——四年级2班美猴和学童的扮演者肖俊初

我2008年4月第一次登台演出，面对台下一千多名观众，紧张得不得了，差点把词儿忘了。经过各种演出的历练，特别是参加《木偶奇遇记》排练后，我站在台上只有自豪感，紧张感一丁点儿也没有了。正是京剧让我越来越大方，越来越有自信了！学习京剧的6年，我不仅唱京剧的本领提高了，吃苦耐劳的精神也树立起来了！2013年，我再一次荣获中国少儿戏曲"小梅花"京昆业余组金花称号。

——六年级2班老木匠的扮演者华正阳

(二)家长反馈

家长是学校教育活动的重要参与者与协作者，学校戏剧教育活动的顺利开展离不开家长的支持。在《木》的排演全程，小演员的家长们走进校园，走近舞台，他们热切关注着孩子们的每一个动作，用心聆听着孩子们的每一句台词。在这个过程中，家长愈发熟悉、认同我校的艺术教育工作，愈发清晰地看见孩子们的成熟与成长。借助戏剧这一桥梁，家长和孩子的心，家长和学校的心贴得越来越近。

舞台布景美轮美奂，演出服装华丽精美，孩子们的表演带给全场观众极大的震撼。整个演出一气呵成，演员出场前的介绍，中场休息的提示，台下汹涌的海浪，第六场漫天的大雪，演出结束后的集体谢幕……这场演出给了我太多太多的感动。尤其是第六场，当哀怨的音乐配上昏暗的灯光，当小木偶一声声叫着爹，向老木匠爬去时，我禁不住潸然泪下。回想起半年前第一次去本部开会，听了刘校长和导演的介绍。一个耳熟能详的国外的故事，要用中国的传统艺术形式来表现？而且还是个100多人的大制作！两个看似风马牛不相及的东西，怎么能融合在一起？排练时间那么长，还有后期的演出。会不会占用太多的学习时间？心里的小鼓敲了半天。……

自打开始排练，孩子的变化就慢慢体现出来了。先是回家后的表现：原先孩子回来后爱唱《江南 STYLE》之类的流行歌曲，或是些动画片的主题曲。可现在，嘴里全是台词，甚至在背熟了自己的台词后还背会了其他角色的台词。尤其爱唱老木匠卖衣服那段！然后是在学校里，某天班主任找我聊天，说你儿子最近练京剧走火入魔了。当时学的课文叫《画家与牧童》，兆宇读书时居然用京剧腔读成了"画家与木偶"。回家后跟兆宇好好聊了一次天，让他自己把握好学习和兴趣的节奏，既要满足自己的兴趣爱好，也不能耽误学习。让我欣慰的是，孩子在繁忙的排练下没有落下一天的作业，在这也要感谢裴老师，因为孩子说，裴老师要求他们在没有排练时抓紧把作业写完。一转眼到了暑期集训。因为农大附中离家很近，我借着送孩子看了几个片段。当时觉得孩子们多，真不好协调，动作也不是很整齐，纪律就更别说了，有点乱。可到了暑期集训结束汇报演出时，已经有模有样了。可想而知在这20多天导演和老师们费了多少心，尽了多少力！兆宇特别写了篇作文《一件难忘的事》记录了在集训中发生的事，我感觉孩子长大了。他真正懂得了小木偶是怎样变成小男孩的！

当天，在舞台上孩子们是当之无愧的明星。他们用行动诠释了"功夫不负有心人"的道理。作为家长和观众，我感谢学校有这样大型的项目既能让孩子的才艺得到展示，同时也能有机会去协调和其他角色之间的关系。我感谢导演有这么好的剧本和创意，更感谢的是老师们在幕后辛苦的工作。综上所述，才有了孩子们堪称完美的表现。希望以后还能有这样的机会，带给我们更多的惊喜！

——三年级 5 班小木偶扮演者王兆宇妈妈

看了《木》，由衷地为它叫好，一是剧本写得好，外国的经典童话＋国学精品《三字经》＋国粹京剧艺术的结合，非常有创意；二是组织得很出色，129个平均年龄 9 岁的小演员，台前幕后井然有序，可见组织工作的周到细致；三是演出很精彩，孩子们的表演惟妙惟肖、有声有色，赢得台下一阵又一阵的掌声、喝彩。特别是小演员，他们真是太不容易了，他们付出的不仅仅是体力和精力，还牺牲了大量的时间。当其他同学放学回家，已做完作业，在外面玩耍的时候，他们可能才刚出校门；暑假里、节假日，当其他同学在父母的陪伴下在国内外旅游时，他们可能正在学校汗流浃背地排演。时间对她们来说是多么宝贵啊！因为，除了排练节目，校内校外的课程一个也不能少。当然孩子们是单纯的，是可爱的。因为喜欢京剧，喜欢演出，在他们心里一切都是值得的。以我家宝贝为例，有时候练完节目回家，进门就躺倒在床上，真累！过一会儿房间里传来京剧声，手还比画着，还在回味排练的情景，心里美着呢！在家里，她经常情不自禁地唱上几句京剧，或比画几个表演动作，京剧已成为孩子生活的一部分。正像那句流行的话：累并快乐着！

——三年级 6 班黄佳琪妈妈

2013 年深秋，孩子所在的学校京剧团，排演的一部少儿京剧——《木》，终于要正式演出了。作为一名家长志愿者，我有幸参与了演出的后台工作，亲身体会到一场光鲜亮丽的演出背后，那些鲜为人知的忙碌和辛苦。最难忘记可爱的孩子们！他们是一群小天使，不知疲倦的飞来飞去，随处可见一张张灿烂的笑脸。等着化妆的时候，孩子们玩着翻绳，讨论着那些说不完的话题，总能找到让自己开心的事情；连那一顿临时的汉堡午餐都大口大口吃得满脸幸福，孩子们不经意间流露着他们可爱的童真。别看这样一群好动的小朋友，关于演出的事情却很严谨：怎么穿服装、有哪些道具、在哪里上场，他们自己心里清清楚楚，我们几个家长志愿者经常都要向他们请教各种问题。特别是换上演出服装，化好戏妆，每个孩子都俨然换了一个人：那认真的表情，笔挺的身姿，举手投足，一招一式都有模有样，大人们都忍不住拉着他们拍照留念！就是这样的小演员们，我们熟悉他们天真烂漫的天性，而转眼，又看到他们演出过程中展现出的专业素养，这两种角色间的转换中，要付出多少努力和汗水，真的应该为他们喝彩！这些孩子们的身后还有一群辛勤耕耘的老师！演出的最后一天早上，裴老师的嗓子几乎都说不出话了。在后台，经常能看到裴老师用她这个年纪很少见的速度在眼前闪过，全场的各个细节她都在操着心。给小演员们讲注意事项，安排老师们准备化妆，有时候怀里还搂着个身体不舒服的孩子，带着找医生。

还有于导演和京剧老师们，孩子们上场前都放心不下，还要给他们最后再讲讲戏，再抠抠动作。然后给一百多个孩子们化妆，老师们的手腕酸痛都还在坚持。还有本部和党校部的老师们，每个人都忙碌的跑前跑后，有条不紊地推进着各个部分的正常进行。岳校长和刘校长也都特意来到后台，给孩子们鼓劲加油！我们几个家长志愿者，真心觉得自己知道了解得太少，生怕帮倒忙，用心地听安排，仔细地做着自己的一小部分工作。整个剧团像一个严谨精妙的大机器在稳稳地运转着。……

真心感谢老师们，没有你们的努力付出就没有此刻的成功！我也真心为孩子们高兴，经历了这些，他们一定会在心里埋下了真善美的种子，在他们的性格里培养着吃苦耐劳的品质，不久的将来，一定会开出，鲜艳、美丽的花朵！

——三年级 4 班老虎的扮演者刘景屹爸爸

彩排后回到家，我和恒羽说，从哪里找来的导演啊，排得真好，演员选得真好，每个小朋友都没有被埋没才能，让一小京剧团的每一个小朋友都圆了京剧梦想。比如所有的小女孩都想演仙女姐姐，那咱们要学习仙女姐姐的优点啊，看她多文静、内敛而有力量啊，她的气质符合一个仙女姐姐、仙女妈妈的形象，导演是要以整部戏的要求来衡量选角色的，你们在这个位置、在这个角色就是因为你们具备驾驭自己角色的能力，可以把这个角色演好。当年孔明先生隐居卧龙岗，求贤若渴的刘玄德三顾茅庐。等到你们可以演好狐狸、仙女的时候，导演自然会发现你的，不要气馁，只需要努力做好自己，内圣外王。

2013 年 10 月 25 日，一小京剧团在舞蹈学院定妆彩排。我又有幸观看了第二次演出，以为这一次应该平平常常了，可是出乎意料的是：绚丽的中国京剧风汉服风格的服装、装饰，富有立体感的舞台效果又再次给了我们更深

层次的感动，整体的感觉非常唯美。我们的服装、化妆、布景是完完全全的中国元素的！小木偶的故事就发生在中国，发生在我们身边，和每一个小孩子，和曾经是小孩子的大人生活中。当小木偶带着书本走在上学的路上时，很不幸地遇到了游乐场的考验，此时剧场中的大幕徐徐拉开，舞台中出现了许许多多的小演员出演游乐场玩具国一幕。有踩高跷的，有拿着糖葫芦的，有抖空竹的，真是令人眼花缭乱，目不暇接，好像有一百场戏同时登台演出，难怪小木偶逃学了，就是成年人也难以抵制诱惑啊！幼稚、淘气、但是很善良的小木偶是无国籍的，小木偶奇遇记就是所有的小孩子的成长历程啊。独具匠心的每个舞台演出的细节，都浸润着浓浓的中国文化、中国民俗。教书先生的小书箱子、学童的美丽发髻和汉服、老木匠的老生扮相、美丽的狐狸、像嫦娥一样装束的小仙女、武松打虎的中国戏剧、糖葫芦、空竹、高跷、连意大利的鲨鱼都换成了中国的大龙。这是多么好的传统文化的创新剧目啊，又是多么有教育意义的儿童剧、多么适合东西方文化交流的友谊剧目啊！

——三年级 5 班海鸥扮演者周恒羽妈妈

上周和张博淇一起看了《木》感想颇多。我觉得《木》之所以演得那么好是因为他们在台下排练了很多遍，这就是台上一分钟台下十年功啊！学校能组织排练这样的节目非常了不起，充分体现了一小的教育理念与方针，展示了学校的教育能力与实力。让孩子们能在学中玩、玩中学，把西方文化与东方文化以一种新的形式结合在一起，创造了一种新的教育与艺术思路，从中可以看出一小强大的创造能力与实践能力。对此我感到非常满意，孩子在这样的学校学习让我感到非常放心，去除了孩子变成学习机器的顾虑。

——三年级 3 班张博淇爸爸

还记得学校召开家长会，宣传即将排演这样一部戏时，听着导演的介绍，不禁暗自奇怪，京剧？木偶奇遇记？能结合起来吗？效果能好吗？同时心中有无数的疑问，孩子们行吗？闹不闹？累不累？苦不苦？会不会耽误很多时间？三个校区一百多孩子，怎么合练……今夜，当观众们把最热烈的掌声献给舞台上的孩子们时，所有的问题都有了圆满的答案。记得刚开始排练，由于老师和孩子们都需要磨合，占用了放学后的时间，我们家离得远，到家时天都黑了，孩子有时候在车上就进入了梦乡。进了家门，吃饭、写作业、复习、预习，每天都紧张得像在打仗。这期间，有些孩子由于种种原因选择了退缩。看着孩子睡眼惺忪、没精打采的样子，我也在坚持与放弃之间摇摆。而每次都是孩子坚定地告诉我：我要继续练下去，我要坚持！

今夜，当聚光灯骤然亮起，当几千人期待的目光集中到舞台中央"木偶奇遇记"几个大字，当孩子们在舞台上一招一式，一板一眼地操练起来，当各种传统而又时尚的元素异彩纷呈地展现在观众眼前，才发现所有的坚持都是值得的，所有的付出都有了回报，所有的汗水和泪水一起，浇灌出了京剧版《木偶奇遇记》这朵美丽鲜艳的花。而更重要的，是参与其中的每一个人，面对自我，挑战自我，完善自我，实现自我，也正是这半年多来最大的收获。如果小木偶要成为真正的男孩，他必须通过勇气、忠心以及诚实的考验。如果孩子们参与一场真正属于自己的节目，他们必须通过坚持不懈、团结协作、互相帮助以及克服各种自身障碍的考验！孩子们一路走来，他们做到了。

——四年级1班白雨珂妈妈

《木偶奇遇记》经历了春、夏、秋、冬，终于在金秋十月结出了累累硕果。中关村一小天秀部、本部、党校部的130位小演员也经历了将近一年的"考验"，向领导、老师、家长交上了满意的答卷。乍暖还寒的2013年春天，孩子们在逐字逐句地熟悉剧本，一个字一个字的背诵、推敲，一个动作一个动作地演练、磨合。经过了十几甚至几十遍的练习，好不容易定了下来，却被导演一个"不行"而推倒重来。烈日炎炎的暑假，很多家长带孩子在海边避暑，在课外班里充电，在家人的照顾下完成暑期作业，《木偶奇遇记》的小演员在爸爸妈妈和老师的陪伴下，完成了全剧五场的排练，终于搭成了一个较为完整的框架。每位指导老师都是那么认真，管理老师放弃了假期，陪着孩子们在练功房和排练大厅……我女儿扮演蜗牛奶奶，老旦行当。正好是她平常学习的行当，所以运用起来驾轻就熟。但是，每一个动作，每一句台词，甚至每一个眼神，她都认真地练习，从不敢片刻放松。因为她知道，"台上一分钟，台下十年功"，刻苦努力是成功的不二法门。演出结束的一瞬，雪花飘下的一瞬，我们的眼睛里都有亮晶晶的泪水在闪耀。是孩子们的坚持与付出，换来了今天的成功与收获。他们的表现让人动容，他们的行为更令人感动，我爱这些可爱的孩子们！

——五年级2班蜗牛奶奶的扮演者潘昱晓爸爸

不经意间，我发现孩子有很多变化：他做事干脆利落了，也知道心疼爸妈了。一次排练回来，他激动地告诉我："妈妈，我要向小木偶那样孝敬你们。"我感谢儿子，他克服各种困难一路坚持训练，我更感谢学校排练《木偶奇遇记》，给了我儿子这个机会，让我的孩子从中得到锻炼。

——四年级 3 班李林远妈妈

(三)媒体报道

1. 国粹演绎经典童话：童话京剧《木偶奇遇记》，在京公演——中央电视台 11 套《戏曲采风》栏目 2013 年 11 月 19 日。

2. 少年文化大使借京剧演绎《木偶奇遇记》，中关村一小演出团被授予"英中文化交流贡献奖"——国际在线网 2014 年 2 月 2 日。

3. 北京中关村一小上演大型童话京剧——《北京青年报》2014 年 5 月 15 日。

4. 国粹演绎经典童话 大型童话京剧《木偶奇遇记》在京公演——新华网 2013 年 11 月 18 日。

5. 中关村一小京剧进课堂结硕果——北京电视台《北京您早》栏目 2011 年 5 月 6 日。

6. 中关村一小：让京剧"沁入"学生心脾——中国教育电视台 1 套节目 2013 年 11 月 23 日。

7. 大型童话京剧《木偶奇遇记》伦敦上演庆新春——新华网 2014 年 2 月 2 日。

8. 校园版《木偶奇遇记》，国粹传承从小做起——中国教育电视台 2017 年 10 月 9 日。

(四)理论分析

著名教育家杜威以"经验"为核心，将"艺术即经验"作为基本命题构建美学思想体系。他认为，审美与艺术在经验中得到萌生。经验即人与环境交互不断的作用，只有当人在充满对抗与冲突的活动中，在与外界的互动中，通过个人的智慧、实践调控把握各部分的关系与结构，实现个人与环境的平衡。因此，审美与艺术是与生活密切相关的，审美经验的获得终极指向人生的幸福与生命意义的彰显。在此理论基础的指引下，中关村一小将戏剧课程作为学校艺术教育的重要组成部分，其开发与实施既顺应了时代潮流，同时，也很好地适应了学校课程的整体变革进程。我们认为，戏剧教育有意义，有意思，有价值，有趣味。它的终极目标是人格教育，而非仅仅着眼于才艺培养。

戏剧教育以其独特的表现形式、鲜活的人物形象等因素吸引学生的注意力，激发学生的学习兴趣，全面提升学生的综合素养与能力。学生在直接或间接的参与戏剧表演的过程增强了对戏剧的理解和认识，提升了表演能力、角色意识、语言表达能力、想象力和创造力，同时，参与戏剧表演的过程也是学生接受道德教育的过程，他们在戏剧体验与表演的过程之中，学会与同学、老师交往、合作，发展自己的社会交往能力、组织能力、领导能力、与人团结合作等能力，此外，学生的自信心和顽强意志在戏剧体验与表演的艺术形式中也得到了充分地锻炼，其人格得到全面发展和充盈。

八、创新实践活动成果

1. 2015 年 12 月，原创童话京剧《木偶奇遇记》荣获"北京市优秀群众文化原创作品"奖。

2. 以童话京剧《木偶奇遇记》为演出依据，编著了艺术与审美领域的学生读本《戏剧体验与表演》，已编辑为京剧校本教材，并纳入学校艺术与审美领域的可选择课程体系，成为艺术老师参与教研科研活动的有效途径。

九、对策与建议

中关村一小金帆京剧团的大型童话京剧《木偶奇遇记》经过几年的排练和演出，获得了很多的荣誉，也得到了戏曲界的专家、家长、观众以及学生的一致好评。但作为一线管理教师，在实际过程中也面临着诸多的问题，通过不断的实践和摸索，有几点建议供大家参考。

1. 演出资料的保存

《木偶奇遇记》之所以连续演出这么多年，是在我校领导的正确引领下，各团队团结协作的成果。既然学校花那么大的精力去准备每年的演出，在资料保存上就要安排专人来负责（照片和视频等），这样做的重点不是在培养哪位"角儿"，而是每年的演员不同，主要为参与的孩子留下一份珍贵的资料，也为今后京剧团的发展提供重要的影像资料和演出依据。所以建议保留当年演出的各种资料（视频、照片、文字、演员表等等）。

2. 师资人员的配备

一所小学能排练大型童话京剧《木偶奇遇记》，而且是近 200 名小学生亲自上演，足以证明学校的实力和教师团队的管理能力。虽然我们有很多成功的经验可以保存下来。但是，在实际管理中，也存在一些问题。在《木偶奇遇记》排练和演出时，除了一些专业教师外，还需要学生管理工作的教师，每位教师要做到分工明确，被派到京剧团辅助的教师要做到真正的负起责任来，避免有的教师一直忙不停，有的教师一直"聊"不停，根本没有把责任担负起来。京剧团的教师又要抓排练、抓演出、抓纪律，还要抓学生管理，还要协调各种突发情况，久而久之，认真负责的教师就很累。建议再排练和演出时，在协助京剧团教师的工作时，学校应配备一些认真负责的教师来协助管理，并统一组织开演出前的协调会议，做到分工明确，尽职尽责，把学校的事当成自己的事情来完成。

3. 剧中角色的划分

由于学校工作的特殊性，京剧团每年都会有参加《木偶奇遇记》的同学毕业，而且这些孩子在舞台上几乎都是主要角色，他们的毕业面临着饰演的角色又要找新同学来完成，新同学是否能够胜任角色？排练中是表演否能够达到老师的要求？演出中是否怯场等等一连串的问题，这无疑也为我们的工作增加了难度。对于京剧团的老师来讲，每年参加《木偶奇遇记》的演员都是"新手"，京剧团的老师们每年都要重新排练《木偶奇遇记》。为了做好京剧团的梯队建设工作，京剧团的老师们也都会提前准备。建议京剧团的孩子们按照行当划分都要会唱《木偶奇遇记》里的唱腔，甚至表演，让该剧成为京剧团的一个"符号"，力争每位京剧团的学生都会演唱，这样选角色时才会更准确、更省时。作为京剧教师，我深知想要达到这样的效果实属不易，这也需要教师和学生的共同努力才能完成。

4. 专业教师的培养

京剧团的师资是由本校教师和外聘专家构成。外聘专家都有单位，授课时间不太稳定，请假次数多就会对教学产生影响。京剧艺术博大精深，从教学方法来看，教师更要因材施教，不能死搬硬套，应按儿童心理来转化教学模式，让京剧艺术在他们心中是好看的、好听的、好玩儿的……这些需要专业的教师来教授和管理，如果京剧课都是由其他专业教师来代替教授，专业化程度低，效果会大打折扣，不利于京剧艺术更好地传播与弘扬。建议学校引进在职在编的专业教师，重视师资的培养，保持师资队伍的稳定，保证京剧团的可持续发展。

5. 训练场地的需求

京剧团的办团理念是"学唱京剧，先学做人"，让孩子们带着良好的习惯、高尚的品德、刻苦的精神步入社会。我校京剧团成立之初，从最初课间去找"团员"，课堂上引"团员"，到现在"择优录取"。但从天秀部来讲，团员数量逐年增加（从2007年的25位学员到2016年的207位学员），各行当组人数不断上升，因个别行当人数多，同行当还要聘请两位专家来授课。在合理的课程开设、齐全师资队伍配备、完善的教育保障和设备设施配备的条件下，京剧团团员逐年增加，随着团员逐年增多，队伍不断扩大，原有的"梨园小巷"的练功房根本满足不了京剧团正常的训练，大型的排练需求更不能保证，三校区合排《木偶奇遇记》时经常借组外校的大排练场地，无形之中也增加了学校的经济负担和安全隐患。由于场地的问题，现在很多教师和学生只能在走廊内练习，冬冷夏热，学生更存在很多安全隐患。建议增多专业的大、中、小练功房等硬件设施，为京剧团的日常训练提供保障。

6. 规划实施的落实

我校金帆京剧团之所以稳步前进，除了有学校领导的支持，更离不开京剧团教师们。建设高质量的艺术师资队伍，也是提高京剧团工作的首要条件。京剧团除了在职在编的专业教师负责社团的总体工作，还聘请了戏曲界的专家每周定期定时来校对团员进行专业的、系统的训练。在今后的工作中，继续实施好我校金帆京剧团的各项规划，并把各项规划内容落到实处，同时推动学校与京剧团相配套的政策与措施，充分发挥《规划》的指导和促进作用。

总而言之，中关村一小金帆京剧团始终坚持"剧团无小事，发展靠大家"的管理理念和"学唱京剧，先学做人"的教育方针。学校以金帆京剧团为引领，先后成立了100多个兴趣小组。我校通过"京剧进课堂"为小学生普及京剧知识；排练大型童话京剧《木偶奇遇记》为学生实践搭建平台；利用各种艺术活动来丰富学生的艺术修养；借助京剧社团来推动学校艺术教育的发展。这些都是明智之举，社团通过京剧的形式将"民族文化"的种子撒向学生，"国粹"艺术也在学生中生根发芽，让学生在美的过程中受到"随风潜入夜，润物细无声"的心灵滋润，为推动我国传统文化建设奠定了基础。但如果想让"京剧"真正走进学生的心中和深入学校艺术教育中，这是一条即漫长且有前途的曲折之路，不但需要京剧教师的努力，还需要各部门的共同努力。中关村一小金帆京剧团取得的成绩已成为历史，在未来的发展中，还要沿着求真务实的道路不断前进。

（陈艳丽　裴娟　张玉会）

舞剧《少年与海》的创新与突破

北京市海淀区七一小学

摘要：学校以"海洋情怀、国际视野、美丽人生"为艺术教育理念，为创造学校海洋育人特色，显现学校独特的文化特征，创作了舞剧《少年与海》。它紧扣学校的办学理念，为孩子们提供了一个创新载体，激发起孩子们的海洋情怀，领略了宽容豁达、勇于拼搏、开拓进取的海洋精神，培育了学生海纳百川的海洋文化精神。

关键词：舞剧　艺术教育

一、艺术教育活动背景

北京市海淀区七一小学创建于 1954 年，地处海军司令部大院内。多年来，七一小学在上级领导的厚爱与扶持下，在全体教职员工的协作与努力下，在各个方面取得了骄人的成绩，为海淀教育的发展做出了突出贡献。七一小学是海淀区首批素质教育优质校，艺术、科技、国防教育示范学校，课程设置最适合学生发展的学校，北京市教科研先进学校，数字校园和基础教育国际交流与合作实验校。学校承载着浓郁厚重的海军文化，最鲜明的办学特色就是围绕"海洋情怀"开展的学校文化、课程、课堂、环境建设。

为了进一步提升办学质量，办人民满意海淀教育，七一小学拓宽学校的内涵发展，立足于自身实际，借助海军这一地域、人文资源优势，将学校教育与地域特色相结合，积极创设富有海洋情怀、国际视野的校园文化，创造学校海洋育人特色，显现学校独特的文化特征。同时在全球化时代，学校用更加开阔的视野，构建更加开放与创新的学校发展环境，培养拥有国际视野的学生。

基于此，七一小学艺术团立足于学校自身特色，在首都师范大学于大雪老师的指导下，在对教师、学生广泛征求意见的基础上，共同完成了舞台剧《少年与海》方案与剧本的筹划工作。

二、艺术活动动机

《少年与海》是编剧、总导演于大雪根据世界名著《老人与海》改编，讲述了小水手们克服种种困难，经过重重考验，最终寻找到真正的人生宝藏——"探索、勇敢、不屈"精神的故事。该剧从孩子的视角对海明威的这一经典作品进行了全新的诠释，是对经典艺术的一次创新性的演绎。

《少年与海》的排练从2014年2月开始到2016年5月，持续两年，一共演出三场，学生一直保持每星期训练三次，每次两个小时。在两年的排练过程中，于大雪和团队的老师们不仅教授给孩子们芭蕾的体态、程式化的动作，更把"持之以恒，责任担当"这一当下独生子女普遍欠缺的精神通过润物无声的舞蹈艺术教育让孩子们感知，在这个过程中，孩子完成了这样的转变，艺术教育的目的也就达到了。

《少年与海》舞台剧紧扣学校的办学理念，为孩子们提供了一个创新载体，激发孩子们拥有海洋情怀，领略宽容豁达、勇于拼搏、开拓进取的海洋精神。此剧的表演形式是芭蕾舞，贯穿着国际化的因素，对学生来说是一次很好的提升国际艺术素养的机会。

培育学生的海洋文化精神，最终的目标是培育具有远大理想、海纳百川、自强不息的人；培养学生的国际视野，使他们将来在世界上任何一个地方都是受欢迎的、有能力的、负责任的人。

该剧能激发孩子们建设强大祖国、胸怀感恩之心、报效伟大祖国的汩汩热情。作为海淀区艺术教育示范学校，我们认识到这是一项推动全区未成年人思想道德建设、创建全国文明城区的惠民举措（可以对全区公演），可以有效地推动未成年人思想道德建设的深入发展，为此我们备受鼓舞和激励。

三、学校艺术教育理念

艺术教育是学校素质教育的重要窗口，也是七一小学实现"为学生美丽人生奠基"办学理念的重要途径之一。多年来，我校以科学规范的管理为基础，以异彩纷呈的课内外实践活动为内容，以创设艺术特色为目标，蓬勃开展艺术教育活动，学校已连续两次评定为海淀区艺术项目特色学校和海淀区艺术教育先进集体。"海洋情怀、国际视野、美丽人生"是七一小学艺术教育创新三大理念。我们的艺术教育硕果累累，艺术特色日益彰显，在海韵艺术文化浸润下，培养阳光小海娃。

(一)拥有海洋情怀，拥有海纳百川的胸怀

七一小学是海淀区首批素质教育优质校，艺术、科技、国防教育示范学校、课程设置最适合学生发展的学校、北京市教科研先进学校、数字校园和基础教育国际交流与合作实验校。学校承载着浓郁厚重的海军文化，最鲜明的办学特色就是围绕"海洋情怀"开展的学校文化、课程、课堂、环境建设。

1.魅力海洋课程，培养智慧小海娃

学校开设了以"海洋、海韵、海娃"为主题的"三海"校本课程。家长、教师共同设计的知识性、趣味性、参与性极强的海洋大讲堂课程已经开设近百次；聘请北京海洋馆的专家，与本校教师联手辅导学生进行海洋小课题研究活动；参观海军战士的军营，定期邀请担任海军军官的家长到校为学生进行海洋国防讲座。"三海"校本课程已经成为孩子们翘首企盼的课程。

2.健美海洋情怀，培养阳光小海娃

七一小学的孩子们不仅仅局限于课堂知识的学习，还参加了大量丰富的课外活动。借助海军海娃艺术团悠久的历史传统和精良的创作指导团队，七一小学与海娃艺术团携手，于2006年成立了海娃艺术团七一小学分团。2007年演出的大型少儿情景歌舞《阳光下的花朵》受到了时任国家总书记胡锦涛同志的好评，登上了2007年中央电视台春节联欢晚会的舞台。

学校每年举办"群星璀璨"艺术节；定期参与中央电视台的节目录制；每年与新加坡友好学校进行交流；举办班级合唱比赛，科技论坛，举办校园达人秀活动等，多姿多彩的群体活动让孩子们在日常的学习生活中不断培育健美的海洋情怀。2014年，我们与首都师范大学的专业团队合作，量身打造了一部融学校办学理念和培养目标为一体的大型少儿芭蕾舞剧《少年与海》，四场公演取得了极大的成功。演出后我们将剧目分解到各年级的舞蹈课中，培养全体学生的艺术素养，并将这部舞剧作为七一小学的保留剧目传承下来。

(二)开阔国际视野，了解多元文化

学校为学生搭设发展自我、展示自我的宽广舞台，组织各种对外交流活动，深入国外学校的课堂，深入国外学生的家庭，迄今为止，七一小学有六百多名学生分别出访了美国、德国、奥地利、新加坡、英国等国家。学校通过开展外教授课、视频交流、文化箱传递等风格各异的活动让孩子们了解多元文化，开阔眼界，增长见识，既提升了爱国热情，又培育了海纳百川的情怀，让小海娃们走上了国际舞台，成就他们的美丽人生。

(三)提出美丽教育，拥有美丽人生

七一小学在六十年的发展中，秉承"为学生的幸福人生奠基"的办学理念，把师生的幸福作为教育的追求。在十八大提出建设美丽中国，实现中华民族伟大复兴中国梦的那一刻起，学校重新审视顶层设计，确立了"传承与创新"的文化重构思路，即在传承"幸福教育"丰富内涵、凸显海洋情怀的基础上，将国际视野与满足新时代发展的"和文化"理念融入其中。基于此，学校以实现"美丽中国"的伟大梦想为思想指引，提出"美丽教育"，让全体师生都具有海洋情怀的人文素养和国际视野的现代精神，拥有美丽人生。

七一小学的"美丽教育"是对"幸福教育"的传承与发展，体现出"幸福"与"和谐"的文化内涵。"美丽"是对"幸福"的一种再提高，又是对"和谐"的一种再思考。"幸福"是"美丽"的起点，"和谐"是"美丽"的终点，"美丽"是"幸福"与"和谐"互为促进的统一体。

如果说七一小学的前六十年是通过幸福教育，让每位师生"各美其美"，成为一个严谨朴实、追求卓越的人，那么在今天，七一小学将着力推行美丽教育，让每位师生在"各美其美"的基础上去"美美与共"，成为一个合作分享、开放包容的人。因此"美丽教育"就是融"幸福"与"和谐"于一体的教育。

四、《少年与海》活动策划方案

(一)实施对象

参加舞台剧的小演员由本校二至六年级共 164 名学生组成，其中管乐团 2 人，健美操社团 8 人，合唱 60 人，舞蹈社团 94 人左右，其中男生 22 人。除舞蹈团外其他学生都没有舞蹈基础。

(二)实施步骤

1. 第一次公演实施阶段(2014 年 2 月 10 日—10 月 16 日)

实施步骤	时间安排	活动内容
准备阶段	1. 2013 年 9 月 2. 2013 年 10—12 月	1. 学校与海淀区教委里洽谈是否承担这次工作。 2. 导演与学校领导洽谈剧本，最终于 2014 年元月初确定排演舞台剧《少年与海》。
第一阶段	2014 年 2 月 10 日—14 日	寒假期间，学生和老师们排练一周时间。于大雪导演给大家介绍专家团队，介绍曾经排演过的其他剧目，介绍《少年与海》的故事情节以及讲解"什么是芭蕾舞"。

续表

实施步骤	时间安排	活动内容
第二阶段	2014 年 2 月 18 日—7 月 4 日	每周二、四、五排练。每天 2：30—6：00。 全部舞台剧第一幕到第四幕全部排练完毕。
第三阶段	暑期集训 15 天，7 月 7 日—18 日周六日休息；8 月 25 日—29 日，每天 8：30—16：30	每天 7 个小时的强化训练，同学们的进步相当显著。专家老师分舞段抠动作，而且不管角色的大小，每一个同学的动作都要精准到位。
第四阶段	1.9 月 2 日—10 月 14 日 2.9 月 15 日、17 日 3.9 月 16 日、18 日、19 日	1. 每周二、四、五排练。每天 2：30—6：00。 每天第一幕到第四幕完整排练。 2. 片头、花絮、广告片的录制。 3. 学生在排练厅穿上演出服训练。
演出阶段	10 月 14 日—16 日	共四场演出： 10 月 14 日　　　　　下午 2：00—3：30 两场 10 月 15 日—16 日　晚上 7：30—9：00 两场

2. 第二次演出实施阶段(2015 年 3 月 10 日—6 月 3 日)

2015 年 6 月 2 日—3 日在民族歌舞剧院。

3. 第三次演出实施阶段(2016 年 2 月 26 日—5 月 27 日)

2016 年 5 月 26 日进入中央民族歌舞剧院，彩排三次。

2016 年 5 月 27 日正式演出四场。

(三)《少年与海》故事梗概

序

升帆远航到大海里寻找奇迹，这是我们每一个人童年都有的梦想。开学前夜的宿舍里，也有这样一群同学在做着同样的梦……

第一幕

为了迎接"海洋节"的典礼，大家都在努力排练各自拿手的节目。大家也拿了自己心爱的礼物，来装饰学校。

孩子们搭建了一只看起来很不可靠的船。

"船快造好啦！现在出发！"大船静悄悄地开动了。

第二幕

远方的大船随风而来。海底下正在上演鲨鱼海盗追逐鱼群的惊人事件。

一条美人鱼和许多小鱼游到船边向同学们求助。善良的"船长"和同学们铆足劲与鲨鱼海盗搏斗，最后大家齐心协力把鲨鱼打跑了。

美人鱼答应了"船长"和同学们的邀请，准备和他们一起返回到陆地上的美丽学校参加他们盛大的典礼。

第三幕

返航的途中，船长与同学们奋力与鲨鱼海盗搏杀，美人鱼和所有小鱼们都来了。最终她带领大家逃离了鲨鱼海盗的追捕。

第四幕

同学们期待着寻找宝藏的大船返航。

典礼开始了。欢庆的过程中大家回忆起在海上发生的一幕幕，大家都对水手们的勇敢和坚持表达着自己的敬意。

尾声

典礼结束了，学校又恢复了平静，大家回到了各自的学习与生活之中。

五、活动教学计划

大型芭蕾舞剧《少年与海》是编剧、总导演于大雪根据世界名著《老人与海》改编，讲述了小水手们克服种种困难，经过重重考验，最终寻找到真正的人生宝藏——"探索、勇敢、不屈"精神的故事。舞剧的排练是从 2014 年 2 月开始到 2016 年 5 月，一共正式演出三次，共八场。孩子们一直坚持每周三次，每次两个小时的训练。第一次由二至六年级共 164 名学生组成，其中管乐团 2 人，健美操社团 8 人，合唱 60 人，舞蹈社团 94 人左右，其中男生 22 人，除舞蹈团外其他学生都没有舞蹈基础。第二、三次都大约 150 人左右。第一次公演是在海军大礼堂，第二、三次都在中央民族歌舞剧院演出。

(一)指导思想

在连续两年的排练过程中，于大雪和团队的老师们不仅教授给孩子们芭蕾的体态、程式化的动作，更是通过润物无声的舞蹈艺术让孩子们感知"持之以恒，责任担当"这一当下独生子女教育过程中普遍欠缺的精神。

(二)训练目标

1. 培养孩子的优美体态和对艺术的审美能力。
2. 训练扎实的基本功如：腰、腿、胯的软度及开度，身体的综合素质能力。
3. 培养学生舞蹈时准确的节奏感和音乐表现力。
4. 培养学生相互的合作能力和良好的舞台感觉。

(三)训练要求

1. 养成第一时间自己主动学新动作的好习惯，不要去看别人的动作。

2. 每一个动作要用心、用力去做，不要假，尤其是身体末梢包括脚背、手指尖的动作。

3. 在即兴表演时一定要真实的展示自己，大胆的表现自己。

(四)训练内容

第一个阶段：基本功的训练。

1. 对学生进行强化基本功训练，教师通过有趣的基训组合，使学生的软开度有一定程度的提高。

2. 地面完成软开度的训练之后，进行把上规范的芭蕾训练，使学生们的形体、姿态、线条得到改善。

3. 中间训练，这是让学生提高表演能力和技巧的重要部分，这个训练主要解决形体、重心、控制和呼吸，只有掌握这些才能更好地完成舞蹈作品的表演。

4. 通过组合的练习，使学生加深基本功训练的系统性，更好地服务于舞蹈剧目的排练之中。

5. 选择适合学生学习和表演的民族舞蹈节目，不断丰富舞蹈队的资料库。

第二个阶段：分角色、分舞段单独排练。

第三个阶段：四幕联排。

六、活动教师笔记

(一)教案

教案1：优雅美人鱼——阿拉贝斯舞姿

阿拉贝斯(Arabesque),中文名叫"迎风展翅",是芭蕾舞中最常练习的舞姿之一,它的用途非常广泛,通常和其他芭蕾舞步组合完成,例如伸展动作或者腿部动作。阿拉贝斯有多种形式:支撑腿挺直、弯曲、立脚尖、半脚尖;跳跃或者旋转时,动力腿向后抬起,呈绷直伸展状态,都是阿拉贝斯舞姿。本课以优雅美人鱼的动作练习来进行阿拉贝斯的学习。

【教学目的】

1. 在组合中学习四个阿拉贝斯造型,同时练习伸展、挺拔的姿态。

2. 在学习舞蹈组合的同时体会美人鱼的优雅。

【教学重难点】

重点:练习阿拉贝斯四大舞姿,并熟练掌握四大舞姿的特点。

难点:手脚的位置准确和身体的伸展。

【教学准备】

1. 组合动作的设计

2. 伴奏音乐的选择

参考课时:2课时

【教学步骤】

(一)找元素

阿拉贝斯舞姿训练比较程式化,本组合用优雅的美人鱼来作为阿拉贝斯训练的参照物,让学生在体会美人鱼优雅的同时,熟悉掌握阿拉贝斯四大舞姿。

(二)提炼动作

将四个阿拉贝斯舞姿进行分解,让学生在清晰的过程中掌握动作要领。

(三)实践动作

学生通过老师的示范动作来进行实践和体会,教师要根据学生的掌握程度及时的给予纠正和调整。

(四)组合示例(共20个8拍)

第一段:共4个8拍

准备姿态:面向1点,小八字脚位站立,一位手经小七位起范儿回到一位。

第一个8拍动作:

1~4拍:双手从一位至二位。

5~8拍:双手从二位至右手前六位。

第二个8拍动作:

重复第一个8拍相反动作。

第三个8拍动作:

1～4 拍：双手回到二位。

5～8 拍：双手抬起至三位，同时立半脚尖。

第四个 8 拍动作：

小碎步至 2 点方向，双手从旁打开经七位回到一位，落脚跟。

第二段：共 4 个 8 拍

第一个 8 拍动作：

1～4 拍：右脚前擦点地，双手至二位。

5～8 拍：四位半蹲。

第二个 8 拍动作：

移重心后脚点地，第一阿拉贝斯舞姿。

第三个 8 拍动作：

左手带动至前方，右手向后，成第二阿拉贝斯舞姿。

第四个 8 拍动作：

双手落回一位，双脚收回一位脚位。

第三段：共 4 个 8 拍

第一个 8 拍动作：

左脚上步，右脚后点地。双手至第三阿拉贝斯舞姿。

第二个 8 拍动作：

右手向上带动，左手画立圆，经下向前伸出，成第四阿拉贝斯舞姿。

第三个 8 拍动作：

1～4 拍：双手回到一位，右脚收回后三位。

5～8 拍：双手抬起至三位，同时立半脚尖。

第四个 8 拍动作：

1～4 拍：碎步转身到 8 点方向。

5～8 拍：双手从旁打开经七位回到一位，落脚跟。

第四段：共 4 个 8 拍

重复第二段 4 个 8 拍动作，方向相反。

第五段：共 4 个 8 拍

重复第三段前 3 个 8 拍动作，方向相反。

第四个 8 拍动作：

1～4 拍：碎步转身到 1 点方向。

5～8 拍：双手从旁打开经七位回到一位，落脚跟。

（五）评价

通过自评和互评，让学生对本组合掌握的程度有更深一步的认识，最后有老师进行评价，让学生能正确掌握并巩固本课内容。

【教学提示】

1. 阿拉贝斯是一种充分锻炼后背和腿肌的优美舞姿，要提醒学生在做动作的时候注意背部伸展，脖子伸长，但要避免身体的僵硬，整个舞姿做出来要优雅，舒展。

2. 注意四个舞姿手脚的位置。

教案2：欢乐小舵——芭蕾手位

芭蕾舞七个手位是芭蕾舞的主要表现形式之一，手位在延伸舒展性上，在挺拔感觉上比较突出，有助于稳定重心，帮助收紧背部及立腰。手位的训练能够加强手指神经末梢的感觉，加强动作的美感以及延伸到生活中的每一个细节。

【教学目的】

1. 准确认识芭蕾舞中七个手位的位置。

2. 在学习中激发学生对海洋的热爱之情。

3. 对学生优美体态的培养及提高学生动作与音乐的准确性。

【教学重难点】

重点：掌握芭蕾舞中的七个手位。

难点：手的控制能力，进入小舵的角色，手位与步伐的配合。

【教学准备】

1. 设计组合情境

2. 伴奏音乐的选择

参考课时：2课时

【教学步骤】

(一)找元素

把手位组合的动作元素放在欢乐小舵手的情境之中。

（二）提炼动作

以"航海小舵手"为组合的切入点，老师和学生一起把比较有特点和吸引力的动作加以提炼，编成组合，充分培养学生们的创造能力。

（三）实践动作

在组合的学习过程中，将七个手位教授清楚，并且通过设计的航海情境，来实践手位组合。

（四）组合示例（共 16 个 8 拍）

第一段：共 4 个 8 拍

准备姿态：小八字脚位，芭蕾手位一位准备。

第一个 8 拍动作：

1～4 拍：双手从一位至二位，四拍分四次完成。左倾头。

5～8 拍：双手从二位旁开到七位，四拍分四次完成。右倾头。

第二个 8 拍动作：

1～4 拍：双腿半蹲，双手从七位至一位手位。

5～8 拍：双腿直立，双手从一位经二位至七位手位。

第三个 8 拍动作：

重复第一个 8 拍动作，头的方向相反。

第四个 8 拍动作：

重复第二个 8 拍动作。

第二段：共 4 个 8 拍

第一个 8 拍动作：

1～4 拍：左勾脚 8 点方向点地，主力腿半蹲，双手从七位至四位手，四拍分四次完成。左倾头。

5～8 拍：半蹲基础上，左脚收回到小八字位。双手从二位经一位至七位打开。

第二个 8 拍动作：

1～4 拍：双手叉腰，向 8 点方向上右脚前五位，半脚尖小碎步，眼视 1 点。

5～8 拍：做 1～4 拍相反动作。

第三个 8 拍动作：

重复第一个 8 拍相反动作。

第四个 8 拍动作：

重复第二个 8 拍相反动作。

第三段：共 4 个 8 拍

第一个 8 拍动作：

1～2 拍：小八字脚位半蹲，二位手位。头左倾。

3～4 拍：双腿直立，保持二位手位。

5～6 拍：小八字脚位半蹲，双手打开至七位手位。头右倾。

7～8 拍：双腿直立，保持七位手位。

第二个 8 拍动作：

1～8 拍：七位手心摊开，仰头，带胸腰半脚尖小碎步，从右侧自转一圈。

第三个、第四个 8 拍动作：

重复第一个、第二个 8 拍动作。

第四段：共 4 个 8 拍

第一个 8 拍动作：

1～4 拍：右前五位脚，面向 8 点方向，原地小碎步，三位手位。

5～6 拍：右脚绷脚尖向 8 点方向前点地，手位从三位手位打开至七位手位。头左倾，眼视 1 点。

7～8 拍：回到小八字脚位，面向 1 点方向。

第二个 8 拍动作：

重复第一个 8 拍相反动作。

第三个 8 拍动作：

1～6 拍：双手叉腰，半脚尖小碎步后退。

7～8 拍：落脚跟成小八字脚位，一位手位。

第四个 8 拍动作：

1～7 拍：双手从一位经二位至三位手位，七拍分七次完成。

8 拍：结束造型。

(五)评价

通过师生评价和生生评价的环节，让学生之间有一个交流的过程，从而培养学生的合作精神，并在讨论和评价中，设计出最完美的组合。

教学提示

1.强调手位动作的节奏感。

2.注意点和方向的变化。

3.进入情境，成为一个真正的欢乐小舵。

(二)教学反思

《优雅美人鱼 ——阿拉贝斯舞姿》教学反思

舞蹈是一种表现艺术，舞蹈课上，或蹦跳，或表演，通过对舞蹈的表现，使学生能够充分地展示自我，获得美的享受和成功的愉悦。因此，培养孩子的自信心，是舞蹈课堂的必要条件，而学生们有了对舞蹈的自信，那么上舞蹈课也就更加有兴趣了。所以，在舞蹈课上要非常注意培养学生的自信心：

1. 真诚地赞扬

对于那些缺乏自信的学生，真诚地赞扬他们取得的每一点成绩最能激起他的学习热情。要仔细寻找发现他们的闪光点，并且及时、适当地给予赞扬。如：你的舞姿真美，你给我感觉真好等。尤其对于那些很少得到表扬的学生，真诚的赞扬会让他充分发挥内在的潜力，甚至会成为他的人生一个重要的转折点。

2. 中肯地分析

通过耐心细致又合理的分析，让学生明白这么一个道理：也许别人在有些方面比你强，但你却在另一个方面要比他强。当学生在由于感觉不佳、节奏不准或其他原因而不敢起舞时，要明确地告诉他，他在表演或模仿等方面能够超过别人，鼓励他用其他形式表现舞蹈，给学生增添勇气，战胜自卑。

3. 设计要求不必过高

在舞蹈课堂上，要结合学生的实际学习情况，有意识地降低难度，增大成功的概率，让学生感受到成功的喜悦。如：舞蹈组合、舞蹈小节的旋律模仿等，都能有效地鼓舞学生，从而更好地帮助克服自卑、产生自信。

4. 随时巩固学生的自信心

当看到学生们因不断成功而取得了宝贵的自信时，还是要不断地支持、鼓励，以巩固他们的自信心。在舞蹈课上，以自然、亲切的微笑面对学生，经常用"你真棒、你能行"等鼓励性的语言，创设出一个温馨、和谐、愉快的舞蹈课堂氛围。学生在这样的环境中，都会不断地努力，舞蹈课的效果也就越来越好。

舞蹈艺术与其他艺术不同，它是情感的艺术，只有通过音乐舞蹈的情感体验，才能达到舞蹈教育"以美感人，以美育人"的目的。舞蹈课堂教学应更多地建立在参与和感受的基础上。学生只有"动"起来、"舞"起来才会对音乐对舞蹈有真正的体验和理解。所以在舞蹈环节引导学生学跳了简单的各民族舞蹈，从学生们的笑脸和投入的表演中，可以看出他们真正融入了舞蹈，充分感受和体验了舞蹈带给他们的无穷乐趣。这种乐趣来自于他们全方位的主动参与，来自于他们对舞蹈情境的感受和体验，来自于他们对舞蹈文化的理解。

总之，自信心是人生走向成功所必需，注意课堂中学生的主动性，发挥他们的自信是艺术课的重点。

《欢乐小舵 ——芭蕾手位》教学反思

舞蹈是美育的重要手段之一，它直观、形象、生动、活泼，是学生极为喜爱的一项活动。它可以陶冶学生的性情，使他们从小受到美的熏陶，更有利于学生身体的协调发展，促进他们快乐地健康成长。教好小学生的舞蹈，应做到以下几点：

1. 平时要常让学生欣赏一些舞蹈作品。在欣赏过程中能不断提高学生对各种舞蹈语言的理解能力。

2. 小学生的抽象思维还没有得到充分发展，所以，要常常利用有趣的、具体直观的，形象的教具以及现代化的电教手段来吸引学生的注意力，提高他们的学习兴趣，促使学生主动地学习。如：在本课中，我们把"手位组合"融入到"航海小舵手"的情境中，学生能很快地掌握主要内容和特点。发挥了他们学习的主动性，取得了较好的教学效果。

3. 在教授舞蹈动作时，教师富有感染力的示范动作显得十分重要。认真对待每一个舞蹈动作，力求做到优美、到位、漂亮、投入且有亲情，让学生多模仿多练习，从而掌握动作要领，理解动作内容。

4. 教师要认真设计每节课，力求做到真挚传神，情趣盎然。在深入进行教学领域改革的今天，教师需重视舞蹈课的设计，及反复修改每一步骤，努力寻求最佳方案，多利用现代化的教学手段，把每一节课中的复习、新授，巩固几个环节组织在一个主题中，层层展开，环环相扣，形成一个整体。

5. 在课堂上尽量为学生提供尝试机会，为学生提供展示自我的舞台，使他们感受到自己的潜能，体验到成功的快乐。

6. 对学生要坚持正面教育引导为主，对孩子的点滴进步都要及时给予表扬鼓励，哪怕是一个点头、一个微笑都能给学生以鼓励，增强他们的自信心。对一些学习上有困难的同学，教师的态度更要亲切、耐心，帮助他们克服恐惧心理，多个别辅导，只有这样才能使每个学生在各自的基础上得到不同程度的提高。

(三)活动记录

时间	2014 年 1 月 17 日	地点	舞蹈教室
参与教师：	邢艳、王立军、黄巍、孙元春、李莉、朱立、梁格辉、王丹		
指导专家：	于大雪等四位	学生人数	116 人
活动内容： 全天	1. 通知排练时间及要求 2. 发家长信 3. 登记名单、电话号码		

时间：	2014 年 2 月 10 日	地点	舞蹈教室
参与教师	黄巍、赵楠、梁格辉、张雪		
指导专家	于大雪等四位	学生人数	97 人
活动内容： 全天	1. 今天是舞台剧排练的第一天，孩子们来得非常早，他们排着整齐的队伍进入舞蹈教室迎接排练专家的到来。 2. 于大雪等四位专家老师到校排练。 3. 于老师介绍专家团队，介绍曾经排演过的其他剧目，介绍此次我校舞台剧的故事情节。 4. 做排练前的动员及提出要求。		

时间：	2014 年 2 月 11 日	地点	舞蹈教室
参与教师	黄巍、赵楠、梁格辉、张雪		
指导专家	于大雪等四位	学生人数	97 人
活动内容 全天	1. 侧手翻。 2. 芭蕾手位。 3. 为各种角色确定演员。		

其余记录省略。

（四）活动反馈

1. 学生感想

今天是舞台剧《少年与海》公演的日子。虽有些紧张，但我想：一定要把最好的一面展现给大家。随着音乐的响起，演出开始了。一个个小演员精神抖擞地出现在舞台中央，把每一个人物都表演得惟妙惟肖，台下掌声不断响起，原有的紧张早就被这掌声赶跑了，将近两个小时的演出竟然不知不觉地在掌声中谢幕了，台下的观众都站了起来，使劲地鼓掌，我们的演出成功了！这期间，舞蹈团的每位小演员每天都要训练几个小时，即使是冬天，也都汗流浃背；每位老师、教练、导演几乎是不停地穿梭在舞台中，认真指导、改正我们的每一个动作、姿势和表情，一天下来，声音都是沙哑的。然而这一切在今天终于得到大家的认可。我为自己高兴，也为我们舞蹈团高兴，我为自己是七一舞蹈团的一名成员感到骄傲和自豪。从今往后，我要向我们的"船长"学习，坚持自己的梦想，与学习、生活中的困难勇敢搏斗。

——三（3）班　刘源

演出那天，我们化好了妆，坐在化妆间里等着自己舞段开始。上台了，我的内心万分激动："我终于上台了！"台上的灯光五颜六色，有粉的、蓝的、白的、黄的，美丽极了！我们的服装也特别漂亮，在第一、第四幕我穿的是紫色的燕尾服，白色的长靴子。第一幕我演拿着盒子的小同学，我觉得有意思的还是第四幕：我拿的是"迎"字，一开始 我们站的顺序是：欢们你迎凯来旋归，然后我们看到自己的位置站错了，立刻跑到正确的位置上，变成了：欢迎你们凯旋归来。在谢幕时我可就不一样了，我穿的是橙色小丑鱼的服装，白色的衬衫就像小丑鱼的白肚皮，圆溜溜的，橙色的大尾巴一摇一摆的，可爱极了！

——三（10）班　郭王菲

大幕拉开，礼堂的灯亮了，耳边想起了熟悉的音乐，我知道期盼已久的时刻到了。我甚至听到了自己心跳的声音，好在有面纱遮住脸，别人看不到我紧张的表情。我今天将以一个舞者的身份出现在舞台上，今天，我要和同学们共同完成一个"少年与海"的故事！妈妈看完演出，一直赞叹："太棒了！真是没有做不到，只有想不到，你们真是神一样的团队！"过去十个月的很多画面浮现在我眼前。回想今年春节后一个下午，天很冷，我被选上开始参加舞蹈训练。我很喜欢跳舞，但对芭蕾舞很陌生，现在想起来，我真幸运接触了芭蕾舞和交响乐。芭蕾的动作和音乐，有时温柔，有时震撼，开始我有点听不懂的音乐，后来觉得越来越好听。喜欢掌代（不知道是不是这么写），在家我经常表演大跳和基本芭蕾动作，然后告诉全家人看到掌代后，务必要鼓掌，这是一种礼貌，也是一种礼仪。爷爷奶奶开始觉得很好笑，后来连妹妹也学会了，全家很开心。

除了美妙的动作和音乐，在将近十个月的训练，我还学到了纪律和团结协作。这不是一个人的演出，而是100多人在同一个舞台上，各司其职。记得在排练时，我们不光是完成好自己的动作，还要和其他同学配合，做好一组队形，掌握出场时间。这时，我的眼里和心里就不能只有我自己，而是要看到别人，听到别人。

《少年与海》的排练虽然有点辛苦，但还是非常值得的。只要有付出就会有收获。尽管我们不能早放学，写作业要到很晚；尽管排练动作有的需要劈叉，腿被抻得直掉眼泪；尽管我们在寒暑假也要排练，不能出去旅游，但这一切困难都烟消云散，在那个美妙的晚上，我们穿上美丽的演出服，文工团的阿姨帮我们化好妆，在美妙的音乐中，为了战胜困难而努力，为了迎接胜利而欢呼。那一刻，我很幸福。

在此之前，我全家都没有想到我们上演的是这么复杂和宏大的一场演出。我要感谢张校长、于导演和很多老师，谢谢您们对我们的信任和培养。谢谢我的爸妈，爷爷奶奶，外婆和妹妹，谢谢你们的支持、接送和美餐。《少年与海》的演出结束了，但这个活动带给我的一切，将让我终身受益。

——四(12)班 朱雨甜

我喜爱我的舞台剧《少年与海》，她让我有了丰富的舞台经验，让我成为班级焦点，让我学会了如何合理安排学习时间，让我们由一个班级集体变成了全年级集体，让我为我的学校争光。

——三(6)班 金雨彤

虽然我不是舞台上的主角，但是让我感到舞台上没有主角和配角之分，同样需要付出辛勤的汗水。经过这次舞台剧的演出，感觉自己像经历了暴风雨洗礼的海燕一样，更加自信与坚强。

——五(5)班 赵漪函

2. 家长感想

《少年与海》给观众的印象是恢宏、大气、壮观和令人震撼的！而这样一部艺术巨作却是由一个个细节组成的，而每个细节又是那样的严谨，一丝不苟，小到一个道具、发饰和别针。它是导演、老师、学生及全体工作人员严肃认真、辛勤付出与努力的结果！

——五(4)班 肖雅萱妈妈

感谢七一，感谢《少年与海》导演团队，在整个过程中孩子们的收获是多方面的，无论是思想境界还是艺术水平以及人生经历，都是机会难得，尤其对高雅艺术的理解和鉴赏方面，对孩子的影响一定是受用终身的，远离低俗，感受真正艺术的高雅，从孩子抓起吧！晨曦中一抹希望的光！

——四(11)班 窦士博妈妈

《少年与海》大型芭蕾舞剧已成功收官，作为家长我真心地感谢学校给了孩子们这样的平台，感谢老师的辛勤培育使这些孩子们的表演如此出色，是她们深深地打动了每一位观众，我们的孩子不再是柔弱的花朵，是她们让我们知道梦想并非遥不可及，是她们一张张灿烂的脸庞强有力地震撼了我们，我们是眼含泪水享受着每一幕的精彩，谢谢孩子们！谢谢你们让大家重拾感动、追寻梦想！

——五(6)班 高翊霏爸爸

大幕拉上，悬着的心终于放下，这是我第一次体会到舞台背后的艰辛。孩子们的勤奋，老师的辛苦，导演的苛求，舞美、服装的努力，终于有了收获，作为《少年与海》志愿者其中一员，我感到万分荣幸。愿梦想随《少年与海》起航，我愿做那托起梦想的海浪。

——四(9)班 刘逸霏爸爸

我的儿子从一年级入学被选入舞蹈队后，作为妈妈感到无比的荣耀，当看到每天中午在别的同学午休的时间去训练，在别的同学放学后还在训练，在别的同学可以看电视的时还在做作业，作为妈妈，曾经有一段时间想过让孩子放弃……

在这一年的训练中，孩子的成长感染了我，孩子学会了对时间的管理，学会了与大哥哥姐姐沟通，学会了进取。他会牺牲课间休息时间去赶作业，会向高年级的哥哥姐姐学习经验，会向老师更多的讨教动作、表情及细节问题，会在家长面前表演。在这一年当中，他从一名刚刚进入学校的一年级"小豆包"光荣地成长为一名少先队员，一名三好学生，一名中队长……

虽然孩子此次演出只有两幕角色，孩子明白了"台上一分钟，台下十年功"这句话的含义！明白了他的付出关系到班集体的荣誉，学校的荣誉……

作为志愿家长的十几天，我看到了老师和导演的艰辛，他们牺牲了陪伴自己孩子的时间，每天陪伴他们，让这100多名几乎是零基础的孩子们成功完成了演出！

作为一个妈妈，看到孩子的成长，我感到特别欣慰。感谢老师和导演为孩子们付出的每一滴汗水，付出的一切一切！感谢七一小学的领导和老师们给孩子们这么大的舞台！

——二(13)班　吴牛添妈妈

舞台剧的成功演出，凝聚着众多参与者的努力和付出。身为服务者中的一员，我非常感动。舞台上的精彩使我感动，但更感动我的是幕后的每一个瞬间。

张校长把握大方向，时常对老师、孩子们嘘寒问暖，全方面提供支持。齐校长总体负责，身先士卒，不但从技术上把握，还给孩子们提供了物质保证。身为校长，亲自蹲在楼道里，给孩子们双手送上小食品，让人感动。邢主任为了舞台剧忙前忙后。就拿订餐来说吧，为了这200多人能吃上可口的饭菜，绞尽脑汁，调换花样，保证安全。舞蹈老师协助排练，指导动作，选派演员，忙前忙后，一丝不苟。

小演员们刻苦努力，克服困难，有很多孩子都带病坚持训练，保证出勤，努力完成着自己的角色任务。家长们全力支持，十多位家长更是在"决战"时刻全力付出，他们深入后台，帮孩子们抢换服装、提供热水、维持纪律、分发饭菜……他们没有顾及自己的孩子，担当着更多孩子的"临时妈妈"。还有那些保安、保洁人员和所有为了舞台剧成功演出而默默工作的人们，他们的一举一动都让人感动。

正是有了这个团结奋进的团队，我们的演出才能如此成功。我想，这就是"七一"的凝聚力，这就是"七一"的精气神。

——二(7)班　杨宁悦妈妈

3. 教师感想

2014 年的 10 月注定是一段不平凡且值得深藏于记忆中的光阴。当《少年与海》的大幕缓缓拉开，从孩子们华丽上场的那一刻起，站在上场口的我，泪水慢慢涌入眼底；当谢幕的掌声、欢呼声此起彼伏时，"璀璨绽放"是我给出无二的评语。

——邢艳

我们可爱的舞台剧《少年与海》在历经了 8 个月的培育生长期，终于与大家见面了。这其中的艰辛和困惑就不一一赘述了。最想表达的是感谢：感谢学校领导为我们争取的这次机会；感谢导演组的精心策划和编排；感谢孩子们认真投入的表演；感谢同事们的协作与分担；感谢家长们的鼎力支持与帮助……太多的感谢似乎用这简短的言语不足以表达我此时的心情。但我相信有了大家的齐心协力，我们的舞台剧会越走越远，七一精神会越走越远！

——孙元春

"我抓一下，再踩踩，咦！干冰不见啦！"

"你的假睫毛比我的要长，但是我的口红要比你的红！"

"集合啦，小舵舵，你再往后一点，站在姐姐的旁边！"

"老师，我发烧了，头很晕，笑起来时嘴特别干，不过这一场我要跳完……"

每一种经历都是孩子们成长中的养分，因为有各种养分的滋润，让我们的孩子不再孤独、不再娇气，不再轻易说放弃！

——梁格辉

八个月的精心准备、八个月的艰辛付出，终于化为了一场精彩绝伦的表演。随着音乐轻轻响起，幕布缓缓落下，我听到了热情的掌声席卷了整个礼堂。看着眼前欢呼雀跃的小演员们，我仍旧记得是如何带着他们从零开始，慢慢靠近这个舞台，而今天，他们终于站在了这里，收获着所有人的赞扬，我为他们骄傲。

——路欣艳

回顾《少年与海》在策划、排演中的点点滴滴，给了我三点启示：一是优秀的舞蹈要源于生活、充分展现演出单位的时代特色；二是优秀的舞蹈要根据表演者的年龄特点和专业背景，合理设计动作和场景；三是优秀的舞蹈离不开精心的策划、有序的组织和扎实的训练。

——曾媛

七一小学大型芭蕾舞剧《少年与海》终于和大家见面了。作为一名排练老师，我和学生们近几个月的紧张、有序、艰苦的排练也结束了。孩子的潜力在排练中尽显出来，他们能够完成导演所有表演要求。在台上能够以最饱满的精神参加表演，展示了自己，也展示了七一小学的风采，听到观众经久不息的掌声，看到观众灿烂的笑容，作为其中一员我感到无比的欣慰与骄傲。

——王立军

《少年与海》圆满落幕，但震撼心灵的演出依然在心里回味，经历了9个月的紧张训练，虽然加班加点，虽然辛苦疲惫，但每次站到台上却是兴奋和满足，因为心里想的只有七一，只有我们的舞台剧。

——王丹

这次舞台剧的演出对于我和学生来说，只能用"震撼"两个字来表达。活动中不仅仅是台上163名同学的参与，其实对于全校的学生都有着深刻的教育意义——做任何事情，没有辛勤的付出，就没有最后成果。

——朱立

4. 艺术教育专家点评

我们的孩子需要接受这样的世界经典和高雅艺术的熏陶。现在的孩子们，视角不应该仅仅局限于北京或者中国，我们的国家正在朝着国际化的方向发展，这就需要孩子们也具备更高、更开放和更加国际化的审美视角。

——冯英　中央芭蕾舞团团长

因海结缘，因海有梦！与少年们做伴，无所畏惧；与大海为伴，梦想远航！

——执行导演　陈庆

与七一的师生一起远航是我在探索少儿艺术道路上最美妙的旅程之一。

——执行导演　黄天星

《少年与海》的创作经历也是我们一次心历程，也希望孩子们快乐成长。

——舞台设计　陶象驹

我的爸爸曾经是名海军，从小对大海、对军舰的认识和憧憬都是来自爸爸对大海的描述和他对青春的回忆……每个孩子对那片浩瀚而未知的世界都有自己探秘的梦。《少年与海》，与其说是工作，不如说是孩子们给了我一个和他们一起游戏，陪我回忆童年那些美好向往的机会。

——服装设计　阿宽

（齐丹红、梁格辉、孙元春、曾媛）

让艺术之光照亮孩子的人生

北京市海淀区实验小学

摘要：北京市海淀区实验小学把"守真，从善，修美"作为核心价值追求，在全面提高教育教学质量的同时，把艺术教育纳入学校发展的整体规划，取得了骄人的成绩。学校艺术教育通过课堂、艺术节和讲座等形式，实现全员覆盖。学校现有多个社团，其中艺术社团蓬勃发展。学校在艺术教育理念、管理机制、社团制度方面较为完善。

关键词：艺术教育

北京市海淀区实验小学（以下简称海淀实验小学）成立于1965年，经过近半个世纪的文化积淀，学校把"守真，从善，修美"作为核心价值追求，在全面提高教育教学质量的同时，把艺术教育纳入学校发展的整体规划，取得了骄人的成绩。学校艺术教育通过课堂、艺术节和讲座等形式，实现百分之百全覆盖；艺术社团蓬勃发展，学校现有金帆合唱团、金帆管乐团、银帆舞蹈团、戏曲团、民乐团和书画艺苑等社团，吸纳学生1600余人，占学生总数的40％左右。2010年，学校荣获"全国艺术教育先进学校"称号。

学校为什么能长久地开展艺术教育？海淀实验小学赵璐玫校长认为：因为我们尝到了甜头，我们乐在其中，我们发现，艺术教育有其不可替代的育人功能。

一、艺术教育观：明确艺术教育的基本方向

赵璐玫校长强调：我们不是为了艺术教育而搞艺术教育，更不是为了给学校增光添彩、锦上添花；我们是为了育人，为了培养全面发展的人。在小学阶段，学生的情感态度价值观还处在初步形成阶段，他们很难理解一些抽象的大道理，但懂得自己要做一个好孩子，老师的引导与课堂及学校艺术学习条件的互补，实现学生艺术学习经历的多样化。

（一）创设泛在艺术环境，形成推进学校艺术教育发展的合力

社会要为学生提供更广阔的艺术教育资源。例如：专业文艺演出的彩排可以以较低的价格让学生观看，音乐家协会也可以为学校安排活动，而学校共建单位也应该为学校提供一定的资金支持等。让学生在社区的各种环境中完成艺术课程，不仅可以增强学习的意义，还能培养学生的公民责任感。

家庭要为学生创设有内涵的艺术成长氛围。家长除了送孩子到校外艺术学校学习外，还应适时带领孩子观看音乐会、艺术作品展等，使孩子在耳濡目染中提升艺术素养。另外，学校还可以请家长融入学校艺术教育的行列中，形成家校共建、亲子共同活动的良好艺术氛围。

（二）建立学生艺术发展三类跟踪评价制度

艺术学习的意义在于体验艺术的过程而非创作出什么样的艺术作品。因此，对于学生艺术学习的评价不是简单的测试与问答就可以完成的，应依据各年级的评价标准，对学生的学习过程进行追踪性评价。

我们结合区域的数字化建设情况，建立学生的数字化艺术成长跟踪档案，从评价类型上可以分为三类：一是初级评价，检测学生是否掌握了艺术课程学习所要求的最基本的和关键性的知识与技能；二是成长评价，包括对学生整个学习过程的监督；三是累积评价，对学生的创作做出最后的判断。在评价方式上以分数测试、作品与表演评价、开放式的问答等形式进行综合评价，真正做到以跟踪评价激励学生的艺术发展，为每一名学生的快乐成长奠基。

在正确引导下追求美好的东西。我们从这点做起，让学生在唱歌、跳舞、绘画、书法等艺术活动中感受生活之美。我们刚开始就是这么简简单单的想法，从一点一滴扎扎实实地做起来，让艺术在学生心中扎根。这对学生的性格发展、责任感的培养、追求做一个完美的人，都是大有裨益的。

什么是艺术上的"学有所成"时？舞台上光鲜亮丽的演出就是"成"吗？不是；得奖就是"成"吗？也不是。学生参与到艺术活动中并享受到艺术的美，才是一种"成"。在艺术社团中历练的孩子，在班级以外的另一个集体——艺术团体中收获温暖，得到了成长。有的学生学习不是特别好，但他喜欢参加社团活动，在社团中更自信了，老师更喜欢他了，同学们也佩服他了。社团活动促进了他的学习，这就是"成"。比如：有一个学生进入社团后不久，很难跟上大家的步伐，长号吹不了，短号也吹不了，可是他实在喜欢社团，怎么办？于是，老师针对他的特点，为他换了一种打击乐器，虽然在整个演出过程中，他只是在最后敲一下那个定音，但他依然很高兴，因为他享受了音

乐带给他的美感和成就感，享受了团队合作的快乐。他脸上洋溢的那种天真和快乐的神情，常常令我们动容。从发展的眼光来看，这种技艺之外的东西，一定会对他的情感态度价值观、对他的人生产生积极的影响，我们觉得这就够了。

二、艺术教育管理机制：设置专职艺术教育负责人

海淀实验小学设置了完备的艺术教育领导机构。学校早在1997年就成立了艺术教育领导小组，校长任组长，主管德育的副校长任副组长，艺术教育主任主抓学校艺术教育工作。学校形成了由校领导、外聘专家和校内教师组成的艺术教育分层管理体系，制定了组织领导分工、团队管理职责、经费投入程序、财产保管制度、表彰奖励办法等一系列规章制度，从组织上保障了艺术教育的有效开展。特别值得一提的是，学校设置了专职的艺术教育主任（也称美育主任，以下简称艺教主任）岗位。德育副校长楼薇琳介绍：在设置这个岗位之前，不同的社团归不同的领导管理。随着社团的不断发展和艺术教育任务的加重，原来的管理办法很难适应形势发展的需要，因此，学校专门设置了艺教主任岗位，以统筹学校的整个艺术教育工作。

艺教主任汪涓原来是美术教师，出身艺术之家，自1997年就任艺教主任后，一直干到今天。汪主任既主管音乐、美术课的教学和教研工作，又主管学生艺术社团的新老交替、排练、演出等工作，还负责学校文化建设。在她看来，这个岗位具有"承上启下的桥梁作用"：将上级、学校的艺术教育理念和计划传达给老师，并帮助老师解决在艺术教学中遇到的困难和问题。在汪主任的协调下，多年来，海淀实验小学的艺术教育赢得了一大批一流艺术家的支持，他们为学校写歌、作曲。各社团也聘请了高水准的专业人才担任教官。虽然工作很辛苦，但汪主任说："我喜欢做这些，在这个位置上，我觉得自己活得很有意义。"

三、社团制度：逐级引领，助学生走向辉煌

海淀实验小学是怎么引领学生走过枯燥、艰辛的艺术之路，最终领略到艺术之大美呢？富有人文精神的社团制度的确立和完善，是保障学校艺术教育取得累累硕果的重要因素之一。

(一)梯队制度：促进学生专业逐级成长

为了促进学生专业的逐级成长，合唱团、管乐团、舞蹈团建立了梯队制

度，即根据学生的专业技术程度，将学生分为三个或四个梯队。社团实行严格的晋级制度，每个梯队都外请了经验丰富的指挥和专业指导教师（即教官）授课，配备了能力较强的本校教师管理学生的日常排练工作。

(二)"大带小"制度：让新老团员互惠双赢

学校艺术教育面临的一个主要困难是"新老更替"频繁，海淀实验小学各社团采取"大带小"的举措，实现新团员和老团员的双赢。

金帆合唱团的王雅坤老师说：学校金帆合唱团有80多个孩子，但只有三四位老师。小团员刚进入社团时，先跟老团员学习；进入三四年级后，还会有一对一的"师傅"。比如：在排练间歇，小团员如对某个乐理知识不大懂，就会去请教自己的"师傅"；平时，他们注意模仿"师傅"的声音，感受"师傅"发声时的状态。这样的"大带小"制度，既提高了小团员的技能，又促进了老团员专业能力的提升，可谓双赢。

(三)小干部制度：让学生做社团的主人

各个社团每年都要民主选举团长和其他团干部。管乐团的朱梓毓老师说，管乐团已形成学生自己管理自己的较为成熟的模式，学生每年都要评选自己的团长、团委和声部长。在选举前，有意向的团员填写申报职位的表格，老师安排时间选举，当选的小干部会感到特别自豪。

金帆合唱团的王雅坤说，四年级的小A刚当选乐务部副团长时业务不熟，不知道该找哪个曲子和哪个版本的谱子，也分不清哪个谱子该给学生，哪个谱子该给教官。但很快，她就学会了在间操或午休时，对照乐谱单子整理谱子。哪个谱子需要复印，她也会记录下来告诉老师。不到两个月的时间，她已经能快速、准确地完成发谱子等任务。由此，小A整理东西和有条不紊做事的能力大大提高。

(四) 例会制度：总结反馈促成长

例会制度，是指每次排练结束后，社团干部都要对排练情况进行总结，指出闪光点和问题，促进团员成长。以合唱团为例，每次排练结束后，全团用五到十分钟的时间，由每个声部长从出勤、技术、态度等方面对本声部的排练情况进行总结。学生的总结比老师苦口婆心的说教更有针对性和说服力，更易为学生接受；同时，在这一过程中，社团干部的评价能力也得以提升。

(五)沟通制度：促进家校合作

为了让家长及时了解孩子在平时排练时的状态、表现，各社团分别通过博客、微信、网站等多种渠道，及时上传孩子们排练的图片和文字。负责金帆管乐团的韩雪老师，每次排练结束后，都会把排练的内容、表现好的孩子的照片统一发到微信上。孩子们特别希望被老师拍下表现好的瞬间，争当"最佳表现"团员。家长们也非常关注孩子的表现，如果孩子"上榜"，他们会感到特别开心，激励孩子继续努力，同时，家长、同学之间也会互相点赞；如果孩子没"上榜"，家长会鼓励、督促孩子认真练习。海淀实验小学管乐团的《节日序曲》和《星光闪烁》曾荣获维也纳第四届"至高荣耀"国际青少年音乐节管乐比赛金奖第一名，评委会主席这样评价孩子们："你们在享受音乐，而我在享受你们。"我们相信，如此美妙的艺术之光会温暖孩子的成长之路，照亮孩子的整个人生。

（许丽艳）

以音乐剧《渔夫与金鱼》提升学生综合艺术素质

北京市汇文第一小学

摘要： 针对小学四年级音乐教材中《渔夫与金鱼》单元，研究如何在小学音乐课堂中进行"音乐剧"课型的设计，合理安排教学时间，指导学生分组合作，完成整部音乐剧的排演，提升学生的综合艺术素质。

关键词： 音乐剧　合作　创新

一、学校艺术教育创新理念、思路与宗旨

北京市汇文第一小学在注重学校整体、全面发展的同时，鼓励发挥艺术教育独有的专业特点，活跃校园文化，强化学校的办学特色，让艺术之花开满校园。结合"十三五"规划，制定了学校艺术教育三年发展纲要，对照纲要实施并不断调整工作重点，努力使学校艺术教育特色更加鲜明，成果更加突出。

学校加大对艺术教育工作的投入，无论人员的配备还是资金的筹备、政策的支持，学校都尽量满足艺术教育发展需求，努力在艺术教育方面创出学校特色，形成学校文化教育品牌。学校主管领导对艺术教育的功能、地位以及重要性有正确、全面的认识，熟悉并能够很好地贯彻有关艺术教育的法规政策，同时，也非常注重艺术课堂上，对学生艺术能力的培养和渗透，倡导艺术学科走创新发展之路。

二、活动背景、动机

本案例遵循学校对艺术教育发展的理念，本着创新精神，设计了"小小音乐剧"课型，并参加了北京市东城区第九届"东兴杯"决赛。

三、活动策划方案

"音乐剧"是小学阶段为数不多的新课型，笔者翻阅了大量参考文献、书籍，

同时，认真研读课程标准、教学参考书，制定了本课的核心内容及三维目标。笔者认为，音乐剧课型与以往的唱歌、欣赏、器乐课型不同，是一种综合性的课型，需要班级学生全员参与，又要分工明确，各负其责，教师在充分了解学生的基础上，发挥班级中每个孩子的能力，有效组织学生分工合作。

　　四年级 4 班 31 名学生在教师的指导下，分成"道具组""服装组""编剧组""表演组""舞蹈组""演示文稿制作组""场记组""伴唱伴奏组"等，制订了细致的授课计划。教师分别指导编剧组同学创编剧本并反复修改；指导道具组同学运用废旧纸箱，制作了旧房子、新房子、宫殿、渔船，旧房子上的"蜘蛛"和"纺车"的设计更是独具匠心；指导音效组同学编配和声，演奏电子琴和手风琴，选择适合的打击乐器伴奏；指导表演组同学揣摩角色，表现老渔夫的懦弱、胆小，表现老太婆的贪婪、傲慢，表现小金鱼的善良、无奈；指导舞蹈组同学练习"小金鱼"和"愤怒的大海"舞蹈；指导演示文稿制作组完成演示完稿制作；指导场记组同学抖动蓝布表现海浪。

四、活动实施方案

(一)剧本

第一步：编剧组学生完成的剧本初稿。

第二步：教师进行指导，学生将剧本完善，并转化成电子稿。

第三步：编剧组组长李昌硕同学完成剧本第二稿。

第一场　捕到金鱼

渔夫：(高兴、兴奋)今天天气很好，一定能捕到很多鱼。

渔夫：(拉上渔网)怎么只有一条？

金鱼：(苦苦哀求)老爹爹，求您把我放回大海吧，我会给您贵重的报酬。

渔夫：(温和、亲切)我不要你的报酬，回去吧，去大海里自由自在地遨游吧。

第二场　索要木盆和木房子

老太婆：(勃然大怒)你这个傻瓜！你看看我们这只木盆，还能再用吗？滚回去，向她要个新的！

金鱼：(游过来，关切地)您要什么呀，老爹爹？

老头儿：(向金鱼行了个礼)鱼娘娘，您做做好事吧！我的老太婆骂我，不让我安静，她一心想要只新木盆，我们那只已经破得不成话了。

金鱼：用不着难过，去吧，上帝保佑您，你们会有一只新木盆的。

老太婆：(骂得更厉害)你这个蠢货，真是个地道的傻瓜！滚回到金鱼那儿去，问她要座木房子！

金鱼：(游过来)老爹爹，您要什么呀？

老头儿：(行了个礼)鱼娘娘，你做做好事吧！老太婆骂得更凶了，爱吵闹的婆娘想要座木房子。

金鱼：用不着难过，上帝保佑您，就这样吧，你们准会有座木房子。

第三场　要做世袭贵妇人

老太婆：(坐在窗下，指着丈夫破口痛骂)你这个蠢货，真是个十足的傻瓜！只要了座木房子，你真傻！滚回去，对金鱼说，我不高兴再做平凡的农妇，我要做个世袭的贵妇人！

金鱼：(向他游过来)你要什么呀，老爹爹？

老头儿：(行了个礼)鱼娘娘，你做做好事吧！老太婆的脾气发得比以前更大，不让我这个老头儿安静，她已经不高兴再做农妇，她要做个世袭的贵妇人。

金鱼：(犹豫一阵)用不着难过，去吧，上帝保佑您(说完就游进了深深的大海)。

第四场　一无所有

老头儿：(毕恭毕敬)您好啊，尊敬的贵妇人，您现在总该满足了吧。

老太婆：(火冒三丈)滚回到金鱼那儿去，向金鱼说，我已不高兴再做贵妇人，我要当海上的女霸王，让金鱼侍奉我，还要她供我使唤！

金鱼：(游过来)您要什么呀，老爹爹？

老头儿：(行了个礼)金鱼娘娘，你做做好事吧！我怎样才能对付我那个该死的婆娘？她已经不高兴再做世袭的贵妇人，她要当海上的女霸王，(吞吞吐吐)还……还要你亲自云侍奉她，要……你供她使唤。

第四步：教师指导编剧组同学完善剧本，形成最终稿。

(二)服装

服装由服装设计组完成，其中，"老太婆"的服装有旧衣服和女皇两种造型，还配有相应的饰物；"老渔夫"的胡子是用编织绳制作的，帽子采用比较时尚的草帽，还配有捕鱼的渔网；"小金鱼"的服装是由学生家长协助在网上购买。

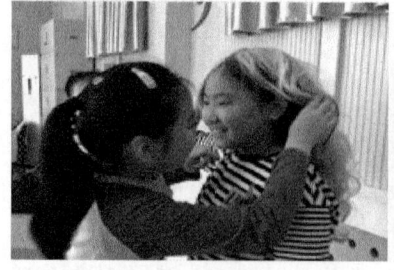

老太婆

老渔夫

小金鱼

(三)舞美设计图

  道具组同学带来纸箱子，他们计划制作"旧房子""新房子""宫殿""渔船"等道具。最初，在新旧房子如何交替的问题上，大家商量了很多方案，最终确定用转换正反面的方法来实现；同学们还想到用搭乐高的方法"盖"房子，思维异常活跃。经过一系列的商讨，小组成员分工合作，男同学负责搭建基本形状，女同学负责细致的装饰。为了真实呈现老太婆在破房子前面纺纱织线的场景，黄天悦同学在老师的帮助下设计了"纺车"；谭璐同学还巧妙地用瓶子盖涂上黑色，并加上"眼睛"，刻画了旧房子上面的"蜘蛛"。

最初想用"搭乐高"的方法搭房子　　　　　　渔船就是这样拼接成的

道具组女同学负责细致的装饰工作

道具的整体效果图

旧房子　　　　　　　　　　"蜘蛛"　　　　　　　　　　新房子

(四)乐谱及歌词

旋律一：序幕《蔚蓝的大海》

教师指导学生，将单声部旋律，创编成合唱。

旋律二：《小金鱼的祈求》

教师指导学生用恳切的语气演唱歌曲，并设计领唱加齐唱的演唱形式。

旋律三：《老渔夫的歌》

老师指导赵奕辰同学根据歌曲《忆江南》的曲调，填词创作，由赵奕辰演唱第一声部，伴唱组同学演唱第二声部。

旋律四：《一切回到原样》

教师指导学生设计不同的力度和速度演唱这一段旋律，表现乌云、闪电、大海波涛汹涌的场景，电子琴与手风琴配合，伴唱组同学运用打击乐器进行配合。

（五）演示文稿

"演示文稿"制作组经过反复修改，完整了文稿制作，并配合剧情的发展在现场播放。

五、活动教学计划

时间：一课时 40 分钟
人数：北京市汇文第一小学四年级 4 班 31 名学生
场地：学校礼堂

六、活动笔记

(一)教案

【课型】音乐剧(综合课)
【教学内容】小小音乐剧《渔夫与金鱼的故事》第四课时
【教学目标】
1. 情感、态度与价值观目标
在参与小小音乐剧的排练中，提高音乐综合表现能力，乐于参与音乐表现与实践活动，获得自信。懂得寓言故事的寓意，明白一味贪婪、一味索求害人害己的道理。
2. 过程与方法目标
参与法——参与音乐剧的筹备、排演全过程。
视唱法——演唱音乐剧中所有唱段。
启发法——联想剧情设计音乐要素表现音乐形象。
小组合作法——分成多个小组合作完成音乐剧的排演。
和弦编配法——音效组完成音乐剧中音乐的旋律编配、和声伴奏。
分析法——分析人物性格，分析三段旋律的变化。
创编法——创编"老渔夫的歌"。
3. 知识与技能目标
能够准确运用音乐要素表现寓言故事的唱段、声效。了解故事的寓意，知道音乐剧有解说、有演唱、有表演、有舞蹈，是综合性的艺术表演。
【教学重点】
音乐剧中唱段的有感情演唱，音乐剧表演中的生生合作。
【教学难点】
音乐、音效的自主设计。
【教学过程】
1. 认识"音乐剧"

阶段目标：在音乐实践活动中总结"音乐剧"的特点，加深对"音乐剧"的认识。

教师提出问题：通过前几课时的学习和排演，请用关键词描述对音乐剧的认识。

学生思考并回答：歌唱、舞蹈、乐器演奏、戏剧情节、解说、道具、综合性艺术表演等。

教师补充：灯光、舞美设计、服装设计等。

师生谈话：总结音乐剧的特点。

设计意图：通过师生谈话，加深对"音乐剧"的认识，为呈现完整的音乐剧表演做好铺垫。

2. 划分场次，分析故事

阶段目标：将音乐剧划分出场次，了解音乐剧的起因、发展、高潮、结局，有助于分幕表演，将剧情完整演绎。

活动1：了解音乐剧的场次

学生了解：划分音乐剧的场次有助于音乐剧情节的表达，让观众一目了然。

活动2：了解序幕

教师讲解：序幕的作用是交代故事的背景

活动3：了解分幕

师生谈话：根据音乐剧的开端、发展和高潮可以概括为三幕：

开端——第一幕——下海捕鱼　放鱼归海

发展——第二幕——遭到斥责　呼唤金鱼

高潮——第三幕——贪得无厌　激怒金鱼

教师总结：第三幕是音乐剧的核心部分。

活动4：了解尾声

教师启发学生思考：尾声具有怎样的作用？

学生回答：尾声部分使情节更加完整、丰富。

教师启发：我们可以给尾声加一个小标题。

学生总结："回到从前　恢复旧貌"。

教师归纳：可以把尾声归纳为故事的"结局"，一切恢复原样，贪婪的人最终没有好下场。

活动5：发展尾声

教师进一步启发：尾声部分是寓言故事的结尾，同学们可以将尾声部分进行进一步改编。

学生自由发言

设计意图：教师在指导学生编剧的基础上，与学生研讨，整合了第二幕中的三个场次，便于节目的排演。

3. 唱好歌曲

阶段目标：唱好音乐剧中的歌曲，知道歌曲演唱对剧情的推动作用。

活动1：分析旋律一

教师操作：出示曲谱。

教师提出问题：旋律一作为序幕部分的重要音乐，应该如何演唱？

学生活动：归纳旋律一的音乐要素对剧情的推动作用。

场景及情境	旋律	情绪	电子琴配器	演唱形式	音效
序幕部分交代故事背景 老渔夫和老太婆在破旧的房子前，表现老渔夫和老太婆的贫穷、乏味的生活	旋律级进、平缓	叙述性的口吻 优美、抒情、略带沉闷	速度：中速 （电子琴设定为70） 力度：中强 音色：弦乐+铜管 伴奏型：D76	合唱 创编二声部（手风琴演奏二声部）	海浪背景声 钟琴刮奏表现起伏的海浪

学生活动：丰富旋律一的演唱形式——合唱

活动2：分析旋律二

教师操作：出示曲谱。

教师提出问题：旋律二与旋律一有什么相同和不同？

学生回答：旋律二是旋律一的变奏，出现八度大跳，表现了小金鱼对老渔夫的苦苦哀求。

教师追问：在演唱时可以如何设计？

学生回答：演唱形式可以设计成领唱+齐唱。

学生活动：归纳旋律二的音乐要素对剧情的推动作用。

场景及情境	旋律	情绪	电子琴配器	演唱形式	音效
第一幕下海捕鱼放鱼归海 小金鱼祈求老渔夫，恳请将它放回大海，并许诺给他报酬。 ——故事的起因	旋律起伏较大	伤感、恐惧、哀求	速度：中速 （电子琴设定为85） 力度：中强 音色：太空音 伴奏型：E06	领唱+齐唱	钟琴配合电子琴演奏主旋律

活动3：分析旋律三

教师操作：出示曲谱。

教师提出问题：旋律三的两段歌词分别表现了什么场景？应该如何表现？

学生回答：旋律三的两段歌词可以分开演唱，表现全剧的高潮和结局。

教师要求：这一段旋律应更加动情地演唱，突出"乌云和闪电在歌唱"后三个字。

场景及情境	旋律	情绪	电子琴配器	演唱形式	音效
第三幕贪得无厌激怒金鱼 大海被激怒了，霎时间乌云密布，电闪雷鸣。 ——故事的高潮	附点节奏增多 节奏较舒展	第一段激动、愤怒	速度：中速（电子琴速度80） 力度：强 音色：人声＋弦乐 伴奏型：D77	齐唱	乌云和闪电在歌唱，加入鼓、钹、打击乐器
尾声回到从前 恢复旧貌 一切又恢复到原来的样子，老太婆伴着旧木盆，老公公守着旧渔网，以惋惜的口吻告诫大家做人不能贪心。 ——故事的结局	附点节奏增多 节奏舒展	第二段无奈、叹息	速度：（电子琴速度75） 力度：中弱 音色：弦乐＋人声＋自动和声 伴奏型：E23	齐唱	鼓、钹、打击乐器、手风琴二声部配合

活动4：分析三段歌曲旋律的风格

教师提出问题：音乐剧的三段旋律具有什么风格特点？

学生回答：音乐剧中的三段旋律具有浓郁的俄罗斯小调歌曲风格。

教师提出问题：歌曲体裁是什么？

学生思考并回答：歌曲属于叙事歌曲体裁。

活动5：了解创作题材

学生思考并回答：本单元选择的是俄罗斯伟大诗人普希金的著名童话故事《渔夫与金鱼的故事》，具有深刻的寓意。

活动6：分析《老渔夫的歌》

教师启发：故事的发展部分由同学们搜集课外歌曲，丰富音乐剧表现。

学生活动1：音效组同学搜集了"我是小金鱼"歌曲。

学生活动2：老渔夫与小金鱼的一段对话，编剧组与赵奕辰同学配合，改编成了《老渔夫的歌》，伴唱组的同学完成二声部的演唱进行配合。

设计意图：分析每一段歌曲的演唱，指导学生运用音乐要素表现歌曲，并用电子琴配器进行配合，设计音效，烘托剧情。

4. 分析人物性格

阶段目标：明确人物性格，指导表演组同学准确把握人物性格。

教师提出问题：剧中的主要人物及性格有什么特点？

学生活动：提炼关键词并回答。

教师启发：表演组的同学如何表现人物性格？

学生活动：从肢体、语言、表情等方面回答。

设计意图：归纳关键词，有助于学生理解人物性格，为音乐剧的表演做好准备。

5. 现场排练、表演、回顾、总结

阶段目标：教师分别指导分组准备，合作表演成品音乐剧，帮助学生梳理整个音乐剧筹备的过程，畅谈音乐剧排演中的收获与感想。

活动1：各组做表演前的准备

活动2：现场表演

活动3：谢幕

活动4：短片回顾（机动环节）

活动5：总结升华

学生畅谈音乐剧排演过程中的收获。

设计意图：提升学生的综合性艺术表演能力。

6. 教学反思

(1)理解音乐剧中的"音乐"

《渔夫与金鱼的故事》单元要求四课时完成，本课的教学为第四课时。通过前期的一系列准备，学生已经对音乐剧有了初步认识，教师带领学生归纳"音乐剧"的概念，明确音乐剧的核心——音乐。起初，学生不太理解音乐剧中的音乐与唱歌课中的音乐在演出中有什么区别。在一系列的排演中，孩子们逐渐发现，音乐剧中的音乐创作不是凭空而来，而是紧密结合剧情，通过演唱表情达意，音乐与剧情是融为一体的。

教材中有三个规定唱段，具有俄罗斯小调风格特点，叙事歌曲体裁。师生分别从"表现的场景及情境""旋律""情绪""演唱形式"等音乐要素入手进行分析，学生根据情境的发展变化，逐步深入地理解旋律的起伏与情绪的变化，并自主设计演唱形式。其中，第二个唱段表现小金鱼被老渔夫捉到后，非常紧张、恐惧，哀求老渔夫放了她，此时，旋律变奏并出现八度大跳。教师启发学生："恳切"的语气如何表现？有的学生说应该用连贯的声音演唱；有的学生说"附点节奏"非常重要，一定要唱准时值；还有的学生说，演唱速度相比旋律一可以更快些，加入"推动感"，烘托气氛；教师给予鼓励并适时追问：两次唱到相同的歌词"求求你把我放回海里"，是否应注意旋律的变化？

学生观察乐谱，视唱旋律，发现了其中的奥秘。教师进一步追问：演唱形式如何设计？从而很好地运用了"领唱＋齐唱"的演唱形式，丰富了歌曲的表现。

笔者作为一线音乐教师，从 2007 年开始研究"儿童歌舞剧"课题，具有一定的排练经验，通过教学实践，笔者也对音乐课堂上的音乐剧有了比较深入的认识：音乐剧讲述的是一个完整的故事，它有完整的故事情节，而音乐是其中贯穿始终的线索；从序曲到幕间音乐、各种音效直至剧终谢幕的音乐，都需要有体现其整体性的音乐把它们完美地联系起来，一气呵成，使观众产生完美的整体感，而不是一首首毫无关联的歌曲大联唱；音乐的写作对于表现剧情的戏剧性矛盾冲突有着天然的优势，当剧情需要表现人物内心激烈复杂的情感斗争而又不能通过言语或肢体来传达时，音乐就承担了这个任务。

（2）把握音乐剧中的"人物"

剧中的主要人物有老太婆、老渔夫和小金鱼，从故事情节来看，人物本身的性格特点是非常突出的，教师引导学生归纳关键词，概括人物性格，并指导表演组的同学运用肢体语言、行动语言、表情以及清楚的台词表达所感。台上一分钟，台下十年功，这三名主演的同学在家也刻苦练习，并让家长配合表演，敬业精神可嘉！值得一提的是扮演老渔夫的赵奕辰同学，是学校合唱队员，他的歌声嘹亮动听，对于唱歌他非常有自信。排演中，当小金鱼祈求老渔夫放了她时，老渔夫原本有一段台词，告诉小金鱼可以放她回归大海，但赵奕辰同学突然想到，用教材中的歌曲《忆江南》的曲调，填入新的歌词，用演唱加表演的方式，表现这一幕的故事情节。大家听了他的提议都拍手称赞，随后编剧组和表演组共同商讨，最终写出了《老渔夫的歌》。这样不仅把老渔夫当时的心理状态表现出来，为人物性格的凸显服务，还能展现他的歌唱天赋，更加丰富了音乐剧的表现形式，一举多得。

七、活动成果

《渔夫与金鱼的故事》小小音乐剧于 2016 年 4 月参加北京市东城区第九届"东兴杯"教学大赛决赛。

八、分析与评价

(一)活动反馈

1. 学生反馈

清晨，快乐的鸟儿唱着歌，伴随着我们一路走过洒满花香的小路，目送着我们走进校园。阳光洒在写有"孝悌育德，智勇报国"的校训上，又把柔和的晨光反射到我们身上，我们笑吟吟地接受了这份光芒，朝气蓬勃地迈进校园。

——于桉蘅

今天小小音乐剧《渔夫和金鱼的故事》汇报演出就要开始了。为了演好它，我们付出了多少努力呀，又发生了多少感人的故事呀！

——黄天悦

我扮演女王，为了提高女王的气势，我披上妈妈的红围巾，穿上高跟鞋，大步走，想象自己就是女王，我穿着华丽的礼服，带着金色的皇冠，大臣们在我的左右站立，我好威风。

——方雨涵

我是渔夫，拿起深红的渔网，穿上破旧的衣袍，老渔夫开演了，随着音乐响起，我缓缓登场。同学们为我准备了一只舒服的小船，我摇呀，摇呀，摇向大海深处。

——赵奕辰

我是伴唱组成员，为了放大声音，丰富表情，回家后我对着镜子反复练习，直到自己满意为止。

——周娅诺

我是伴唱组成员，摇铃的任务好艰巨，我们抓紧练习，努力跟上老师的节拍，保证真正的演出不出一点儿差错，即使嗓子哑了，胳膊酸了，我们也很快乐。

——李思麒

我是舞蹈组成员，小金鱼的动作好难好难，我认真模仿，揣摩动作的要领，渐渐地我感觉动作越来越简单了。

——吴曼琳

我是舞蹈组成员，排练非常辛苦，音乐教室的地面好滑，我摔了一个又一个跟斗，可我依然很开心。

——郭丛溪

我是音效组成员，我可从没接触过钟琴，当我终于敲出了优美的曲子，我明白了台上一分钟，台下十年功。

——李思蓓

我是音效组成员，为了和同学的电子琴主旋律配合，老师借我一台钟琴，回家后，我反复练习，直到敲到谱子可以背下来了，我才休息。

——韩建宇

我是道具组成员，道具终于完工了，当收工具的时候，刻刀把我的手指划破了，流了很多血，我大声说没有关系。

——田笑涵

我是道具组成员，为了能让船在海上漂起来，我们借鉴了跑旱船，船底开洞，船上拴绳，再缠上两块海绵，老渔夫的肩膀不会磨破了。

——陈志涵

我是演示组成员，第一次合练，我的音乐总是放的慢，无数次苦练，正式表演，我的心怦怦直跳，我全神贯注，顺利按完了所有的按钮，我变得勇敢了。

——李采奕

我是场记组组长，负责搬道具，抖布，每天抬道具，我们小心翼翼，生怕损坏同学们精心制作的道具。

——李昌硕

音乐剧演出成功了，那一个个难忘的小故事将为我们的校园生活留下最美的回忆。

2. 家长反馈

奕辰为了能演好老渔夫这个角色，每天都专心练习，让我演老太婆配合他，感谢老师对他的帮助和指导，他更加自信了。

——赵奕辰家长

杨老师带领全班的同学，上了一节有意义的音乐课，孩子们这么小，就能接触到音乐剧，而且还亲身参与，真是幸运。

——田笑涵家长

方雨涵因为身体发胖，有些自卑，但演了老太婆，我发现她自信多了，而且敢于在大家面前展示自己的表演能力，谢谢老师给她的锻炼机会。

——方雨涵家长

天悦是道具组负责人，制作道具需要很多纸箱，做事情总是慌慌张张的她，却非常认真地想办法，主动找小组里的同学帮忙，大家齐心协力，看到她的变化，真高兴！谢谢杨老师给予每个孩子发挥才能的空间。

——黄天悦家长

感谢杨老师给小杜同学这样一次历练的机会，让他的电子琴水平有了很大的进步，他每天都认真练习，而且还反复尝试新的伴奏型，他说，音乐剧中我的任务很重要，如果我弹错了，整个剧都会受到影响，所以一定不能出错。

——杜博源家长

3. 班主任反馈

以前从没听过具有这样创新精神的音乐课，没想到我们班的孩子在杨老师的带领下，出色地完成了一节"音乐剧"，这节课让我非常感动，感动杨老师设计的智慧和对事业孜孜不倦的追求；感动孩子们的分工合作和精彩表现；感动家长们的大力支持。

——班主任范老师

4. 听课教师反馈

作为年轻教师，我要向杨老师学习，深入分析和准确把握教材，认真分析学生的知识基础，紧紧抓住"音乐剧"的核心目标，在带领学生分析人物性格的基础上，带着情感演唱音乐剧中的唱段。

——音乐何老师

杨老师对学生的日常训练非常扎实，四年级的学生，合唱能力非常突出，杨老师非常了解学生，能挖掘每个孩子的特长，给予他们展示自己的机会，特别是杜博源同学用电子琴现场演奏主题音乐，真精彩。

——音乐贺老师

现场聆听这节音乐课，感觉亮点非常多，杨老师带领学生利用前几课时，做了充分准备的工作，并细心地用相机真实地记录了音乐剧筹备的过程，这节课立体、丰满，角度新颖，学生音乐综合能力非常强。

——美术温老师

（二）理论分析

新课标指出："应注意培养学生的演唱、演奏能力及综合性艺术表演能力，发展学生的表演潜能，使学生能用音乐的形式表达个人的情感并与他人沟通"，主张"强调艺术学习的个性化、主张开展具有游戏倾向的艺术活动。"音乐剧是一门新型的综合艺术实践课，它以讲故事的形式将时间、地点、事件诸多要素构成情节，用以展开冲突、塑造形象，最终还要表现一定的人文主题，体现了深刻的人文关怀。其构成要素几乎囊括了音乐、文学戏剧、舞蹈、绘画等艺术形式。它的认识功能、教育功能、审美功能是通过愉悦功能得到实现的，让学生在获得审美愉悦的同时培养多样性的艺术能力，从而促进人文素养的全面发展，有助于他们健康的世界观、价值观的形成。

九、对策与建议

（一）学生导演，教师幕后

此次音乐剧的设计，考虑到学生年龄小，教师分组指导较多，今后遇到类似课型，学生的能力基础逐步提高，且有了之前的借鉴经验，教师尽量退居幕后，请出"学生导演"，代替教师的角色，更进一步提高学生的综合能力。在整个音乐剧的演出中，加入分场"标志牌"，更清晰地划分出各个场次，教师也可以充分参与到音乐剧的表演过程中。

（二）注重评价，深入剖析

四年级4班学生多才多艺，在此次音乐剧的排演过程中，发生了很多动人的故事，学生在相互合作和配合中，增长了见识，也提高了综合艺术素质。但由于教学时间有限，课上没有让学生充分把自己的所感表达出来，特别是学生、小组间的相互评价。例如：大家比较关注表演组，而幕后英雄也更应该得到大家的掌声，正是因为有了大家的相互配合，才有了精彩的音乐剧呈现。在今后的教学中，教师应在此多引导学生学会客观、公正、全面地评价。

（杨帆）

用画笔点亮生活

北京市朝阳区团结湖小学

摘要：画展是"小画家"们献给"六一"儿童节的一簇小花，点缀着节日的花坛，装扮着他们的七色童年。为庆祝"六一"国际儿童节，让全校广大少年儿童度过一个欢乐、愉快的节日，同时让更多的人在构建和谐社会中能关注儿童成长，丰富广大师生文化生活，扩大中国书画传统文化在校园的影响，激发广大师生热爱书画热爱传统文化的热情，推动我校校园文化的发展，我校决定举办团结湖小学"用画笔点亮生活"书画展活动。书画展经学校领导同意，并协调教导处，得到各班主任和全体教师的大力支持。

关键词：画展　国画　书法

一、学校艺术教育创新理念、思路

发挥学校美术特色，结合三结合教育，立足普及，重在参与。面向全体动员，要求学生运用学习和掌握绘画知识技法进行创作，进一步提高我校学生绘画的创新能力和实践能力。

通过丰富多彩的绘画比赛和活动，为广大学生提供学习和交流的机会，全面提高学生的艺术素养和综合素质，促进学生自主健康全面和谐发展。

有效地推动我校的美术教育进程，以美育德，以德促美，做到"班班有项目，人人都参与"，促进校园文化建设，努力提升学校美术教育的质量和内涵。

二、活动的背景、动机

为隆重庆祝"六一"国际儿童节，让全校广大少年儿童度过一个欢乐、愉快的节日，同时，让更多的人在构建和谐社会中能关注儿童成长，丰富广大师生文化生活，扩大中国书画传统文化在校园的影响，激发广大师生热爱书画热爱传统文化的热情，推动我校校园文化的发展，我校决定在 2015 年 6 月 6 日举办团结湖小学"用画笔点亮生活"书画展活动。

三、活动策划方案

1. 参展项目：国画、儿童画、书法。

2. 参展组别：分为教师组和学生组。

3. 作品要求：美术作品画种为蜡笔画、水彩画、水粉画、国画、素描五大类，构思、技巧上提倡创新。

内容健康向上，形式题材不限，国画不得大于四尺对开，不得小于三尺对开，儿童画不小于 16 开纸，教师毛笔书法作品统一为条幅。

4. 评选办法

(1)学校将组织评审组从推荐作品中选出部分优秀作品参展。

(2)本次画展按年级组设一等奖二名，二等奖四名，三等奖六名，优秀奖若干，优秀班集体一个，并发放小小奖品给予鼓励。

5. 上交作品数量及时间：每个班级推选五幅绘画作品，五幅书法作品（一、二年级铅笔字，三年级钢笔字，四、五年级钢笔字、毛笔字各五幅，铅笔字写在统一发的写字纸上，钢笔字写在 300 字的稿纸上）。

2015 年 5 月 5 日前以班级为单位上交。

其中一、四、五、六年级作品交到美术办公室黄秋艳老师和刘芳老师，二、三年级作品交到美术崔文迎老师处。

6. 观展时间及具体安排(略)。

四、活动的实施

1. 观展时间：2015 年 6 月 6—8 日。

2.学生观展安排：6月6日上午组织社团50名学生及50名家长9点统一前往三恒美术馆参观。面向全校学生发放画展通知，自愿自行前往。

3.观展负责人：美术教师。

4.观展要求：安静有序，注意安全，教育学生参观不大声喧哗，不乱动展出作品。

五、活动教学计划

参展地点：北京朝阳区高碑店一区9—11号，三恒美术馆。具体分工：布展工作主要由美术教师负责：崔文迎、黄秋艳、刘芳。协助布展人员：王森、刘森。

六、活动过程

首先举行展览开幕式，请校长、学生家长代表发言致辞，其次请来学生及家长共同参观展览。

七、活动成果

通过本次活动同学增强对书画的兴趣，丰富了课余生活，装点美化我们的校园，给那些喜欢书画的同学提供了一个学习交流的机会，给同学们一个展示青春风采的舞台，也使教师们积累了活动经验，得到了锻炼。

1. 作品要求

（1）书法：书法可用楷书、行书、草书、隶书等（书体不限），用硬笔、毛笔均可，规格毛笔作品以宣纸为主，规格不超过半开。

（2）美术：画种不限，可用素描、水彩、国画、儿童画、手工制作等。

2. 评奖原则

本次书画展根据大家推选，选出有书法美术功底的专业老师作为评委。

（1）画展评奖本着公平、公正、公开的原则。

（2）根据作品的质量和数量评出一、二、三等奖和优秀奖。

（3）提倡学生的自主创新型的作品。

八、分析与评价

书画展的顺利展出，为教师的工作和学生的学习带来了一些积极的影响：

1. 丰富了校园文化，为构建美丽和谐校园增添了素材，让学生在和谐的氛围中展现个性，提高创新能力。

2. 提高了学生的审美素质和审美能力，学到了一些好的书法绘画方法和技巧，激发了学习的积极性，以及对良好个性的追求和对美的向往。

3. 得到领导、广大教师以及学生家长的支持和好评。

本次书画展也有幸邀请了校级领导和学生家长前来参观与指导，他们都给予高度评价。

本次书画展给热爱绘画书法的同学找到了一个相互交流的平台，也充实了广大学生的课余生活，我们展出的书画也受到了广大师生以及家长的好评，并得到了大家的认可。看书画展的家长及同学络绎不绝，对我们展出的作品给予了很好的评价，显示出了对书画的极大热情。

九、对策与建议

1. 绘画作品有一部分是随堂作品，数量较多，但是缺少精致的作品。

2. 布置画展中应有更多学生互动环节，充分调动学生的积极性。

3. 让学生更广泛地参与，尽量做到人人参与。

（巩继伟）

让魔术给美术课堂加点"料"

北京市朝阳区芳草地国际学校日坛校区

摘要： 不是每一个孩子天生都喜欢美术，但是每一个孩子天生都喜欢游戏。遵寻着这个朴实的道理，依照新《课标》的导读，我在《北京的桥》里进行了尝试，进行了思考、探寻、拓展。让学生饶有兴致地投入绘画活动，做到深入浅出。通过本课涵养人文精神，学生从美术的角度"会意—立像—造像"，让美育从"有痕"到"无痕"。

关键词： 魔术　美术

一、课题背景——口子比较小，挖掘比较深

在北京市"十一五"时期教育事业发展规划的大背景下，作为新时期的美术教师，怎样上好一节普通的常态课，是每一位教师都应深入探究的。《北京市义务教育课程改革美术第三册》第 10 课《北京的桥》，是一节总体内容杂，趣味性缺乏，知识点分散的课程，很容易使缺乏经验的美术教师"跑偏"变成"导游"，或课堂学习氛围死气沉沉。本课属于二年级的教学内容，学生处于第一学段，孩子学习知识与技能的同时，要求教学设计要有趣味性。我也像许多美术老师一样，常为如何让这一课"有趣"而头疼。但与此同时，这又是一节"口子比较小，挖掘比较深"的课，如何深入浅出地通过本课涵养人文精神，使学生从美术的角度"会意—立像—造像"，值得教师认真研究。切实做到美育从"有痕"到"无痕"。

二、情景回放——让魔术点燃孩子的激情

为了让这群只有七八岁的孩子喜欢上我这节"无趣"的课，我大胆做了这样的尝试。提前两周，我开始搜集各类花花绿绿的废旧纸材，利用两个晚上的时间，做成了 8 个立体梯形，1 个立体半圆形（如图 1）。想让这节课生动有趣，就全靠它们了！

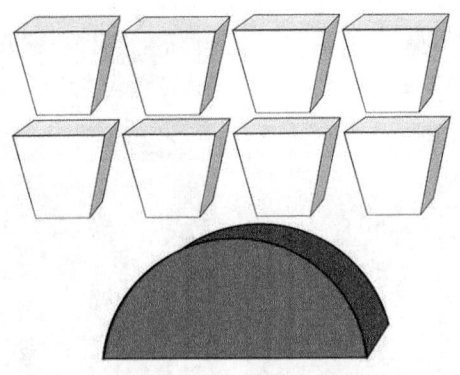

图 1

第二天一上课，在导入环节，我依次拿出这些头天做好的纸模型，说："我先来变一个神奇的魔术。"在一位学生的帮助下，我用一块块散落的立体纸模型搭起一座拱桥(如图 2)。学生的眼睛都亮了。等"拱桥"落成，最后一步是要把起基础支撑作用的半圆形取走。"你们觉得桥会塌吗？"我抛出这个提问后，学生七嘴八舌地议论开了，参与的积极性马上高涨。于是我请一位学生上来试验，学生像欣赏魔术表演一样目睹了这一奇迹的发生，大家都屏住呼吸，瞪大双眼——果然，红色的半圆形取出来，白色的纸拱桥纹丝不动(如图 3)。全班爆发如雷般的掌声，所有孩子的每一个学习系细胞都被这个小魔术调动了起来。

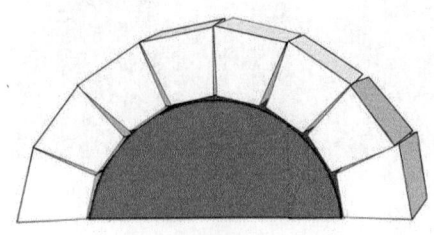

图 2

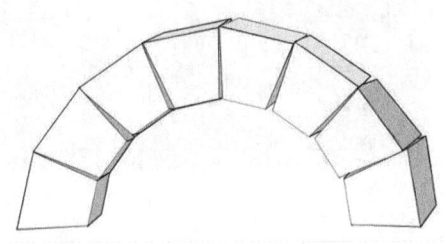

图 3

接着，大屏幕上又出现了运用另一种材料搭建拱桥实验——"除了用纸，还有人曾经运用电脑显示器搭成功过拱桥，难度更高了。"(如图 4)有了这一过渡，更令学生相信了神奇的试验并不依靠"魔法"。"桥怎么没塌呢？"我马上解释拱桥的力学原理。"原来，它是通过拱桥的拱形结构，从力学的角度，将中间的力推到桥两岸，所以中间的部分没有塌下来——这一奇迹不是老师发现的，也不是现代科学家发现的，早在很久以前，古代的中国人民就用这一原

理造出了真正的桥，几百年来屹立不倒。"（如图5）

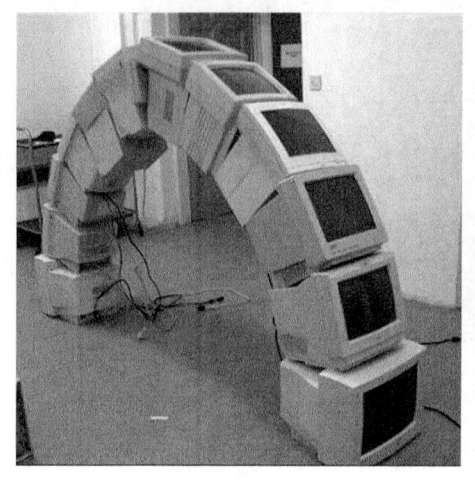 

图4　　　　　　　　　　　　　　　　图5

没有过多的语言，就已创设出了涵养人文精神的课堂情境。孩子们马上忍不住赞叹起来："哇！咱们中国人真是太了不起啦！我今天一定要好好画下来！"好的开始是成功的一半，接下来的时间，学生兴致勃勃地上完整节课，绘画作品上也体现出了北京数座拱桥结构与装饰上的美轮美奂。（如图6）

图6

三、诠释与研究——打破沉闷，加点新"料"

不是每一个孩子天生都喜欢美术，但是每一个孩子天生都喜欢游戏。遵寻着这个朴实的道理，依照新《课标》的导读，我在《北京的桥》里进行了尝试，这是一节容易上得平淡沉闷的课程，适当地激发，可以在一个点上令孩子产生兴趣，围绕这一点思考、探寻、拓展，让孩子愿意进一步去探究学习，饶有兴致地进行绘画活动。学习是一种体验，不是填鸭，美术学习应更多的是感受，更多的是情境教学，是心灵的滋润，是灵魂的按摩。孩子应该在玩中有学、学中有玩的氛围中开始愉快的学习。

在美术课上变魔术，对我来说还是一次"破冰之旅"。魔术导入是本节课的亮点之一，教师在学生的配合下完成了"纸桥不塌"的魔术，让学生亲眼看见并明白个中原理，有助于学生理解拱桥的概念，教学方式上也突破了传统的讲授法、示范法、讨论法等传统模式，为下面的学习也做了铺垫。"拱桥坚固"试验属于力学范畴，在小学阶段科学学科四年级下半学期《物体的结构》一课中讲到了拱桥的力学原理，美术学科与科学学科所阐述的知识角度与目标有所不同，却深入浅出地将科学知识与建筑艺术有机结合，达到了学科之间的贯通、整合。将"纸桥不塌"的魔术成果与科学原理运用到生活当中，列举"显示器拱桥坚固试验"，利用科学小魔术的形式导入新课，既是一种有效的激趣和强化，同时达到美术学科与科学学科间"整合"的教育目的。

《美术课程标准》指出："教师应以各种生动有趣的教学手段，如电影、电视、录像、范画、参观、访问、旅游，甚至故事、游戏、音乐等方式引导学生增强对形象的感受能力与想象能力，激发学生学习美术的兴趣。"简言之，美术课不是简单的"美术"，而是"美育"，教师在带领学生学美术的同时，在教学设计上新颖有趣，符合第一学段学生的年龄特点，并且做到各学科间的贯通、整合。

与此同时，新《课标》还指出："美术学习应当从单纯的技能、技巧学习层面提高到美术文化学习的层面。美术教学要创设一定的文化情境，增加文化含量，使学生通过美术学习，加深对文化和历史的认识，加深对艺术的社会作用的认识，树立正确的文化价值观，涵养人文精神。"《新课标》中提到的"文化情境"，在本课导入环节中"无痕"地放进来。"中国人的智慧和力量不容小瞧"——这句话不是课本中写的、不是老师用嘴说的，而是学生通过观看神奇的魔术自己感悟出来的。

（吴宁）

借助中医理论　探索艺术教育自主发展新视角

北京市朝阳区实验小学南校

摘要： 借助中医理论选择的一条适合学校发展而来的项目，现在已逐渐成为我们学校的品牌。中医看病需"望、闻、问、切"四个方法，"望"——观察和分析学校的基本情况和学生的兴趣；"闻"——倾听艺术教师、家长、学生，甚至是社区的实际想法和需要；"问"——站在学校的角度提问，学校艺术教育需要怎样的发展，这也是领导班子对艺术教育工作的准确定位；"切"——检测最后的教育成果，是否有利于学校发展，学校从中有何收获。在摸索中，结合本地区实际以及社会需求，借助中医理论因材施教，探索学校自主发展的新视角。通过以地秧歌文化为核心，非遗项目进校园。促进学校品牌的形成，满足自主发展的需要。

关键词： 中医　非遗　发展

每个学校的艺术教育发展都要经历一个长期的探索和实践过程，我们在推动艺术教育日常活动的同时，也要发展自主项目。我们学校的特色项目，就是通过我借助中医理论，选择的一条适合学校发展而来的项目，现在已逐渐成为我们学校的品牌。

中医看病需"望、闻、问、切"四个方法，我将诊断分析运用在了艺术教育工作上。"望"——观察和分析学校的基本情况和学生的兴趣；"闻"——倾听艺术教师、家长、学生，甚至是社区的实际想法和需要；"问"——站在学校的角度提问，学校艺术教育需要怎样的发展，这也是领导班子对艺术教育工作的准确定位；"切"——检测最后的教育成果，是否有利于学校发展，学校从中有何收获。

一、"望"之源

我们学校地处城乡接合部，原来是一所农村小学，2015 年 4 月并入朝阳区实验小学，更名为朝阳区实验小学南校。属于待拆迁范围，周边环境多以外来务工人员为主。从生源来分析，我校每年一年级新生平均每班大概有 37名，而到六年级时，每班仅有 20 名学生，再加上有调入的生源，可见学生的流动性比较大，无形中就影响了学校育人效果的稳定性，也给学校提出了更为现实的难题。

比如，之前全校共有 456 名学生，本地生源 32 名，其他同学来自祖国各地，来自五湖四海，他们生活在北京、父母工作在北京，他们也都是新北京人。然而由于家庭环境不同，父母文化程度有高有低，教育观念存在着差异，导致有相当一部分学生眼界不开阔，无特长，课外知识匮乏，未养成良好的行为习惯。有的家长只顾生计，周末时常把孩子关在家里，他们认为孩子交给学校就什么都不用管了。学校长期以来没有形成自己独特的文化和活动。

那么，如何让这些外来务工人员子女更快地融入新环境，如何让他们找到自己的优势，树立自己的特长，登上自我展示与发挥的舞台，如何挖掘符合学校艺术教育发展的特色项目成为重要任务。

二、"闻"之谋

我们通过问卷调查和家长委员会代表访谈的途径了解到，更多的家长希望自己的孩子能够在学校学有所长，学生可以通过学校开展丰富多彩的活动，弥补家庭教育的不足，给孩子更多的发展空间，提供更多的选择，让孩子多元发展。我们的学生也希望学校的活动满足他们童心的需求，好玩的同时还能够增长知识。我们希望学校的特色活动成为小红门地区的品牌，从而良好地宣传学校，扩大知名度，提高满意度。

基于以上原因，在一个不经意的谈话中，我发现了学校艺术教育发展的契机。在 2010 年初，我从乡文教办听闻，学校所在地区有一个国家级非物质文化遗产项目——小红门地秧歌。当时学校还没有成形的特色建设，于是我和校长商量能否尝试将这一项目引进学校，把非物质文化遗产项目和学校教育融合，开辟一条自主发展的新道路。在同年 9 月，我们和小红门地秧歌国家级非遗传承人赵凤岭老师协商，利用在校时间组织学生开展秧歌训练，并成立地秧歌社团。就这样，每天同学们克服放学晚、家远等因素，到音乐教室集中练习。乡里还支援学校购买了很多表演用的服装和道具，我们利用家长会、家长信等形式争取更多家长的支持，在时间上配合学校工作。通过努力，在多方配合下，我校的地秧歌社团终于出炉了。现在的地秧歌社团从原来的 16 名学生发展到 40 名学生，并且能够在赵辅导员的指挥下演奏乐器并配合动作进行表演。

  与此同时，为了让更多外来务工人员子女更加了解所居住的北京，也为普及传统文化艺术，学校先后开展了许多民俗主题教育活动。从 2010 年至今，我校已经连续四年开展生肖主题的民俗文化节，曾经邀请民俗专家高巍和剪纸、毛猴、风筝、面人、绒鸟、脸谱、皮影等项目"非遗"传承人亲自指导学生进行民间传统手工工艺制作。通过民俗主题的游园活动，让学生充分参与到各项传统技艺的学习中去。我校还结合美术学科，融入一些创作活动，如橡皮泥虎头装饰、画兔爷、DIY、拼画、形意甲骨"以画代话"等，从而对学生进行美育和传统文化的渗透教育。

　　我校的地秧歌社团有幸参加了 2012 年首都庆"六一"活动、春节期间的东岳庙庙会北京市妙峰山春季庙会和朝阳区非物质文化遗产纪念日活动。从此，上网搜索"小红门中心小学"，一定伴随"小红门地秧歌"出现。

三、"问"之欲

　　前期，国家级非物资文化遗产项目——小红门地秧歌文化，在我校以学生社团活动的形式发展起来。我们以小红门地秧歌文化为核心，开始尝试在学生开展乡土文化教育，这也是历任校长给学校的定位。

　　在不断探索中我发现：地秧歌项目的引入做到这个程度，并没有让学校得到充分的发展。地秧歌社团虽然已经开展一年的时间，但是全校只有 40 名同学参与，其他大部分学生都对地秧歌不了解，不知道它的起源、背景和文化内涵。地秧歌技法训练比较艰难，对于大范围普及地秧歌非常困难，不易操作，于是我们便开始思考"如何把小红门地秧歌项目做深入做扎实"或者"如何借助地秧歌开展非遗教育"。

（一）途径一：研发小红门地秧歌校本教材

　　2012 年秋季开学时，朝阳区教委让各校申报"教育教学自主发展项目方案"，我经过思索，决定申报"研发小红门地秧歌校本教材"。校本教材的授课对象面向 3—6 年级学生。本课程的主要内容为小红门地秧歌拓展课程，旨在培养学生的传统文化内涵以及对民间艺术的热爱，在学校开展地秧歌社团的基础上，以广泛、深入、系统的地秧歌文化内容进行校本研究及活动。本课程以学生为主体，通过欣赏、评述、绘画、表演的学习方式建构知识和技能的一门校本课程。学习内容主要有了解地秧歌发展历史，挖掘《水浒传》典故、经典人物性格以及他们的绰号，熟悉地秧歌服饰各部分名称、外形特点，掌握基本动作要领和敲击乐器的方法。

(二)途径二：创编小红门地秧歌自编操

随着"非遗"教育在学校逐渐开展，我们成了这项活动的受益者。2013年3月，为了让每个学生都会做地秧歌的标志性动作，也为选拔新一批地秧歌社团成员，创编地秧歌自编操计划开始孕育。

地秧歌自编操是地秧歌社团部分学生在少先队活动主任、传承人赵辅导员及体育辅导员的带领下，根据国家级非物质文化遗产"小红门地秧歌"的基本动作进行改编，简化成为同学们易接受且凸显地秧歌动作特点，在学校能够普及开展的体操艺术形式。

赵辅导员先把地秧歌的基本动作教给学生，学生根据自己的接受程度，继续创编动作，并配以民族风格的音乐进行表演。本操一共十一节，每四个八拍为一整节。动作分为朝天蹬、盘头过脑、火链、双背剑、中锄草、侧身踢腿、转身、对子等地秧歌传统技法，其间穿插三次换位，各一个八拍，运动量比较大。有助于锻炼身体，熟悉地秧歌基本动作，也为学校选拔次批地秧歌社团成员做好铺垫，从而传承地域传统文化。

通过学习，学生了解到地秧歌原型需要表演者左右手各持一根木棍，而木棍比较重，敲击时容易受伤，不符合同学们的实际情况，不易操作。所以为了方便普及地秧歌自编操，同学们自发用废弃的旧报纸卷成纸棍，再用胶带缠好固定，自己动手制作，即轻便又不伤人。现在地秧歌自编操已在全校推广了4年，学校也更加重视同学们的做操效果，于是免费给每个人配备了一对PVC管，同学们做起操来更加卖力，也更加精神了。

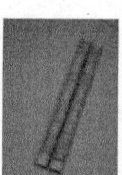

小红门地秧歌自编操的创新点在于：小红门地秧歌属于国家级非物质文化遗产；学生根据地秧歌基本动作改编成操；参与改编的学生被评为朝阳"非遗传承人"称号；学生在编操的过程中，独立解决了道具问题，降低成本易普及。

学生们通过小红门地秧歌自编操的创编，增强了体育锻炼的意识，陶冶情操，用积极的心态和情趣学习基本动作。减轻学习压力和心理压力，培养学生有效地学习动作的感觉，提高音乐素质及艺术修养，把健身、健美、娱乐和传承结合在一起。由于自编操源自"非遗"项目，所以提高了学生对"非遗"的认识，更加关注非物质文化遗产的学习和传承。

地秧歌自编操有一定的运动量，学生的身体都能承受，每次做完地秧歌自编操，他们都是满头大汗的，锻炼了学生节奏感。地秧歌自编操，不但让学生有身体上的运动，还丰富了他们的"非遗"知识，将文化与运动结合起来，在探索过程中，同学们脑洞大开，独立解决了道具问题，降低成本易普及。从而更加关注非物质文化遗产的学习和传承。

地秧歌自编操经历了2年的孕育，3年的推广和实践，我们从原来的16个人的地秧歌社团，到现在全校600人都在跳地秧歌操，地秧歌已经在我校普及。

四、"切"之效

学校要实现可持续发展，必须走自主发展道路。现在，我校已经发展起"非遗"项目进校园的艺术教育探索模式，学生在校园学习活动，课堂内外，了解到丰富的乡土文化知识。本学年，在我们确立起发展小红门地秧歌校本课程的自主发展项目之后，学校领导班子开始思考如何结合学校开展的乡土文化教育，深入发展地秧歌文化。现在，我们已经从三个方面把这个特色项目推进深入发展。经过不懈的努力，我校地秧歌自编操已获得朝阳区少先队创新工作奖，并获得朝阳区小学生创新性学习成果评选活动金奖，我校也获得朝阳区小学生创新性学习成果评选活动优秀组织奖，并被北京电视台《这里是北京》栏目专访。学校也因此更加确定发展方向，在2012年我们辅助中央民族大学研究生班提供了课题的研究的基础数据和资料帮助朝阳文化馆完成了"非遗"保护丛书《小红门地秧歌》的编写。

五、结束语

开展乡土文化教育，建设和美校园，发展学校艺术教育特色，已经成为朝阳实验小学南校全体师生的共同愿景。地秧歌文化活动在我们学校的深入发展，为"非遗"项目走进校园做了可贵的探索，有了良好的开端，促进学校的特色发展和自主发展。

（夏莹莹）

校园小戏剧　成就大梦想

北京市天坛东里小学

摘要： 小小校园剧，成为我校艺术教育创新点。学校利用戏剧搭建平台，用美育拓展思路，使学生受益成才。

关键词： 校园剧　美育　创新

一、学校艺术教育创新理念、思路与宗旨

创新是社会发展进步的不竭动力，是中国可持续发展的方向，更是一个民族的不朽灵魂。在这瞬息万变的竞争大潮中，各个领域都面临着前所未有的挑战，同样，学校艺术教育也面临着全新的挑战。尤其是如何让一些前所未有的艺术教育进入课堂，走进学生的校园生活中，更是对学校教育的考验。但是，所谓机遇和挑战是一把双刃剑，在具备一定的挑战压力的同时，对于古老的戏剧艺术也是一种希望和机遇。在东城区教委的大力推广倡议下，各个学校的校园剧社团如雨后春笋般纷纷涌现。

校园戏剧的功能主要就是侧重于对教育改革的促动，侧重于对审美教育的深化，侧重于对学生综合素质的提升。作为校园文化的一个重要组成部分，校园戏剧是学生美育工程的一个重要途径。校园剧社团作为激发在校学生兴趣的组织，通过社团内部各项活动的开展，通过发挥戏剧教育的特殊教育功能，可以提高学生的思想道德水平，促进学生知识结构的不断完善，在一定程度上提高学生能力，有效促进广大学生心理健康，为推动校园文化建设，丰富校园文化生活做出特殊的贡献。校园戏剧是演员将某个故事或情境，以对话、歌唱或动作等方式表演出来的艺术。戏剧与其他艺术类最大的不同之处便在于扮演，透过演员的扮演，剧本中的角色内涵才得以伸张，教育意义才得以凸显。

二、活动背景及动机

戏剧作为一种舞台艺术，从 20 世纪 80 年代中期以来，面临专业戏剧市

场日渐萎缩、观众锐减的危机，而学校里的孩子们对校园内戏剧活动的热情却有增无减。

戏剧艺术作为一种审美方式，通过学生角色扮演等艺术形式，在校园中起着重要的教育功能，校园戏剧培养了学生的人文精神，以话剧表演的形式，用正确的思想影响人，用高尚的情操鼓舞人。

三、活动策划方案

现在的学校教育已不仅仅局限于课本教学，我区开展的蓝天社会大课堂，让学生投身到广阔的社会大课堂，开展文化、科技、社会实践类的学习实践活动，使学生学习内容更丰富，学习形式更生动，学习模式更立体化，从而使首都中心区学生的综合素养得到进一步提高，开创了课内外、校内外教育教学融合的新途径，充分利用各种社会资源，给每一位学生创设和搭建了更广阔的学习舞台。同时也更好地做到利于学生的发展，成就教师的成功。

东城区是戏剧传统开发区，各种戏剧资源丰富，经过先期调研，发现在学生中喜欢戏剧表演的人很多，积极性很高，这就为活动的开展打下良好的基础。另外，我校与金帆话剧团成员革新里小学是联盟校，学生家长中又有儿童剧院的编导，还有校领导在各方面的大力支持，这都为活动的开发实施奠定了良好的基础。

【活动的目标】

1. 情感目标

学生是情感丰富、富于幻想的，而且天真活泼，喜爱无拘无束的生活。然而，现实生活中又不可能满足他们所有的幻想，致使很多学生的情感、情绪无所发泄。而校园剧的表演，正好满足了学生这种情感宣泄的需要，并且，在教师的正确引导下，学生通过角色表演能更好地明辨是非美丑，歌颂生活的美好以及抒发自己的真情实感。

2. 能力目标

学生虽然年龄较小，但由于天性使然，他们的表演欲很强，没有什么多余的想法。只要教师能加以正确引导，他们都能很好地诠释出所扮演的角色，很多学生还可以即兴发挥，激发出创造潜能。相信通过校园剧表演课程的学习，不仅能够开发学生的表演才能，而且能够培养学生辨别真善美的能力，同时还能激发学生的创造力、表现力，为学生各方面能力的发展提供了良好的平台。

【活动的主要内容】

对学生进行声音、口齿方面的训练，以及简单的形体训练，并以童话故事、校园生活、家庭生活等为背景，编写出适合小学生理解和表演的校园剧剧本，期末展示一台或两台完整的校园剧。

【活动的步骤】

1. 每周三下午 3：30—5：00 为固定的活动时间。

2. 让学生明确活动目的，开展各种基本功训练。

3. 编排一些小型剧目，让学生初步尝试。

4. 与革新里联盟校牵手，请资深专业教师来校指导。

5. 参加市区艺术节展演，上台历练。

6. 参与各种校内外表演，如，金帆戏剧联盟校的演出日活动、社区庆祝活动、学校大型活动等。

7. 请来家长资源——专家级编导，来校为学生指导。

8. 继续参加各种规模的展演活动，使学生水平不断提升。

【活动的测评】

1. 每隔一段时间，组织学生表演一台或两台完整的校园剧，邀请老师、家长进行观摩，并当场评选出最佳表演奖，以提升学生的兴趣，不断提升演艺水平。

2. 通过市区艺术节展演，检验学生学习效果。

四、活动实施方案

目前学校校园剧社团已演出过的剧目有《传递幸福》《等明天》《数字历险记》《我是一条鱼》《我在马路边捡到一块钱》等。

校园剧剧本（略）

五、活动教学计划

天坛东里小学校园剧社团教学计划书

社团名称	七彩虹校园剧社团	指导教师	卢雅芳
活动地点	舞蹈教室	活动时间	每周三下午 3：30—5：00

本学期辅导目标：

1. 培养与强化演员必备的素质和能力。

2. 进行表演基本元素训练(注意力集中、肌肉控制、真实感与信念、情绪记忆、想象、交流与适应、节奏感)。

3. 进行人物形象创造练习(演员与角色统一，艺术与生活统一，体验与体现统一)。

续表

预计达到的学习效果：
1. 初步掌握表演心理技巧，进入正确的创作状态。 2. 通过动物模仿，观察人物练习，做人物小品，使学生深入掌握表演心理技巧并初试人物形象。 3. 通过话剧片段表演——体会好如何塑造人物。 4. 通过独幕剧，话剧小品表演(不同风格体裁)，能够完整塑造人物形象。
汇报形式及时间： 参加学校大型活动如开学典礼、"六一"会演表演等；参加市、区艺术节展演。

六、活动教师笔记

2015—2016 第二学期教案及活动记录

社团名称	七彩虹校园剧社团	学生出勤	
活动时间、地点	2016 年 3 月 9 日，舞蹈教室	指导教师	卢雅芳

辅导内容：
1. 布置社团活动要求及注意事项。 2. 进行基本功训练： 冥想、听指令作相应的动作、想象力练习、绕口令、朗读诗歌。 3. 分发剧本《我是一条鱼》，给学生分配角色，分别给学生说一说角色的性格，并给学生布置写一写人物分析的作业。
活动效果：学生们对练习基本功的基本方法均已掌握。

社团名称	七彩虹校园剧社团	学生出勤	
活动时间、地点	2016 年 3 月 16 日舞蹈教室	指导教师	卢雅芳

辅导内容：
1. 进行基本功训练。 2. 每人分别说说自己对角色的感受，并读一读自己写的人物分析。 3. 大家互评。 4. 老师点评，并为大家进一步分析人物特点。
活动效果：学生们互帮互评，收获很大。

社团名称	七彩虹校园剧社团	学生出勤	
活动时间、地点	2016 年 3 月 23 日舞蹈教室	指导教师	卢雅芳

辅导内容:

1. 进行基本功训练。

2. 大家围坐在一起,从头开始分角色朗读剧本。

3. 教师点评。

活动效果:学生们对自己角色的要求还存在差距。

正是借助戏剧的别样表现形式,让传统教材中的经典故事和典型人物得以鲜活生动地"立"起来,从而让"小故事"中所蕴含的"大意义"在生动准确传递给小观众的同时,也同样教育感染着小演员们,真正起到了全员受益的作用。通过校园剧社团的排练、演出,丰富了同学们的校园生活,培养了兴趣爱好,使学生参与学校活动的广度更立体了,同时,不同班级的孩子们在一起活动,增加学生交友范围,更加丰富了内心世界。

七、活动成果

学校校园剧社团自 2012 年成立以来,先后参加了北京市及东城区第十五届至第十八届艺术节展演,《传递幸福》《等明天》《数字历险记》《我是一条鱼》均获得二等奖的好成绩。校园剧社团还参加了金帆戏剧联盟展演;与陕西安塞一小交流展演;学校历届翰墨文化节展演等演出活动,多次被评为区、校优秀集体。2016 年 5 月,学校获得东城区优秀集体称号。

八、分析与评价

(一)活动反馈

在历次活动中,赢得了学生、家长、教师、专家评委等方方面面的好评。每位校园剧社团的成员,在学校都是小名人,评选优秀集体时,大家纷纷将选票投给他们,在每次演出中也赢得阵阵热烈的掌声。家长们都纷纷表示:自己的孩子自从参加了校园剧社团,变得越来越开朗了,越来越阳光向上。孩子们也觉得自己越来越勇敢、自信了。专家在艺术节总结会上点评我们的表演时说：天坛东里小学的学生，在演出中，角色性格把握准确，角色感觉演绎到位。

（二）理论分析

对于任何舞台作品，最真实的评判标准莫过于观众的现场观感和即时反馈，校园剧自然也不例外，只不过它的观众是更为特殊的学生群体，演出场地既可以是剧场，也可以是教室、礼堂乃至露天操场。一路演来，无论是新参加的学生，还是老演员，他们都在剧团中得到了成长和锻炼，在作品呈现的曲折剧情、生动表演和欢乐互动中，总能收获超乎寻常的笑声、掌声、欢呼声。这也使得孩子们更加坚定、自信。随之，众多学生也都想积极地加入进来，起到很好的宣传、感染作用。在这个舞台上，孩子们对于戏剧的喜爱真正发自内心，迸发出极大的热情。

一个优秀的社团组织，它的成员能够通过加入社团、参与社团活动等多种途径紧密地与社团联系在一起，由归属感到认同感，由认同感到荣誉感，由荣誉感发展为对集体的责任感；同时，一个优秀的社团在成员中倡导的价值观能够潜移默化地影响成员的心灵，这也是戏剧教育带来的特殊教育魅力。

九、对策与建议

所谓"戏如人生"，如何让孩子们在人生启蒙阶段得以近距离接触舞台艺术，深切体味由优秀戏剧传递的美学理念，进而更好地受到美育教育；如何培养学生们的创意热情，点燃他们的开放思维；如何通过文学与戏剧的巧妙结合，增加孩子对课本的理解兼而促进对戏剧的兴趣……对于这些深层课题，都期待在不断深化的戏剧教育进课堂中得到解答，其实结果已经不言而喻。随着学生戏剧节、戏剧讲座、青少年戏剧工作坊、戏剧教育教师培训工作坊、剧场导览、经典作品鉴赏等诸多普及项目的次第推出，学校艺术教育才能真正做到逐步深化，不断完善。我们作为教育者，只有不断探索、实践创新，才能离梦想越来越近。从这个意义上而言，虽然要走的路还很长，但我们有信心，要让小小校园剧，最终成就大梦想！

（卢雅芳）

弘扬中华传统文化　丰富学生校园艺术生活

北京市成寿寺小学

摘要： 箜篌，是古老的弹弦乐器，其历史悠久，音域宽广、音色柔美清澈，表现力强。为了弘扬中华传统文化，丰富学生校园艺术生活，我校成立了箜篌乐团。

关键词： 中华传统文化　艺术教育　民族音乐　箜篌

一、学校艺术教育创新理念、思路与宗旨

提高学生的箜篌演奏技能，可以弘扬和继承民族乐器的优秀文化，丰富学校文化艺术气氛，增添学生气质与素养。学生社团是校园文化的重要载体，是学校第二课堂的重要组成部分。为了更好地发展社团，使学生社团在繁荣校园文化和推进学生素质教育的进程中发挥出更加突出的作用。学校秉承"为学生的幸福人生奠基，为教师的专业成长服务"的办学理念，以加倍的努力，为孩子们营造多彩的童年，为孩子们的幸福人生奠定坚实的基础。以加倍的努力，经营建设一所孩子们向往、家长满意、社会赞誉的好学校。

学校以"三个代表"重要思想和科学发展观为指导，确立现代课程理念，转变课程功能，优化课程实施，全面推进素质教育。以艺术课堂教学改革为重点，以艺术教育师资队伍建设为关键，以发展学生审美情趣、培养创新精神和实践能力为归宿，切实提高艺术教学管理和研究水平，求实创新，为学校艺术教育的发展努力探索。

（一）加强教研组建设，加快艺术教育改革

教研活动要经常化、专题化、系列化，切实提高教研活动实效性。我们首先将制定经常化的活动安排，并能在实际操作中，严格按计划开展教研活动，开展教学反思的交流，加强经验积累。通过对优秀示范课的赏评、分析、模仿、改革，把别人好的教学方法真正为我作用，切实提高教师教学水平。

我们要从学生实际出发，根据艺术教育学科特点和素质教育要求，在提

高教学质量上下功夫，教研组将根据艺术学科的特点，有重点的每月进行检查，并评出等级。各艺术教师认真对照规范要求，做好日常教学工作。要求教师具有新的理念，拥有先进的教学方法，成为教学的反思者、研究者，使教改不断深入，使学生的人文素质和艺术能力得到整合发展。

(二)优化各项管理，促进艺术教育改革的进一步深化

1. 强化课程管理，全面提高我校艺术教育教学质量

学科课程方面，严格执行艺术教育课程计划是深入实施素质教育的关键所在，要在"开齐、上足、教好"上下功夫，坚决杜绝停、甩、占艺术课现象，确保艺术课程开课率达成100％。

2. 关注课程改革，提高课程质量

课程改革在观念、目标、内容、方法、管理与评价等方面都有很大的变化，教师是课程实施中的主要人物，影响课程的诸多因素往往要通过教师反映在具体的课堂教学中。教师是课堂教学的把关者、调适者和创造者，他们对课程实施的影响是十分重要的。

3. 抓好活动课程，开辟第二课堂

我们要把课外艺术活动作为学校艺术教育的重要组成部分，坚持以引导学生亲自参与和切身体验为基础，以激发学生兴趣、培养学生特长、发展健康个性。

学校课外艺术社团活动正常化，艺术辅导教师要严格按要求进行辅导，保证活动时间与质量，并积极参加各部门组织的各类比赛。

(三)树立新观念，落实艺术教育在素质教育中重要地位

我们继续以新课程为契机，通过课程改革，确立现代课程理论；转变课程功能，调整课程结构，提高综合化水平；更新课程内容，开发课程资源，优化课程实施过程，倡导自主、合作探究的学习方式；加快评价改革，发挥评价教育促进发展的功能。我们要从学校艺术教育的实际出发，制订新的艺术教育改革和发展计划，转变教育教学观念，形成新的思路。

我们继续深入学习《艺术教育课程标准》，把《国家艺术课程标准》作为开展教学活动的一面"镜子"，时时对照，检查自己教学活动是否体现新课程的教育理念。树立艺术教育的四种新观念：1. 树立全面的艺术教育观，注重普及性；2. 树立素质化艺术教育目的观，突出发展性；3. 树立开放式艺术教育观，坚持整体性；4. 树立现代艺术教育质量观，立足全面性。用新课标的先进理念指导实践，将实施艺术教育定位在开发学生潜能、陶冶学生情操、提

高素质、促进学生个性发展上。

(四)教科研结合，提高艺术教育教学水平

1. 认真参加各级的培训。
2. 教研与科研紧密结合，使科研由"虚"变实。

二、活动背景及动机

箜篌，是十分古老的弹弦乐器，历史悠久、源远流长，音域宽广、音色柔美清澈，表现力强。为了弘扬中华传统文化，丰富学生校园艺术生活，2014年11月，在方庄青少年活动中心的支持下，我校成立了箜篌乐团，并邀请了中国歌舞剧院、中国箜篌协会的各位老师来校进行教授。乐团成立以来，在各位箜篌专家、教师的精心指导下，在学校老师们的耐心组织下，经过同学们的刻苦训练，现在已经较好地掌握了弹拨技巧并能演奏出了优美的乐曲。为了进一步提升该社团的水平，我校成功申报特色学生社团项目。

三、活动策划方案

(一)重点提升内容

提升学生对中国民族音乐、民族文化的熟悉了解程度，提升学生的箜篌演奏水平，提升乐团合作配合演奏的水平，提升学生团队合作的精神和能力，提升学生的舞台表演状态。

(二)预期提升目标

学生能够独立识谱、独立完成各自声部的乐曲演奏。每个学期至少完成一首合奏乐曲的演奏学习。各声部间能够进行高度配合，优质完成所学乐曲。乐团要达到良好的训练成果，使演奏形式也更加多样化。开展各个层面的展示与展演活动，弘扬民族传统艺术。

四、活动实施方案

(一)采取措施

乐团每周进行二次集中排练，由指导教师带领学生进行乐曲演奏学习，以提升乐团的整体演奏水平和演奏状态。除集中排练外，学生利用课余时间自行练习，或由乐团团长、首席及声部长带领，以学生"自学、互学"的方式进行练习，帮助乐团成长。每月及每学期对所有学生进行考核，已督促学生练琴，为乐团的稳步发展提供保障。

(二)未来三年发展规划

1.提高已有成员的弹奏水平、团队意识和精神。

2.积极参加市区级乐器比赛，多与其他水平较高的学校交流切磋。

3.扩充社团学员，吸引有这方面才能的同学加入。

4.聘请高校或音乐家的箜篌等乐器演奏专家讲座或指导。

5.重学生基础知识的普及，将箜篌等民乐器乐逐步引入课堂，制定并完善相关校本课程、校本教材。

6.让每一个走出校门的孩子掌握一种音乐技能，绝大多数孩子接触过并基本会弹奏一种乐器。

(三)长期规划

1.创建一批高层次、高品位的精品社团活动。

2.培养一批具有鲜明特色的优秀社团。

3.造就一批素质高、能力强的学生社团骨干。

4.学校民乐团成员不断壮大，在区乃至北京市取得一定影响力。参加各级各类比赛争取获得好成绩。

5.打造特色社团知名度，广泛赢得家长、社会赞誉，提升学校办学知名度。

6.培养具有音乐素养，具有一定鉴赏能力、审美能力的合格小学生。

(四)工作内容

1.加强学习

认真学习学生社团工作的新理论、新经验；认真学习学校关于学生组织、学生活动的指导方针和各项决定，并在学习的基础上认真研讨，深刻领会；因地制宜，学以致用，为我校的学生社团发展服务。

2.注重调研

适应社会发展之所需，学生全面成才之所求，大兴调研之风。深入了解广大学生对社团建设的建议、意见，努力探索新时期学生社团的自身特点和发展规律，不断改进学生社团管理、服务工作的质量。

3. 深入实践

工作中强调理论联系实际，注重在学习和调研的基础上深入实践，同时努力创建良好的科技、艺术等社会实践氛围，鼓励广大学生勇于实践、乐于实践，在学习中实践，在实践中学习。

4. 坚持创新

树立创新意识，培养创新能力。积极进行管理理念、工作方法和实践形式方面的创新。

5. 强调协作

维护学生社团成员内部的团结，加强学生社团之间相互的协作，拓宽学生社团学习交流的渠道，积极寻求与校内外其他学校进行多种形式的合作交流。

(五)工作重点

1. 狠抓组织建设

(1)建立健全各项规章制度，规范学生社团的工作目标、程序和方法使社团的组织管理进一步制度化、规范化、科学化；抓好学生社团学生干部的思想教育和业务培训工作，使社团成为一个"精诚、团结、高效、务实、创新"的学生社团的管理和服务组织。

(2)适应时代发展和学生成才的需求，积极引导新的学生社团组织的成立发展，努力形成充满活力、健康向上的学生社团发展格局；加强合作交流，相互学习，优势互补；相互协作，共同提高；营造良好氛围。

2. 完善管理机制

(1)建立有效的激励机制。继续大力扶持优秀学生社团的发展，建立完善的学生社团考核、评比、表彰、奖励机制，营造有利于优秀学生社团脱颖而出的良性竞争氛围。同时，对优秀学生社团在工作中重点支持，加大投入，加强管理，努力造就民乐团成为学生社团发展中的主力军和领头羊。

(2)实行灵活的管理机制。坚持"抓大放小"的原则，鼓励学生社团依据自身的特点和实际情况因地制宜，积极大胆地进行创新实践。

(六)活动内容

高度重视学生社团的活动开展，积极采取措施为学生社团开展活动搭建舞台、拓展空间、提供机会。完善学生社团活动的项目申报制和责任制管理，在办好"学生社团艺术节"社团活动项目的同时，鼓励其他精品学生社团活动蓬勃开展，使学生社团的价值在多姿多彩的社团活动中得以充分的体现。

强化民乐社团在学生社团在校园文化建设的中坚作用，积极创造条件，积极走出校园，面向社会，弘扬民族传统文化，积极投身于社会公益事业，服务社会，开展一批具有社会影响的社团实践活动；积极争取校内外友邻单位的支持与合作，为学生社团提供创新实践基地。

五、活动教学计划

1. 发挥艺术教研组的监督作用，规范教学常规，倡导"有效"教学，健全艺术课堂管理，提升教学质量。

2. 教研活动经常化、专题化、系列化，切实提高教研活动实效性。组织多种形式的研究和学习活动，提高艺术老师课堂教学水平，通过开展教研组内相互听课活动，使组内艺术教师掌握艺术课程的课堂教学要求，提高艺术教学质量。

3. 组织好课外兴趣活动，在原有基础上巩固和发展学生艺术队伍，并形成一定的梯度，经常性地开展活动，定期进行展示活动，吸引更多的学生参与到艺术活动中去。

4. 组织好学校的艺术教师对教材教法的研究，注重反思，案例的积累，通过教学交流发现问题解决问题，完善课堂教学。

5. 乐团积极配合学校大队部举办好庆"六一"艺术节活动。

6. 积极参加各部门组织的各类比赛。

学校成立了 60 人的箜篌社团，我校规定每周二、周三下午社团在音乐教室开展活动，每次活动不低于 90 分钟。多姿多彩的社团活动极大丰富了学生的课余生活，培养了学生参与艺术活动的兴趣与素养，智力与潜能得到开发。

六、活动教师笔记

第一课 认识箜篌、了解相关箜篌历史文化

【教学目标】

1. 让学生认识箜篌、了解箜篌

2. 了解箜篌与竖琴的区别

【教学重点】

1. 了解古代箜篌及现代箜篌的分类

2. 了解箜篌的失传原因

【教学过程】

一、了解什么是箜篌(2分钟)

简单地说,箜篌是我国的一种非常古老的双排弦弹拨乐器,双排弦采用等同音排列,属于中国的民族乐器。

二、讲解古代箜篌历史(20分钟)

1. 发源地点、年代

箜篌始于公元前3000—前2000年间;公元前2000年传入亚述(今伊拉克),后来经亚述传入波斯(今伊朗),又从波斯传入中亚和印度。

2. 古代箜篌类型(配图片)

卧箜篌、竖箜篌、凤首箜篌。

3. 失传原因

箜篌在唐代十分盛行,因此在唐朝时就被奉为"贵族乐器",而被禁止在民间演奏和流传,只能在宫廷之内演奏,因而它的发展受到限制,致使箜篌乐器及演奏逐渐退化失传,到宋代明清后渐少使用,近一二百年来,销声匿迹而成绝响。

三、讲解现代箜篌历史(配图片)(15分钟)

1. 现代箜篌的种类

现在所使用的现代箜篌大致分为手拨式半转调箜篌、脚踏式全转调箜篌及小箜篌三个大类。

2. 与竖琴的联系

箜篌与竖琴本是同源不同流的两种乐器,东传至中国叫作箜篌,西传至欧洲便流传演变为现在的竖琴。箜篌与竖琴可称之为"姐妹琴",二者同属弓形弹拨乐器。竖琴单排弦,箜篌双排弦,这是二者最主要的区别。箜篌双排弦等同音排列,可演奏揉压颤滑等音响效果,而竖琴却不能。

四、箜篌乐曲、视频赏析(15分钟)

五、布置课后作业

了解以下内容:(2分钟)

1. 古代箜篌的分类

2. 与竖琴有什么联系

3. 为何失传

七、活动成果

乐团成立以来,在各位箜篌专家、教师的精心指导下,在学校老师们的耐心组织下,经过同学们的刻苦训练,现在已经较好地掌握了弹拨技巧并能演奏出了优美的乐曲。

2015年3月，乐团参加了丰台区第十八届艺术节。乐团经过精心编配，将箜篌与打击乐、扬琴、中阮、低音贝司、二胡等多种乐器结合，精彩演绎了《欢沁》《家乡老北京》并荣获一等奖。2015年4月，参加北京市第十八届艺术节展演活动，摘得银质奖章的好成绩。同月，应邀前往中国音乐教育的最高学府中央音乐学院，参加"2015年中国第二届箜篌艺术节"，赢得了现场各位导师及观众的好评，特别是受到了我国著名艺术家、箜篌国手崔君芝老师的赞赏。2016年2月，乐团应邀到国家大剧院参加了迎新春传统文化展示活动，展现了我校及丰台区艺术教育的风采与硕果。现在，我校箜篌民乐团已成为我校艺术教育的一道亮丽风景线，无论是"六一"儿童节展演、迎新年活动，还是社区联欢都能够见到、听到孩子们纯真的笑脸和优美的旋律。

八、分析与评价

在2015年中国第二届箜篌艺术节上的演出赢得了现场各位导师及观众的好评。学校开展的各项艺术教育，得到了社区家长的积极关注和大力支持。目前，我校家长队伍中，有专门从事民乐艺术的朋友已专门找到学校，愿意积极参与到箜篌民乐团的建设与发展中来，与学校共同促进乐团的发展，为学校的艺术教育添砖加瓦。

九、对策与建议

2014年以来，学校认真贯彻落实国家教育部《全国学校艺术教育发展规划》，继续深化学校艺术教育特色建设，组织开展了丰富多彩的艺术教育活动，提高了享受美、欣赏美、创造美的能力，取得了良好的效果。

(一)制定方案，明确目标

学校认真制定了2015—2016年度学校艺术特色建设方案，明确了工作的目标策略措施、领导小组和运行机制，特别是明确了本年度工作的重点是保持学校艺术课程开课率达到100％，加强特色课程建设和艺术教师队伍培养，多种艺术项目齐头并进的艺术教学特色。明确了目标，各项工作便有了方向，一年来，学校按照年初制定的方案认真实施，保障了学校艺术特色工作正常、有序地推进。

（二）落实措施，有序推进

学校按照特色建设方案，认真落实各项措施，有效推进了学校的艺术特色建设。

（三）开足课程，加强教学

1. 开齐开足艺术课程。学校艺术教育课程改革的主要任务是：实验、推广和实施国家、省市艺术课程标准。艺术课程以音乐、美术分别开设为主，按照国家课程计划和课程标准的要求进行。

2. 做好艺术特色项目。强化已有的特色课程建设，包括书法、创意美术、舞蹈(中国舞、爵士舞)、合唱等特色项目，为培养更多的艺术兴趣爱好的学生提供了更多的平台。

3. 加强艺术课教材的使用和管理工作。首先用好教好国家教材；其次根据学生的特殊性，在音乐、美术教学中我们老师有选择地选取适合学生的教材和教学内容。

4. 提高艺术课堂教学水平。要求艺术课的教师要积极探索、勇于改革教学内容和教学方法。根据艺术教育的规律和学生生理心理发展的特点，结合本校的实际情况创造性地组织教学。艺术教师应充分利用和开发学校教育资源，重视现代化教育技术和手段的学习和应用，逐步实现教学形式的现代化、多样化，拓展艺术教育的空间，提高艺术教学的质量。

（四）开展活动，陶冶情操

校园艺术活动是学校艺术教育的重要组成部分。在活动的内容和形式上，考虑到学校教育及学生的生理和心理的特点，遵循学生的主体性和自主选择性原则，鼓励学生积极参与。学校在普及的基础上，尽可能满足学生提高的愿望。

学校根据学生特点，开设了艺术社团十一个，主要有合唱社团、创意美术社团、书法社团、泥塑社团、舞蹈队、民族乐器社团队等。社团活动做到了有计划，有措施，有师资，有制度。

学校组织开展了各式各样的艺术教育活动，例如：举办了校园艺术节、庆"六一"和迎新年联欢会等活动，开展各种表演、展览和比赛；结合学校承办的活动，组织学生进行技能展示；结合传统节日，组织开展文艺会演等活动。通过各种形式的艺术教育活动，提高了学生的欣赏水平，张扬了学生的个性，培养了学生欣赏、创造美的能力。

（五）强化培训，提高素养

以建设一支师德高、技能强的专职艺术教师为主为重点，加强了艺术教师队伍建设。为了提高教师的特色操作能力，我们要求教师自学自练，鼓励教师进行专业进修，使其逐步成为一专多能型、科研型教师。在对教师的培训工作中，我们继续坚持"两手抓"的原则，即"一手"抓外出培训，积极创造条件让艺术教师走出去学习取经。"一手"抓校本培训，通过研讨、集体培训等手段提高教师的艺术教学水平。"一手"抓专业艺术教师素质的发展，"一手"抓非专业教师的艺术涵养的提高。

（六）营造氛围，耳濡目染

一是重视校园外部环境建设，借助电子显示屏、板报的布置和校园绿化等，使校园充满浓郁的艺术气息。

二是构建了良好的展板文化，利用传统节日和领导、社会人士来校开展校园展览、展示活动，在营造良好的积极的艺术教育、学习氛围的同时，展示学校艺术特色成果。

三是加强班级艺术特色的建设，积极营造良好的班级艺术氛围。

（七）改进技术，提高质量

大力提高艺术教育现代化水平和信息化程度，促进了信息技术和艺术课程的整合，拓展教师和学生获取艺术及相关信息的手段及选择的范围，大幅度提高了教育质量。

1. 加强艺术教育与信息及时的整合。充分应用现代化教育技术，提高艺术教育教学质量及艺术教师计算机辅助教学水平。根据时代的发展，今年还在教师中开展了电子白板的培训，并选派优秀教师参加区信息技术培训，让信息技术更好地辅助艺术教学，以进一步提高艺术教学的质量。

2. 发展网络的功能。根据学校艺术教育发展的需要，教师能充分利用网络，运用艺术教育计算机辅助教学软件为学生的学习和发展提供丰富多彩的教育环境和学习工具。

（八）建章立制，规范管理

建立健全了艺术教育管理机构，不断提高学校艺术教育的管理水平，确保学校艺术教育政策、法规的落实，加大了对学校艺术教育经费的投入和器材配备，保证了学校艺术教育快速、健康发展。

1. 专人负责。学校明确艺术教育由教导处负责日常管理，并由一名校级领导负责学校的艺术教育工作。

2. 专室管理。学校设置了符合教学需要的音乐、舞蹈、书法、美术专用教室。明确了专用教室管理人员，加强对艺术课程学生用品的管理和专事室卫生的管理，保障了正常的艺术教学的开展。

（九）成果显著，令人振奋

一年来，学校在艺术教育方面取得了显著成绩：

1. 在区艺术节中，我校编排的舞蹈《不要不要》《贵妃醉酒》《中国娃》均获三等奖。

2. 我校学生在艺术家特色乐团比赛中，获三等奖。

3. 民乐团演奏的《欢沁》《家乡老北京》在艺术节获一等奖，同年在北京市获银奖。

4. 民乐团于今年2月应邀参加国家大剧院的展演，获得好评。

5. 学校成功举办了庆"六一"校园艺术节和迎"六一"联欢会。在学校艺术节期间，学生积极参加了学校组织的各项艺术活动，展出了自己创作的各种艺术作品，成为学校艺术教育一道亮丽的风景线。

为了巩固学校艺术教育的成果，学校将进一步加大艺术教育管理力度，保障了艺术教育资金的投入，增设艺术特色课程，开辟了艺术教育的渠道，提高了艺术教育的管理水平和教师的教学水平，使艺术教育在我校结出丰硕的成果。

（马寅）

原创儿童剧《我想对你说》创作阐述及思考

北京市东城区分司厅小学

摘要：2016 年 5 月，分司厅小学金帆话剧团师生自编、自导、自演的现实题材原创儿童剧《我想对你说》，作为中国儿童艺术剧院院庆 60 周年展演季展演剧目在中国儿童剧场正式上演。该剧主创团队由学校教师及中央戏剧学院、中国儿童艺术剧院和中国传媒大学的多位专家及研究生联合组成，在创作和编排构思方面立足现实，大胆创新，突破传统思维，形成了"大手牵小手，专业带业余，舞台即讲台"的创编之路。剧目以学校组织的家长会为导火索，通过展现重组家庭、城市留守儿童家庭、双胞胎家庭、重视学业的传统家庭等四个不同背景家庭的亲子关系矛盾来表达家庭对孩子成长的重要性，体现出无论是父母和孩子之间、兄弟姐妹之间，乃至每一个生命个体之间，都应彼此尊重、相互理解，给予包容、陪伴与沟通。

关键词：儿童剧 创作阐述 思考

一、艺术教育创新理念

分司厅小学是一所百年老校，长年坚持"树人"教育，学校以"传承树人百年之德，再创百年树人之范"为办学目标。学校虽地处胡同深处，却始终坚守"小学校全面发展，大教育启大智慧"的办学理念，教师们以"怀德立范"的志向，塑造学生，以达到"一树百获"的学生培养目标。学校在夯实德育与学科教学的基础上，通过艺术、科技、体育、社会实践教育全面提高学生的综合素质和创新实践能力。目前学校是北京市艺术教育特色学校；北京市金帆团（话剧）承办校；高校、社会力量参与小学特色发展项目牵手校。学校坚持以美育人的目标，在普及艺术教育的同时，通过社团组织发展学生的兴趣爱好特长。金帆话剧团连续三次获得全国儿童戏剧比赛一等奖，在社会上树立了良好形象，是北京市艺术教育的品牌团队。学校重视给予学生最美的艺术滋养，坚持探索艺术育人规律，培养学生的创新实践能力，打造精品特色团队，努力为每个学生的发展服务！

二、活动背景、动机

随着艺术教育的普及和发展，戏剧成为诸多中小学美育教育的重要手段。2004 年起，分司厅小学正式创立北京市首家学生话剧团，在校园中率先开展戏剧教育，并于 2008 年成为北京市学生金帆艺术团中首个小学话剧团。

学校的校园戏剧常年坚持现实主义的创作方向，以校园生活为基点，关注学生成长过程中的困惑以及相互之间的性格差异和矛盾冲突，以清新、质朴、生动的精神面貌在北京市中小学艺术特色教育中独树一帜。近十年来，由剧团自主创编的《诺言》《挡不住的阳光》《小尾巴》《这次谁来当队长》《一元五角钱》《谁动了谁的笔》《镜头背后》等校园剧，在东城区、北京市乃至全国的学生艺术展演中均取得了优异成绩，因此对于儿童剧的编写和排演也积累了一定的经验。

转眼十二年过去，为纪念我校金帆话剧团走过的第一个十二年，话剧团师生决定共同创编一部大型儿童剧。对此我们充满了期待与兴奋，并热情邀约中国儿童艺术剧院和中央戏剧学院的专家老师及正在中国传媒大学上研究生的剧团毕业生崔晴参与，与剧团教师共同组成创作团队，一起开展原创儿童剧的创作工作。

三、活动策划方案

回顾以往的校园剧创作，通常都是按照艺术节比赛规格，创作八人以内，不超过十二分钟的校园短剧。即便是金帆团的戏剧专场演出，基本上也是把四至五个排演过的短剧串联在一起呈现出来。如今想要零起点创作一部由小学生担当主力的大型完整剧目，无论对于学校、对于话剧团、还是对于教师个人，都是一次极有价值的探索和尝试。

我们应该为孩子创作一部怎样的剧？在舞台上讲述一个怎样的故事呢？如果按照一个主人翁、一条情节主线贯穿到底的创作方式，对于担当主要角色的学生和初次创编大型剧目的学校话剧团同样有很大的压力。为了保证艺术质量，相关老师及学生势必会花费很多时间和精力。为此，我们想到了中国儿童艺术剧院的组合式儿童剧《特殊作业》。该剧的剧本结构很有特点，采用群像式、组合式结构，全剧五组人物五个家庭，相同的事件在每个家庭平行展开，每个家庭又因人物关系和家庭背景的不同带来情节的差异性，开掘出不同的主题立意。如果选择这样的结构方式，想必排练时除了个别的群戏场面，几个家庭就可同时展开工作，互不干扰。每个同学牵扯的时间精力也不会太多，不会因为排练过多而影响学习。

校园里，每一个孩子都是鲜活的生命个体，有着与众不同的外形特征和个性表达，带着这个时代的鲜明印记。每一个孩子都会引出一个家庭，经历与众不同的故事。在确定了剧本的结构方式后，主创团队先后就儿童剧的内容题材进行了反复聚焦与选择。本着学校一贯现实主义的创作风格，我们力图以孩子的成长为出发点，以学校和家庭为创作背景，探究"家校"如何携手，共同为孩子的成长营造健康、向上、乐观、轻松的成长空间。那么，什么样的事件才能勾连起学校、家庭和孩子之间的关系，引起社会的普遍共鸣，引发人们的思考，体现出创作演出的现实意义呢？

经过前期的调查和了解，我们发现："家长会"是每个学校、每个学期与每个家庭、每个学生都息息相关的共性事件，是家长了解学校的办学理念和教学内容的一扇窗户，是家长和老师就孩子在学校的表现情况和学习状况进行沟通的桥梁和纽带。因此，每次"家长会"后，总是"几家欢喜几家愁"。

根据创作构思，剧本初稿命名为《家长会后》，设置了四组具有典型性的人物关系，"家长会"的召开犹如一颗泡腾片，根据家庭环境和人物关系的差异产生不同的化学反应，由此触及现实生活中最直接、最普遍的家庭教育问题。四组人物形象和人物关系支撑起全剧的主题情节架构。"家长会"作为全剧规定情境的先行事件，引发各个家庭成员之间的内部矛盾，折射出现实生活的不同层面，让人们除了看重孩子的身体和学习成绩之外，能够对孩子成长中的心理健康有所思考，对不同人物关系中人与人的沟通、交往和相处有所关注。

为捕捉最真实、最客观、最贴切的创作感受，创作期间，主创团队分别与学校教师、家长和学生三方代表召开了三次座谈会，就"如何看待家长会"，"学校教育和家庭教育之间存在的问题及相关意见或建议"及"家长与孩子之间的沟通情况"等问题与大家展开讨论，参与座谈的大人和孩子纷纷敞开心扉，吐露真实的感受和想法，各自发表不同的观点和看法。他们的发言真切质朴、生动感人，同时又富有童趣，有不少都作为台词保留了下来，并在剧中活灵活现地呈现。主创团队还组织话剧团所有成员与自己父母相互写出最想对对方说的话，家长和孩子们往来的信件中，字里行间全都流淌着相同的同一个字——"爱"！

每个孩子都会有自己的小秘密，有些问题他们不愿和老师、同学和家长进行沟通，有的写成日记，有的闷在心里，时间久了，就会引发各种心理疾病。为此，分司厅小学坚持常年在校内设置"知心信箱"，为的就是让同学们有一个诉说心里话的渠道。学校非常关注学生的心理健康，由专人定期查收并邀请专门的心理疏导员为同学们回信。因此，本次原创剧的创作过程中，我们特别设计了一个隐性的人物线索，将"知心姐姐"写进剧本，更好地结合了学校实际，也令孩子们感到亲切和自然。

通过深入地调查和研究，主创团队真切感受到："家长会"只是该剧规定情境中的先行事件，真正要表现的是几组家庭成员之间因为"家长会"的召开而引发的当场事件，从而展开人物之间的矛盾冲突和相互行动，并开掘具有典型性和代表性的思想立意。至此，该剧的另一个名字和主题立意逐渐浮出水面——《我想对你说》。剧情故事也在反复修改二十余稿后，最终确定了如下内容：

　　学校家长会如约而至，四个家庭各自掀起轩然大波。

　　程媛媛和诗社的同学聚集在一起排练新节目，正当女孩子们叽叽喳喳闹成一团时，媛媛妈那张突然出现的阴沉脸孔，瞬间打碎所有的欢乐……

　　窦一帆和窦一鸣是双胞胎姐弟。学习成绩老大难的一鸣为了彻底摘掉落后的帽子，忍痛割爱做出一个重大决定。谁知美梦成真、学渣逆袭时，却有人为此伤心不已……

　　家境优越的杜欣欣一改往年惯例，再也不愿邀请同学到家里开生日聚会。就在欣欣拼命掩盖"秘密"的同时，所谓的"秘密"却已公之于众……

　　"留守儿童"丁汉心底最大的愿望是父母能来学校为自己参加一次家长会。可当丁汉的爸妈回到家中猛然想起再次失信于儿子时，迎接他们的，却是空荡荡的房间，和一封未写完的信……

四、活动实施方案

在学校做戏，不可能如专业院团那样拥有完备的职业行当配备，即便有一些外请的专业人员，也没有太多的经费预算。因此，要掌握可以运用的外部资源和校园资源。在艺术创作上，既要具有宏观的把控能力和综合能力，又要从剧本创作、舞台美术、音乐音响、排练演出等各方面做到心中有数，随时给予正确的引领和指导。

对于该剧的舞台空间处理，主创团队一致认为要兼顾室内空间、室外空间以及心理空间的构建。该剧的核心场面是几个家庭的室内戏，一头一尾则是校园和社区的室外戏，同时在剧中加入了主要角色向"知心姐姐"表述内心的心理空间以及歌队运用的表现性空间。另外，要考虑剧场装台及合成时间的紧凑有限，为了保证演出的可能性，舞美方案不宜复杂，要遵循简约、写意的原则，要选择具有城市、家庭和学校特征的形象符号并作风格化的提炼和夸张。在构思几个家庭的空间布局时，要避免舞台支点的一次性使用，而应考虑兼容性和重组性。因此，我们选择了类似屏风、平台的组合方式构建各个家庭的空间布局，只用典型的道具和装饰来区分各个家庭的差异性，同时便于室内外空间的灵活转换，力求做到用最简约的方式体现最丰富的内涵。

对于该剧音乐音响的使用，鉴于学校制作经费的有限，也为了让该剧的演出样式更具特色，我们选择在舞台一角放置一台钢琴，运用现场弹奏的表现形式。根据创作构思，无论是歌队演唱的伴奏、演出配乐、转场音乐以及门铃、电话铃、电子游戏的音响都由钢琴来现场弹奏和模拟。剧团还邀请了中国儿艺国家一级作曲程进担任本剧的作曲，与主创团队共同创作了一首名为《我想对你说》的主题曲：

> 天上一颗颗，闪亮的星，
>
> 地上一个个，小小的我。
>
> 我想轻轻地对你说：
>
> 给我一些空间，我想安静思索；
>
> 给我一些自由，我想放飞自我；
>
> 给我一个微笑，说明你心里有我；
>
> 给我一个拥抱，说明你还爱着我。

这首歌不但意喻了现实生活中的每个孩子就如同天上的星星一样纯净、明亮、独特；而且音乐旋律借鉴参考了莫扎特创作的"小星星"，旋律简单质朴、朗朗上口、富有儿童特点，观众也比较熟知，非常容易引起情感共鸣。

演出前夕，全校的师生及家长也都积极行动起来，大家一起参与原创剧海报的设计和制作，一起学唱主题歌，为话剧团充当后勤服务，协助演出的学生设计和准备演出服，并通过红领巾广播站和校园电视台等多种渠道宣传原创剧，为原创剧集思广益，献计献策。

五、活动教学计划

本剧的主要演员，是金帆话剧团提高班的 28 位学生。为了让更多的孩子参与其中，剧中需要重点展开剧情的四个家庭中的五个孩子，分别由剧团的十位骨干学生以 AB 两组的方式共同承担，最终在四场演出中每人出演两场，一同在舞台上绽放精彩。除了配备 AB 组外，我们还采纳了中国儿艺戏剧专家的建议，在创作中运用了歌队的表现形式。其一，从实用性来说，可以让更多的孩子有登台表演的机会。其二，从艺术性来说，歌队可增加该剧的音乐性、丰富演出样式感。其三，从功能性来说，歌队可对相关场面的人和事进行评述，形成间离效果；可使时空的转换更为灵动自由；可在表现人物内心时，帮助构建心理空间；也可与剧中角色自由转换，根据需要营造戏剧情势。

除此以外，剧团还特别邀请了五位成人演员，分别以剧团毕业生、学校教师、高参小对口校中戏研究生及中国儿童艺术剧院专业演员的身份加入到剧中，饰演几位小主人公的长辈，与孩子们同台演出。

在确定了共 33 位大小演员后，主创团队自 2015 年 11 月开始，利用每天的课余时间率先组织学生演员在校内进行集训。孩子演孩子是校园戏剧的独特优势，孩子的年龄、声音和外形条件可以非常便捷地接近角色，从而让人物形象更加真实、生动和自然，这些得天独厚的条件也让专业的儿童剧演员望尘莫及。最难办的是如何让同学们学会以角色的名义在舞台上有机地生活，并做到全神贯注、真实地判断交流、感同身受。排练过程中，主创团队为孩子们详尽地分析每一场戏的规定情境，寻找每一个人物的性格特征；帮助他们组织详尽的内心独白，让他们能够充分感知人物的所思所想、做到心中有数；指导他们一起梳理舞台行动的环节层次，一起寻找鲜明独特的外在体现方式。

2016 年 3 月，在整个剧目框架大致完成的基础上，剧中成人演员陆续进组参与排练，很快就与学生演员相互熟悉并结下深厚情谊。孩子们无论戏里戏外，都热情地称呼成人演员"爸爸"和"妈妈"，成人演员也在与孩子们的对戏过程中，体会到了许久不见的创作冲动。中央戏剧学院及中国儿童艺术剧院成人演员的精湛演技，更是进一步带动和促进了学生演员的专业技能，使孩子们的表演水准迅速得以提升。

事实证明，这种跨年龄、跨领域的大小演员同场磨戏、同台飙戏的盛况极具新鲜感，既有利于进一步推广校园戏剧，吸引更多的孩子们喜欢和热爱戏剧，也有利于戏剧专业演员深入基层汲取创作灵感，为戏剧舞台注入了一股新鲜活力。

六、活动教师笔记

校园剧《我想对你说》的创作过程，是分司厅小学金帆话剧团关于艺术创作和戏剧教育极有价值的一次探索和尝试，既遵循戏剧创作的艺术规律，也兼顾学校创作的实施可能性，力求在演出中呈现简洁、朴实的风格气质；具有一定的艺术品位和美学格调；在生动的故事情节和鲜活的人物形象中蕴含一定的思想立意；做到"制约下的自由飞翔"。

该剧的创作和编排构思立足于现实，大胆创新，突破了传统思维，形成"大手牵小手、专业带业余、舞台即讲台"的创编之路，让儿童话剧有了很强的针对性，使观者有眼前一亮之感，突出真、精、新的特点。

可以说，十二年来，我校坚持在校园中开展戏剧教育，最看重的就是通过戏剧创作锻炼学生的独立思考能力、理解力、想象力、创造力、表现力、自信心、个性魅力和团队合作意识，这些均在本次的创作与演出中达到了良好的效果，它们也势必会成为戏剧教育带给孩子们的终身财富。

通过创作这部剧，我们想对大家说：学校虽是教书育人的地方，家庭更是孩子成长的重要课堂。在孩子成长过程中，心理的健康胜过分数和名次，心灵的舒展才能拥有灿烂的阳光。无论是同学之间，还是孩子和家长之间，都应该彼此尊重、相互理解、给予包容、陪伴与沟通。

艺术滋养，展人文情怀；创造启迪，增智慧才干！在儿童戏剧创作的这条路上，作为教师的我们，只有坚持不懈地探索、实践和努力，充分了解和尊重孩子的身心发展规律，才能创作出更多充满真情实感、童真童趣，并被孩子们所喜爱的戏剧作品。正如同宋庆龄曾经说过的：儿童是国家未来的主人。通过戏剧去培育下一代，提高他们的素质，给予他们娱乐，点燃他们的想象力，是最有意义的事情。

七、活动成果

通过先后近一年的充分筹备和刻苦排练，原创儿童剧《我想对你说》于2016年5月10日和11日，作为中国儿童艺术剧院院庆60周年展演季展演剧目在中国儿童剧场连演四场，现场观剧的观众近三千人。11日的演出中，东城区教委主任周玉玲、副主任尤娜、原教工委书记张京明、原人大副主任金旭及北京戏剧家协会副主席杨乾武、中国儿童艺术剧院副院长闪增宏、中央戏剧学院副院长廖向红等领导及专家现场观看了演出，并对该剧予以了高度评价。

本次原创剧的演出，我们还面向了优质资源带全部三所学校的所有师生，并根据本剧特有的教育主题，专门设置两场亲子专场，邀请家长与孩子共同走入中国儿童艺术剧院观看儿童剧，希望带给大家更多的关于家庭教育的思考与领悟，从而更好地促进家庭教育向和谐稳定的方向进一步深入发展。很多家长在观剧之后，纷纷写来热情洋溢的感言及观后感，深入剖析和畅谈了自己的触动与感悟，对自己和孩子之间的关系进行了积极反思。

演出结束后，新华社、中央电视台、现代教育报等多家媒体进行了专题报道，北京人民广播电台《教育面对面》栏目还邀请剧目的主创及演员到电台进行了一个半小时的专栏访谈，在社会中引起热烈反响。

"六一"儿童节前夕，剧团受东城区教委邀请，以独立演出形式，参与了《好家风中国梦——"我们共同成长"东城区庆祝"六一"国际儿童节主题活动》，在活动主会场为全场 300 位观众进行了现场演出。区委书记等领导出席了活动并观看演出，对该剧给予了高度好评。

八、分析与评价

1. 活动反馈

5 月 20 日，本剧召开了创作研讨会，中国儿童艺术剧院副院长闪增宏、中央戏剧学院副院长廖向红、中国传媒大学广播电视文学系主任李胜利、中国儿童艺术剧院老艺术家魏玉祥、青年编剧杜薇、部分兄弟学校领导、家长代表、毕业生代表以及全部主创和成人演员参与了研讨。

原东城区人大常委会副主任金旭写来了一封热情洋溢的信。信上说："祝贺分司厅小学金帆话剧团《我想对你说》演出成功！非常感谢编剧、导演、主题歌词作者、舞美、灯光、作曲、音乐伴奏以及各位大小演员们，为广大孩子、家长和社会奉献了一部现实主义的优秀儿童戏剧作品。这是一部真正能说出孩子们心声的儿童剧；这是一部真正能激荡家长思绪的儿童剧；组织编演这部儿童剧，标志着分小办学理念的成熟与升华。"

以下为部分来宾发言内容：

首先，向分司厅小学话剧团的老师和同学们表示衷心的祝贺！这部剧是学校十二年来坚持戏剧教育，提升师生艺术素养成果的一次检验，同时也是中国儿童艺术剧院、中央戏剧学院与分司厅小学三者之间新型合作模式的一次检验。事实证明，这种探索是非常有价值的，值得推广和总结。"生活是创作的源泉"，这句话在本剧中得到了最好的体现。整部剧的完整性、思想性和艺术性都达到了很高的专业水准。剧本选材非常妙，立意很深，选择"家长会"这一戏核是一大亮点。与此同时，孩子们的表演真挚自然，与专业的舞美灯光完美融合，极具观赏性。分司厅小学常年在校园中坚持开展戏剧教育，使学生受益，也使观众受益，这是在为社会培养未来的戏剧人和戏剧观众，意义深远，功德无量。

——中央戏剧学院副院长、戏剧导演 廖向红感谢分司厅小学给了中国儿童艺术剧院这样一个参与合作的机会，这次合作极大地拓宽了中国儿艺的社会功能，也促使我们在未来的工作中转变观念，转换思路。"一部好的儿童剧影响孩子一生"，这部剧给所有的大人和孩子上了生动的一课，它是学校多年办学理念的成果展示，也是戏剧教育的成果展示。剧本的题材选取非常好，特别接地气，通过一部剧为家长和孩子搭建了一座沟通的桥梁，再一次印证了戏剧的魅力。孩子们的表演生动、自然、真挚、专业、毫不矫揉造作，没毛病。可以说，《我想对你说》这部剧的艺术品质和艺术价值都很高，回归了儿童剧的本真，做到了返璞归真。舞台呈现朴实无华，简洁明了，毫不浮躁。希望中国儿童艺术剧院能有机会对这部剧进行二度创作，将它搬到儿艺舞台，把它推荐给更多的家长和孩子看。

——中国儿童艺术剧院副院长　闪增宏

小演员们太棒了！大人演戏很少感动我，因为这是我们的本行。但这一次，一群孩子却把我震撼到了。他们利用业余时间排演出这样一部完整的剧目，不但极有看点，而且如此引人入胜，发人深思。来看演出前，我以为这是一部给孩子们看的剧，看完演出后，我发现这部剧同样应该给所有的家长看。非常钦佩分司厅小学、中国儿童艺术剧院和中央戏剧学院这三家单位，大家鼎力合作完成的这部作品质量水平非常高，令人吃惊。建议将这部作品作为经典保留剧目，在未来的日子里根据社会发展的状况，不断更新调整其中几个典型家庭的故事，使它常排常新，继续焕发新的生命力。

——中国传媒大学戏剧影视文学系系主任　李胜利

这部剧是北京市小学中第一部由学校师生自主创编的原创儿童剧，它的出现太不容易，这是一条充满艰辛的路，其中最大的功臣属于主创团队中学校里的一线教师。剧本反映了家庭教育中一系列的真实问题，全都是第一手的鲜活素材。这样的本子难能可贵，专业院团都很难写得出来。建议儿艺可以将它正式推出，让它更好地发挥它所拥有的社会价值。

——中国儿童艺术剧院导演　魏玉祥

剧本清新、质朴、鲜活，来源于生活，又对生活有着高度提炼，使我更加深刻地认识到：创作要从生活中来。另外，孩子们演得太好了！在台下观看的时候，我非常震惊，这真的不像是小学生所能演绎出来的。诚挚地向老师和孩子们致敬！

——中国儿童艺术剧院编剧　杜薇

我是带着感动，带着感谢前来参加这次研讨会的。看完这部剧，我一直在深深地反思自己在学校教育与家庭教育中存在的问题，也在生活中和工作中努力尝试着改变自己。作为一名教育工作者，同时也是一个孩子的母亲，对于剧中的很多细节我都感同身受，它值得我们一看再看，一品再品，期待有机会能组织全校的师生和家长观看这部带给我无限震撼的好剧。

——艺美小学校长　金辉

话剧看过很多场，最难忘的、最激动人心的、最触动心灵的，却是这帮小家伙们出演的儿童剧《我想对你说》。这部剧实际上是一部孩子们演给家长看的大剧。剧中以孩子的语言、视角和生活，展现了发生在孩子们成长过程中的快乐与烦恼，向当代社会和家庭抛出了在教育中面临的困惑和难题，值得我们深思和回味。

——空军蓝天幼儿园园长　薛小丽

《我想对你说》这部原创话剧的成功演出，对作为家长的我们产生了很大的触动，迫使我们冷静地思考一个既熟悉又陌生的话题：父母在家庭中到底应该扮演什么样的角色？孩子在家里一直和爸爸亲近，以前我并不以为然。看完了这部剧，我才突然意识到为什么他会疏远我，怕我，不敢和我沟通交流，这完全是因为我和剧中那个不可爱的妈妈实在太像太像。反思之后，我渴望与预了建立一种新的平等关系，也同样换来了孩子对我的可喜变化。感谢老师、艺术家和孩子们，用一部接地气的戏剧作品，真实地演绎了我们的生活，同时又改变了我们的生活。

——学生陈经纬家长

我的孩子在剧中饰演媛媛。孩子爸爸在看过演出后笑话我说："媛媛妈是以你为原型的吧？"我乐不出来，真的。剧中的台词句句戳中人心，我真的是看一次哭一次，这部剧太接地气了，简直就是我现实生活中的真实写照。看着自己的孩子如此的热爱话剧，作为妈妈的我有什么理由不支持？通过观看她在台上的演出，我觉得她向成熟又迈了一大步，不再是我眼中那个长不大的小孩子了，她有自己的想法，也有自己的主张，我需要做的除了正确引导就只有两个字："支持"。

——学生杜明聪家长

感谢《我想对你说》原创剧老师们能够如此细致入微、深刻地抓住家庭沟通这个问题，并竭尽全力收集资料、进行创作修改，全力以赴为观众们奉献出一部能走进内心世界的作品！一个小时的舞台剧，演绎出的故事令台下观众默默流泪、为之动容、并引发深思……这就是我们心目中最好的作品！每一个剧团的孩子都是天使，我们在一年中见证了孩子们的进步，见证了他们的努力、坚韧和勇敢。谢谢可爱的老师们！谢谢可爱的孩子们！衷心希望《我想对你说》能飞得更高、更远！

——学生钱璃曦家长

演出不是为了得到掌声或经久不息的起立喝彩，而是关乎语言、音乐、团队合作、冒险、纪律、勤勉，以及自我发现。很惊讶，没想到这部剧从剧情、表演、音乐、舞美甚至演出画册，每个环节都被老师精心打磨，处处彰显专业水准。能参与其中，真的是孩子的幸运。这部剧反映了四个家庭的教育困惑，最难能可贵的是从孩子的视角直面成人世界，他们的心声触动了我们这些家长内心最柔软的部分，音乐响起，难免热泪盈眶。想想孩子刚出生的时候我们的情感吧，"花朵般的小脸，那么不可言喻的好，叫人觉得无以为报。从来不曾有过的感觉在心中沛然生长：只要我有，只要你要。"可是，随着孩子的成长，我们的初心也在被各种理由改变着，对孩子的怜爱越来越深埋心底，取而代之的是家长的威严：只要你听话，只要你学，只要你练……只要你将来过得比我好。一厢情愿的主观意识往往会让我们忽视孩子的真实情感，以为我们给的就是他们要的。其实，家长的责任是用心守护孩子眼中的小火苗，因为这些火苗会让他们快乐，让他们感受到生命的美好。所以这部剧让家长成为一个旁观者，在剧院的某个角落，流泪，沉思……

——学生李依濛家长

看完演出，心情十分激动，久久不能平静，没想到孩子们对剧情的把握能这么好，没想到编剧对家长和孩子的心理能这么了解，没想到十岁孩子演的戏能让我这个很少感动的大男人热泪盈眶！《我想对你说》这部戏是分司厅小学金帆话剧团十二年深厚积淀的激情迸发，是寓德育教育于日常生活的成功实践，是家长和孩子之间的一次心灵碰撞。它值得我们坐下来静静地欣赏，深深地思索。

——学生靳含章家长

九、其他建议

现实题材原创儿童剧《我想对你说》是我校校园儿童戏剧的一次探索和创新，创作过程中得到了众多领导和专家的无私支持与帮助。第一轮演出结束后，我们也收集到了很多来自领导、专家、家长、学生以及各校教师的宝贵意见和建议，其中很多兄弟学校的领导、老师还热切希望有机会带领本校教师、家长和孩子们走进剧场，将这部可以带给大家震动与反思的儿童剧推荐给更多的人观看。我校金帆话剧团主创团队也有意在整理各方反馈意见的基础上对剧目进行二度创作与提升，为更多的观众送去演出。因此，我们异常迫切地渴望得到更多领导及专家在专业方面的支持与帮助，也希望能在创作和演出经费的需求方面得到一定的政策倾斜，使这部剧能有机会推向更大的市场，为热爱戏剧的孩子们提供更大的舞台，从而进一步为儿童戏剧的发展做出自己的一分贡献。

（邵明）

戏无理不服人　戏无情不动人

北京市黑芝麻胡同小学

摘要：本文通过展示学校英语剧社开设一年来排练和活动的过程，说明了英语剧社开设的重要性，以及教师如何通过英语剧表演来提高学生的英语素养，并提出了具体的建议与对策。

关键词：英语剧社　戏剧表演　英语素养

一、学校艺术教育创新理念、思路与宗旨

我校秉承陶行知教育思想，践行行知思想，将国际化、创新型综合素养作为育人方向，艺术教育给这一方向提供了有力支撑，更是实施的有效途径。特别是陶先生提出的"生活教育"理念，要为生活而教育，生活中处处有美，处处需要体现美，我们就要教育学生发现美、欣赏美、体现美。美无处不在，学校每一工作、每一处细节都应该渗透着美。我们努力构建学校的艺术教育体系，不断完备认识，落实艺术教育，一步一步地朝着育人的大目标迈进。

二、活动背景、动机

（一）活动背景

《国家中长期教育改革和发展规划纲要（2010—2020 年）》中提出"要深入推进课程改革，为学生提供更多选择，促进学生全面而有个性的发展"。为满足学生不同学习基础、不同学习能力、不同性格禀赋、不同兴趣爱好以及未来不同发展方向的需要，努力创造适合每一位学生发展的教育。北京市教委发布了《北京市基础教育部分学科教学改进意见》的通知，提到要采用多样化教学方式，丰富课堂教学的实现形式，倡导"玩中学""做中学"，为学生提供丰富的体验、合作、探究类的学科活动。

（二）活动动机

根据学生的不同基础，来全面提高小学生的学习能力和学习素养。进行走班、走校以及网络在线的个性化学习。戏剧教学法是运用戏剧与表演的技巧从事学校课程教学的一种教学方法（吴夏娜，2009）。

三、活动策划方案

根据活动背景和动机，我校每周五为全校学生选择自己喜欢的课程，进行走班制教学。抓住这一契机，为了发展在英语方面有特长学生的英语学习兴趣，提高我校在英语方面有特长学生的英语学习素养，成立了黑芝麻胡同小学英语戏剧社。

四、活动实施方案

1. 专业指导方面：为了使我校的英语戏剧社更具有专业化，培养出更多的小演员，以及英语方面的人才，学校特聘了中国儿童艺术剧院从美国留学回来的专业演员，作为指导教师。

2. 学生管理方面：为了加强剧社的管理，学校安排了在戏剧表演方面也具有丰富经验的英语教研组长，来负责学生的日常管理，并且带领学生参加各项展示活动，比赛和演出。

3. 活动内容：

(1)让学生初步了解戏剧知识。

中文名　戏剧

外文名　Drama

手　段　语言、动作、舞蹈、音乐、木偶

性　质　表演艺术

分　类　话剧、歌剧、舞剧、音乐剧等

元　素　演员、情境、舞台、观众

基　础　剧本

三要素　戏剧冲突、舞台说明、台词

(2)素质训练。（消除学生的羞怯感和紧张感）

①音乐感受力练习(4 人)

②拍手练习

（3）完成分组（根据学生的英语水平和年龄特点，把学生分为两个剧组：爱丽丝剧组和阿拉丁剧组）

（4）为创作初建一个雏形：分剧、分幕、分角色进行排练

①分析剧本与角色，完成学生对角色的感性分析。

②逐幕进行排练：使学生切实地感受规定情境，创建有机交流，感受人物角色的特点。

③细排阶段：在初排形成的构架基础之上进一步在语言、动作等方面细致地加工，特别是肢体语言。

（5）完整的连排，强化细节，让孩子们在细节中体会人物与角色。

（以上是第一学期的内容）

（6）融入性课程：创作性延伸练习，提高学生的英语水平和表演能力。（以上是第二学期的内容）

①回顾过往的两个比较成熟的剧目。

②学生分组自由选题，进行自己创作：教师给学生提供几个题目，由学生在小组内自由选题，进行中文小品的创作。

③学生展示自创中文小品，教师进行语言和环节上的指导。

④学生在翻译软件的帮助下，将自创的中文小品翻译成英文，教师适时给予指导。

⑤学生展示自创的英文短剧。

五、活动教学计划

时间：一个学年

每周三课后四点至五点（本校英语教师授课）

每周五下午一点至三点（聘请儿艺教师授课）

人数：30 人

场地：固定教室和会议室

黑芝麻胡同小学 2015－2016 学年度第一学期课程教案

课程名称	英语戏剧社团	授课日期	2015 年 10 月 23 日
授课教师	张润东	管理教师	
教学内容	课题：为创作初建一个雏形（二）		
教学目标	进行第二幕的排练		

续表

教学重点	分析剧本与角色
教学难点	完成学生对于角色的感性分析
教学准备	授予孩子们明确为何贯穿行动与最高任务
教学过程	1. 贯穿行动：在这条主线之中总是存在着角色的一个意向，它驱使着角色所有的行动都在朝向一个目标奔去，而角色为奔向这个目标所采取的行动就是角色的贯穿行动。 2. 最高任务从某种意义上说是演员所要创作的角色的灵魂，同时也是演员创作这一角色的意图所在。
教学反思	结合学校老师的课下巩固，孩子们开始熟练掌握、理解剧本与角色。

黑芝麻胡同小学 2015－2016 学年度第一学期课程教案

课程名称	英语戏剧社团	授课日期	2015 年 12 月 18 日
授课教师	张润东	管理教师	
教学内容	课题：连排		
教学目标	完整的排练		
教学重点	强化细节		
教学难点	让孩子在细节中体会人物与角色		
教学准备	布置另一组的素质训练		
教学过程	1. 素质训练（Alice 组） 2. 连排		
教学反思	由于学生有未到情况，我为阿拉丁组的孩子们进行了突击式素质训练，拍手练习。在拍手练习过程中，我将练习的目的与意义告诉孩子后，在接下来的排练过程中有的孩子明显入戏了。在课后的反馈中，孩子们会说因为在素质训练中得到了紧张的解放，并且能够明白一些关于"有机"肢体动作的意义，因此很受启发，表演时更多的时候会思考我为什么要这么做，很期待他们下节课后的表现。		

黑芝麻胡同小学 2015－2016 学年度第一学期课程教案

课程名称	英语戏剧社团	授课日期	2016 年 5 月 8 日
授课教师	张润东	管理教师	
教学内容	课题：戏剧排练		

续表

教学目标	完整地查看《招保姆记》
教学重点	语言
教学难点	符合逻辑的行动
教学准备	分组排练
教学过程	1. 素质训练 2.《招保姆记》《人与人妖》 概念引导：动作是生命的象征，肢体动作是下意识的产物。
教学反思	上周这个社团用《爱丽丝梦游仙境》参加北京市英语戏剧比赛，我在看过视频后为孩子们而感到骄傲。在这节课上，其他孩子看过视频后反响热烈。

六、活动成果

演出时间	名　称	形　式	剧　目	获奖
2016 年 1 月 15 日	校教学工作会	展示	《阿拉丁神灯》	市级三等奖
2016 年 4 月 8 日	2016 第七届"希望中国"校园短剧大赛北京赛区初赛	初赛	《爱丽丝在秘密花园》	进入决赛
2016 年 5 月 4 日	第五届首都学生外语展示活动	初赛	《爱丽丝在秘密花园》	进入决赛
2016 年 5 月 19 日	"民办机构下校"北京市现场会	展示	《爱丽丝在秘密花园》	
2016 年 5 月 25 日	第五届首都学生外语展示活动	决赛	《爱丽丝在秘密花园》	市级优秀奖
2016 年 5 月 28 日	2016 第七届"希望中国"校园短剧大赛北京赛区决赛	决赛	《爱丽丝在秘密花园》	市级二等奖

七、分析与评价

1. 活动反馈

评委专家：（1）由于第五届首都学生外语展示活动的主题是 In the future，所以我们把《爱丽丝在秘密花园》的第三幕改编成了由中世纪到未来机器人时代。孩子们在第三幕要穿上两套服装进行表演，第三幕要在 10 秒钟之内脱掉中世纪的裙子和袍子，换上机器人的服装，迈向心中的未来世界。这种新颖的改编，得到了展示活动评委专家的好评。

（2）2016 第七届"希望中国"校园短剧大赛北京赛区初赛组委会负责人娄老师赛后评价："咱们的剧太棒啦！"

家长：我校的英语剧社自从成立以来就得到了家长们的支持和好评。在每次的比赛和展示活动中，大部分家长都能参与到其中，积极献力献策。在 5 月 8 日的初赛比赛完毕后，家长纷纷发微信表示鼓励："今天表演很成功！谢谢两位化妆老师。"不仅仅是今天，还有社团成立以来的辛苦和对孩子们的照顾！

学生：英语社团的很多学生原来都是在班里英语突出的，通过这次训练，以及参加各种比赛和展示活动，首先锻炼了自己的英语交际能力和戏剧表演能力，其中在参加 2016 第七届"希望中国"校园短剧大赛北京赛区初赛决赛的时候，不但要完美地表演完英语剧，每一位演员还要进行 30 秒钟的英语演讲，不能超时，否则要扣总分的。剧社的 7 名成员，都在规定的时间内完成了自己的演讲，并进行了与演讲有关的才艺展示。在这一系列的活动中，剧组的小演员们开阔了眼界，通过与其他学校的英语剧进行比较，找到了自己的差距和不足，大大提高了自身的英语素养。

教师团队：作为英语剧社的带队老师，对表演也略知一二，不算门外汉。当了教师以后，也多次指导本组教师参加英语剧的比赛，取得了很好的成绩。同时，也指导学生排练英语剧，参加了很多比赛，取得一、二、三等奖好成绩。此次英语剧社的成立，再次给了我展示自己才能的机会。学校还为我们请来了儿艺的专业人士，对我们进行专业指导。在这个过程中，我从儿艺指导老师那里也学到了很多戏剧专业知识。其他学校英语剧中的精细，令人荡气回肠的环节，是我们的剧社需要今后改进的地方。

2. 理论分析

戏剧，指以语言、动作、舞蹈、音乐、木偶等形式达到叙事目的的舞台表演艺术的总称。文学上的戏剧概念是指为戏剧表演所创作的脚本，即剧本。

戏剧的表演形式多种多样，常见的包括话剧、歌剧、舞剧、音乐剧、木偶戏等。戏剧是由演员扮演角色在舞台上当众表演故事的一种综合艺术。

戏剧是由演员将某个故事或情境，以对话、歌唱或动作等方式表演出来的艺术。戏剧有四个元素，包括了"演员""故事（情境）""舞台（表演场地）"和"观众"。"演员"是四者当中最重要的元素，他是角色的代言人，必须具备扮演的能力，戏剧与其他艺术门类最大的不同之处便在于扮演，通过演员的扮演，剧本中的角色才能得以伸张，如果抛弃了演员的扮演，那么所演出的便不再是戏剧。

根据以上这些理论依据，在英语剧社的活动中，教师的成功之处：在课堂之中利用了戏剧教学法，并且根据学生的个性差异来分配角色，对学生进行戏剧素质训练，帮助学生分析角色特点，分幕进行排练，让学生感悟每幕的大情境和自己角色中内心的结合点和冲突，演好自己的角色。最后，进行细节的连排，注重对学生肢体语言的训练，什么样的人物性格需要哪些肢体语言，要对学生的台词进行纠正，细化到每个单词的发音。不足之处：虽然我们的两个剧都拿了奖，但还没有拿到最高奖项。这除了与学生原有英语素养有直接的关系外，我们也存在着很多问题：

1. 戏剧是一种视觉和听觉相结合的艺术表现形态，使戏剧语言不同于日常随机表达的口语，这一点我们做得不够。

2. 戏剧是由演员扮演角色在舞台上当众表演故事的一种综合艺术。这一点反映出，我们的英语剧还不能算是艺术，也就说明我们的演员在演绎自己的角色时，还不是特别到位，角色的鲜明特点表现得还不够，不能很好地吸引评委，给演员打高分。

3. 总体来说，我们的英语剧在情感表达的强度和幅度上还不够，没有强烈的戏剧效果来吸引专家和评委。

八、对策与建议

1. 新学年即将开始，我们的英语剧社要吸收英语好的、具有表现力、爱好表演的学生加入英语剧社中来。

2. 继续加工原有英语剧目，使其更加完美，并在此基础上，选择更好的剧目来进行排练，对学生进行戏剧知识的深入讲解和启发。

3. 继续培养孩子良好的表现能力，挖掘孩子的表演天赋。通过人物/动物模仿练习、实物联系、无实物表演、情绪记忆、肌肉控制、即兴表演等方法，释放孩子天性，提升个性魅力；培养孩子在舞台上的信念感和真实感，提升孩子们的想象力和表现空间。

（张润东）

绘本：我们的游戏

北京市教育科学研究院丰台区实验小学

摘要： 基于北京市关于课程改革的号召，我校开展了系列"学科＋"活动，我校体育学科开展游戏创编活动。本课内容贴近学生生活、源于学生自己创编的游戏"篮球飞跃"，而绘本则是孩子们非常喜爱又高度体现孩子们创意思维的一种表现形式，将二者进行有机的融合，其目的在于为更有效地加强学科间的联系，让孩子们在时间中探索的同时锻炼学生的合作、创新能力。而本课将尝试在美术课上开展以美术学科为主的"美术＋"的实践活动课。

关键词： 绘本　游戏　实践活动

一、学校艺术教育理念、动机与宗旨

新修订的北京市义务教育课程计划规定："各学科平均有不低于 10% 的学时用于开设学科实践活动课程。"对此，我校进行了系列课程改革，倡导学科融合，在各个学科中加强实践活动，并开展"学科＋"的系列实践活动课程——基于课本内容，提高学生兴趣，尊重学科本体，加强实践体验。新的课程理念更加注重学科课程与生活的联系，将学科能力的培养，贯彻课程的全过程始终。

生活中我们经常会看到不少孩子拿着自己画的图画有声有色地讲给别人听，画中画的是他自己的经历和所想的内容。而在孩子们的生活中，精力旺盛，活动量大，求知欲强是他们的特点。此阶段的孩子多数不满足学校单调的甚至有些枯燥的课堂生活，他们有进行各种活动和体育运动的需要，他们向往和追求一种多维的、多层次的和多色彩的立体生活。组织丰富多彩的课外活动，能使学生的课余生活更充实、健康，更生动活泼、富于乐趣，此活动也满足了他们的求知、发展和实践的需求，释放出他们的活力，他们对课外活动表现出强烈的兴趣和热情。由此，我想，生动有趣的课外游戏活动一定更加触动孩子们的创作灵感，并有更深刻的感受！我校体育学科正在开展游戏创编活动，我想借助此项活动，帮助孩子们把他们自己创编的游戏绘制成绘本将是一种理想的学科整合表现形式，本课的整体设计力求首先通过游戏活动锻炼孩子们的创新精神、竞争意识、团结合作、热爱集体、遵守规则等优良品质，由此产生深刻感受，将感受用语言表达的形式进行交流分享，再通过"游戏绘本"的形式进行表现。在这样的教学模式下，既能增强学生的体育游戏实践体验，又能培养学生的绘画创作能力，同时也锻炼了学生文字表达的语文素养，孩子们玩得开心、画得生动、写得有趣，是一个一举多得的实践形式。

二、活动策划方案

1. 开展游戏体验，由创编游戏的同学进行游戏演示，拍摄录像以备课堂播放。

2. 参与游戏同学肢体演示游戏动态，体育教师协助指导运动动态，全体学生明确游戏情节并观察人物动态。

3. 用木制关节人尝试拼摆游戏中的人物动态。

4. 分析讲解人物动态表现方法。

5. 语文老师协助讲解绘本中文字表达方法。

6. 学生艺术实践，小组合作形式制作表现游戏绘本。

三、教学方案

《绘本·我们的游戏》
——校本"美术＋"实践活动课

【教学目标】

1. 知识与技能：在初步了解绘本表现形式的前提下展开自学，发现问题、解决问题，学习活动中人物动态的表现方法，围绕学生自己创编的游戏为创作主题开展绘本创作。

2. 过程与方法：通过观察、分析、探究、比较等多种形式，学习表现人物动态的方法及绘本中文字语言的表达，用绘画及拼贴等形式进行绘本表现。

3. 情感态度价值观：通过本课的学习，增强学生的艺术表现能力，培养学生热爱绘本创作的情感。

【教学重点难点】

教学重点：学习人物动态的表现方法，用剪贴添画等方法表现本创编游戏绘本。

教学难点：生动表现人物动态，相互配合集体完成画面丰富生动的绘本。

【准备材料】

教具准备：教学PPT、学生游戏视频、木制关节人等。

学具准备：水彩纸、彩笔、油画棒、彩色铅笔、水彩及用具、记号笔等。

【教学过程】

一、**体育教师情境导入**(2分钟)

师生进行热身体育游戏。

教师导语：现在学校还在开展创编游戏活动，本班游戏入选了我校十大游戏之一，希望大家把它用绘本的形式进行表现，这样可以推广到全校。

二、**教授**(18分钟)

(一)美术教师导语：刚才体育老师提出了希望，我们有信心完成吗？

板书课题——绘本·我们的游戏

(二)任务单反馈(2分钟)

教师导语：课前，我们完成了这样的任务单(出示任务单)

1. 用简笔画的形式将游戏进行表现。2. 根据情节配合添加少量文字。3. 完成过程中，你遇到了哪些困惑。

老师：针对同学们的困惑老师进行了统计：班上22位同学在人物表现及人物动态方面存在困惑，5位同学在文字表达方面存在困惑，4位同学在画面组织方面存在困惑。

今天的课堂就从同学们的困惑展开。

(三)回顾游戏(出示"篮球飞跃"视频)

教师导语：通过了解，我们知道了绘本就是在讲故事，有故事名称，有故事情节。那么我们的游戏该如何表现呢？先来看看我们的游戏情节——学生根据游戏情节进行肢体演示。

（四）探究动态

1. 看一看——请上体育老师，师生介绍游戏情节。（要求仔细观看，美术教师书写并贴出游戏情节的板书）

学生说情节、演情节，体育教师指导动作。

2. 摆一摆——用木质关节人摆出生动的动态，教师分析动态。

3. 画一画——从骨式人物开始表现，前面师生演示，其他学生练习，教师讲解分析人物表现方法。

（五）呈现平板电脑资源包及求助卡

如有困难可以打开平板电脑中的资源包，里面的人物动态线稿及简笔画也会给你帮助。如果还有困难可以举起你需要帮助的求助卡（语文、体育、美术），相关的老师会及时给你帮助。

（六）分析色彩、构图

由学生总结涂色要领：色彩鲜艳、对比鲜明（教师出示涂色范画）

构图要求：课件出示组合人物学生总结遮挡及前后关系。

教师导语：画绘本不仅指表现图画，还应该图文并茂，关于文字的表现，我们该如何表达呢？邀请语文王老师为我们答疑解惑。

（语文王老师讲解文字要求：字迹工整、语言简练生动而富有感情）

三、创作实践（35分钟）

1. 作业要求：游戏绘本用我们以前学过的剪贴添画的形式完成，谁说说作画的步骤及要求？——画、剪、组合、粘贴、添画背景（教师出示课件）。

引领学生进一步分析绘本创作的要求有哪些？

出示课件：构图饱满，动态生动，色彩鲜艳，图文并茂。

2. 学生创作，教师辅导

（屏幕滚动播放学生活动照片及人物动态线稿以及简笔画人物图例）

四、展示拓展（5分钟）

将完成绘本装订成册，欣赏展示，学生介绍。

将学生创作场景及学生作品做成电子绘本呈现，欣赏感受，体验创作的快乐！

四、教学计划

完成前期工作：1. 在操场拍摄学生游戏活动录像及照片，一方面增强活动体验，另一方面以备课堂呈现及动态讲解使用。2. 完成学习任务单。3. 与相关体育教师、语文教师进行教学相关细节沟通。

活动现场准备：明确上课时间、地点：本校多功能厅进行授课、60 分钟。明确听课人数，进行场地布置：安排 31 名学生上课桌椅、10 位专家席、200名左右听课教师座位。

活动流程安排：1. 体育游戏导入，揭示活动主题。2. 回顾游戏场景，演示游戏情节。3. 模型拼摆动态、学习表现动态。4. 小组自选情节，创意表现绘本。5. 展示介绍绘本，体验成功喜悦。

五、教学反思

新课程改革方案实施以来，我校响应北京市关于课程改革的号召，开展了系列"学科＋"活动，我也进行了大胆尝试。我校体育学科正开展游戏创编活动，就以我们的游戏为切入点，绘本是孩子们非常喜爱又高度体现孩子创意思维的一种表现形式，将二者进行有机的融合，其目的在于更有效地加强学科间的联系。本课通过给孩子们创设情境、提供媒材带领孩子通过多种形式观察、体验人物动态，学习表现人物动态方法、以小组合作的创作形式表现孩子们自己创编的游戏绘本。反思本节课，有以下几点感受：

（一）本节课力求在"任务驱动"下体现美术学科本体的学科资源的整合

这节课是以美术学科本体作为依据，在课堂中呈现的都是美术学科本体的知识，如用木制关节人、摆姿势、描绘动态等，在不影响美术的本体教学的基础上融入体育老师作为专家进行指导，文字上出现问题，语文老师帮助解决。无论实践与学科教学都是不能够脱离学科本体，没有学科就不能体现创新。这节课我进行了数据统计，通过数据来进行实证研究，依次梳理了解学生的需求。由于全班 31 人，而 28 人在人物表现方面出现困难，本课就着重从学生的这个方面入手进行教学，对学生真正做到有的放矢。

（二）系列教学手段起到了实效性

本课首先让学生"演一演"，请创编游戏的同学将游戏情境进行展示，邀请体育老师帮助指导动作，此时教师提示观看的同学默默地记住他们的动作。接下来是"摆一摆"，教师给学生准备了木制关节人，每组的同学以 2 个同学合作的形式用木制关节人拼摆游戏中的动态人物，还可以与在场的老师们进行互动，同学们积极性很高，摆出的动态也生动而夸张。拼摆后让同学们"画一画"，用骨式图表现人物动态，同学们经过刚才的拼摆，在骨式动态表现上较为顺利。那么怎样才能画出精彩的具体的人物呢？"教师演示"的时候到了，示范时我用熟练的笔法将学生绘制的骨式人物添画完成，把人物的动态表现出来，并总结了容易掌握的表现方法。这样一方面教师娴熟的示范吸引了学生，另一方面实用的小方法也让孩子们更容易掌握。

（三）将各种资源有机整合

课堂中一方面运用教具进行辅助，另一方面还使用了平板电脑进行有效的辅助教学，我将游戏中生动的动态照片整合成图片资源，并配合人物的动态线以及简笔画做成资源库，在课堂中让学生充分利用，这为学生的创作提供了非常重要的帮助，锻炼了学生的自学能力，教学效果十分显著。

多学科的教师参与其中，从不同角度给予指导，打破了学科的封闭性，使教师真正成为学生学习的引导者、促进者。整节课全新的教学形式让孩子们兴趣盎然，我也初次尝到了美术课上玩"跨界"的乐趣！这也将让我更有信心进行更多的尝试。

六、活动成果

本课作为市级实践课程进行市级展示，得到市区专家领导的充分认可与表扬。当日北京千龙教育网及学校教育信息网对此进行报道。本课在北京市第三届首都原创辅助资源评比中荣获二等奖。

七、分析与评价

(一)活动反馈

此次活动实践激发了学生兴趣，提高了学生创作表现的欲望，无论课堂与课后都呈现出很高的积极性，还主动在课下将绘本中不够完善的地方加以补充完成。此次活动对我区的教研工作也起到了重要作用，新课程改革方案实施以来，这是丰台区首次开展的"美术＋"活动，针对美术实践活动课程进行了大胆的尝试。借助学校特点，根据体育学科正开展游戏创编活动，以"我们的游戏"为切入点，进行游戏绘本的教学，也巧妙地将体育游戏活动与美术教学内容二者进行有机的融合，以美术学科为主更有效地加强学科间的联系。本课通过给孩子们创设情境、提供媒材，带领孩子们通过多种形式观察、体验人物动态，学习表现人物动态方法、以小组合作的创作形式表现孩子们自己创编的游戏绘本，使教师真正成为学生学习的引导者、促进者。整节课全新的教学形式让孩子们兴趣盎然，全区教师也初次感受了课程改革带来的乐趣。

1. 在任务驱动下进行学科资源的整合。这节课是以美术学科本体作为依据，在课堂中呈现的都是美术学科本体的知识，如用木制关节人、摆姿势、描绘动态等，无论实践与学科教学都不能够脱离学科本体，没有学科就不能体现创新。这节课老师进行了数据的统计，通过数据来说话进行实证研究，没有实证就得不到教学的依据，对学生真正做到有的放矢，这节课杨老师就是根据学生的需求进行教学，这也是现在我们要进行课改研究的地方。

2. 资源整合教师的基本功。杨老师在示范时将骨式人添几笔、画几笔，很快就把人物的动态表现出来了，这种看似简单的东西其中并不简单，许多老师都知道上人物动态课时人物动态表现是最难的，包括高年级的《精彩瞬间》《动态描写》等，对于学生掌握也是比较困难的，这里杨老师给我们出示了一些可以借鉴的经验。想整合如果没有这些基本功就不能发现整合的点，正是需要教师通过学科本体的基本功再去发现其他的亮点进行吸收，本课中教师做到了。如游戏时动作怎么解决？体育老师作为专家进行指导；文字上出现问题，语文老师作为专家帮助解决。这些虽然不是我们擅长的，但是老师具备发现的基本功把它们整合了在一起。

3. 各种资源的整合帮助学生成长。课堂中有使平板电脑的，有调动资源与老师们互动交流的，等等，学生的成长是需要教师将各种资源整合在一起，为他去铺垫，其实我们的整合是教会学生自学的能力，下次学生看到就可以去发现，有这些自学的能力了，学生下次遇到这样的问题时就可以解决，我想，这三点是值得我们思考与关注的！

——北京市教育科学研究院基础教育研究中心美术教研员耿鑫

我很高兴又走进了丰台，很高兴看到丰台美术的教研在研究新课程"美术综合实践"方面又走在了北京市前列。这节课确实有着先进的办学理念，走在时代的前面。今天这个活动引发了我很多的思考，这里面"让每一位师生沐浴团队之光"，我感觉今天确实看到了这个团队之光。首先今天做课的这几位老师就是一个团队；同时在做游戏的时候，学生也是一个团队；再有，学习的过程也是在团队合作探究这样的学习方式之下进行的；另外，学习的结果呈现出来的全班的绘本也是一个团队合作的结晶。近一段时间大家一直在谈核心素养的问题，谈到如何培养学生的核心素养，我感觉实际上所谓核心素养就是在培养学生一种生存的能力，它是从学生的需要，从学生人生的需要出发，从生存能力的角度来谈核心素养，如果从这个角度来谈今天我们看到的这节课，老师在努力培养这样几方面的能力：一个是观察能力，一个是记忆能力，另外团队合作的能力，以及造型表现能力、操作能力、语言表达能力等，是诸方面能力的组合。其中如观察能力，老师利用视频以及课上的活动去引导学生首先观察学生游戏的动态特点，再引导学生注意每位同学的动态，这是在训练学生的观察能力，在观察的基础上培养学生的记忆能力，边观察边记忆。因为只要表现活动的人物，表现游戏的场景需要这样的记忆，记忆下来再完成绘本。再有就是造型能力，老师通过多种方法，在引导观察记忆的基础上，引导学生分析人物动态规律其表现方法、绘画方法。还有操作能力，学生在这个过程中，剪、画、利用活动人去摆出动态，这些都是操作性实践能力。另外就是语言的表达能力，通过这节课，语文老师引导学生如何用简短的文字去表现有趣的内容，这就是在培养学生的语言表达能力。所以这节课几位老师一直在努力，从培养学生综合能力入手来进行，这是在美术教育改革前沿的前提下做的一节课，我觉得很欣喜。这是美术综合实践活动，要有美术学科的特点，不是综合以后就不知道是什么学科了，是站在学科特点的基础上去和其他学科融合，一些成功经验，值得我们去研究与思考！

——北京市特级教师白彬华

(二)理论分析

国家计划驱动方案最倡导学科融合、学科整合的研究思路，这样的研究把我们原来的碎片化教学进行了有效的整合。我们现在所采取的还是分学科的教学，每一个学科领域都有本学科的教学内容，对于学生来讲，他认识世界时视野并不是碎片化的，而是在一个整体的视角下认识整个的世界，所以从碎片化怎么走向学科的整合，就需要教师认真研究，这种整合对于学生学业的发展、个性的发展将奠定更好的基础，教师面对活生生的学生，更多的应是从学情出发，基于学情，基于实证的研究，来设计教学，整个活动过程一定要落在学科教学的层面，从教向学进行转变，让学生会学、乐学、有兴趣地学，培养学生持续学习的动力和兴趣。

八、对策与建议

1. 进一步借助外力：我们学校是教科院直属的实验小学，有专家团队的支持，同时我们也借力于区教委教研部门的支持，我们有一个非常好的专家支持的团队的外力支持。我们更应该迈开脚步大胆进行教学改革的实践研究。

2. 进一步挖掘内力：借助学校这个团队的发展、办学理念，包括课程的实施以及教学的研究，将教学改革进行深入的实施，具有学校特色。

（杨春花）

听，多声部在歌唱——合唱多声部听力训练

北京市丰台区少年宫

摘要：合唱是一项有益身心的音乐教育项目，团员在合唱团中能学会尊重、学会聆听、学会合作。在这节课中，孩子们通过多声部听力的练习，锻炼耳朵对音色、音准和乐感的聆听，从而用自然、亲切的声音共同完成多声部合唱曲。

关键词：多声部听力 听辨与构唱 不协和音程解决 整体视唱

一、学校艺术教育创新理念、思路、宗旨

音乐是声音的艺术，而声音诉诸人们的听觉感知，因此，音乐教育和教学最主要的课题就是培养、锻炼、提高听觉的感能。

合唱是一项有益身心的音乐教育项目，它需要团员的紧密配合，共同学习共同进步，它时刻体现着各团队的群体意志；合唱的特点是多声部同时演唱的形式，它尤其强调听力能力，合唱团员需要互相协作，锻炼灵敏、准确的双耳并随时调整音色、音准、乐感。

因此，锻炼、提高多声部听力是推进合唱前进的核心关键问题。

二、教学方案

(一)活动目标

1. 知识目标：大小三度的听辨与构唱；纯四度音程解决到大小三度音程；整体视唱《今天是你的生日，妈妈》；

2. 技能目标：通过练习，同学们能准确地唱出大小三度和声音程；能准确唱出纯四度到大小三度音程的解决连接及乐感；通过合作能较快唱 G 大调三声部合唱曲《今天是你的生日，妈妈》；

3. 情感态度目标：三个声部带有乐感地歌唱，在学唱的过程中感受到合作的美好与和谐，感恩母亲对我们的爱；

4. 方法策略目标：通过分组、分声部练习，分组展演，增进同学们的感情与热情。

(二)活动内容

1. 大小三度的听辨与构唱；

2. 纯四度音程解决到大小三度音程；

3. 准确唱出 G 大调三声部合唱曲《今天是你的生日，妈妈》。

(三)教学重点、难点

1. 能唱出纯四度音程解决到大小三度音程的乐感；

2. 准确视唱 G 大调三声部合唱曲《今天是你的生日，妈妈》。

(四)活动准备

教具：钢琴、黑板、笔、歌谱；

材料：五线谱本、文具。

三、案例设计背景

合唱的生命线是和声，因此多声部音准是合唱团的核心问题，全国很多合唱团都认识到音准的重要性，也在努力训练及提高多声部听力能力，我得益于合唱专家张以达先生的多年面授，结合自己 20 多年的合唱经验，从孩子们的具体情况出发，通过一系列的练习，用活泼生动的教法锻炼他们的多声部听力能力，才能真正达到用和谐美妙的声音唱出悦耳的合唱，真正促进合唱团的和谐合作。

四、实施方案

1. 方式：讲解分析法、明理范唱法、以动辅唱法、观摩听赏法、理解实践法、合作体验法。

2. 歌谱：练声曲 2 首。

三度构唱练习 2 首。

三声部合唱曲《今天是你的生日，妈妈》。

五、活动计划

时间：2015 年 10 月
人数：20 人
场地：丰台区少年宫

六、教学过程

(一)导入

1. 歌唱状态端正练习

头顶悬起来，眼睛亮起来，耳朵竖起来，腰背立起来，脚掌撑起来，肩膀垂下来。

2. 老师弹三声部合唱曲《今天是你的生日，妈妈》，让同学们初步欣赏，并同时练习乐句的呼吸。

(二)教学内容过程

1. 发声练习

(1)通过 u 母音练习胸腔共鸣、口腔共鸣和头腔共鸣发声；

(2)通过练声曲 u-a 母音练习，放松口腔，疏通鼻腔，打开喉腔、胸腔，贯通从鼻腔到腹腔的气息流动；

u a u a u

(3)"a-e-i-o-u"变化母音练习，要求唱出统一的音色；

ma me mi mo mu

(4)长音练习，保持音高，保持腔体打开，保持位置，保持气息流动速度，保持音量。

2. 音程练习

(1)老师带领学生模唱二至十度音程；

(2)构唱从 Do 至 Si 的上下小大三度(用太阳表示大三度，月亮表示小三度）；

（3）大小三度音程构唱练习；

（4）分两个声部唱出纯四度解决到大小三度，要准确地唱出音准、乐感。

听钢琴的音高先分两个声部唱出纯四度音程，然后根据老师的手势高声部下行小二度进行，与低声部构成了大三度，再回到纯四度；再根据老师的手势高声部下行大二度进行，与低声部构成了小三度，在这个过程中老师不断帮助同学们微调二声部音准，让同学们记住带谐振的音响概念，并引导同学们做出从不协和音程到协和音程解决唱法要带有叹息感。

3. 用自然、亲切的声音视唱 G 大调二声部合唱曲《今天是你的生日，妈妈》

（1）老师弹《今天是你的生日，妈妈》，学生听里面包含大小三度音程；

（2）两个声部同时视唱 G 大调三声部合唱曲《今天是你的生日，妈妈》；

（3）两个声部分开熟悉歌曲；

（4）两个声部整体熟悉歌曲。

（三）小结并布置"每天 20 分钟作业"

★ 老师肯定同学们的努力和学习成果

1. 练习快吸快呼、快吸慢呼 3 分钟，念"Mi　Ma"各 10 遍；

2. 每天弹唱 C 大调、G 大调音阶 5 遍，C 大调二度至八度音程 5 遍；

3. 每天构唱 C 大调音阶每个音的上下大小二度；上行大小三度；

4. 自己或请家长在键盘上弹出二、三、四、五、六、七、八度音程进行听辨练习；

5. 熟练三声部合唱曲《今天是你的生日，妈妈》。

七、教学反思与效果测评

这节课基本分为三个环节：第一环节里通过三条发声曲让同学们统一发出自然、亲切、活泼的声音；接着通过长音练习保持音高，保持腔体打开，保持位置，保持气息流动速度，保持音量，这也是合唱必练的基本功。

第二环节是大小三度音程的听辨与构唱，通过讲解分析法、明理范唱法、以动辅唱法、观摩听赏法、理解实践法、合作体验法，同学们对大小三度音程不同色彩的听觉建立了明确的概念，老师提示同学们用太阳表示大三度，用月亮表示小三度，很形象，课堂气氛很轻松活跃；随后大家一起用唱名和相同母音构唱了一条大三度二声部练习与一条小三度二声部练习，同学们从练习中体会到聆听能带来谐和，能带来悦耳和美妙，这是一种共同合作达到的体验，于是大家会继续追求这种合作的愉快。

第三环节是整体视唱 G 大调三声部合唱曲《今天是你的生日，妈妈》，体验和巩固大小三度音程的音响；并对 G 大调的调性色彩有一定的接触和认识；我先是弹一遍《今天是你的生日，妈妈》，同学们边听里面包含大小三度音程边用手表示出来；随后由两个声部同时视唱 G 大调三声部合唱曲《今天是你的生日，妈妈》；接着两个声部分开熟悉歌曲；最后两个声部整体熟悉歌曲，继续体会音准的美妙，乐感的美妙，合作的美妙。

每一阶段的教学我都采用分组或分声部的形式检查，孩子们基本都能达标，在分组展示中表现出极大的热情，同学们在合唱过程中也享受到了声乐的美妙，多声部听力的美妙，共同协作的美妙。课程达到我的教学计划和目标，家长们也很高兴，表示回家会继续协助、督促孩子们练习作业。

八、活动成果

同学们能用自然、亲切的声音准确地唱出 G 大调三声部合唱曲《今天是你的生日，妈妈》。

本课在北京市教委主办的 2015 年阳光少年合唱展演中获一等奖。

九、活动评价

在活动中得到少年宫领导的支持，得到张以达老师、蓬勃老师的肯定与指导。

我将学习前辈老师严谨治学的科学态度及高效愉快的课堂教学方法，对学生抱着诚挚之心，要从学生的实际情况和需要出发，认真安排好每一节课，投入全部的热情和精力上好每一节课，真善美的阳光会陪伴我们。

十、对策与建议

1. 要持之以恒地进行多声部听力训练。
2. 同学们在家里每天都要做听辨练习。

（刘茵）

小种子大梦想

北京市丰台区少年宫

摘要：为了突破课堂教学的局限性，锻炼学员的创作能力，让学员在真实、自然的环境中感受生活，接受教育，进而提高美术学习的兴趣和效果，本活动设计带领学员到世界种子大会新品种展示基地参观，以"小种子大梦想"为主题，开展美术社会实践。学员用画笔来传递"小种子大梦想"，增进学员知丰台、爱丰台、建丰台的决心和积极向上的精神，从中受到教育。用"小种子大梦想"的美术作品展示来营造大会氛围，引起人们对"小种子大梦想"的关注与期盼。在种子大会召开期间举办美术作品展示，通过视觉形象，为世界的种业事业做一些宣传，为北京建设世界城市做出贡献，让丰台以崭新的姿态站在世界的舞台上。

关键词：美术教育

一、艺术教育创新理念与教育方法

快乐启发式教学，旨在用绘画开发孩子的智力，鼓励孩子独立思考，进行有个性的创造和艺术实践。依靠直觉，发现感官，为孩子们创造一种发展个性的课堂气氛。培养孩子们对艺术创造的兴趣和追求，以不同的造型方式和色彩表达想说的内容和感受，形成和谐、互动、探索、创新的教学风格。

在教学中坚持以德为首，对学生进行心理、思想、情操和人格的教育；以教学为中心，以活动为载体，注重采用适当的引导方法，培养学生形成基本的美术素养和学习能力。在美术活动中，更加注重激发学生自身的潜能，开启他们的创造思维，培养观察力、记忆力、想象力、创造力，提高专注、坚毅、耐性、合作等综合素养，使他们成为适应现代社会发展所需要的全面人才。

二、活动教学计划

社会实践活动"小种子大梦想"——美术创作活动。时间：2014 年 5 月 10 日；人数：16 名；场地：种子大会品种展示基地。

目的是在学习中，深入理解、运用、体验、感悟之前的学习内容或技能。通过参观 2014 世界种子大会新品种展示基地，启发、引导学员将所学的美术技能、技法应用到设计绘制"小种子大梦想"之中。进一步拓展学员自主学习的空间，为学员搭建创造性学习的平台。学员在造型能力、创作思维能力、美术欣赏能力等方面都有所提高，体验到成就感。从而完成活动教学计划并为实现活动纲目的总体目标打下基础。

三、活动策划方案、实施方案

小种子大梦想——美术创作活动

一、活动依据

（一）教育政策要求

《北京市校外教育机构工作规程（2008 年）》中指出："社会实践是校外活动的主要形式之一。校外教师应全面贯彻教育方针，利用社会资源，搭建活动平台，丰富教育活动内容，有目的、有计划、有组织地实施教育活动，增强活动育人的意识，尊重、热爱未成年人，全面关心未成年人的健康成长。"

作为校外教育中的美术活动，应该更好地借助自身优势，充分利用自然和社会文化资源，开展多样化的社会实践活动。以学员为主体，在活动中通过参与、体验、发现、认识、理解和发展自己的专业技能技巧，促进以审美为基础的情感态度价值观的形成，在活动中体现出育人的核心理念。

（二）学员成长需求

美术学习什么？除了技法的学习，还要学会把美术知识、技法转化为"美术思维"来进行运用。"美术思维"——实际就是运用美术知识与技巧来解决问题，思考问题的一种思维方式、方法。因而我们讲课中除了对学员进行应有的、必要的技法训练外，也需要加强对学员进行如何运用"美术思维"的引导。让学员把所学的知识、技法，通过一种灵活的、有针对性的并且能够传达出最佳的视觉效果的方式来表现美、宣传美。要实现它，我们就不能只在画室中学习技法，还要了解其他的表现手法及知识。更需要学员走出画室，面向社会，在实践活动中启发自己，学习运用美术知识技能。

掌握美术知识技能的过程需要具备持久的恒心和不懈的努力。参加活动的学员 16 名，大多为 8—12 岁国画中级组学员。大多数学员有儿童画基础，经过一段国画的学习，造型表现能力较好，但学员在日常绘画创作过程中遇到困难时经常出现退缩、畏惧、胆小、不敢交流等现象。因而正确地引导和塑造学员良好意志品质的形成，激发学员不畏艰难、勇于克服困难的坚韧意志，最终达到培养学员的综合实践能力。

（三）社会的需要

"2014 世界种子大会"在丰台召开，它是国际种业界规模最大、水平最高的大型综合性种业大会，被誉为种业界的"奥林匹克"盛会。以世界种子大会召开为契机，将以会兴业、以业惠民——丰台借力世界种子大会推动产业发展和城镇化进程，有利于促进首都加快建设为世界城市。丰台区委书记李超钢表示："我们一定全力以赴，举全区之力，尽善尽美地办好大会，为首都建设种业之都提供有力支撑。"

基于以上思考，为了突破课堂教学的局限性，锻炼学员的创作能力，让学员在真实、自然的环境中感受生活，接受教育，进而提高美术学习的兴趣和效果，设计带领学员到世界种子大会新品种展示基地参观，以"小种子大梦想"为主题，开展美术社会实践活动。以展馆展示区、温室展示区和露地展示区为载体，引领学员认识"世界种业、中国种业、北京种业、种子天地"，让学员了解种业交流与发展的基本脉络和辉煌成就；了解各种种子的形态和生长；了解各种果蔬类不同品种的生长栽培；了解大田作物品种、十字花科类蔬菜品种及十字花科类作物。参观中激发学员的情感，了解种子对在生产活动中的作用、价值等。学员在活动中学习、学员通过活动"有所知""有所得""有所悟"。学员从中受到教育，保护环境、保护自然、保护生命，珍惜今天幸福生活。用画笔来传递"小种子大梦想"，增进学员知丰台、爱丰台、建丰台的决心和积极向上的精神。

在校外教育中开展实践活动，一方面是对课堂教学的拓展，使学员的专业学习能力得到提升；另一方面通过活动发展学员知、情、意的能动作用，使学员在活动中获得直接的经验与感性体验，从而更加有效地促进学员素质与能力的发展。用"小种子大梦想"的美术作品展示来营造大会氛围，充分利用视觉来传达信息，引起人们对"小种子大梦想"的关注与期盼。在种子大会召开期间举办美术作品展示，是美术师生的愿望，希望通过视觉形象，为世界的种业事业做一些宣传，为北京建设世界城市做些贡献，让丰台以崭新的姿态站在世界的舞台上。

二、活动目标

（一）知识目标

学员认识"世界种业、中国种业、北京种业、种子天地"等。了解种子大会的背景、各种种子的类别与生长，它在生产活动中的作用、价值、意义与种业交流与发展的基本脉络和辉煌成就等。

（二）能力目标

发展学员的想象力、创造力、综合实践能力、探究发现能力和解决问题的能力。学员爱学、会学，个性得到发展。

在老师的启发引导下，学员可以做到运用所学的美术知识与技巧，从儿童视角参与绘制"小种子大梦想"的设计，从而提升学员的绘画技能与创作能力，服务社会，体现其专业价值。

（三）情感态度与价值观目标

将"小种子大梦想"的美好前景引入校外美术社会实践活动之中，有利于学员更加直观地感受到丰台地区前景发展的区域形象和未来的新环境，学员从中发现美、表现美、追求美，进一步加强学员对美术创造的兴趣、追求、自信心和成就感，在感受中得到艺术的真谛，从中培养学员健康的人格以及责任感、使命感、环保观念和人文精神。在环境中教育学员，热爱家乡、热爱生活，宣扬城市文化，强化规划意识。

通过"小种子大梦想"社会实践美术创作作品展示宣传，激发所有的丰台人"热爱丰台、奉献丰台、发展丰台"的精神风尚。

三、活动对象及规模

少年宫国画中级组学员（8—12岁已有两年绘画基础），共16名。

四、活动内容和方式

活动内容：

1. 创作目的讲解；

2. 参观考察；

3. 创作准备；

4. 创作活动；

5. 宣传展览。

活动方式：讲授、引导、现场走、看、听、拍、创作、展示。

五、重点难点

活动重点：通过参观、探究、发现，了解种业的发展与成就。感受到丰台地区前景发展的区域形象和未来的新环境，运用不同的工具和材料进行画面的设计及创作。

活动难点：如何激发出学员的规划意识与创作热情并进行主题绘画的创作；以及教师驾驭组织活动的能力。

六、活动准备

1. 明确活动主题、活动流程，撰写活动设计方案。

2. 提前考察、联系布置活动场地及制定安全措施，明确工作人员岗位和职责。与领导沟通，确定活动内容。

3. 召开家长动员会，说明活动的意义、内容，提出活动的要求，取得家长的支持配合。

4. 向学员布置活动的内容、时间、地点，提出具体要求和注意事项。

5. 向部门提出申请摄像、照相、活动用车等。

七、主要方法

讲解法、谈话法、启发式、讨论式、观察法、考察式、展示法、交流互动法、示范演示法、探究体验法、现场采访法、信息反馈法。

八、各类教育资源的利用

1. 信息资源：

(1)图文信息资源：图书、期刊

(2)网络媒体资源：报纸、电台、网站

报道介绍 2014 世界种子大会于 2014 年 5 月 26 日—28 日，在丰台区王佐镇青龙湖国际文化会都举办。介绍了大会的背景与筹备工作等。

2. 场地资源：2014 世界种子大会新品种展示基地

3. 人力资源：2014 世界种子大会办公室组委会负责人、丰台区农委负责人，少年宫信息部摄像老师，少年宫车辆负责人，还有少年宫组织活动的老师和参与活动的国画组学员与家长。

这些资源为这次的社会实践活动提供了会议的时间、地点，具体联系的单位和接待的人员，少年宫信息部摄像老师为整个活动全程摄像，少年宫的车辆能保证活动的往返。这次活动利用这些资源，为学员及家长的参观考察、学习提供便利，为活动顺利进行给予有力的保证。

九、活动过程及思路

活动流程：

(一)创作目的讲解

(二)参观前的准备工作和观看的任务(回家后搜集、查找资料，确定目标)

(三)实地参观考察及谈观后感

(四)创作过程

（五）活动宣传、展览

（六）活动总结

第一阶段：活动准备阶段

（一）教师准备

1. 策划活动内容，细化、完善活动方案。

2. 备课。查找资料（文字、图片、影像）、编写问卷、制作课件等。

3. 辅导教师提前查看、联系活动场地，确定参观、考察的具体地点或范围，肯定社会实践活动的可实施性。

4. 联系活动场地负责人员，沟通活动流程，商议学员参观、讲解的具体内容。

5. 制定学员外出活动的安全预案，给予活动以安全保障。

6. 制定活动经费预算。

7. 准备各类绘画材料。

8. 辅导教师讲解活动创作目的。

9. 辅导教师向学员、家长讲解参观活动内容、意义、时间、地点等具体要求及注意事项。

10. 布置参观考察的任务。

教师引导：启发学员观看各种形态的种子（实物与图片），识别各种种子的类别与生长，种子的价值作用与意义。介绍世界种子大会的背景、意义、种业规划、"2014世界种子大会"会徽、吉祥物等。教师介绍活动的整体安排（时间、地点、内容）、布置学员自主学习的内容、任务。强调外出活动的安全、纪律、所需物品等注意事项。

设计意图：结合以上内容，组织引导学员认识了解、讨论，提出问题、发表意见与建议。鼓励学员积极参与、寻找自己在活动中的兴趣点、兴奋点、关注点。重点在引导学员提出问题，因为"问题乃通向理解之门"。

（二）学员准备

1. 学员做好活动的准备（回家后收集、查找资料，学习相关知识，思考、确定目标)。

2. 做好外出参观、考察的各项准备：包括书包、速写本、铅笔、橡皮、照相机、帽子、水壶、垃圾袋等。

第二阶段：活动实施阶段

(一)创作准备

1. 参观新品种展示基地

学员、家长在老师的带领下到达 2014 世界种子大会新品种展示基地参观。

(1)观看展馆展示区：介绍"序厅""世界种业""中国种业""北京种业""种子天地"五个部分，学员了解种业交流与发展的基本脉络和辉煌成就。

(2)观看温室展示区：学员了解各种果蔬类不同品种的生长栽培。

(3)观看露地展示区：学员了解大田作物品种、十字花科类蔬菜品种及十字花科类作物。

教师引导：激发学员观赏的积极性，不断用文字、相机和手机记录自己的所见所闻、所思所感。在参观过程中，学员需带着任务和问题，对种业资料进行收集。

设计意图：学员在听讲解与看展览的过程中，丰富有关种业的知识：了解种业的历史、现实与未来，种子在生产活动中的作用、价值等。认识对种业贡献的专家，感受、体会种业的规划与发展成就，认识种子基地的作用。种子大会的举办，将推进农村城市化，实现工业化和城镇化良性互动、城镇化和农业现代化相互协调，是带动丰台区发展的重要举措和历史机遇，学员从中了解到重要性。

2. 学员实地参观考察后谈观后感

教师引导：参观看到、认识、了解到，受到什么启发、教育等?

设计意图：让学员了解更多的种业知识与发展，对社会、自然、自身的影响与教育。进一步增进学员知丰台、爱丰台、建丰台的决心和积极向上的精神。

3. 引导学员的创作愿望

教师引导：基地的建设使无数人为此默默地付出和牺牲。在即将召开的种子大会，我们也可将此作为一个切入点，作为丰台人我们能为大会做些什么? 为丰台的发展做些什么? 为保护自然、生命做些什么? (学员自主发言讨论)结合现场参观的体验和感受，初步构想规划设计方案。

设计意图：让学员明确本次活动的主要任务和目的，感受活动基地的环境。启发学员的想象、创作灵感，投入到活动的创作上，实现画面的创作更有意义。

4. 提出创作要求

教师引导："小种子大梦想"。可从区位、资源、交通、生态、后发等比较优势及千载难逢的政策、活动、项目、产业等发展机遇为设计的出发点，规划建设丰台地区前景发展的区域形象和未来的新环境。为首都建设种业之都，北京建设世界城市。宣扬城市文化，强化规划意识。

设计意图：画面的创作范围可广泛些，表现内容更有意义。激发学员的创作愿望与热情，启发创作灵感。

5. 学员收集、查找资料，提出设计创意

教师引导：启发帮助学员完善画面，提出建议。

设计意图：锻炼学员的表达能力。创意内容新颖、巧妙。使学员打开创作思路，增强学习创作的自信心，明确创作的内涵与意义，锻炼学员创作能力。

6. 画面创作内容的表现形式

教师引导：辅导学员将设计思路落实为绘画不同形式语言来表现，完成创作的表现内容。

设计意图：学员从自身兴趣出发，结合参观学习所获感性认知与所学知识自我创作构思，进行主题绘画创作。创作的形式应丰富、多元。可运用油画棒、水彩笔、马克笔、毛笔等工具与形式，表现的画面有线描画、黑白装饰造型画、刮画、水粉画、写意画、彩墨画等，锻炼学员独立运用专业的能力。教师应充分尊重学员的个性发挥及自主性发展，在尊重的基础上适时加以引导，以激发学员的创造性思维。

(二)学员活动创作

1. 活动创作基本要求

(1)创作基本过程：构思、构图、造型、技法表现。

(2)技法要求：线描画、写意画、装饰造型画、彩墨画等。

(3)作品要求：完整、新颖、生动、有特点。

(4)行为礼仪要求：态度认真，要有集体意识，不影响他人；不随便使用他人物品，但征得对方同意后可相互使用；在创作中可相互讨论。

2. 学员创作开始

教师巡视辅导，遇到问题及时纠正。

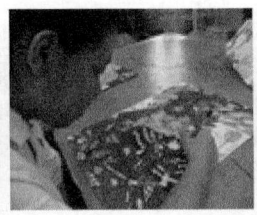

重点辅导：构思、构图是否合理美观。造型创作过程是否大胆新颖、生动，有特点、有效果。技法表现丰富、多样。学员之间是否互助、友善。

3. 活动情况评估

设计意图：学员明确活动创作的方法步骤和要求。学员参与活动的情感和态度，完成创作情况，掌握知识情况及其他的行为规范。

第三阶段：活动宣传展示阶段

（一）宣传介绍

（二）展览交流

设计意图：此次活动目的在于让学员走出教室，深入社会，"学以致用"激发学员的参与意识，服务于社会。因此，此环节应多发挥学员的主体作用，引导学员主动参与。"2014世界种子大会"召开期间，学员的创作作品在世界种子大会新品种展示基地展出交流。

第四阶段：活动总结阶段

（一）学员畅谈活动体会与感想（要求学员写活动体会）

教师引导：活动结束时，教师提出要求，请每位学员写好这次活动的体会，形成书面文字上交。学员介绍自我创作的构思与参加活动的心得感受。

设计意图：活动结束，帮助学员及时梳理总结，突出创作个性，体现创新精神。后续的反思会深化学员的认识，让整个活动更具有教育意义。

（二）家长谈对活动的感受

（三）教师总结活动情况

设计意图：及时总结和鼓励学员，引导大家谈自己的切身感受，家长参加活动及对孩子参加活动受到的教育意义感受。通过总结，加深对主题活动的认识了解和今后学习努力的方向。

十、效果评测

（一）辅导教师与学员、家长交流本次活动感想体会，收集活动反馈。

（二）辅导教师关注宣传、展示的意义效果。

（三）采用调查问卷的方式向参加活动的学员、家长进行活动效果评测（见附件），了解活动的优点与不足。

（四）教师及时总结反思，写出活动自评。

四、活动成果

社会实践活动方案"小种子大梦想"美术创作活动，被收入 2014 年北京市丰台区青少年活动中心美术部大事记期刊中；同时还被收入 2014 年北京市丰台区少年宫儿童美术课程优秀案例中。此活动在 2014 年北京市校外教育机构教师专业评展活动中荣获二等奖。

五、分析与评价

本次活动是一次带有综合探究性质的社会实践活动，总结本活动的教育实践，使我对美术活动有了一些新的认识与体会。

（一）活动成功之处

1. 从设计、组织方面体现"三个注重"

一是注重社会热点问题。2014年5月26—28日"世界种子大会"在丰台区召开，这是国际种业界规模最大、水平最高的大型综合性种业大会，被誉为种业界的"奥林匹克"盛会。大会将展示当代中国民主、开放、文明、进步的国家形象。也将成为"人文北京、科技北京、绿色北京"发展理念及其成果在国际社会上的重要展示，有利于促进首都加快建设为世界城市。以世界种子大会召开为契机，将以会兴业、以业惠民——丰台借力世界种子大会推动产业发展和城镇化进程。将进一步加快丰台河西地区的基础设施和环境建设，提升地区发展的承载力和亲和力，扩大丰台区在国际上的影响力和知名度，这是带动丰台区发展的重要举措和历史机遇。加快推动丰台崛起，建设经济繁荣、社会文明、人民幸福的丰台。这是全区人民群众的美好期待。因此，本次美术社会实践活动确定活动主题为"小种子大梦想"。

二是注重校外教育特点。把少年宫美术组学员带到世界种子大会新品种展示基地参观，开展美术社会实践活动。帮助学员了解以展馆展示区、温室展示区和露地展示区为载体，引领学员认识"世界种业、中国种业、北京种业、种子天地"，让学员了解种业交流与发展的基本脉络和辉煌成就。了解各种种子的形态和生长，了解大田作物品种、各种果蔬类不同品种的生长栽培等。参观中激发学员观赏的积极性，了解种子在生产活动中的作用、价值等。强调学员在"活动"中学习，让学员通过活动"有所知""有所得""有所悟"。从而对规划知识和规划政策有进一步的认识和了解，建立对丰台地区前景发展的区域形象和未来的新环境认识，感受到家乡城市建设的步伐。用小种子传递大梦想的决心和信心，增进学员热爱家乡、热爱生活、宣扬城市文化，强化规划意识和服务于社会的意识。

三是注重专业特色。学员们用绘画形式从儿童视角参与种业和城市发展规划的设计，将所学的美术技能技法设计、绘制小种子大梦想，表达对家乡的爱和一份美好祝福；在丰富学员活动的同时，进一步拓展学员自主学习的空间，搭建学员合作学习和创造性学习的平台。

2. 达到了社会实践教育活动的目标

一是达到了知识目标。活动主题的确定使此次实践活动更具有了教育意义。此次活动主题确定为"小种子大梦想"，通过组织学员参观、讲解，进行主题创作。使学员了解种业知识，并能运用所学绘画知识与技能进行服务社会，从而更加激发学员学习美术的兴趣，开阔了眼界，提升学员的绘画技能与创作能力，从小树立热爱生命、自然，保护环境的意识。不但拓展了课堂教学，使学员的专业学习能力得到提升；还使学员通过活动发展了知、情、意的能动作用，促成情感体验。学员们纷纷表示这是一次非常有意义的活动，通过活动获得了平时没有学到的知识，受益匪浅，并愿意为家乡建设贡献出自己的一份力量。

二是达到了能力目标。充分发掘社会资源，丰富活动内容，带领学员走出教室，深入社会，培养学员的社会实践能力。一方面通过接触社会，开阔眼界，达到学以致用、服务社会的目的；另一方面也是以社会资源作为学习对象，丰富教学内容，提高学员的学习兴趣；更有利于学员开展探究性学习，培养自主学习的能力。在活动中注重创设宽松的学习氛围，鼓励学员自由发挥，大胆创造，多元表现，为更多的学员打开了创作思路。每一个学员的造型语言不尽相同，形式风格多样，表现出明显的个体差异，体现出校外教育的优势。学员们创作出的作品可谓超乎想象，受到市区领导及各国种业专家的赞扬与认可，也验证了活动的成功。这是我们的荣誉也是为大会做了一件有益的事，同时也给我们一次展示的平台。家长们一致认为通过这次参观种子基地，启发了孩子们的想象力，培养了思考能力和实际绘画能力，希望这样的实践活动以后多组织。

三是达到了情感态度与价值目标。这次活动使学员真正享受到校外教育的乐趣和所能提供给他们的个性发展教育机会，激发了孩子们的浓厚兴趣，丰富了课余生活，增强了建设美好家园的愿望。学员的记忆、思维、表现、审美、想象和创作能力也得到了锻炼和提高，从小懂得热爱生活、热爱家乡、规划家乡，并培养了学员良好的心理素质和行为习惯以及健康的人格和良好的道德品质。家长们一致认为这是一次非常有教育意义的社会实践活动。家长们说："感谢老师给了我们这样一次学习的机会，通过活动让孩子对种业有了进一步了解，让他们从小有了主人翁精神。"

(二)待改进之处

1. 调动学员学习的主动性、积极性方面可以采取更多的措施和方法

通过活动发现，有些学员在平时的绘画中可以画得不错，但到了创作时并没有将绘画优势极致表现出来。究其原因，是学习的主动性不够，主动刻画和表现的精神欠佳。这需要教师在日常基础训练中不断培养、提高学员的艺术创造能力，深入挖掘出学员的艺术潜能。将绘画的技能、技法顺利地转化为美术创作语言。

2. 为学员创设更佳的自由想象空间和氛围

在创作中，有些极个别学员反映出困惑，绘画的想法不能更充分地表达出来，因此教师对学员的导向作用还需要进一步加强，在绘画创作语言表现上还要进一步鼓励学员创新和探索精神，使得每一个学员都能通过参加校外美术活动获得成就感和自信心。

（陈红）

艺术伴我成长　悦艺精彩人生

北京市石景山区古城第二小学

摘要："五瓣丁香香飘校园"主题师生书画展是古城教育集团七彩阳光艺术工作室举办的学生艺术节联展。作品表现了学生们丰富多彩的生活，对中华传统文化的喜爱和积极向上的精神风貌；学生用他们手中的画笔描绘出一个个色彩斑斓的世界，艺术带给他们心灵的愉悦和纯美的享受。愿艺苑之花开满校园，愿艺术伴随师生健康、快乐地成长！

关键词： 书画艺术　健康快乐成长

一、学校艺术教育创新理念、思路与宗旨

北京市石景山区古城第二小学，始建于 1965 年，被北京市政府命名为"中秘友谊小学"，位于石景山区古城南路。学校现有 44 个教学班，1500 名学生，132 名教职工，拥有古城南路、古城地铁家园低年级部两处校区，设有教学楼、综合楼、艺术楼、专业楼、体育馆等教学设施。学校以良好的风貌赢得了广泛称赞，成为石景山区的一所"学校规范有特色、教师达标有特艺、学生合格有特长"的开放型、现代化的新型学校，一所颇有名气的全面发展特色学校。古城第二小学是一所具有厚重历史文化底蕴及受社会关注的学校，历来注重培养和树立积极向上的校园文化精神，学校结合自身特点形成了"让微笑伴我成长"的校训，形成了"以人为本、健康发展"的办学理念和"学生微笑成长、教师微笑成功、学校微笑发展、家长微笑满意"的办学宗旨，形成了一种无形的人文精神。

学校的艺术教育，对于学生的发展起到十分重要的作用。我们的创新理念是：让每一个孩子热爱艺术、欣赏艺术、感受艺术、创造艺术，让艺术成为孩子的良师益友，让学生在艺术的熏陶下健康、快乐地成长。

二、活动背景、动机

我校十分重视艺术教育，先后多次举办局部学生书画展。如曾经举办过

低年级部学生书画展；中高年级学生书画展等。此次书画展的理念是：面向全体学生，小学、中学的学生作品一起展出，营造宽松、和谐的书画交流氛围，提高学生对书画的兴趣，感受书画带给他们的乐趣。另外，整个活动思路以课堂为载体，在课前提出倡议，课中实施教学指导，课后发挥学生的主动性和积极性，让学生将学习的知识充分运用，使得艺术文化得以传承。

三、活动策划方案

【活动主题】"艺术伴我成长悦艺精彩人生"课堂教学展示——古城第二小学《艺海泛舟》工作室民族文化研究专题。

【时间】2016 年 6 月 13 日早 9:00—11:30

【地点】古城第二小学主校区

【内容】

第一部分：课堂教学展示

主题："艺术伴我成长悦艺精彩人生"

时间：9:00 开始

介绍来宾：

①课堂教学活动开始。《水墨悦心》课堂教学展示，主讲：李锐彬、李越

②工作室介绍。主讲：许小芳(10 分钟)

③专家点评。

第二部分："五瓣丁香香飘校园"古城教育集团学生艺术节

——七彩阳光艺术团、《艺海泛舟》工作室师生书画作品展

时间：10:40 开始

地点：古城第二小学体育馆

【活动过程】

①引领嘉宾到体育馆西墙进行签名。嘉宾在签名墙前合影。

②开启艺术之门仪式，引领嘉宾到体育馆门前，由嘉宾打开书画艺术之门，让孩子们畅游于艺术的海洋中。

③环保服装展示，表演结束后，小演员和嘉宾合影。

④自由参观。

四、活动实施方案

《水墨悦心》学习课堂

参观主题："五瓣丁香香飘校园"古城教育集团学生书画展

参观时间：6月13—17日

展出地点：古城第二小学体育馆。

展出作品有：古城中学、古城第二小学、古城第二小学分校学生1000余幅作品。

绘画的形式有：素描、线描、水粉、油画、水彩、儿童画、国画等。表现内容丰富多彩。

五、活动教师笔记

（一）书法部分

1. 学生参观故宫书法作品导入。

学生通过参观说出自己对两幅作品的理解，同时提出问题，在课堂中教师针对问题有目的地解决问题。

2. 欣赏两位书法家的作品。

欣赏书法家刘墉的作品

学生聆听"浓墨宰相"的故事。

教师示范："水墨"二字。

学生临写：浓墨书写"水墨"二字。

欣赏书法家"淡墨探花"的作品

教师示范："悦心"二字。

学生根据教师提供的学案书写。

(二)美术部分

1. 欣赏画家作品。

从画家黄宾虹的作品中找出浓墨和淡墨的使用技巧。通过师生的分析学习国画中浓淡墨的运用，使画面增加空间感。

2. 教师示范"荷花"的画法。

3. 学生体验并进行荷花的练习。

(三)欣赏、评价同学的作品

通过此环节，增强学生的自信心和创作欲望。

六、活动成果

整合课堂让学生爱上了书画

课堂教学展示《水墨悦心》由李锐彬、李越两位青年教师主讲，尝试美术和书法两个学科的整合课。所谓书画同源，两位老师紧紧抓住"水墨"二字，教研组集体研究。水墨画讲究学生体验，因此专家点评时也十分肯定了"精讲多练"的内容，另外两位青年教师的个人专业基本功也得到了市级专家的肯定。同时课堂中的小瑕疵也是我们今后的努力方向，这次大胆尝试，不仅青年教师的课堂教学能力有了大幅提升，整个教研组的教研水平也有了质的飞跃。这次活动让我们每一个人都得到了锻炼，受益匪浅。不仅如此，学生在这节课中也体会到中国传统文化的魅力。班里最调皮的一位男生课后兴致勃勃地对老师说："老师，看来我也能把国画画得这么好!"另有一位同学，上午的一杯茶一直喝到放学还不肯扔掉。这时的杯子已经没有了一点茶色。这些足以让教师感动一辈子。这是孩子对教师的最大赞誉。李锐彬老师也感动地说："组长，人家对这帮孩子有感情了，舍不得呀!"在这次书画作品展中李锐彬老师辅导的美术作品最多，形式最丰富！

"谢谢老师能展览我的画，以后我一定好好学习，好好画画，争取能画出更好的作品！画出自己更多的梦想！"看到这里，我相信，我们每一位教师都会感受到教师职业的崇高与伟大。这一点不是说出来的，而是脚踏实地做出来的！

古城教育集团书画展让学生实现自己的梦想。

古城二小低年级部学生参观书画展

6 月 17 日早 7:40 古二小低年级部的学生兴致勃勃地来到主校区，参观"五瓣花香四溢悦艺精彩人生"主题师生书画展。

整齐列队，细心观看，学生们做到了文明、有序

签名墙上留下了我们稚嫩的签名，相信我们以后的书画作品更出色

这次书画展给我们留下了深刻的印象，集体在主题墙前合个影

七、分析与评价

在活动反馈方面，学生书画作品参与率达 100%，教师指导的绘画作品约 50%，学生自主参与的约 70%，共展出 1000 余幅，绘画内容丰富多彩。有素描、水粉、水彩、油画、国画、儿童画、软笔书法、硬笔书法等。

集团师生书画作品展效果出乎意料的好，所有的学生都像等待节日一样盼着这一天的到来。作品展出的那一天，北京市专家杨广馨、耿鑫，区教研员朱力军、王建辉，古中校长李先平、书记杜韵婷，古二小校长兼书记陈凤云，古二分校长兼书记王静艳，以及石景山区各所学校的美术和书法教师近百名嘉宾出席当天的开幕式。我校环保服装表演队的小演员们，穿着自己制作的京剧服装、传统风筝造型的服装和白色、黑色垃圾袋制作的时尚服装，精神抖擞地进行服装展示，得到专家、领导、老师们的热烈称赞。赢得了阵阵掌声！

学生们都说，希望下次还有这样的活动！有一位一年级(6)班叫张熙楚的学生看了这次展览，非常激动，他制作了一张感想卡，里面质朴的语言，深深打动了我们。"让我很激动的是，我的画《我爱唱歌》也展览了……"

教师们对活动进行了自己的理论分析。许小芳认为，美术课标指出"美术是人类文化最早和最重要的载体之一，运用美术形式传递情感和思想是整个人类历史中的一种重要的文化行为"。书法也同样具有这样的作用。

如何在艺术课堂教学中传承文化一直是我们思考的问题。于是我们开始尝试这方面的研究。开展了"在艺术课堂教学中进行民俗文化的渗透与研究"的专题。借助"艺海泛舟"工作室这个平台，我们先后进行了三方面的研究。即：研究教材、研究课堂、研究学生。研究中以教研、科研为载体，提高教师的教科研水平。以绘画、书法为途径，提高教师专业水平。

(一)研究教材

1. 梳理教材：我们先梳理1—6年级12册教材，将不同系列课程进行有序归类。如：版画类、国画类、线条类、色彩类、陶艺类、欣赏类等。在此基础上将民俗文化类再进行梳理、归纳，总结出民俗文化类课程。针对这些课程的特点逐步进行探索与研究。

2. 把握教材：教材对教师和学生来讲都具有指导意义。教材中的名家名作欣赏、"我的发现""我爱探究""我会评价""艺术实践"等内容都具有深刻的内涵。因此需要教师深入钻研教材，理解教材，最终更好地把握教材。

3. 突破教材：我们在合理使用教材的基础上进行校本课程的研发。如版画《午间戏墨》等。

(二)研究课堂

课堂是教学的主渠道，是教师施展才能的舞台，是学生学习知识的重要场所；也是师生沟通的重要桥梁。在此，我们以民俗文化为切入点进行了系列研究。

1. 研究课堂

同课异构：我们在"画民间玩具"一课进行了同课异构的尝试；就拿导入部分来讲，都是讲画民间玩具，许小芳老师用以旧带新的形式，运用前一课学习的油水分离法，进行小游戏导入；王倩老师则运用学生喜欢的拼图游戏的方法导入，二者虽说方法不同但是同样起到激发学生学习积极性的作用，同样受学生欢迎。都收到很好的课堂教学效果。最值得一提的是："画民间玩具"一课得到杨广馨老师的亲自指导，从教学理念、课堂结构、知识结构以及学生主体性的发挥等方面都有质的飞跃。这节课还作为示范课收录在北京市美术教参示范课光盘中。

异课探究：我们在石景山区教研月中曾多次开展民俗文化的展示活动。"月饼盒设计""刻纸""民间泥玩具"等课程先后亮相，得到同行老师们的一致好评。

2. 更新课堂

今天我们推出的"水墨悦心"一课，打破了以往教学模式，探索整合课的教学新模式，正所谓书画同源。这节课紧紧抓住书画中的水墨变化，用"浓墨宰相"刘墉、"淡墨探花"王文治的故事了解书法中的墨色浓淡变化；用"干裂秋风""润含春雨"来说明中国画中墨的干湿变化。显然这一浓、一淡、一干、一湿将书法和绘画巧妙地结合在一起，的确是书画同源。

(三)研究学生

学生是课堂的主人，学生的发展最为重要。为了激发学生对艺术学科的兴趣，提高学生的艺术水平，我们为学生搭建了不同形式的平台，让不同学生有不同程度的发展。平时作业的小画册展、低年级部学生小画展、高年级部学生小画展，这次是集小学、中学于一体的古城教育集团师生书画展。我们这次书画展的理念是：让所有的学生都来参与，让艺术伴随学生健康、快乐地成长。整个活动分为课前、课中及课后拓展。课前学生准备作品、课中学生学习技法、品味文化、课后学生评选自己喜欢的作品。课后还和语文学科结合，学生写出观后感。整个活动都是由学生来参与，学生是整个活动的主人。

如果说整个书画作品展是静态的、唯美的，那么学生的环保服装展则是动态的、充满活力的。这些环保服装的设计，无论从构思、内容、形式到制作材料、制作工艺都可以用"创新"一词来表达。有国粹京剧的传统美；有民间玩具风筝等的造型美；还有现代服装的绅士美和时尚美。

生活中废旧材料、环保材料，比如垃圾袋、塑料瓶盖、废弃的水彩笔以及各种包装纸、废旧窗帘布等成为这些服装制作的主要材料，体现了日益受人重视的环保理念。

总之，经过不断的探索与研究，我们收获很多。论文、研究课、学生绘画、书法的获奖太多太多，为此我们出版了《笔墨丹青艺海集萃》师生作品集；《悦墨》书法作品集。这些将成为我们永久的记忆。

最后，借用我国著名教育家陶行知先生的一句话："处处是创造之地，天天是创造之时，人人是创造之人。"希望我们能够成为有思想、有创新、脚踏实地的教育者。

八、对策与建议

古城第二小学艺术组"艺术伴我成长悦艺精彩人生"课堂教学研讨及古城教育集团师生书画作品展活动，可以作为提升教师课堂教学和提高学生美术素质的一个载体和平台，也是建设校园文化特色的一个途径。教师利用课内外的时间进行准备和引导，虽然工作稍显琐碎，教师付出了辛勤的汗水，但最大的受益者是孩子们，我们的付出是值得的。

体会：

1. 学生艺术节书画展活动可以作为课外活动的一个内容进行系列化设计。我们要让所有的学生都有一个展示自己的舞台和机会，打破只有尖子生、特长生才有展示舞台的局面，越有机会展示越有兴趣学习，从而形成良性循环，促使学生更加全面地发展。

2. 学生艺术节书画展活动可以进行课堂延伸，就像学生写的感想一样，不要求多，只要求真实，孩子有感而发，可以促进课堂教学质量的提高，使课内课外相辅相成。

经验：

1. 学生参加艺术节书画展活动的兴趣极高，可以大胆放手，发挥学生的自主作用，教师需做的是引导和适当的指导。

2. 学生艺术节书画展活动的参与人员多，组织工作非常重要。本次学生艺术节书画展活动的成功举办离不开行政、后勤、信息以及各年级年级组长和班主任的努力。从活动策划、现场布置、参观都是这些相关部门大力协作完成的。正因为这样，才使学生艺术节书画展活动气氛既融洽又热烈，感染了在场的所有人，得到了多方的称赞。

3. 学生艺术节书画展活动要考虑面与点的关系。我们要让尽可能多的孩子参与其中，从中得到快乐！最后活动拓展需要班主任老师的大力支持和配合，这样整个活动才有更大的收获。

学生签名

领导签名

北京市教研员打开艺术之门经验介绍

明亮的书画展厅

特色服装展示小演员与嘉宾合影

（许小芳）

童话舞剧《绿野仙踪之神奇翡翠城》的艺术实践

北京小学大兴区翡翠城分校

摘要： 2013 年翡翠娃舞蹈团根据学校办学理念，结合童话故事《绿野仙踪》创作了一台《绿野仙踪之神奇翡翠城》的童话舞剧。2013 年年底是《绿野仙踪之神奇翡翠城》第一次登台亮相，2014 年 5 月再次登台检验，两次公演都受到业内人士的好评与肯定。2015 年 12 月 17 日 85 位小学生，带着自己的智慧爱心勇气再次登台演出，此次演出规模更大，人物动作更加丰满。演出结束后，获得校内与社会各界的好评。

关键词： 舞剧 小学 课程融合 艺术教育

一、学校艺术教育创新理念、思路与宗旨

北京小学翡翠城分校成立于 2008 年 6 月，学校以绿色成长教育作为办学理念，让学校成为生命精彩绽放的绿色家园。突出绿色成长教育是生命的教育，是尊重生命个体的教育，是生命影响生命的教育；是生活的教育，是源于生活的教育，是为了生活做准备的教育；是生长的教育，是主动发展的教育，是多样化发展的教育。"让每一个生命精彩绽放，让艺术滋养每一个梦想少年。"为学校艺术教育理念，学校坚持贯彻面向全体学生，遵循普及与提高相结合、课内与课外相结合、学习与实践相结合的原则，坚持"对学生实施全面素质教育，促进学生个性化发展"的宗旨开展各项工作。

二、活动背景、动机

近两年，随着学校的日趋成熟，艺术教育也得到了突飞猛进的发展，并打造出了一支具有一定水平和潜质的艺术团队——翡翠娃艺术团。翡翠娃舞蹈团作为艺术团的分团之一，得到了各级领导的关心和支持，并在舞蹈团师生的共同努力之下，取得了骄人的成绩，成为北京小学翡翠城分校艺术教育的品牌社团，被评为大兴区优秀艺术社团。2013 年翡翠娃舞蹈团打算演绎我

们自己的故事，根据学校办学理念，结合童话故事《绿野仙踪》我们创作了一台《绿野仙踪之神奇翡翠城》的童话舞剧。2013 年年底是《绿野仙踪之神奇翡翠城》第一次登台亮相，2014 年 5 月再次登台检验，从 49 人到 64 人，翡翠娃舞蹈团的学生们通过绿野仙踪磨炼意志，不断壮大，两次公演受到业内人士的好评与肯定。发展至今，2015 年 12 月 17 日我们 85 位小学生，带着自己的智慧爱心勇气再次登台演出，此次演出规模更大，服装道具更加精美，人物动作更加丰满。为了将这台剧成功地呈现在大家眼前，85 位小演员和所有的老师们都付出了很多的努力与汗水，演出结束后，获得广泛好评。

三、活动策划方案

活动总负责：张文凤

活动策划：迟辉

活动安排：李沁云

活动实施：李沁云、安妮、王珺

活动时间：2015 年 12 月 17 日

参加人员：2 至 6 年级舞蹈队成员

活动内容：

1. 前期准备

6、7 月份将舞剧剧本、音乐落实

8 月初舞剧分章节编创舞蹈动作

8 月底集训，初步定稿

9 月服装设计初稿

10 月服装底稿制作服装

11 月穿服装联排

2. 活动时间安排

9 月细扣序、第一章的细节

10 月细扣第二章、第三章细节

11 月初分段调整

11 月 20 日后联排，分章节练习

12 月 15 日、16 日彩排

12 月 17 日演出

3. 人员教室安排

序、第一章负责人：安妮（舞蹈教室）

第二章负责人：李沁云（舞蹈教室）

第三章负责人：王珺、黄天星（舞蹈教室）

联排总负责人：李沁云（风雨操场）

四、活动教学计划

舞剧《绿野仙踪之神奇翡翠城》剧本（略）

服装设计图：

童话芭蕾舞剧《绿野仙踪之神奇翡翠城》旁白文字

在遥远国度的平凡农场里，美丽善良的小女孩多萝西与她的叔叔婶婶幸福地生活着，就在这时，一阵可怕的龙卷风席卷整个农场，来不及躲避的多萝西被龙卷风带进了一个神秘的国度，为了与叔叔婶婶团聚，善良的多萝西走上了冒险之路，在路上，她遇见了没智慧的稻草人，没爱心的铁皮人和胆小的狮子，他们为了实现各自的愿望，互相帮助，齐心协力，战胜困难，最终都在翡翠城中实现了自己的愿望。

各位同学，多萝西与她的小伙伴们邀请大家共同冒险，你们准备好了吗？你瞧，他们来了。

第一幕　欢乐的农场

在美丽的农场里，有许多活泼可爱的小动物，他们与我和叔叔婶婶快乐地生活着，可是一场龙卷风的到来打破了这里原本平静美好的生活。

第二幕　奇遇的开始

可怕的龙卷风将我带到奇幻的奥兹王国，为了寻找亲人，我根据小矮人们的提示走上了去往翡翠城的道路，在路上我遇见了三个小伙伴，就这样奇幻的旅程开始了。

第三幕　西方女巫的阴谋

这场旅程注定充满艰辛，邪恶的西方女巫挡住了我们的去路，不过什么困难都阻挡不了我们去往翡翠城的决心。

第四幕　美丽的翡翠城

在鸭子司机的帮助下，我们顺利地来到了翡翠城，在这里我们终于找到了自己丢失的智慧、爱心、勇气与归属……

舞美设计

五、活动教学计划——翡翠城舞剧教学计划安排

周一：小鸡、奶牛、黑风排练

负责老师：安妮

场地：一层舞蹈教室

周二：小矮人、大树、勇气、爱心排练

负责老师：安妮、王珺

场地：一层舞蹈教室、风雨操场

周三：女巫、打斗部分

负责老师：李沁云、黄天星

场地：一层舞蹈教室

周四：单双三排练

负责老师：安妮、李沁云

场地：一层舞蹈教室

周五：联排

负责老师：李沁云、黄天星

场地：风雨操场

六、媒体评价

2013 年 12 月 28 日、29 日，北京小学翡翠城分校童话舞剧《绿野仙踪之神奇翡翠城》在大兴影剧院隆重上演。演出共进行了三场，全校师生、家长及部分友邻单位近 3000 人观看演出。

北京小学翡翠城分校翡翠娃舞蹈团作为翡翠娃艺术团的分团之一，得到了各级领导的关心和支持，并在舞蹈团师生的共同努力下取得了骄人的成绩。童话舞剧《绿野仙踪之神奇翡翠城》的排练和演出大大促进了舞蹈团综合能力的提升。本剧的编排历时半年，50 名小演员和老师们齐心协力，团结一致，虽然排练过程非常辛苦，但所有师生乐在其中。通过这次舞剧的排练和演出，孩子们收获的不仅是舞蹈能力的提升，也像剧中人一样收获了智慧、爱心和勇气，收获了团结一心的伙伴，实现了登上舞台的梦想。

——人民网

2014 年 5 月 17 日，北京小学翡翠城分校舞剧《绿野仙踪之神奇翡翠城》在北京戏曲艺术职业学校少儿剧场再度上演，得到了市区相关领导及舞蹈教育专家的大力支持和一致好评。

自 2013 年年底该舞剧在大兴剧院成功上演后，学校舞蹈团的师生们并没有停止对完美艺术的追求，在接下来这半年的时间里，她们继续刻苦训练，精益求精。她们继续努力是因为她们有了一个新的梦想：走出大兴，挺进北京市区，让更多的人知道翡翠城里的故事，让孩子们能够站在更高的舞台上展示自己。5 月 17 日她们的梦想实现了，多萝西、稻草人、铁皮人、小狮子和他们的伙伴们首次在北京市区亮相，并得到了舞蹈教育家潘志涛老师等舞蹈教育专家及北京市教委、北京市学生活动中心领导的大力关注和一致好评。与上次演出相比，本次演出演绎更精湛，阵容更强大，社会关注度更高。

在北京小学翡翠城分校每个人都知道《绿野仙踪》，每个人都喜欢《绿野仙踪》，不仅因为这个美丽的童话能给人们带来正能量，更因为北京小学翡翠城分校的办学理念"绿色成长教育"即来源于这个美丽的童话故事，学校就像故事中的"翡翠城堡"一样，是孩子们梦开始的地方，也是孩子们梦实现的地方。在学校里同学们读《绿野仙踪》、演《绿野仙踪》、画《绿野仙踪》，在本次演出的同时，学校还在剧场外的大厅举办了翡翠城学生的《绿野仙踪》绘画展，也是本次演出活动的一个新的亮点。

"爱与智慧同行，梦与成长相伴"，相信北京小学翡翠城分校的每一个孩子都能够在这个"翡翠城堡"里彰显自己的个性，展示自己的特长，实现自己的梦想。

——新浪网

2015年12月17日，北京小学翡翠城分校童话舞剧《绿野仙踪之神奇翡翠城》在北京市少年宫隆重上演。

童话舞剧《绿野仙踪之神奇翡翠城》是北京小学翡翠城分校根据学校办学理念，结合童话故事《绿野仙踪》改编而成的。讲述的是一位叫多萝西的善良勇敢的小女孩，被可怕的龙卷风席卷带进了一个神秘的国度——奥兹矮人国。在寻找亲人的道路上，她遇见了三个有趣的朋友：没智慧的稻草人，没爱心的铁皮人和胆小的狮子。在小伙伴的帮助下，他们战胜了重重困难，最终来到了翡翠城找到了自己的智慧、爱心、勇气和归属。

该童话剧于2013年年底第一次登台亮相，2014年5月再次登台检验，两次公演也受到业内人士的好评与肯定。2015年12月17日，重新编排后的童话舞剧由翡翠城分校的85位小学生带着自己的智慧、爱心和勇气再次登台演出。此次演出规模更大，服装道具更加精美，人物动作更加丰满。为了可以将这台剧成功地呈现在大家眼前，85位小演员和所有的老师们都付出了很多的努力与汗水，学校希望这台凝聚了学生与老师们心血的《绿野仙踪之神奇翡翠城》也能够给每一位追梦道路上的朋友带来动力与勇气，也希望每一个朋友都可以找到自己的智慧、爱心、勇气与归属。

——未来网

七、感想体会

一段心之旅

一声咆哮，狮子来到我的身旁，但是我很快发现这是一只胆小如鼠的狮子，总想躲在我的身后，不敢听别人大声说话。唉，还有稻草人，这个没有头脑的家伙。对，铁皮人，看起来外表粗犷，其实粗犷的不仅是外表，没有心的人再粗犷也是白搭。

我不由回想起和叔叔婶婶一起时，在农场的快乐时光，该死的龙卷风，该死的女巫，还有女巫那阴险狡诈的小蛇，我又没有得罪你们，为什么把我弄到这可怜的地方。

幸好那该死的女巫刚刚意外的死掉了，可谁知道下一步的旅程我们将碰到什么，看着满天的星斗，躺在麦秸秆垛子上，我心悲凉，婶婶，您在哪儿？叔叔，我想您，你们宽厚的臂膀才是我永远的避风港。

默默地饮泣中，狂风再起，恶魔施虐。

当我胆战心惊时，胆小的狮子居然狂吼着，赶跑了怪兽；而稻草人不断出主意，让我们一次次躲开了危险；铁皮人的善良也给我们带来了一个个新朋友。

原来，邪恶你没有什么了不起，只要勇敢地去斗争！

困难也没有什么了不起，只要你善于思索就一定能克服！

孤独？没有关系，只要你善良地对待周围，哪里都有和你一起患难与共的朋友！

回来了，克服了重重困难，我又一次站在农场的门口。

"多萝西，欢迎你回家！"我热泪盈眶地站起来去拥抱婶婶。

定睛一看，唤醒我的是可爱的女儿，刚刚演出结束来到了我身边。

谢谢！女儿！谢谢，孩子们！

面对竞争的环境，面对波诡云谲的社会，我曾经失望，曾经胆怯，曾经脆弱，但是你们今天的演出让我从悲观中回归！

孩子们，谢谢你们！是你们让我人到中年脆弱的心重新变得坚强，冷漠的灵魂重新变得柔软，谢谢你们！

孩子，让我们牵手回家。

——五（1）班张家慧家长

我的观后感

看完后，有人问我最大的感受是什么、我认为，最大的感受就是好！怎么好呢？又从哪里体现的呢？现在我就和你一一道说。

第一个当然就是老师好，每个老师都尽心尽力地为我们排练；第二个就是同学好，半年来从没有一个人叫苦连天，不辞而别，都是一丝不苟的练习。第三个就是剧情好，让谁看了都拍手叫好，真是可以用过目不忘来形容了。

当然也有不足：表情不好啦，动作不到位啦……相信下一次可以更上一层楼！所以我呼吁大家，为了更好的明天，让我们一起努力吧！

——四（1）班　王凯茜

精彩就在身边

为了表演这个舞剧，同学们足足排练了半年的时间。夏日里，他们汗如雨下，双脚跳的麻痛难忍；冬日里，顶着寒冷的北风，他们也没放弃练习。据说，在练习中，有的同学摔倒，膝盖磕破了，可他们还是赶紧站起来继续练习。俗话说：一分耕耘一分收获。今天的精彩和同学们辛勤的付出是分不开的。特别让我感动的是大家配合得十分默契，没有人挑剔什么角色。正是因为艰苦的努力，这场演出才可以这么精彩！这个舞剧使我明白：精彩就在我们的身边，我们每一个同学都很出色！

——四（1）班　李董

敢于拼搏才能到达成功的彼岸

我看完舞剧后，不仅为同学精湛的演出喝彩，还被扣人心弦的故事所吸引，让我深深地感受到，朋友之间应该互相关心，互相帮助，团结一致。不论遇到多大的困难，都能战胜。

同时，我也悟出一个道理：人必须朝着既定的目标勇往直前，不畏艰险，敢于拼搏，最终一定会如愿以偿！

我以后在学习上要多向多萝西学习，遇到困难想尽办法解决，最终到达成功的彼岸！

——四（1）班李香仪

感动　感想　感悟

周日晚上，怀着无比激动的心情，我携着家人一起观看了我校的舞剧《绿野仙踪之神奇翡翠城》。庞大的演员阵容、绚丽多彩的舞台画面、起伏跌宕的故事情节深深地吸引了我。看到孩子们精彩的表演，作为其中几位小演员的班主任老师，我深受感动，心情久久不能平静。

训练学习两不误。

为了节目能成功演出，孩子们已经练了长达半年多之久，她们的很多课余时间都被辛苦的训练挤占了。为了训练，午饭后她们经常追着找我来请假、问作业；放学后，她们还要加班加点继续练；甚至有时候不管什么时间，指导老师来了，就得赶紧去排练。她们因此也没少缺课，与此同时，其他孩子可以休息、游戏、读书、正常上课。而每次训练结束后，她们还要拖着疲惫的身体把作业做完，把功课补上。我班的这几位小演员不仅舞跳得出色，学习也都是出类拔萃的，可想她们要比其他同学付出更多的努力。三场演出中的最后一场在晚上八点结束，她们卸妆、收拾、回家后还没忘了把作业都做完了，第二天上学都按时把作业交上来了。

彩排演出连续奋战。

为了周六周日的顺利演出，周五她们就去影剧院进行了一天的对光、彩排。历时三天，她们每天很早就来到影剧院，晚上很晚才能回家，第二天继续。连续奋战了三天，孩子们所付出的辛苦和汗水不计其数。真让老师们、家长们看在眼里，疼在心里。有的小演员的演出服很厚，还要戴着帽子，再加上一遍又一遍的跳，每次下来她们都大汗淋漓，可她们不喊苦、不喊累。为了演出的圆满成功，她们把一切困难都忍下来了。看着一个个弱不禁风的小姑娘，她们却有着这么坚忍不拔的精神。我想：这股精神和力量将永远伴随着她们，为她们的人生之路扫除一切艰难险阻。

累倒了尽快爬起来。

连续的彩排、训练使一些孩子病倒了。有的孩子只要能坚持就一直坚持着，配合着大家完成演出。有的孩子实在没办法坚持下去了，就稍加休息，由替补演员上。几场演出下来，我班一个瘦弱的小姑娘病倒了，发烧了，周一没能来学校，可周二病情稍有好转就立刻按时上学，还自觉地把一天的功课、作业在第一时间内补齐交给了我。这样自觉、有上进心的孩子怎能不让我感动？

故事中的稻草人、小狮子、铁皮人在去往翡翠城的路上，克服了重重困难，获得了智慧、勇气和爱心，多萝西在好朋友们的陪伴下找到了回家的路。此次演出，我们小演员的舞蹈能力不仅有所提升，更重要的是她们也同样收获了智慧、勇气和爱心，实现了自己美好的梦想。

——六年级班主任任亚娟

2013年12月经历了第一次舞剧的演出，这次舞剧时长50分钟，由50个小朋友进行演绎，对于相对薄弱的舞蹈团是一个很大的挑战，面对学生的水平有限、经费有限的情况之下，根据学校的办学理念开始编写剧本，选择音乐，这是一个很繁重的工作。舞剧是有自己的结构方式的，在舞剧中常用的结构方式有三种：(1)按事件发展顺序结构；(2)按人物的心理历程结构；(3)按意识的流动结构。我们选择的题材是《绿野仙踪》，所以根据这部童话故事的事件发展顺序去构思。这部童话故事较长，老师们必须将其中最重要的部分提炼出来，分成4段进行叙述。这么长时间的舞剧，如何抓住观众的兴趣，避免审美疲劳是重中之重。最开始学校将舞剧定位在古典芭蕾上，对于芭蕾舞剧来说，是有明确的舞段、章节划分的，所以必须按照芭蕾舞剧的结构模式，进行编舞，经历了4个月的排练时间学生带着第一版舞剧就登台亮相了，演出结束后，吸引了学校里许多热爱舞蹈的孩子前来报名舞蹈队，5个月后，这版舞剧由50人扩大到70多人，再一次上台表演。

2015年12月17日，舞剧的第三版在北京市少年宫进行演出，此次的演出规模更大，演员人数达到85人，其中还有一支男同学的队伍，这是舞蹈队不断往前发展的表现。

我校编创的童话舞剧演员都是在校的学生，他们的肢体无法达到专业演员的那种高度，所以在编创设计舞段时必须在他们力所能及的范围之内，孩子动作达不到，那就需要创意来取胜。总结前面演出的不足：音乐音质不够清晰，服装不够精美，舞段表达方式不够明确，对观看者个性的特点抓的不足等问题，进行修改。此次主要舞段不变，修改了部分表演形式，填补了舞台空缺，设计了一些发光的衣服与道具、气球等等，吸引观众的眼球。这些"小手段"的使用节奏也必须斟酌，结合整体舞剧的演出节奏，将这些小道具巧妙地融入其中，层出地展现出来，演出结束后让观众有一种强烈的满足感，这就达到了我们演出的目的了。

在第三版演出结束后，多数观众表示演出时间过短，还没有看够。其实舞剧时长并没有发生变化，只是其中的舞段进行了修改，这说明此次舞剧的编创是成功的，这次演出还有提升的空间，在第二章与女巫打斗部分可以更加激烈，需要融入其他新的元素，以后有机会再进行演出时，会继续总结与修改，将舞剧完善。

在这几次的舞剧排练中，获得了区里、学校领导、艺术教育专家的大力支持，非常感谢。这几次演出，让学生收获了眼界、演出表演经验，为老师搭建了施展才华的平台，也为学校打造了品牌社团。市里的学校水平高，经验足，我校属于郊区学校，这样的在市里展现自己的机会并不多，借此机会，希望今后可以为郊区学校搭建一个平台，可以和市里的舞蹈特色校有一起互相学习演出的机会，让孩子开阔眼界，更好地提高自己。

——舞蹈教师李沁云

昨夜令人激动，以至于比我的作品登台还要激动。四个还没大学毕业的学生大胆地给孩子们创作了一台舞剧北京小学大兴的《绿野仙踪》，让我看到了首师大的学生终于显现了独树一帜的风采。之所以这么说有三点：1. 敢于在经典故事上下手，这是导演的一种胸怀，有时"完全原创"也是"胡编乱造"的同义词。2. 准确运用古典音乐。所用音乐都是熟悉的芭蕾经典，有两大优势，耳音接受度高；情境切合准确。看得出他们是认真听了大量的古典音乐。没有落入借用电影大片音乐的俗套，音乐品味是清醒的。3. 正确的舞剧构成。昨天身旁的一位教授说"还真有舞段"。的确，现在社会上大量所谓舞剧，其实舞、剧不分。基本是剧大于舞或叫"哑剧舞动"。这些导演能运用古典芭蕾的剧、舞分开的特点进行创作，轻松地把观众带进了故事。这点确实不易。

——首都师范大学于大雪

（李沁云）

蓉帆蓉帆　扬起风帆

北京市史家小学通州分校

摘要：蓉帆管乐团遵循金帆管乐团"艺术引领、健康促进、教育生活化"的教育理念，以"用音乐托起明天的太阳"为目标，精心组织落实管乐团的各项工作。

关键词：管乐团　引领　教育　艺术

一、学校艺术教育创新理念、思路与宗旨

蓉帆管乐团遵循金帆管乐团"艺术引领、健康促进、教育生活化"的教育理念，以"用音乐托起明天的太阳"为目标，精心组织落实管乐团的各项工作。

二、活动背景、动机

管乐团的演奏是一个集体项目，需要有集体的合力。这项社团活动的开展对培养学生的集体主义思想意识，树立集体主义荣誉观，建立集体主义的责任感有很大帮助。

管乐团的演奏有其自身的特点，整个乐队是由各乐器分声部组织起来的。在训练中每件乐器先进行分声部训练，然后指挥进行合排。首先，要求学生要有高度的整体意识，作为老师就要注意培养学生具有良好的演奏习惯，做到"停无声，起有声"，注意培养学生的有意注意，既能看乐谱又能看指挥。要让每个学生集中注意力，统一听指挥，这即是对学生的整体意识的培养。其次，在乐团演奏技能的训练方面，由于乐团队员的基础不一，演奏水平参差不齐，进行合奏和伴奏都较为困难。为使训练能够达到较好水平，在整个训练过程中，每个学生必须演奏技术都要过关，每个学生认识到自己在乐队中的重要性，不能因为自己一个人的演奏水平差而影响整体。学生上课时有意注意的目的是为了独当一面掌握一门乐器，使整个乐团的演奏得以成功，从而培养了集体主义精神。学生之间的默契配合，使演奏和谐，经过反复训

练，演奏技巧得以提高。同时学生的集体主义意识也随之得到加强，每个人都认识到自己是整个乐团的一部分。在乐团中经常可以看到具有某种乐器演奏专长的学生充当"小先生"，互教互学。正因为集体意识提高了，不管是训练还是演出，乐队的同学们都表现出空前的热情和良好的纪律，即便是某个同学生病时，他还能坚持参加，为的是不影响集体的演奏。在激动、嘹亮、和谐的乐声中折射出集体的力量。

三、活动策划方案

(一)指导思想

1. 加强组织领导，增强行政管理

开展好艺术教育，领导是关键，起到了方向性的作用。我校领导对此高度重视，成立了蓉帆乐团的管理小组，由小组处理乐团的大小事宜，为管乐团的长期健康发展出谋献策，做出贡献。由校长担任艺术教学的主管，任乐团的团长，并和德育主任、艺术教研组长等相关老师共同组成艺术教育领导小组，健全艺术教育管理体系，各项具体要求落实到人，紧紧依靠一线班主任、艺术教师、乐团的管理老师等，做好学校艺术教育的各项基础工作。学校师生全员参与，确保艺术教育工作扎实贯彻落实。

2. 制度保障，有章可循

学校领导制定完善了一系列规章制度，对乐团专业教师的教学工作、乐团日常管理工作、队员行为规范和乐团纪律等提出了严格的要求，健全了乐团的各项管理制度。在管理机制上，形成了由艺术课题组负责乐团工作的全方位管理、组长主抓乐团工作的发展与提高，专业教师、艺术课题组教师等对乐团以及我校艺术教育进行研究与实践、校长亲自参与课题研究的机制，并多次召开乐团管理教师课题研讨会，对乐团各项制度进行完善修订。

3. 计划管理，目标明确

开学初，乐团召开了全体成员工作会。会上，艺术组成员以乐团的长足发展为出发点，修订艺术教育发展规划、年度总体计划，对管理教师接替、新老队员衔接问题进行了探讨，同时对乐团训练、乐团教学、乐团艺术实践活动等进行了年度具体规划。乐团确立了以发展优势项目、鼓励师生参赛、全面提高获奖覆盖率等目标，以寓教于乐、因材施教为原则，激发学生对艺术的兴趣，提高学生参与艺术实践的机会。

(二)活动目标

对于一支成长中的学生乐队，我校管乐团有着明确的定位，为了加快学校管乐团的发展速度，提升学校管乐队表演的质量，学校音乐组以艺术节为契机，广泛开展学生艺术实践活动，激发学生的审美兴趣和愿望，为全校师生营造积极健康的艺术氛围，另一方面积极组织参加各类交流演出，从实践中学习，从实践中进步，从而让学校的艺术教育向着良性的方向快速发展，也为艺术教育品牌的凸显创造了更多的契机。

(三)活动内容

1. 为了保障管乐团学员专业质量的稳步提高，乐团继续保证了每周两次专业课，一次排练。即周三下午、周日下午两次，除了正常排练时间外，学校在每周一、二、四放学时间，安排大小班部分声部进行加练，由学校老师进行辅导及管理。音乐教学中，把识谱、唱歌、乐器演奏、欣赏、舞蹈、体态律动等熔于一炉，改善了音乐课堂教学结构，使歌曲与形体结合，声乐与器乐结合，促使学生多种感官并用，增强节奏韵律感，充分发挥音乐教学的教育功能。

2. 保证每周上课的出勤率，上好每一节课是提高吹奏水平的基本条件，态度决定一切。

3. 确定每周每日训练的目标，学员每天要求填好"日常训练作业反馈表"，并由家长签字确认。每周由班主任检查签字。

4. 每小组确立一位首席协助老师排练和帮助队员的练习。

5. 为每一位学员建立成长记录，用于记录每次专业课学生吹奏水平、专业课的掌握情况、课堂纪律、卫生等情况以及教官的评价。

6. 建立奖惩制度，每月评选优秀学员和声部长，并利用每周的升旗仪式进行颁奖，从而促进学员学习的积极性和主动性。

(四)活动要求

1. 团队常规管理毫不放松

(1)由选拔到组成队伍，我校都以高度的责任心、饱满的热情、集中的精力投身到团队常规管理之中，切切实实抓好学生的思想工作，做到勤、细、严、实。强调时间观念(从考勤抓起)，对于管乐的学生来说，时间就是效率，督促学生抓紧每一分每一秒。同时强调要紧紧抓住并充分利用训练的"有效时间"，注重时间的有效性，力争时时有收获，天天有进步。

（2）营造积极向上、团结奋进的训练氛围。通过制定严格的考勤制度，明确训练过程中的纪律，确保训练最佳效果。

（3）建立团队责任制。健全学生管理机制特别重要，让学生自主管理，民主选拔管乐团团长，设立各声部声部长，提高学生自我管理能力。

（4）每月进行一次训练总结会，及时查漏补缺。"没有规矩，不成方圆。"管乐团已是一支充满激情与凝聚力的团队了，乐团成员在这里发挥了特长，提高了能力，提升了自信，更学会了精诚合作。

2.定时训练，管理有序

管乐团的学习主要是以分声部方式进行的。在以不同的乐器为学习小组的初步训练阶段，经过老师的指导，队员们在学中互相比较、互相交流，构成一种玩中学、学中玩的愉快学习氛围。合奏训练时，学生能全身心地融进音乐中受到熏陶，是一种难得的美感享受，也是一种凝聚力的完美体现。训练过程培养了队员们的自信、自律、积极向上的良好品质。

（1）定时训练。每周都要保证一次分声部专业课训练和一次乐队合奏训练。训练的内容有：发声呼吸的练习、音符的讲解、乐曲节奏的讲解、演奏队列队形的训练、演奏表情的练习等。每次训练两三个小时，以保护学生的嗓子。

（2）讲悟结合。老师讲解乐理通俗易懂，符合小学生的认知规律和心理特点，谱子和旋律节奏知识使学生进入具体的音乐情景，通过一些音乐表演和音乐游戏来获取知识。

（3）示范规范。要求演奏的各种乐器，教师都能给学生起到真正的示范作用。

（4）选拔新成员，形成阶梯队伍。上学期，从各个班中挑选新学员，及时做好新旧培训班中学生、家长、老师之间的沟通工作，帮助学生更好、更快地进步，现在的新成员已掌握基本的演奏技巧和乐理知识。

(五)活动建议

在学生管理上，我校坚持"以人为本"，以学生成才为中心，乐团老师除了注重学生专业能力的提升，在学生行为和个性品德方面也狠下功夫，以提高学生的是非观、意志力、鉴赏力、创造性、协调性、责任感、诚信意识和奉献意识等为目标，培养学生独立、完整、高尚的人格。以美育教育为契机，关注美育体现点，设艺术评价点，宣传美育教育要素，让校园处处跳动"优美"行为习惯音符。同时，时刻关注乐团队员的思想动态，防止骄傲自满等情绪的产生，教师在课后能够及时与学生、家长进行沟通，促进学生思想健康素质不断获得积极提升。

四、活动教学计划

社团名称	蓉帆管乐团	活动主题	鼓乐声声　神采飞扬
具体内容	A团准备行进和迎宾曲目《勇往直前进行曲》《红鹰》和《国歌》。 B团学习《欢乐颂》《雅克兄弟》《G大调交响曲》《轻舟荡漾》《小星星变奏》。		
目的意义	1. 培养学生的音乐素养，把学生的道德修养贯穿音乐教育的始终。 2. 培养学生对铜管乐的兴趣与爱好，并使之掌握演奏技巧及吹奏能力。 3. 突出音乐学科的特点，培养学生的合作意识，并将所学应用于实践。 4. 争取本学期能以较高水准，把《勇往直前进行曲》《国歌》和《小星星变奏》分声部合奏完毕。		
方法措施	1. 充分调动学生的学习积极性：活动中，改变以往的陈旧观念，采用以教师作为引导者的教学思想，通过启发、引导，学生动手、动脑、动口进行自主练习。进一步加强管乐、鼓队的训练力度。 2. 进一步明确活动目的：结合活动内容及相应的音乐实践活动，把学习与祖国紧密结合起来，帮助学生树立远大的学习目标。 3. 坚持正确教育和因材施教的原则：活动中，根据学生的年龄、生理特征及喜好配备乐器，并选择学生喜欢的曲目。 4. 建立学生铜管乐团队员守则： (1)热爱音乐，爱惜管乐乐器。 (2)尊敬管乐老师，认真听讲，不懂就问，勤学苦练。 (3)互相帮助，共同进步，高质高速地学会所持的管乐演奏技巧。 (4)一切行动听指挥，召之即来，来之能战，战之能胜。 5. 给学生提供舞台：多鼓励学生，肯定学生的长处，让他们有充分展示自己的机会。参加学校每周一的升旗仪式的吹奏，定期进行汇报及相应的实践活动。 6. 学期末对于遵守纪律和管乐学习优秀的学员进行表彰，称号为"优秀小乐手""全勤之星"和"纪律之星"。		

预期成果	学生能够养成基本的音乐习惯，老队员攻克高音部分的吹奏，而且从音色和明亮度上要求。小队员解决个别高音的吹奏技巧，并熟练掌握双吐的吹奏技巧。新选拔的队员能基本掌握吹奏气息、口型、乐器基本指法和音阶并熟练掌握各自吹奏乐器的筒音吹奏连接。除新选拔的队员外，原有队员要把所学应用于实践，能熟练演奏《勇往直前进行曲》和《国歌》等这些曲子。	

	时间	活动内容
活动安排	9 月 12 日	《勇往直前进行曲》和乐理知识
	9 月 26 日	《勇往直前进行曲》和乐理知识
	10 月 10 日	《勇往直前进行曲》和乐理知识
	10 月 17 日	《勇往直前进行曲》和乐理知识
	10 月 24 日	1. 基础训练 2.《红鹰》
	10 月 31 日	1. 基础训练 2.《红鹰》
	11 月 7 日	1. 基础训练 2.《红鹰》
	11 月 14 日	1. 基础训练 2.《红鹰》
	11 月 21 日	1. 基础训练 2.《红鹰》
	11 月 28 日	1. 基础训练(长音、吐音、连音的训练)2.《国歌》
	12 月 5 日	1. 基础训练(长音、吐音、连音的训练)2.《国歌》
	12 月 12 日	1. 基础训练 2.《国歌》
	12 月 19 日	1. 基础训练 2.《国歌》
	12 月 26 日	汇报小结

参加人员	（A 团）　43 人 （长笛）王雨辰　崔琳　徐凤彤　薄逸帆　郝好　段寒雪　黄钰婕　武文静　曹逸凡　裴晶垚　方彬阳　吕佳宜 （黑管）马碬娜　苏航　志涵凝　崔藤　刘若曦　牛欣羽　赵季群　张瑞 （萨克斯）陈子皓　朱凯　吴磊　曹硕源　刘嘉　谭博曦 （圆号）郭展儿菲　吴优　桑玥瑶　王瑞琦　王敬涵 （小号）王鸣宵　武桢干冯奕伟 （长号）孙昊冉　傅子轩　赵昊池　丁通　李鑫健　付志梵　赵良轩 （打击乐）吕筱鹏　李涵茜　沈鑫浩　徐宁　吴晓雪　吴宇航 （B 团）45 人　崔可欣

续表

参加人员	(长笛)吴海丹　谭哲行　朗然　路宛莹　孙雪阳
	(黑管)陈瑶　彭煜倩　徐家扬　陈一凡　苏浩博　于乐
	(萨克斯)朱盟　叶天阳　凌鑫洋　刘月桐　张智超　夏宇雨　杨润鹏　陈乐强
	(圆号)陈婧仪　胡京楠　杨静仪　崔可欣
	(小号)王博　李华清　张博　钮浩洺　薛谷雨　丁毅
	(长号)叶翔龙　胡梦楠　鞠博然　谷培黎
	(打击乐)鞠博雅　蒋天晰　张静怡　董浩然　崔智敏　付芯蕊
	(打击乐键盘)赵康喆　王天莹　李卓馨　蔡畅　邓健平　李奕泽

五、活动教师笔记

活 动 记 录 (一)

小组名称	蓉帆管乐团	活动内容	基础训练	年级		3—6
参加人数	88	时间	周四：3：30—6：30 周五：7：00—7：50	辅导 教师		郑瑞重
活动过程		今天是这学期的第一次课，反复强调纪律、卫生、教育学生要出全勤。认真训练，保证时间。 A团： 1. 排练课 组织教学，学习上排练课的基本素养。 座位排列顺序左单簧管、萨克斯、圆号、右长笛、小号、长号和大号，打击乐在最后。 基本坐姿，准备姿势，拿起乐器准备演奏的姿势，看指挥的手势。 2. 单季课 降 B 大调音阶的长音和不同节奏的吐音。 复习乐曲《红鹰》。 B团： 1. 单季课 教师组织基础训练：音阶(X— — —，X)。 组织学习合练分谱(一)乐曲《月光》。 2. 排练课 组织教学，各声部调整音准，复习乐曲《月光》。				

续表

活动效果	学生基本能够按照老师的要求完成教学内容。

活 动 记 录(二)

小组名称	蓉帆管乐团	活动内容	基础训练	年级		3—6
参加人数	88	时间	周四：3：30—6：30 周五：7：00—7：50	辅导教师		郑瑞重
活动过程	A团： 1. 排练课 组织教学，降B大调音阶的长音和不同节奏的吐音练习。 合奏《红鹰》。 2. 单季课 降B大调音阶的长音和不同节奏的吐音。 复习乐曲《红鹰》。 B团： 1. 单季课 教师组织练习基础音阶(X一，<u>XX</u>)。 组织复习合练分谱(一)《月光》。 学习乐曲《快乐摇摆》。 2. 排练课 (1)组织教学 (2)各声部调音准 (3)合奏《月光》					
活动效果	A团个别同学活动不及时，没有按时把本课的作业任务完成，个别学生影响自己的学习进度，B团的同学很准时上课，提出表扬。					

活 动 记 录(三)

小组名称	蓉帆管乐团	活动内容	铜管乐和打击乐训练		年级	3—6
参加人数	88	时间	周四：3：30—6：30 周五：7：00—7：50	辅导教师		郑瑞重

活动过程	A团： 1. 排练课 组织教学，降 B 大调音阶的长音和不同节奏的吐音练习。 合奏《红鹰》。 2. 单季课 降 B 大调音阶的长音和不同节奏的吐音。 学习乐曲《国歌》。 B团： 1. 单季课 教师组织练习基础音阶(X—，XX)。 组织复习合练分谱(一)《月光》。 学习乐曲《快乐摇摆》。 2. 排练课 (1)组织教学 (2)各声部调音准 (3)合奏《快乐摇摆》
活动效果	学生们三点半准时上课，大多数同学遵守纪律，能够按照老师的要求完成教学任务。个别同学迟到，是因为上一节课的任务没完成。

其他活动记录省略。

活 动 总 结

取得成绩	1. 管乐 A 团和 B 团分别向家长展示，分别组织一台节目和家长一起分享。 2. 管乐 A 团参加校元旦演出，向学校领导、老师、全体同学和部分家长展示管乐团的风貌。 3. 有 20 多名同学利用暑假认真练习取得了一级到七级的等级证书。 4. 有 12 名同学评为校级"艺术之星"。

存在问题	1. 及时和家长沟通，做好家长工作。 学生的训练要达到良好的效果，家长的作用是不可忽视的，有了家长的支持，管乐队的工作就完成了一半。要想把管乐队工作做好，首先做好家长的工作，提高家长的认识，及时和家长沟通，急家长之所急，想家长之所想，了解家长的难处，并提出解决办法，把学生一点一滴的进步及时反馈给家长，让家长了解自己的孩子，提高家长的课下监督兴趣，让家长认为自己的孩子能行。 2. 及时与授课教师沟通，了解学生的学习情况，尽量减少流失的学生。 因为授课教师不是本校教师，因此对孩子的情况不是很了解，这时教师要及时和授课教师联系，个别学生要采取不同的教育方法，接受快的学生和接受慢的学生要采取不同的教法，从而提高教学进度。
今后打算	学校管乐项目要在前期取得训练成果的基础上认真总结、扩大影响，全面提高学生的艺术水平，争取在每年学生艺术节上出精品节目。继续在普及高雅艺术上进行探索，针对学生特点，在不同年级开设有针对性的知识讲座，开辟知识窗，制作艺术教育专题手册、读本等，让高雅艺术真正走进校园，走近学生。积极创造条件争取在专业场地举办学校管乐音乐会。 管乐课程教学是学校艺术教育的先行者、领头羊。作为区艺术教育特色学校，学校将一如既往地推进有着悠久传统的管乐特色教学。

六、活动成果

1. 管乐团在通州区第十八届艺术节展演中，荣获区二等奖。

2. 在北京市第十八届艺术节展演中荣获银奖。

3. 管乐 A 团和 B 团分别向家长展示，分别组织一台节目和家长一起分享。

4. 管乐 A 团参加校元旦演出，向学校领导、老师、全体同学和部分家长展示管乐团的风貌。

5. 有 20 多名同学利用暑假认真练习取得了一级到七级的等级证书。

6. 有 12 名同学评为校级"艺术之星"。

七、分析与评价

信息反馈表

名称	蓉帆管乐团	日期	2014 年 11 月 27 日
标题	管乐社团伴我成长		
主要内容	转眼间，蓉帆小学管乐社团与音协管乐学会的合作已有两个月了，同学们喜欢老师的讲课风格，敬佩老师的专业技能，理解老师的授课内容，领悟老师的教学方法，感谢老师的谆谆教诲。 课堂中老师细心而又专注的讲解，专业而又辛勤的付出，诙谐而又幽默的教学方法，直观而又精彩的教学内容，打动了每一位学生。从 100 多人的管乐社团现在增加到了 200 多人，学生学习的热情高涨，兴趣浓厚，课上积极举手演奏，课下在家长的帮助下，学生认真练习，学习态度有了很大改变，效果显著。 希望同学们在管乐社团中快乐成长！		

（郑瑞重）

魅力皮影艺术

北京市史家小学通州分校

摘要：中国皮影艺术源于生活还于生活，它体现了我国劳动人民的聪明才智和生活向往。但最近十多年来却发展缓慢，濒临灭亡，亟待予以抢救和保护。我们期待着它的不断创新和发展。"魅力皮影"艺术课程，目的是让我校学生能够了解皮影、热爱皮影、传承皮影艺术、创新和发展皮影艺术，增强学生的民族自豪感，同时让学生在欣赏、制作、表演中感受中华传统文化的魅力，发展学生的多元智能。

关键词：皮影艺术 创新制作 传承艺术

一、课程开发背景分析

(一)开发依据

依据国家《基础教育课程改革纲要》的精神，学校在执行国家课程和地方课程的同时，应视当地的经济发展的情况，结合本校的传统和优势，学生的兴趣和需要，开发或选用适合本校的艺术创新实践课程。

(二)需求评估

1. 区域资源优势

中国皮影艺术源于生活还于生活。它体现了我国劳动人民的聪明才智和生活向往。由皮影艺术构成的文化氛围，早已波及世界各国。皮影戏是世界上最早的供人观赏的幕影艺术，国外学者公认中国皮影戏是近代发明电影的先行。

我校地处北京的东大门通州，悠悠运河千秋事，浩浩宏图万代歌，千年底蕴，形成通州特有的运河历史地域文化。离我们学校不远，有一座全国闻名的博物馆：崔永平皮影艺术博物院。一个偶然的机会我去参观，那些精美的皮影艺术作品深深地吸引了我，很多外国朋友也曾先后来到此处，而我们身处通州却不知道自己身边有着这么一座博物馆。博物馆离我们学校只有咫尺之遥，为什么不将其引入到学校教育之中来弘扬优秀传统文化呢？于是教师开始通过网络大量搜集皮影艺术的相关资料，并不断向崔馆长夫妇请教。通过网络材料的搜集，以及名师的不断点拨，愈发激起教师传承皮影艺术的热情。

2. 教师优势

任课教师是美术学科专职教师，毕业于艺术师范学校，艺术、绘画和制作基本功扎实，有着较强的创新意识和创新能力，非常喜欢皮影艺术。有人称皮影是"光影间跳动的精灵"，是我国民间工艺美术与戏曲巧妙结合而成的独特艺术品种，是中华民族艺术殿堂里不可或缺的一颗精巧的明珠。用自己制作的皮影来表演，传承皮影艺术，为我国的皮影艺术做一点微薄之力一直是教师热切的向往。

3. 学生优势

小学生天真好动，对任何事物都很感兴趣。皮影对于学生来说是新鲜事物，皮影会动，更能激起学生对其产生学习的欲望。学生从小就在家长和幼儿园教师的带领下学习制作各种各样的小作品，有着一定的动手制作的基础，所以抓住这一特点对学生进行动脑动手的培养，提高学生的手脑协调能力。同时小学阶段是孩子多元智能发展的关键阶段，制作皮影、表演皮影，能够调动学生全身心参与学习过程，对发展学生的多元智能有着重要的推动作用。

二、课程开发目的

多年来皮影艺术在满足人们娱乐的需要，丰富人们的精神生活，传播文化知识等方面，一直起着积极作用。在皮影的方寸之间，俗与雅、美与丑、古与今的交融尽情展现。但近十多年来却发展缓慢，濒临灭亡，亟待予以抢救和保护，我们期待着它的不断创新和发展。

"魅力皮影"艺术课程，目的是让我校学生能够了解皮影、热爱皮影、传承皮影艺术、创新和发展皮影艺术，增强学生的民族自豪感。同时让学生在欣赏、制作、表演中感受中华传统文化的魅力，发展学生的多元智能。

三、课程开发的突破点

传统的皮影雕刻以牲畜皮为材料，如牛皮、羊皮、马皮等。制作起来很烦琐，小学生很难掌握。根据学生的年龄特点，我校在传统皮影基础上进行了再创造，力求体现人与自然的和谐。

1. 改良材料：用硬纸代替牲畜皮。艺术源于生活，引导学生从生活中找出替代品。

2. 改良内容：传统皮影主要以古代人物为主。小学生对古代人物很难理解，也不感兴趣，而且在表现时很难绘画。本课程把"他们"改成学生喜欢的动画中的"人物"（低年级：喜羊羊、叮当猫、大头儿子、小头爸爸等。高年级以自己选择为主，如果喜欢京剧人物、西游记人物当然最好。到了高年级就会提高皮影的精美程度，如细致描绘、细致剪刻等。）

3. 改良表演方式：皮影的表演形式主要以幕后说唱为主，本课程以幕前与幕后相结合的表演形式，突出体现自由表演，培养学生大胆表现自我的意识，增强自信心。

四、课程目标

（一）总目标

1. 学生能够了解皮影、热爱皮影、传承皮影艺术、创新和发展皮影艺术。

2. 增强学生的民族自豪感，培养学生的欣赏能力、创新能力、表现能力及表演能力，从而引导学生观察生活，了解生活，表现生活，创造生活。

3. 在用自己制作的魅力"皮影"表演过程中增强学生的自信心，从中得到成就感。

4. 在学习《魅力皮影》的过程中欣赏到中华文化的博大精深。落实"欣赏教育"的理念，在学生接受欣赏教育的同时教会学生欣赏别人、欣赏中国的民间艺术。

（二）阶段目标

1. 低年级段：通过欣赏传统皮影戏，了解有关皮影及皮影戏的简单知识，对皮影产生兴趣；通过临摹及创作皮影人物，学习简单的皮影制作及表演。

2. 中年级段：深入了解皮影及皮影戏的特点，进一步创作皮影人物，能够制作出双面影人，并灵活地进行表演。

3. 高年级段：掌握皮影及皮影戏的知识，学习用镂刻的方法制作皮影人物，能够结合自己的生活实际创编表演皮影戏。

五、课程结构及内容

课程模块	学习内容	学习对象	课时说明
皮影知识	欣赏皮影戏，了解皮影和皮影戏的有关知识。	一至六年级	每学期 24 课时，各年级均包括皮影知识的学习、皮影人物的创作和皮影戏的表演三个模块，但根据学生的年龄特点难易程度有所不同，呈现出梯度。
创作皮影人物	临摹绘画皮影人物	低年级	
	创作皮影人物（初期创作熟悉的动漫人物，高年级根据自己的设想独立创作皮影人物）	中高年级	
表演皮影	表演单一皮影人物，让其四肢动起来	一年级	
	模仿人物、情节简单的皮影戏	低年级	
	根据动画情节创造性表演（情节有创新，人物动作更加灵活）	中高年级	
	系列主题表演（如《弟子规》、成语故事）	中高年级	
	独立创作出贴近生活的皮影人物并表演出来	高年级	

六、课程的实施

1. 课时安排：低年级每周连续 2 课时；中高年级每周 1 课时，排入正式课表。

2. 教师安排：由一名专职美术教师授课。

3. 授课形式：打破班级界限，学生依据兴趣自主选择，组合成学习团体。

4. 教学原则：

（1）主体性原则：本课程以学生为主体，充分尊重学生的情感及选择，以独立自主的学习方式为主要方式，充分尊重学生的个性发展。

（2）实践原则：本课程充分为学生创造动手实践、表演体验的活动空间，提高动手操作能力（如剪、折、刻、贴、表演等）。

（3）多元发展性原则：教学中充分调动学生多种感官参与学习过程。通过说、唱、表演皮影戏，发展学生的语言智能；通过绘画创作皮影人物的活动，发展学生的空间智能；通过利用自己制作的皮影人物表演皮影，发展学生的肢体运作智能；通过小组合作制作皮影的过程及采访皮影艺人的过程，发展学生的人际智能；通过对自己及他人的皮影作品、表演进行评价，发展学生的内省智能；通过制作皮影提高学生的创作力。

5. 教学建议

(1)根据教学内容，开展丰富多彩的学生活动。例如：观察、实验、动手操作、做游戏、搜集图片、绘画、采访民间艺人、表演。

(2)利用小组合作、讨论、调查等形式，促使学生学会合作，学会学习，学会与他人交流的能力。

(3)尊重学生的年龄特点，选择学生所喜欢的皮影创作内容(如：动画片中的动漫人物、成语故事、寓言故事等)，所代替远古人物及古老的皮影戏内容。

七、课程评价

(一)学生学习效果评价设计

1. 评价方式

本着"为促进学生发展而进行评价"的原则，主要采用学生自我评价和互评结合的方式，体现评价的多维性和多级性，适应不同个性和能力学生的美术学习状况。鼓励学生大胆地向大家介绍自己作品的得意之处，体验自己实践中的成功，从而激励他们树立自信心并发展学生的兴趣。

2. 课堂学习评价表

	评价对象	自评	他评	师评
课前准备	工具准备(子母扣、打孔器、吸管等)	☆☆☆	☆☆☆	☆☆☆
学习过程	课堂参与学习	☆☆☆	☆☆☆	☆☆☆
	课上与人合作	☆☆☆	☆☆☆	☆☆☆
知识技能	了解皮影和皮影戏的特点	☆☆☆	☆☆☆	☆☆☆
	学会制作方法	☆☆☆	☆☆☆	☆☆☆
	你的皮影人物会动吗？	☆☆☆	☆☆☆	☆☆☆

你喜欢自己制作的皮影人物吗？为什么？

3. 评价量规：非常好★★★　好★★　一般★

自评由学生自己涂色；他评由小组成员涂色；师评由教师完成。

（二）教师教学效果评价

1. 评价主体：主要由学校课程领导小组成员、任课教师及家长组成。

2. 具体评价方式

（1）"走班式"评价：我校每周的艺术课程全是开放的，校领导几乎走遍所有子课程的教室，了解学生考勤、教师的课程进度、学生的学习状态等，随时提出指导意见。

（2）"平台式"评价：学校通过多种途径为学生开辟课程展示平台。制作关于课程介绍的展板，使非课程班的孩子们也能了解相关知识。教师定期利用教室内软扎板、学校网站展示学生日常学习成果；使家长能够了解并欣赏到孩子们学习的进展。

（3）"汇报式"评价：每学期为家长和学校课程领导小组组织一次课程成果汇报活动。

（4）"特色活动式"评价：积极组织课程班学生参加各种特色活动。

八、保障措施

（一）学校保障

1. 学校成立艺术课程开发领导小组，校长任组长，全体美术及有特长的教师参与课程开发与实施。

2. 加大经费投入，为艺术课程实施提供必备的物质条件。

3. 充分为教师提供一切学习的机会，满足教师课程实施需求。

4. 协调社会、家庭，为开发艺术课程提供保障。利用网络大力宣传艺术课程，营造良好的社会舆论氛围。争取社会各界、社区和家长的积极配合，探索建立学校、家庭、社区有效参与的新机制。

（二）教师保障

1. 加强学习，珍惜每一次学习机会，广泛学习皮影艺术的有关知识，开阔视野，提高课程开发与改进能力。

2. 加强研究，根据课程实施情况及时进行反思，不断完善课程开发方案。

3. 定期整理课程资料，编辑《魅力皮影》艺术教材，供后续学习使用。

九、活动策划方案

课例1

第一学期第一单元《赏析皮影》

同学们：这一单元我们将一起来了解皮影、欣赏皮影。知道什么是皮影、皮影的发祥地、皮影人物的特点等一些有关皮影的知识。中国皮影艺术源于生活还于生活，它体现了我国劳动人民的聪明才智和生活向往。由皮影艺术构成的文化氛围，早已波及世界各国。中国皮影艺术是中华民俗文化中的一枝奇葩。皮影戏是世界上最早的幕影文化娱乐形式。千余年来，她为中华大地生生不息的儿女增添了无数年节与丰收的喜悦，寄托了对平安福祉的祈盼和对未来无穷的向往。它是历代广大民众的精神食粮。

皮影艺术的创作过程是一种复杂的精神活动和生产制作活动过程，它包括两个相互依存、互为表里的方面：一是对社会生活的体验、观察、总结和审美认识；二是运用物质材料和技艺手段将这种审美认识表现出来，使其物质化、可视化，再加上在舞台上的表演，皮影艺术的价值就会被真正体现出来。皮影艺术价值完美的体现应该是：首先由对生活的审美认识上升到审美再现，最后再运用特殊的艺术表现手法体现在制作成实物的皮影艺术作品上，即以丰富的生活感受为起点，经过精神思想的创作活动到实物作品的传达活动，最终体现为综合艺术形态的视觉艺术作品。

第一课：《欣赏皮影》

【教学内容】魅力皮影艺术课程第一学期、第一单元《赏析皮影》第一课《欣赏皮影》

【教学目标】1. 用图片和录像为学生展现皮影，使学生初步接触皮影，认识皮影，从而激发学生学习兴趣，最终喜欢上皮影。2. 培养观察分析能力，激发民族自豪感。

【重点】1. 欣赏皮影人物的图片知道什么是皮影。2. 激发学习兴趣，最终喜欢上皮影。

【难点】学习观察与欣赏皮影。

【教学资料】自制魅力皮影网站、图片录像。

【教学过程】

一、导入

1. 播放舞蹈《俏夕阳》

2. 引导学生欣赏（边欣赏边介绍《俏夕阳》的来历）

《俏夕阳》是唐山市老干部活动中心离退休职工排演的以唐山皮影艺术为题材的舞蹈。这一富有浓厚地方特色的艺术节目面世以来，先后在中宣部和文化部举办的"四进社区"等多项重大文化赛事中获奖，并多次参加国内外重大文化活动的演出，在国内外产生了较大影响。2005 年 11 月，经中宣部、广电总局等部门推荐，舞蹈《俏夕阳》节目被列入 2006 年央视春节联欢晚会重点演出节目。央视点评："此舞蹈基础不错，经过重新改编创作，必将成为 2006 年央视春节晚会的一大亮点。"

3. 引导学生谈一谈感受（你认为舞蹈演员的动作怎样？这个舞蹈与你平时看到的舞蹈有什么不同？这个舞蹈给你什么感受？）

4. 引出课题：《欣赏皮影》

二、欣赏皮影

1. 引导学生进入自制皮影网站。（在教师的指导下进入网站首页，了解网站大体内容）

2. 浏览皮影照片。（小组合作自由点击网站浏览照片。问题：你都看到哪些类型的皮影？）

3. 带领学生欣赏皮影。

"皮影"是皮影戏和皮影人物（包括场面道具景物）制品的通用称谓。中国皮影艺术，是我国民间工艺美术与戏曲巧妙结合而成的独特艺术品种，是中华民族艺术殿堂里不可或缺的一颗精巧的明珠。

A. 引导学生欣赏皮影——皮影人物

关中皮影

陕西皮影

唐山皮影

翼东皮影

问题：皮影人物与我们有什么相同，有什么不同？

B. 引导学生欣赏皮影——人物头饰

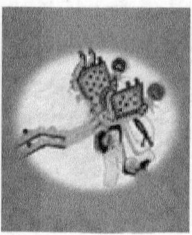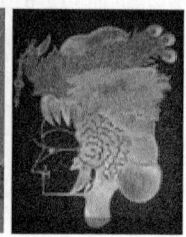

问题：你喜欢他们头上的头饰吗？

C. 引导学生欣赏皮影——动物

问题：皮影中的动物有什么特点？

D. 引导学生欣赏皮影——场景道具

小结：有了这些皮影人物、制品就可以演皮影戏了。

4. 引出皮影戏（播放皮影戏片段）

5. 介绍皮影戏

①皮影戏起源

皮影艺术堪称当今影视艺术的鼻祖，起源于中国，是我国出现最早的戏曲剧种之一。据史书记载，皮影戏始于先秦，兴于汉朝，盛于宋代，元代时期传至西亚和欧洲，可谓历史悠久，源远流长。孝义是我国皮影戏发祥地之一，也是我国皮影戏的重要支派，因流行于山西省孝义而得名。据历史考证，孝义皮影已有2400年的历史。据史书记载，春秋时期，即公元前445年至公元前396年期间，孔子的得意门生子夏在孝义讲学，为吸引更多人听他的演说，曾在夜晚利用"影乐"的形式聚众讲学。由于子夏从师于孔子，也会"乐、琴"，以影乐形式设讲，寓教于乐中，使"设教、乐琴、影乐"融为一体而成为"影、乐、教"的完善影戏形式。子夏讲学被当地人所喜爱，当地人学会了表演影乐的技法，随着时间的推移，影乐教的形式在当地变为影戏，这就是最早的孝义皮影戏。

②皮影戏材质

由于皮影戏是民间艺术的缘故，各方面的情况都因地方不同而有所差异，制作材料也根据当地的使用兽皮的情况而定。在中国，较多使用牛皮、羊皮、驴皮等。

③表演形式

皮影戏是中国一种民间艺术形式。中国西北部甘肃的陇东皮影主要分布于平凉、庆阳各县，较为集中的为东临陕西、宁夏的三角地带。

皮影戏对表演的技艺也有很高的要求，表演者除了要能一人控制三四个影人的动作，还要密切配合场上的配乐，兼顾旁白，唱腔。要练就过硬的皮影表演功底，除了需要师傅言传身教，更加需要勤学苦练，积累大量的实际表演经验，由此可见，要培养表演人才，甚至最终能组成一个皮影剧团，是一件多么不容易的事情。也正因为这样，全中国目前仅存的皮影剧团屈指可数，而且都集中在文化生活较为贫乏的山区及农村。这样的表演方式及传播渠道显然无法让皮影戏走进城市乃至世界。

④皮影戏分类

有唐山皮影戏、冀南皮影戏、孝义皮影戏、复州皮影戏、海宁皮影戏、江汉平原皮影戏、陆丰皮影戏、华县皮影戏、华阴老腔、阿宫腔、弦板腔、环县道情皮影戏、凌源皮影戏等。

⑤皮影戏艺术特色

皮影戏是我国一种民间艺术形式。甘肃的陇东皮影主要分布于平凉、庆阳各县，较为集中的为东临陕西、宁夏的三角地带。陇东皮影戏大约在明清时就已经十分流行，皮影造型俊俏大方，外轮廓挺拔概括；镂刻精细流畅，重视图案的装饰效果；着色对比强烈，活泼明快；皮影人肢体部分之间的组合、分解合理，因而表演十分灵活，充分体现了粗中有细、豪放有致的艺术风格。图中两件作品左为玉皇大帝、右为太上老君的皮影头茬，镂刻繁复精细，灵活传神，着色以红、黄、黑、绿为主，随着纹样的交错而显得格外丰富。玉皇大帝为阳刻，平长细眼、小嘴巴、直鼻梁，显得平和大度；太上老君为阴刻，圆眼睛、疙瘩鼻、额头突出，冠饰大幅度后移，显得精干有神采。

⑥皮影戏现状

目前，皮影戏的现状却不容乐观。当年的制作和表演艺人如今都已年逾百岁，这门精湛的技艺濒临失传。而当今，越来越多的娱乐方式使得皮影戏在人们心目中的地位一落千丈。究竟是什么原因阻碍了皮影戏在中国的继续发展？我们怎样才能拯救这门璀璨的艺术，重新赋予它全新的生命力呢？（引导学生讨论）

小结：无疑，传统的皮影戏在很多方面都存在着不可避免的局限性。这也是它适应不了如今快节奏社会的最大障碍。皮影精雕细琢，巧夺天工的色彩造型倾倒了无数的艺术家，却给它的制作带来了极高的难度。一个影人的制作要包括制皮、描样、雕镂和上色等十余道工序，这些复杂的工艺足以花去一个手工艺人数星期的时间，还不包括这期间因任何一个小错误而导致无法修改、前功尽弃的可能性。同时，成品的保存也是一个难题，长时间的日晒会使颜料褪色，温度的湿热变化也会造成皮影的变形。这对强调批量生产的工业化社会来说无疑都是致命的弱点。

国家非常重视非物质文化遗产的保护，2006 年 5 月 20 日，经国务院批准列入第一批国家级非物质文化遗产名录。2007 年 6 月 8 日，湖北省云梦皮影艺术团和山东省泰安市范正安皮影工作室获得国家文化部颁布的首届文化遗产日奖。

三、巩固扩展

引导学生和教师一起回忆本节课所有内容。

问题：通过这节课你知道了什么？学到了什么？下节课我们将进一步了解皮影。

四、评价

学生评价教师：

今天老师的表现怎样？	说说你对老师今天上课的不满之处	用一句话说说老师上这节课的优点	留下你对老师的希望	这节课你感兴趣吗？为什么？

教师的评价表：

上课语言表现	听课表现	动脑表现	动手表现	欣赏别人表现
☆☆☆☆☆	☆☆☆☆☆	☆☆☆☆☆	☆☆☆☆☆	☆☆☆☆☆

第二课《了解皮影》

【教学内容】魅力皮影艺术课程第一学期、第一单元《赏析皮影》第二课《了解皮影》

【教学目标】1. 通过观看图片及影视资料初步认识皮影的历史、发祥地、皮影人物的制作材料及皮影的特点：造型夸张、色彩艳丽、身形都是侧面的等。2. 培养观察赏析皮影的能力。

【重点】知道皮影的简单知识。

【难点】理解皮影的意义。

【教学资料】自制魅力皮影网站、图片录像。

【教学过程】

一、引导学生进入网站

二、欣赏与分析

1. 介绍皮影的历史

根据史料和近代民间皮影艺术流传的实际状况，可以推断和证实皮影艺术起源于两千年前的西汉，发祥于我国的陕西，而成熟于唐宋时代的秦晋豫，极盛于清代的河北。中国皮影艺术从十三世纪元代起，还随军事远征和海陆交往，相继传入了波斯(伊朗)、阿拉伯、土耳其、暹罗(泰国)、缅甸、马来群岛、日本以及英、法、德、意、俄等亚欧各国。日军入侵前后，因社会动荡和连年战乱，民不聊生，致使盛极一时的皮影行业万户凋零，一蹶不振。中华人民共和国成立后，全国各地残存的皮影戏班、艺人，在党和政府的关怀扶持之下，又获新生。从1955年起，先后组织了全国和省、市级的皮影戏会演，并屡次派团出国访问演出，进行文化艺术交流，颇有成果。但到"文化大革命"时，皮影艺术又遭"破四旧"的噩运。十年浩劫，使广藏于民间的皮影家底毁失殆尽，传艺断代。

改革开放后，传统文化虽有复苏的政治环境，但在当代影视音响等新科技和流行文娱形式的冲击之下，皮影戏的濒危处境仍难扭转。目前的唯一出路，就是要在继承传统的基础上，大胆改革创新，要使皮影艺术适应新时代的要求，给人们带来耳目一新的艺术享受，才能使皮影艺术走出低谷，重展风采。

2. 材料：皮影雕刻以牲畜皮为材料，如牛皮、羊皮、马皮等。

3. 观察分析皮影的装饰手法

皮影形象生动，造型夸张

皮影外简内繁，刻镂精致

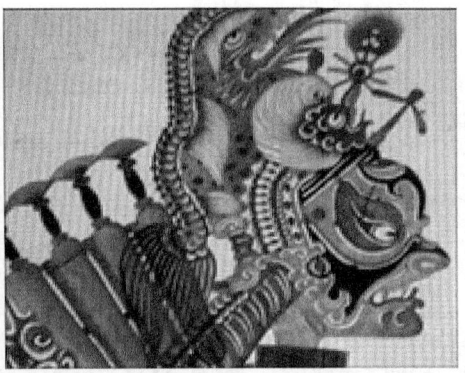

线条的曲直虚实、繁简疏密

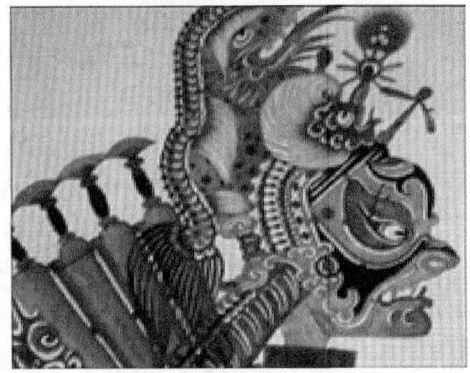

色彩艳丽，明暗浓淡变化丰富

4. 进一步赏析皮影人物

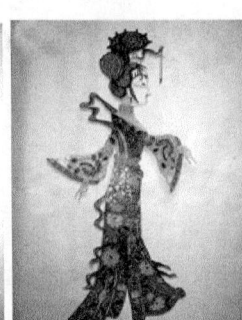

5. 学生作品欣赏

6. 总结皮影的历史意义：从艺术的角度来说，中国皮影艺术作为民间艺术的一部分，有着很高的艺术价值。从传播的角度来说，皮影戏分布广泛，通俗价廉。它源自民间，早在北宋时期，随着皮影戏的大规模普及献演，已经成为有着广泛的群众基础和传播范围的大众娱乐方式。从表现力的角度来说，由于皮影戏中不论是车船马轿，还是奇妖怪兽都能上场。飞天入地、隐身变形、喷烟吐火、劈山倒海都能表现，还能配以各种皮影特技操作和声光效果，所以演出大型神话剧的奇幻场面之绝，在百戏中非皮影戏莫属。

三、巩固扩展

引导学生回忆本节课的内容。

问题：你知道了哪些皮影的简单知识？

1. 皮影起源于两千年前的西汉，发祥于我国的陕西。

2. 皮影是牛皮、羊皮、马皮等。

3. 皮影的特点造型夸张、色彩鲜艳、皮影人物的脸都是侧面的。

四、评价

1. 教师评价

2. 学生评价

课例 2

《皮影制作》

【课程目标】

1. 回顾皮影历史及特点，进一步了解皮影戏。

2. 通过观察分析真实的皮影人物，知道皮影是怎样动起来的，学习连接方法。

3. 在玩皮影、表演自己制作的皮影人物的过程中加深对皮影的情感。

【教学重点】

1. 知道皮影人物的另一个特点——"动作机械化"。

2. 观察教师示范，学会皮影人物的连接方法。

【教学难点】皮影人物各部分的连接方法。

【教学过程与教学资源设计】

第一部分：知能链接

1. 观察课堂照片，回忆皮影知识。

2. 观察范画，回忆皮影人物的三个特点。

此环节的设计可以达到重现、强化、概括原有知识、技能的目的，为学习新内容、进行新的创造奠定相关的知能基础。"以旧引新"的思路符合"温故知新"的基本教学原则，既符合知识的结构逻辑，又符合学生的认知特点，有利于学生知识体系和能力体系的构建。"复习"到"学习"的过程其实是一个"类比"和"迁移"的过程，知识、技能、情感等的正迁移能有效降低学生学习新内容的难度，提高学习效率和效果。

第二部分：师生互动，掌握方法

1. 播放皮影戏《惊弓之鸟》引导学生思考：皮影戏的特点。

直观教学一年级学生以形象思维为主要思维方式的特征，真实化、色彩化、立体化、运动化、综合化（声像结合）能有效帮助学生理解、记忆教学内容，有利于在课堂教学的准备阶段有效地激发起学生的学习积极性，奠定课堂教学的心理基础。

2. 从皮影戏中引出真实的影人，引导学生在玩中找到"皮影人物会动的部位？猜测是如何动起来的？"

给学生独立自主学习知识、寻找答案的机会，体现学生主体地位。直观到抽象的转换过程，是训练、培养学生的抽象思维能力的最好时机和过程。

3. 引导学生和皮影人物一起动，边观察边体会，学生了解另一个特点"动作机械化"。

参与体验对学生的感知和理解，起到了很重要的作用，是其他一切活动不能代替的。

4. 出示真实的皮影制作过程，引导学生观察得出制作影人完整步骤。激发学生的创作欲望，明确这节课的作业要求。

5. 教师示范。在这个环节中，我设计了师生互动共同想办法来完成皮影人物的制作。这样的设计学生有成就感，比教师机械地灌输记忆更深刻，理解更容易。

6. 操作运用

第三部分：展示与评价

引导学生在教师制作的戏台上用自己制作的影人演出，给学生展现自己的机会从中得到成就感。

（设计意图是引导学生观看演出并评价同学的作品，学习他人的优点，在对比中找到自己的缺点，激发学生的创新兴趣。）

教学设计特色说明与教学反思：

在这节课之前，学生在教师自制的网站上，已初步学习了解皮影的有关简单的知识，进行了临摹绘画创作皮影人物。此节课在新授环节是这样设计的，首先是让学生看一段皮影戏，目的有二：一是让学生对皮影戏有一个初步的认识，二是针对一年级学生以具体思维为主的特点，激发学生学习的兴趣。由皮影戏过渡到皮影人，接着是给学生看真实的皮影人，玩一玩皮影人，拉近了学生与皮影人的距离，对皮影人有了更直观的认识，进一步激发了学生学习的兴趣。让学生在玩中知道皮影人物什么地方会动？是如何动起来的？给学生独立自主学习知识、寻找答案的机会，体现学生主体地位。然后，教师引导学生和皮影人物一起动，边观察边体会皮影人物与学生相比，谁的动作更自然、更灵活，皮影人物动起来像机器人，从而让学生了解另一个特点"动作机械化"。学生对皮影人物如何动起来有了深刻的了解，接下来就是解决如何连接、装杆的问题。通过教师示范及一系列师生互动来解决。例如：连接时用什么东西替代？怎样使皮影人物再灵活些？装杆时杆订在什么地方？……学生制作时没有过高的要求，只要达到让皮影人物动起来就可以。最后为学生准备了戏台，给学生展现自己和自己作品的机会，学生非常喜欢这种展现方法。

综观这节课，成功之处有以下几点：

（1）通过看皮影戏片段，玩皮影人物，调动了学生的兴趣，也拉近了学生与皮影艺术的距离。

（2）让学生在玩中学到知识，动手中寻找答案。

（3）作业形式及评价方式符合学生的特点，学生学习积极性浓厚。

（4）学生利用皮影戏台展现自己的作品，给学生以成功感。

不足之处：

（1）皮影这一传统艺术内容相当丰富，对于课上所给学生的皮影知识应稍作讲解，找准切入点。

（2）在研究皮影人物如何动、什么地方动时，每一个孩子都想摸摸真实的皮影人，但由于数量有限给极个别孩子留下了遗憾，应给学生充分的动手时间。

课例3

课题	卖火柴的小女孩	年级	三	课程类型	艺术课程
教学目标	1. 以小组为单位，分角色完成"卖火柴的小女孩"故事人物的连接与装杆，进一步学习双面影人的制作方法。 2. 小组合作尝试表演一次点燃火柴的情景。 3. 在制作与表演中，进一步欣赏皮影艺术，增强合作和欣赏他人的意识。				
教学重点	1. 双面影人的制作方法。 2. 完成"卖火柴的小女孩"人物制作及故事表演。				
教学难点	双面影人的制作方法及故事表演。				
特色要素提炼	欣赏中传承皮影文化，传承中激发创新精神，创新中肯定自我，张扬个性，发展多元智能。				

教学过程设计

环节	教师活动	学生活动	设计意图		时间
			教学意图	特色结合点	
展示与复习	（一）精彩三分钟播放《拔萝卜》视频	1. 自愿报名：跟随视频表演，其他学生边观看边跟随歌唱。 2. 评选表演小明星。	为学生提供展示自我的空间。	在表演中，感受皮影艺术的魅力，展示自我，欣赏他人。	6分钟
	（二）复习皮影知识	班长引导学生复习 1. 皮影人物的特点 2. 皮影戏	复习所学知识为后面制作奠定基础。		
	（三）补充新的知识：皮影、皮影戏、皮影表演等知识	听老师介绍		进一步让学生了解皮影知识，丰富他们对皮影的认识，艺术掌握有关皮影知识。	
	（四）揭示课题：卖火柴的小女孩				

续表

环节	教师活动	学生活动	设计意图		时间
			教学意图	特色结合点	
指导完成皮影《卖火柴的小女孩》	（一）引导回顾故事内容 问：小女孩共划了几次火柴，每次都看到了什么？	借助"成长智慧卡"的提示组内回顾内容。	通过"成长智慧卡"的提示，使学生深入了解故事内容，为用皮影表现故事奠定基础。	故事内容本身就潜移默化地影响和感染着学生，能够激发学生珍惜今日的美好生活，并学会用欣赏的眼光看待生活。	4分钟
	（二）小结皮影人物制作进展 1. 用PPT展示上节课制作皮影人物的进展 2. 问：你的双面影人是怎样制作出来的？	跟随课件回忆。 学生介绍自己绘画的办法："在薄一些的纸上利用马克笔绘画，背面就会有痕迹，再反过来依据痕迹绘画涂色。"			3分钟
	（三）学习双面影人另一种制作方法 1. 教师示范：用复写纸绘画双面影人的方法。	1. 观察体会 2. 以圣诞树为例尝试绘画双面影人。 3. 学生展示并欣赏他人作品。	在观察尝试中找到不同的创作方法，并理解"艺术需要创新，并在实践中不断创新"。	具有创新精神是欣赏教育的目标之一，在自然的学习状态中感受创新，养成追求创新的习惯。	6分钟
	2. 反馈评价学生作品。 3. 小结过渡引出制作。 （四）指导完成影人制作 1. 复习制作步骤。 2. 分析注意事项。 （针对情况教师或学生随机示范：筷子	指名发言：1. 拼摆；2. 定点；3. 打孔；4. 子母扣连接；5. 装吸管（改成装筷子）。 指名发言： 1. 定点打孔时的位置；			10分钟

续表

环节	教师活动	学生活动	设计意图		时间
			教学意图	特色结合点	
	与手的连接）	2. 筷子与手的连接； 3. 让皮影人物更灵活。			
	3. 指导连接与装杆：播放歌曲《卖火柴的小女孩》	1. 自主完成角色的连接与装杆 2. 组内相互评价影人的制作，填写评价表。	自主制作中，巩固影人的制作方法，加深对皮影的热爱之情。	在相互评价中，认识自我，肯定自我，欣赏他人。	
	（五）引导表演	1. 小组合作完成一次点燃火柴的情景。 2. 评价他人表演。	通过合作表演，使学生体验到皮影带来的乐趣，增强对皮影的热爱之情和合作意识。	在欣赏童话故事基础上，创新表演童话版皮影戏，人人参与的分角色表演中感受成功带来的心理满足，学会了与人合作，体验艺术的魅力。	10分钟
布置作业	1. PPT出示《丑小鸭》图片，布置作业：认真阅读，了解故事内容。				1分钟
	2. 播放歌曲《卖火柴的小女孩》结束本课。	学生听歌曲整理用具离开教室。			

续表

板书设计	魅力皮影——卖火柴的小女孩 步骤：1、2、3、4、5……大火炉 小女孩图片 圣诞树 大烤鹅 奶奶 一起飞 奶奶

十、活动成果

本艺术课程，在学校多次汇报演出（"六一"儿童节、元旦联欢会等，节目有《拔萝卜》《龟与鹤》《狐假虎威》《鸡斗》等），受到家长、老师、学生们的一致好评。还曾在北京市通州区传统艺术节上做过展演，获得最佳表演奖。

魅力皮影艺术课程，教材及教学案例多次获得北京市基础教育研究一、二等奖，课例参加过北京市教育委员会基础教育一处现场展示课，魅力皮影一课还编入《中小学优秀地方课程与校本课程设计选辑（六）》一书中。我们的活动课程及活动照片多次被《通州时讯》报纸刊登介绍。

（王立宁）

音乐剧《雪孩子》创作与实践

北京市通州区梨园学校

摘要：音乐剧作为一种综合性艺术，其表现形式具有鲜明的时代性特点，是通过音乐、舞蹈、戏剧三大元素的整合来讲述故事、刻画人物的。依据同名动漫作品创作的音乐剧《雪孩子》满足了小学生的内心审美需求，在创作、学习、演出的过程中受到广大学生的喜爱，在潜移默化中发挥艺术教育的潜效应，是学校艺术教育理念与指导思想下的一枚成果。

关键词：音乐剧 审美 课程

梨园学校曾是一所初级中学，于 2014 年 9 月开始转成九年一贯制学校，开始招收小学一年级学生。我校艺术教育始终围绕以学生发展为本，体现时代性要求的艺术教育理念，通过艺术课程建设、艺术实践活动创新达到以美育人，落实社会主义核心价值观，在潜移默化中培养学生美好的情操、健全的人格，发挥艺术教育的潜效应的教育目的。我们的工作思路是：以课程建设为依托，立足课堂、艺术创新、多种形式互补开展学校的艺术教育。音乐剧《雪孩子》的产生正是基于学校艺术教育理念与指导思想下的一枚成果。

音乐剧，是以剧本为基本，以音乐为灵魂，以舞蹈为重要表现手段，通过音乐、舞蹈、戏剧三大元素的整合来讲述故事、刻画人物的艺术表现形式。作为一种综合性艺术表现形式，它具有鲜明的时代性特点。现在的小学生对音乐的表现与欣赏已经不满足于单一的一首歌曲的演唱、一种乐器的演奏，而音乐剧的呈现满足了孩子们的内心审美需求，也为我校的音乐校本课程开发提供了发展空间。同名动漫作品《雪孩子》为广大学生熟知与喜爱，尤其对于低年级学生雪孩子和小兔的形象更是扎根于心，学校校本课程开发与十九届艺术节比赛为创作该作品提供了契机。

一、活动的策划

活动目的：为进一步贯彻学校艺术教育要求，以美育人，开发符合学生年龄特点，可操作强的艺术实践活动，丰富校本课程内容，为十九届艺术节比赛做准备。

活动对象：一、二年级部分学生。活动主题：音乐剧《雪孩子》。

活动时间、地点：每周二、三、四社团活动时间，致远楼舞蹈教室。

前期准备：1. 队员选拔（从一、二年级学生中选拔舞蹈、声乐、表演较出色的）。2. 编写剧本。3. 收集音乐素材，聘请舞蹈教师。4. 服装、舞台背景创意。

预期效果：以较为完整的音乐剧表演为呈现并制作成视频资料。

费用预算：略

二、活动实施方案

1. 剧本：

《雪孩子》剧本

场景一 （音乐前奏响起：雪花飘飘的感觉）

精灵后台：下雪了（小兔从房子后到前台，雪精灵同时上场）

精灵与小兔：哎！下雪了。（舞蹈1《银色世界多美妙》）小兔，精灵歌舞。（伴奏同时兔妈妈出场）

妈妈：小兔，妈妈去找个大萝卜回来。你在家等着啊。

小兔：妈妈，我也去。

妈妈：外面冷，你在家烤烤火就别跟妈去了，啊！

小兔：我要去，我就要去嘛！（倒地撒娇）妈妈，你走了，我一个人在家多冷清呀！

妈妈：哎呀，快起来，让妈想想。（想的动作）哎，有了，妈妈给你堆个大雪人。

精灵呼应：大雪人（不同动作和造型）

场景二 妈妈：你有了伴就不会冷清了（音乐响《堆雪人》）

小兔：堆雪人，哦，堆雪人喽。

（舞蹈2《堆雪人》）

（《堆雪人间奏》）小兔围着雪人又蹦又跳：好大的雪人呀！

妈妈：这下有雪人跟你做伴就不冷清了，我去拔萝卜了，你玩一会儿就回家啊！

场景三《舞蹈3：雪花带来冬天的梦》

（第二段唱到"小狗熊"时精灵退场，音乐同时）

小兔：我们已经是好朋友了，你怎么不跟我亲热亲热呢？（小兔上前亲雪人，打喷嚏："好冷呀！"好朋友，我们玩半天了，跟我进屋烤烤火去吧？（雪人摇头）

小兔：那就再见啦，再见！（小兔打哈欠睡觉状）

场景四　音乐响起雪人独舞，精灵配合。《雪花》

场景五　（稍停顿）突然音乐响起《命运》着火了（雪人与精灵配合律动）
雪人冲进去救出小兔，一点一点融化与小兔一起倒地，精灵低头蹲下去。

场景六　（稍停）音乐《月光曲》响起：精灵围着他们起舞并融化：
妈妈：小兔，小兔（4次高声喊做哭泣状）
小兔：妈妈，妈妈（拥抱，"哦，我的宝贝，萝卜，给！"）
小兔哭：妈妈，雪孩子，雪孩子他不见了。
妈妈：啊，多好的雪孩子，看，这地上的水就是我们的雪孩子变的。
小兔：妈妈，雪孩子他，还会再回来吗？
妈妈：你看那朵云，他不是和我们在一起吗！雪孩子永远是你的好朋友，明年冬天他还会再来的。

场景七　《舞蹈雪花》群舞谢幕下场。

2. 歌词与乐谱
《银色世界多美妙》（略）
《雪花带来冬天的梦》（略）
《堆雪人》（略）

3. 服装与舞美设计

三、活动教学计划

音乐剧《雪孩子》教学计划

(一)教学目的

学习音乐剧《雪孩子》，通过歌、舞、剧的综合表演，在艺术实践过程中与剧中人物产生共鸣，感悟人与自然和谐相处，感恩自然；在学习过程中加强学生自身素质培养和艺术潜力的挖掘，以美育人。

(二)学生特点分析

学生年龄为 6~7 岁，部分学生都有一定的舞蹈基础，有 3 个孩子是零基础，但是声乐不错。孩子们在课堂上能积极参与学习活动，具有一定的表现力。

(三)教学任务

学习音乐剧《雪孩子》，并能完整表演，形成较为成熟的艺术作品。

(四)教学重点

1. 学习《银色世界多美妙》等五段主题舞蹈。

2. 学习《堆雪人》等四首歌曲。

3. 剧情表演。

(五)教学内容安排

1. 歌曲《银色世界多美妙》《堆雪人》《雪花》

2. 舞蹈《银色世界多美妙》《堆雪人》《雪花》《小雪花》《月光》

3. 剧本台词表演。

(六)教学步骤

1. 学习歌曲、熟悉背景音乐。

2. 舞蹈基本功练习。

3. 学习五个主题段落的舞蹈。

4. 分场景表演。

5. 完整表演。

(七)课时安排

9月：学习歌曲，课程次数：9次；10月至11月学习舞蹈，课程次数：24次；12月：分场景练习，课程次数：6次；完整合练，课程次数：6次；1月：录制视频，课程次数：2次。

四、活动成果

经过一个学期的学习与训练，音乐剧《雪孩子》成功呈现，2016年3月，参加通州区梨园镇艺术节调演获得一等奖；同年5月参加通州区第十九届艺术节获得三等奖；2016年"六一"在全校文艺会演获特等奖，学生与家长好评如潮。

五、分析与评析

1. 活动反馈：《雪孩子》的顺利演出得到了领导和家长的一致好评，尤其是小学低年级学生能够以音乐剧这种综合艺术形式表现完整的故事，是多年来艺术实践的首次突破，育人效果方面成果显著。家长们表示，无论是演员还是观众，都在美的体验中心灵受到洗涤。

2. 理论分析：音乐剧整合了三大娱乐元素的互动性、互补性和不可或缺性，点出了它的音乐本质——歌曲、舞曲、背景音乐、序曲与间奏曲，还有相对于音乐的静默段落；舞蹈点出了它的动作本质——舞蹈场面，还有许多特殊的场面调度、精致繁杂的走位设计等等；戏剧点出音乐剧以人物为中心的表演本质和剧场音乐剧要求：不断变化的规定情境中人物间相互发展的舞台行动和矛盾冲突。《雪孩子》以音乐剧这种艺术形式呈现，体现了以音乐审美为核心，以兴趣爱好为动力；强调艺术实践，鼓励艺术创造的音乐教育的要求，紧扣时代主题，以学生的发展为目标，对孩子的审美能力的提高、潜力的挖掘是一个成功的尝试。

六、对策与建议

1. 小学低年级阶段进行音乐剧的学习应根据学生的年龄特点，舞蹈、音乐、歌曲的选择以及剧本的创作都要考虑学生的已有基础，接受能力的大小。

2. 学习过程中首先要熟悉音乐，从学习歌曲和理解、感受音乐入手。

3. 舞蹈的编排注意情绪体验和音乐形象的表达，动作要重表现轻技术。

4. 各个环节的衔接要作为练习的重点。

（薛红梅、窦海新）

让校歌成为学校最好的名片

北京市通州区中山街小学

摘要：艺术教育是素质教育不可或缺的重要内容。中山街小学艺术教育开展三十多年，已经成为学校的办学优势和办学特色。在学校迎来百年校庆之际，中山街小学以"让校歌成为学校最好的名片"为主题，开展校歌创作、演唱、竞赛系列活动，通过全校师生学唱、演唱、传唱校歌，体现中山街小学建校百年的精神风貌，传达学校的办学理念和办学理想，深化艺术教育特色，提升学校精神形象。通过活动的开展，提高师生艺术素养，实现学校艺术教育的传承与发展。

关键词：艺术教育　教育传承　校歌　艺术素养

一、学校艺术教育创新理念、思路与宗旨

艺术教育是素质教育的重要内容，它以独有的灵动性和体验性，对孩子有着天然的吸引力，为学生成长和学校发展提供了适合的可能。艺术活动具有不可替代的育人价值，成为学校实施素质教育的重要载体。

（一）推进艺术教育　引领自主发展

从 20 世纪 80 年代起，中山街小学通过 30 余年从未间断的艺术实践，使一届届的学生受到美的熏陶与滋养。在学校管理上，形成了一套艺术教育实践与管理的模式。在队伍建设上，磨炼了一支热衷于艺术教育且具有艺术特长的教师队伍。课程设置上，根据学生多样性需求，逐步建立了体现

中山街小学艺术教育特色的课程与活动体系。在校内外支持上，形成了良好的艺术氛围和艺术影响。

2007 年起，在小学规范化建设过程中，中山街小学基于学校百年办学传统和艺术教育优势，确定了推进艺术特色引领学校自主发展的主题，在艺术教育发展方向与目标、规模与途径、重点与质量上着力，启动了以"发展艺术教育，开启美好人生"为核心的特色建设行动，有力地推动了学校

艺术教育的发展，学校被评为北京市规范化建设先进学校，北京市艺术教育特色学校。

（二）让校歌成为学校最好的名片

校歌是学校形象、学校品牌和学校个性的直接展示。一首脍炙人口的校歌不仅能激起广大师生的激情，增强学校内部的凝聚力，还能唤起师生对学校的深情回忆，提高学校的知名度，达到"不见其

人，先闻其声"的效果。校歌是凝聚人心和鼓励师生开拓创新的精神旗帜，是学校历史和文化的浓缩，是学校精神风貌、办学理念和人文精神的具体体现。它能传承学校历史、弘扬学校精神、展现学校办学理念和特色教育，因此校歌是学校一张最好的名片。

综合以上思考，在迎接建校一百周年之际，中山街小学开展校歌创作、制作、演唱和宣传活动，以校歌为载体，开展"让校歌成为学校最好的名片"主题系列活动。通过活动开展，凝聚学校精神，展示师生风采，助力百年老校艺术教育传承。

二、校歌立意与创作

从 1912 年卢沟桥宛平城建立的京兆师范附小，到如今的中山街小学，一百余年的教育之路浓缩了时代巨变和社会转型。一百年前，中山街小学带着教育强国的梦想出发，把最真最美的教育献给孩子，用生命的激情办学，多

少代的老师们，用青春、智慧和年华，铺就了数以万计学生成长的道路。中山街小学用优良的教育传统、坚实稳定的质量和出色的办学教育业绩，成为通州教育的百年传奇，谱写了一曲唱响百年的教育之歌。

2012年，中山街小学迎来建校一百周年。学校提前进行校庆策划，设计以"百年中山路，杏坛春雨情"为主题，以艺术特色展示的方式，开展百年小学校庆系列活动。通过回首办学历程，总结、珍藏、发展中山街小学的教育财富，庆祝学校的百年生日，深入思考怎样开启百年小学新的征程。

为此，闫海霞校长提出要创作一首新的校歌，作为百年校庆的文化标志，来传承学校的精神理念，表达和提升学校精神气息。校歌的立意要能够体现中山街小学建校百年的精神风貌，能够体现以爱立教、以美育人的办学理念，能够表达老师爱生如子的情怀，也能唱出孩子们少年自强、立志报国的远大志向。同时，校歌要朗朗上口，清晰明快，学生易学易唱，要经得起岁月的洗礼，能够在学校传承。

依据校歌创作的立意标准，闫海霞校长在2010年暑假，创作了歌谣体的校歌的歌词，校歌的题目为《中山谣》。在歌词创作的基础上，闫海霞校长多方联系适合的作曲家。经当时丰台区文明办主任李名圣同志帮助，与总政歌舞团青年作曲家鄂矛取得联系。鄂矛是总政歌舞团优秀青年作曲家，他创作的歌曲《卢沟谣》，成为"唱响中国三十首"作品之一，是传唱度非常高的当代优秀儿童合唱歌曲。他经常在国家非常重要的艺术活动中承担重要任务。鄂矛非常欣赏校歌的歌词，仅用一周时间就完成了校歌的谱曲，并帮助学校完成了歌曲的合成制作。整个创作过程，学校与鄂矛并未见面，而是通过电话联系传达信息，感受到了青年军旅作曲家对国家和教育的深厚情怀与杰出的才华。

从闫校长亲自作词，到军旅作曲家鄂矛倾情谱曲合成，《中山谣》的得来，本身就是一个非常温暖人心的故事。这使我们觉得，所有的努力和奋斗都值得，都不孤单。这首歌体现了中山街百年小学的特点，唱出了老师对教育的无悔付出，表达了学  生热爱学校热爱家乡立志报国的心声。

回顾过去百年历史，开启新的教育征程，在这个重要的历史节点，以百年校庆为背景，以传唱校歌《中山谣》为内容，让每个中山人了解自己的母校，歌唱学校的精神，表达学子的心声，同时传承学校艺术教育的特色。

三、校歌的演唱与传播

【活动名称】校歌《中山谣》传唱系列活动

【活动主题】百年中山路　杏坛风雨情

【活动目的】

1. 通过开展校歌的教唱、学唱、传唱、比赛和展演等活动，加强同学们对学校悠久历史的了解，进一步激发了全校师生的爱校情怀。

2. 通过校歌传唱活动，最终达到每个人都会唱自己的校歌，传递一种热爱学校的基本精神素质。

3. 在活动过程中弘扬我校精神，将百年学校建造在学生的心中，感恩校园，回报校园。

【活动策划实施过程】

一、准备工作

此次活动由学校、大队部、各个班相互配合，相互合作。首先下发校歌歌词，并学习校歌歌词，在此基础上在早上、中午利用广播播放校歌，让学生熟悉旋律。

二、活动开展

1. 收集学校文化底蕴以及悠久的发展历史，在班级通过演讲以及朗诵的形式为同学们展现学校百年风貌，让学校在同学们心中树立伟大美好的形象，为后期活动做好准备。班主任和任课老师牵头，利用班会或者是课余时间组织学生在班上集体学习校歌的内涵意义以及创作背景，使得孩子们在学会唱校歌的同时精神上也得到一定的升华。

2. 教学阶段。利用音乐课，学唱校歌。

3. 具体活动安排：

第一步：以艺术影响力为核心，开展活动。

(1)"唱百年中山　抒爱校情怀"校歌比赛。

(2)学校百灵合唱团以校歌《中山谣》为演唱曲目，参加北京市艺术节比赛。

(3)以校歌《中山谣》为内容，参加"童心向党"艺术竞赛。

第二步：以发挥校歌传播作用为核心，开展活动。

（1）巩固校歌比赛、合唱节比赛的成果，把《中山谣》作为百年校庆庆典的主题曲，进行播放和演唱。

（2）联系相关单位，以古槐为背景，将《中山谣》拍成MV，并在网上发布，使校歌的影响力更大。

第三步：活动延伸。依据学校艺术教育的发展目标，继续开展与校歌有关的艺术教育活动。

【活动注意事项】

1. 准时高质量地开展此次校歌传唱系列活动。

2. 工作人员：德育主任、大队辅导员、全体音乐教师、班主任、合唱团负责人、电教负责人、各班宣传委员。

3. 各部门相互合作，相互交流，及时汇报相应的工作总结。

附：校歌《中山谣》歌词

《中山谣》

清清的运河水呀，百年岁月长。

通州古城里呀，一所老学堂。

杏坛沐春风呀，桃李竞芬芳，

老师像妈妈呀，同学情谊长，同学情谊长。

弯弯的运河水呀，通州是故乡。

百年中山街呀，一所好学堂。

老师细叮咛呀，古槐凝神望。

读书莫偷懒呀，少年当自强，少年当自强。

滔滔的运河水呀，护佑我家乡。

相聚古槐下呀，我们快快长。

日月如穿梭呀，莫要误时光。

好好学本领呀，长大做栋梁，长大做栋梁。

童声合唱

中山街小学校歌

闫海霞 作词
鄂 矛 作曲

轻快、愉悦的
♩=116

清清的运河水 呀 百年岁月 长
弯弯的运河水 呀 通州是故 乡
滔滔的运河水 呀 护佑我家 乡

通州古城里 呀 一所老学 堂 杏坛沐春风 呀
百年中山街 呀 一所好学 堂 老师细叮咛 呀
相聚古槐下 呀 我们快快 长 日月如穿梭 呀

桃李竞芬芳 老师像妈 妈 呀 同学情谊 长
古槐凝神望 读书莫偷 懒 呀 少年当自强
莫要误时光 好好学本 领 呀 长大做栋梁

同学情谊 长
少年当自 强
长大做栋 梁

结束句

好好学本 领 呀 长大 做栋 梁

四、活动教学计划

(一)指导思想

校歌是一所学校的形象、学校的品牌和个性的直接展示。为庆祝学校一百周年,展示我校实施素质教育的丰硕成果,丰富学生的校园文化生活,激发学生热爱学校、热爱艺术、热爱生活的感情,用完美的艺术塑造人,寓德育于活动之中,培养学生的音乐审美能力、艺术修养及表现能力,增强学生的美感体验,实现学校艺术教育的不断传承。

(二)工作重点

通过丰富多彩的文化活动,逐步推进,营造浓厚的艺术氛围,学校准备创作校歌,在教唱、学唱的基础上,以校歌为核心,组织学生参加"唱百年中山"校歌比赛、参加北京市学生艺术节合唱比赛以及作为百年校庆活动的主题曲等一系列与校歌有关的艺术教育活动。在歌声中,展示学生风采,助力百年老校艺术教育传承。

(三)具体工作安排

第一阶段:教唱学唱校歌《中山谣》2011 年 4 月—7 月

1. 教师引导学生理解感受百年老校的悠久历史。使学生产生浓厚的兴趣及深厚的情感。

2. 学生学习良好的歌唱姿势、正确的呼吸方法、自然圆润的发声、清晰的吐字、咬字及音高、节奏训练等。

3. 教师边范唱边指导。

4. 音乐教师进班教唱校歌,人人传唱校歌。

第二阶段:北京市学生艺术节合唱比赛

2011 年 9 月—2012 年 1 月

1. 规范学生的演唱、形态及舞蹈动作。

2. 制定比赛服装及相关事务。

第三阶段:拍摄《中山谣》MV

请专业剧组量身打造,拍摄地点为校园和运河广场。

第四阶段:百年校庆

《中山谣》作为校庆的主题曲,安排音乐教师指导并指挥。

（四）日常训练时间、地点

训练时间：每周五下午第三节课。地点：合唱教室。

每次教师提前十分钟到位做好准备工作。课前认真收集资料、钻研教法。课后写好总结。

五、教师活动笔记

【教学目标】

1. 通过讲解、示范等方法，使学生明确正确的发声方法，合理运用气息、发声咬字的正确方法以及共鸣腔体的打开与运用。

2. 熟悉《中山谣》主旋律，让学生了解母校、热爱母校，领会校歌当中传递的精神品质。

【重难点分析】指导学生体会正确的唱歌呼吸状态，合理的咬字方法；找到咬字、呼吸、发声位置相协调的歌唱方法。

【教学准备】钢琴、音响

【教学过程】

一、讲解发声原理

1. 呼吸方法：气沉丹田，用腹部呼吸，体会叹气时小腹和腰部的收缩力和扩张力。

2. 共鸣腔位置：感受和体会打哈欠和惊吓时候共鸣腔打开的状态。

二、发声练习

1. 1 23 45 43 2   1 — — —
   Mi   Ma   Mi

2. 5   3   1   5   3   1
   Mi   Mi   Mi   Ma   Ma   Ma

3. 5   5   5   5 5 43 2   1—
   Ma   Mai   Mi   Mao   Mu

A. 用中速稍慢的速度练习发声

B. 同无声的呼吸联系结合起来，启发学生用叹气的感觉使气息支持发声

C. 同打开喉咙（打哈欠或惊吓）的联系相结合

D. 喉头稳定、下巴及喉部放松，母音发音清楚，声音均衡连贯

三、教师示范、学生聆听领会，逐条进行发声练习

四、初步感受校歌《中山谣》

聆听《中山谣》，了解中山街小学历史，了解中山街名人，知道《中山谣》背后的创作故事，体会校歌当中传递的精神与品质，激发学生对学校的热爱之情和自豪感。

五、熟悉《中山谣》主旋律

1. 聆听音响，感受歌曲的速度、力度与情绪。

2. 聆听音响，用 la 跟唱。

3. 带着热爱与自豪的情感，聆听音响，打着基本拍，轻松愉悦地用 la 跟唱。

【反思】

学习了发声理念，把抽象的方法转化为易于学生理解的方法，通过聆听、感受、体验，激发了学生对母校的热爱之情与自豪感，并关注母校的发展，为表现学校艺术教育特色贡献自己的力量。

【教学目标】

1. 学唱《中山谣》主旋律，并填词。

2. 学唱《中山谣》低声部，与高声部配合演唱。

【重难点分析】

唱准低声部，使双声部合唱音色统一、和谐。

【教学准备】钢琴、多媒体、乐谱。

【教学过程】

一、温故学校历史

1. 播放通州风光视频，领略故乡的美丽风景与深厚文化历史。

2. 介绍百年中山街小学，学习校史、了解历史名人，激发学生热爱母校的情感。

二、学唱歌词

1. 带着对通州、对母校的了解，朗诵歌词，理解歌词内涵，领会其中蕴藏的深厚的精神内涵。

2. 聆听音响，复习《中山谣》旋律，有表情地用 la 跟唱。

3. 打着基本拍，学唱歌谱。

4. 钢琴伴奏，以中速稍慢的速度学唱歌词。

三、学唱歌曲低声部

1. 钢琴弹奏低声部旋律，高声部、低声部学生一起逐句学唱，夯实音准。

2. 跟着老师示范，用柯尔文手势学唱低声部旋律，巩固音高。

3. 钢琴弹奏低声部旋律，同时用柯尔文手势表示音高。

4. 男生展示唱，女生展示唱。

四、高、低声部合唱

1. 高低声部构唱主干音程，形成 F 大调调式感。

2. 低声部唱谱，高声部轻声唱谱。

3. 教师逐句进行调整，使高低声部音量平衡，声音统一。

4. 运用正确的呼吸和发声方法，高低声部音色统一、和谐。

五、全曲演唱

1. 钢琴伴奏，高低声部轻声合唱。

2. 钢琴伴奏，高低声部加入歌词，合唱第一段。

3. 在唱熟第一段的基础上，学唱第二、三段歌词。

4. 跟着音频，高低声部合唱歌曲。

【反思】低声部学唱很快，但在两个声部合唱的过程中，低声部容易出现唱不准、声音虚弱等问题，需要提醒学生积极倾听，在听中唱。

【教学目标】有感情地合唱，并加入表演动作。

【重难点分析】合唱声音统一、和谐；有感情地表演、演唱。

【教学准备】多媒体设备

【教学过程】

一、合唱巩固

1. 发声与气息练习。

2. 复习低声部旋律与歌词。

3. 高低声部合唱，在和声统一的基础上，进行细节处理，调整合唱音色与强弱变化。

二、动作设计

A. 演唱第一段

1. 第一句时，身体跟着旋律做节拍律动。

2. 第二句，跟着歌曲轻轻拍手。

B. 演唱第二段。

1. 把学生分成两组，演唱第一句时，两侧同学倾身对看。

2. 演唱第二句，"少年当自强"时，胸脯挺直，伸出右手握拳屈臂。

C. 音乐间奏，学生朗诵第二段歌词。

D. 演唱第三段。

1. 演唱第二句时，双臂交叉跟着节奏做律动。

2. 跟着节拍微微左右点头。

三、表演练习

1. 播放学校的校史纪录片和通州风光片，激发学生对美的表达，深刻理解歌词含义。

2. 根据编排的动作，跟着音乐做配合，学生用动作和歌声表现出对母校和家乡的热爱。

3. 跟着音响，一边演唱，一遍做动作，细排动作，做到整齐大方美观。

【反思】通过对母校的了解，学生在领会了歌词内涵之后，可以很自然、充分地进行音乐演唱和表演，表达热爱家乡立志报国的心声。

六、演出与成果大事记

1. 2011 年 11 月举办了《唱百年中山　抒爱校情怀》校歌比赛。全校所有师生参加了此次比赛，收到良好效果。学生通过比赛，更加热爱自己的学校。

2. 学校百灵合唱以校歌《中山谣》为参赛曲目，获得通州区艺术节一等奖第一名。

3. 学校百灵合唱团以校歌《中山谣》为参赛曲目，代表通州区参加北京市艺术节比赛，获北京市艺术节合唱比赛一等奖。

4. 《中山谣》在学校百年校庆活动中多次出现，得到了所有教师、学生和家长的喜爱，并得以在校园内外流传。

5. 由北京市文明办出资，拍成了通州第一首校歌 MV，在中央电视台播放：

七、分析与评价

1. 活动反馈

"让校歌成为学校最好的名片"主题系列活动，得到了学校干部教师、全体学生、家长和离退休教师的全方位参与，达到了凝聚学校精神，展示师生风采，助力百年小学艺术教育发展的目标。

教师团队：通过亲自教授校歌《中山谣》这首歌曲，我们感觉同学们特别喜欢这首歌曲，这首歌曲歌词朗朗上口，旋律清新明快，大调式，四四拍，结构两段体，具有童谣的特点。唱起来亲切、温馨。既能够表达老师爱生如子的情怀，也能唱出孩子们自强、立志报国的远大志向。孩子们在学唱的时候，第二段和第三段歌词总是容易混淆，我们就鼓励同学们想办法。他们觉得加上动作学唱，更容易记清楚，记得牢固！通过学唱、通过班级校歌比赛、通过百年大庆全校 1300 多名师生的演唱，他们感受到旋律的美，节奏的美，歌词的美，更加增强了他们的自豪感和凝聚力，让他们感觉到生活在中山街小学这个大家庭无比温暖，通过学唱，坚定了他们立志长大做栋梁的决心和信心。孩子们学会了安静与倾听、合作与团结、尊重与分享。它对于学生道德的培养，性格情操的熏陶，形象思维的丰富，艺术修养的形成，音乐视野的开阔，聪明才智的发展，都起着较大的作用。

参与全过程的中山街小学学生杨智涵说："通过学唱校歌，演唱校歌，参与百年大庆的演出，我觉得很开心。能够成为一名中山街小学的学生，我也很自豪。就像歌曲中唱的，学校里的老师都像妈妈，同学们的情意长。我们要努力学本领，长大才能做栋梁。这首歌曲，我们也特别喜欢演唱。在这次演出中，我的自信心提高了，胆子大了，和同学们的配合更默契了。"

杨智涵妈妈说："通过此次活动，我觉得我和孩子对中山街小学百年的历史有了深刻的认识，对中山街小学的办学理念和文化内涵，有了很强的认同感。我们喜欢这所百年老校，喜欢学校里的老师。孩子们在这所百年老校里学习，特别骄傲与幸福。在合唱团里，孩子的自信心和审美能力得到很大提高，孩子的胆子大了，表现欲望提高了，开朗活泼了很多。"

2. 理论分析

学校通过百年大庆的契机，开展了"让校歌成为学校最好的名片"主题系列活动，历经激情洋溢的创作过程、周密细致的活动设计过程、全员参与的竞赛过程和多角度、不同形式的传唱、传播过程，传承了学校的精神理念，表达和提升了学校精神形象，展现了中山街小学建校百年的精神风貌，彰显了"以爱立教以美育人"的办学理念，表达了老师爱生如子的情怀，唱出了少年自强、立志报国的远大志向，使校歌成为百年小学的文化标志。

八、对策与建议

在为期近两年的"百年中山路 杏坛风雨情"为主题的校歌传唱系列活动中，从创作到演唱再到传唱，校歌《中山谣》已经成为中山街的一个精神符号。它让所有的中山学子了解了历史，从而更加珍惜现在的美好生活。校歌非常准确地把学校以爱立教、以美育人的办学理念诠释了出来，提高了学生的艺术修养。学校将继续进行校歌传唱活动，让每个中山学子都能通过唱校歌，继续开展相关活动，让学生了解学校历史，抒发爱校情怀。

后续活动

1. 校歌 MV 的拍摄还不够完善，还没有完全表现出校歌的思想内涵，因此在合适的时间，重新拍摄校歌 MV。

2. 学校要充分发挥校歌《中山谣》的育人作用，继续开展校歌学唱、传唱活动，使《中山谣》唱响在中山街小学学生的心中，成为金色童年的美好记忆。

（李彩艳、郭圆媛、陈玉英、闫海霞、卢炳愉）

创新国画微课与传统融合式示范策略

北京市通州区东方小学

摘要： 东方小学创新国画、微课与传统融合式示范教学能更全面、更快速、直观地让学生感受中国画的独特艺术魅力。教学中选取国画微课教学素材与传统国画示范相结合示范策略，高效传递国画知识和绘画技巧，培养学生综合素养，实现良好的美术教学效果；能够激发学生的好奇心，进而激发出学生"我也要"的自我需求，引导学生进行多方面中国画绘画体验，从而实现中国画技法的深入学习，最后形成学生的创新国画实践行动并提高国画单元的各种国画能力，从而喜欢上中国传统绘画课，最终让学生形成积极主动的学习习惯。

关键词： 小学国画　微课　传统示范

一、创新理念与宗旨

（一）小学国画

中国画源远流长，有着灿烂辉煌的成就，在长期的历史发展中，不少文人墨客留下旷世杰作。身为中国人，必须学习自己的本土文化，让学生了解传统绘画的历史和独具的艺术魅力，感受奇妙的水墨效果的同时，激发学生的民族自豪感和学习传统绘画的兴趣，培养和传承与创新的精神。小学国画是以欣赏中国传统艺术文化为主线，突出北京地方特色的学习内容，理解中国画的画品意趣，了解学习中国画的基本技法，激发他们大胆表达自己对写意中国画的感受，从而达到传承我国优秀艺术文化的目的。坚信每个学生都具有学习国画的能力，都能在他们不同的潜质上获得不同程度的发展，促进学生健全人格的形成，促进他们全面发展奠定良好的基础。

东方小学创新国画是在小学国画教学的基础上，进行的国画创新、国画继承发展的国画教学活动。

(二)国画微课

微课是网络在线学习的一种工具。2008 年，美国圣胡安学院的高级教学设计师，被戏称为"一分钟教授"的戴维·彭罗斯教授第一次真正意义上地将微课和课堂教学结合在一起。微课程需要授课老师自主设计制作，时间 10 分钟内，4—6 分钟为宜。

在小学国画教学中，选取国画资源制作成 6—8 分钟的国画微课，展示给学生，学生的国画知识量增多了，提高了学习兴趣，解决了国画教学重点、难点，发挥了积极的作用，形成了高效课堂。

二、国画教学案例分析

(一)教学背景

1. 教材分析

通过欣赏和学习中国画，使学生进一步了解荷花的特点，继续感受、体验中国画用笔、用墨和用色的一些基本方法和艺术特色。同时能将自己对荷花的感受大胆表现出来，提高表现中国画的基本技能。

2. 教学目标

(1)知识与技能

知识：了解荷花的生长习性、造型特点，欣赏荷花题材艺术作品，了解中国画借物抒情的艺术表现形式。

技能：用中国画的表现方法画出荷花形象，中锋、侧锋、浓墨、淡墨是国画的语言要素。尝试创作一幅有意趣的荷花作品。

(2)过程与方法

在体验研究中学习用中国画的表现形式创作有意趣的荷花作品的方法，感受艺术家所寄托的人格精神。

(3)情感、态度价值观

通过欣赏、创作等学习活动，激发学生热爱自然、热爱生活，激发学生对祖国传统绘画艺术的热爱之情，提高自身的品格修养。

3. 教学重点

了解荷花外形特点和寓意，学习运用中锋、侧锋、浓墨、淡墨、聚散等知识，表现自己心中的荷花，引导学生分析探究潘天寿《映日》构图及笔墨情趣之美。

4. 教学难点

激发学生的想象力和创造力，表现荷花的品格，培养学生的笔墨造型能力和画面组合能力。

(二)学情分析

1. 现阶段学生心理、生理情况分析

四年级是低年级向高年级过渡的重要时期。学习行为由被动向主动转变，学习目的性增强。学生思维发展由具体形象思维向抽象思维过渡，学生注意力的稳定性也逐渐增强，可以进行较复杂的学习活动或自主学习活动。但是，外在鼓励仍然是学生学习的主要动力，因此创设一些趣味性学习活动可以大幅度提高学生学习热情和兴趣。

2. 我校学生知识技能情况分析

四年级学生，他们喜欢荷花形象，通过学习笔墨游戏、彩墨游戏等课，初步尝试过用笔、用墨，了解(包括中锋、侧锋、干墨、湿墨)的一些知识，他们对中国画笔墨纸砚及色彩的特点有了一些了解。在用笔方面，侧锋用笔时80%的学生不够大胆，需要教师加强示范。

我校学生学习存在的主要问题分析：

根据以往教学经验，学生通过学习中国画的荷花掌握了中锋、侧锋的基本技法，认识墨分五色的基本知识，但是只有30%的学生能十分准确调配出适用的墨色，50%的学生基本掌握调墨技巧，调配出可用墨色，20%的学生墨色调配较为困难，浓淡墨色容易混淆，存在作品创作的目的性差等问题。

解决问题方法：通过教师有目的的示范演示引导学生进行对比观察、分析欣赏作品以及示范—反馈—指导等方法加以解决。

通州东方小学创新国画教学实践活动调查统计表：

通州东方小学创新国画美术班(44人)调查统计表

	学习传统国画兴趣	国画素养	毛笔使用	墨色调配	作品效果	代表作品
好（高）	38人	30人	21人	20人	24人	
一般	6人	12人	18人	16人	16人	
不好（不高）	0人	2人	5人	8人	4人	

三、教师示范策略实施方案过程

(一)示范导入

1. 示范内容

(1)通过微视频示范导入，初步欣赏中国画的美。

微视频示范：微视频是相对于操作复杂、烦琐的专业视频录像而言的，所谓"微"有两层含义——方便、快捷，一是指拍摄设备选择小巧方便的手机，一个人或两个人即可完成拍摄任务。二是指拍摄时间短，只有2—5分钟。

通过微视频示范导入，初步欣赏中国画的美。通过欣赏潘天寿画家微视频范例作品，让学生进一步认识中国画，了解中国画笔墨运用的特点，感受彩墨作品的艺术魅力，初步理解中国画内容与寓意的关系；通过欣赏微视频大师作品，感受画面多样构图，用笔用墨及疏密组织关系，丰富学生感受，激发他们的想象力，提高学生的创作热情。

(2)教师用传统示范方法现场画一幅荷花，引出课题。

2. 示范目的

示范活动的设计目的在于通过微课与传统融合式示范彰显中国画笔墨魅力，激发学生学习中国画的兴趣，同时引出课题。

(二)示范解决教学重点、难点

1. 微视频示范

(1)我结合教学目标和教学任务，将荷花的种类、结构特点其寓意等知识点与"名人讲荷花"进行结合，录制编辑著名画家郭石夫讲解的《文人眼中的荷花》一段言简意赅的微视频供学生自主学习。

（2）讲授用笔、用墨的重点技法时，结合"大师画，我也画"学习著名画家刘存惠的用笔、用墨的方法。在网上搜索画家刘存惠用笔、用墨方法，制作"笔墨微课"，很有针对性，加强了全体学生对墨色浓淡层次、用笔方式方法的理解，提高了学生的眼界和创新能力。

（3）微视频、微课示范可以提高学生画荷花时构图的多样性，有效解决荷花画面构图布局及荷花多种动态，荷叶多种动态的掌握直接关系到学生的创作构思。这是本课学习的难点，我在此处设计了微视频参与中国画教学的示范活动。

2. 传统示范

学生对荷花外形特征有了了解后，引导学生进行与画家范例对比教学，让学生分析荷花的用笔、用墨，接着教师进行荷叶示范，本次示范重点讲解荷花的具体画法及调墨笔锋的基础技法等。

传统示范演示画荷叶：

（1）墨色变化：润笔—笔尖蘸浓墨—调笔（形成淡墨）—笔尖再蘸浓墨，有浓有淡。

（2）侧锋用笔：按照荷叶结构画，从下向上也可从上向下注意叶子的边缘线的变化，半干时中锋勾勒叶筋。

（3）新叶卷曲，侧锋一笔画出，墨色有变化。

（4）中锋画荷花、荷杆。

学生动手体验荷叶墨色及用笔的方法。

（5）画荷花花头演示。

用大白云笔调朱磦、曙红，笔尖少许蘸胭脂，自花瓣和花苞尖处起笔，注意花瓣的疏密，藤黄点花蕊。

教师进行多次有侧重的传统示范演示讲解，反馈学生作品，示范问题点。有层次地指导学生学习画荷花，教师进行传统示范时学生参与示范讲解，调动了学生参与学习的热情，也是鼓励优秀培养特长的一种机会。学生在第一次体验绘画荷花时难免会出现一些问题，如用笔、用墨的技法等，根据学生练习中的问题点进行示范，更有针对性，加强了后进学生对墨色浓淡用笔方法的理解与使用，反馈后，教师再次进行传统演示示范，学生近距离观察教师笔墨、构图、绘画节奏及根据"笔墨去造型"的绘画理念，及时发现学生存在的问题，当场解决学生学习困难，帮助他们继续提高。

学习表现荷花的基本技法过程中，传统示范主要巩固学生的调墨技法，掌握荷花不同部位的用笔用墨方法，突出本课学习重点，解决学生学习难点。所以此处教师讲解演示的是重点中的重点，是学生学习的困难点，对学生接下来的体验起到关键作用。

四、教学反思

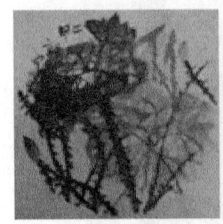

部分学生作品

我把"微课与传统融合式示范"作为指导思想，力求课堂上做到示范得巧、示范得精，利用课上仅有的新授时间使示范多样化，实用化。

1. 示范内容精准

示范目标要求符合学生的实际情况，恰当地选择教材中的重点、难点。

示范内容设计精巧指向明确，分别抓住关键点，能解决学生的问题。

我在示范时，力求讲得精，讲得透。因此示范内容的讲解词句经过反复推敲，基本做到语言简练、恰当、准确。讲解演示荷花画法时是边说边画的。(1)选择一只大些的笔，调中墨，概括地画出荷叶，侧锋用笔，笔中水分较多。(2)换笔、蘸浓墨侧锋点画出叶脉。(3)用大笔蘸浓色，笔中水分充足中侧锋用笔，画出荷花。我的示范做到了概括知识点，内容精确，行为规范。

2. 示范方法巧妙

示范讲究方法，要抓牢学生的注意力。因此既要能解决问题又要有趣味。如：本节课上课伊始，老师说"同学们，今天老师给大家画一幅'出淤泥而不染'的植物，看，画出来了。"然后进行荷花示范。我用绘画活动快速把学生引入教学情境。另外，在课堂中我设计了多种示范类型、有微课示范、教师传统示范、师生同台示范、中国画示范与粉笔画示范结合等示范方式方法，提高了学生参与学习的兴趣，示范时效性也相对提高。

在整个国画教学活动中，我注意根据学生年龄特点、知识、结构、个性发展安排多种多样的示范活动，做到示范有目的、有重点，示范形式丰富，因此示范效果实效性强，学生学习效果较好。

课堂欣赏作品《红荷图》　蔡志东作品

随堂传统示范 1《出淤泥而不染》　蔡志东　　随堂传统示范 2《荷》　蔡志东

　　"学画山水画"活动中，教师是主导，学生是主体。我主要采用"问题驱动"引导学生学习。充分运用多媒体，展示相关作品，让学生畅所欲言，说出他们的真情实感，从而潜移默化地培养他们的审美素养及综合能力。使每个学生都在探讨中感受到乐趣，既培养了学生分析作品的能力又使学生在审美中获得快乐，使每一个学生审美力在自己原有基础上都有所提高！

　　"学画山水画"活动中使学生始终沉浸在一种诗情画意的审美氛围中，去感受山水画的意境之美。我用大量的具有代表性的山水画的作品让学生欣赏，使学生在感性认识的基础上审美情趣得以升华。同时让学生将所学的古代诗词内涵用中国画的形式表达出来。

李白《望天门山》诗意　　　　　柳宗元《江雪》诗意

天门中断楚江开，碧水东流至此回。　　千山鸟飞绝，万径人踪灭。

两岸青山相对出，孤帆一片日边来。　　孤舟蓑笠翁，独钓寒江雪。

　　通过创新国画系列教学，使学生初步了解中国画的笔墨情趣、掌握了基础的国画常识，学生对中国传统文化进行了传承，感受了诗中有画，画中有诗，细细体味了国画的意境美，提高学生的审美素养。

部分学生作品欣赏

学生创新国画作品在区、校学生艺术节上进行展示

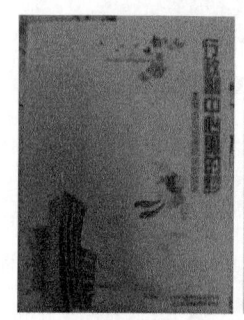

学生创新国画作品在通州区《行政副中心里的梦》一书中刊登

学生创新国画作品多次参加市区级比赛并获奖

五、分析与评价

东方小学创新国画教学激发了学生的创作激情。学生真正练习中国画是从中高年级开始的，首先从欣赏中国古代绘画入手，这些作品包括人物、山水、花鸟，了解其发展过程、代表作，既有细腻的工笔画又有粗放的写意画。从而培养学生热爱传统文化，学习中国画的美好愿望，通过中国画教学传承民族文化精神。

当下，我认为应该加深传统文化艺术的熏陶，使广大国民真正了解传统文化艺术的真谛和精髓，不是只停留在作品形式本身，为此，我们的传统文化艺术教育要切实注重其特征和发展演变规律，传承是文化保持固有基本精神与特殊面貌的前提，一切文化都必须依靠有效的传承手段与传承方式保留自身那些不可缺失的基本元素，并保持与之相关的文化生存条件与环境。否则这种文化可能灭亡或部分消失。

东方小学创新国画教学，需要教师精心选择，依照教学规律，设置创新国画单元化教学，建立知识技能大串联，构建点、线、面、体的知识链条。营造一个让学生感受国画的氛围，引导孩子用各种感官，听、看、身体感受国画中的景和物，启发联想、鼓励独创精神等方法。还有课外参观美术馆、外出写生，尝试让学生独立或者合作等多种方式进行创新国画创作等方法，最大限度地调动学生的学习热情和兴趣，深入国画的学习过程。

东方小学创新国画教学评价是以学生为主体，重视对过程的评价和孩子个性及童趣本真的培养，鼓励多样化的学习方式，评价的最终目的是促进儿童的身心发展。这就克服了"技法取向"的教学方式中单一的评价方式，也克服了"游戏取向"教学方式中的评价模糊的倾向，最终把学生的国画学习落到实处，落实到教育部颁发的《义务教育美术新课程标准》的精神上，即落实到促进人一生的发展这一目标上来。

总之，技法学习不是目的，游戏引入只是手段，通过系统化的创新国画课程教学，最终达到促进儿童身心的全面发展。

六、对策与建议

东方小学创新国画教学中，运用的教学方法有很多，例如，"欣赏—示范—临摹""示范—临摹—创作""游戏—欣赏—示范—临摹—创作"等等。这些教学方法不一定都适合教学的发展，所以，国画教学方法也要适时创新。《美术课程标准》指出"尽可能运用自然环境资源，如自然材料、自然景观等以及校园和社会生活中的资源，如活动、事件、环境和地区等进行美术教学"。中国画教无定法，特别是小学中国画教学，更不能束缚学生的天性。

我们所处的时代是一个开放的、创新的时代，一切活动和文明成果都离不开创造，东方小学创新国画教学也离不开创造和创新。我认为，我们应该发现每一个学生身上的特点和新奇的东西，并加以启发和保护。创新国画教学要在保持中国画传统特色的同时，体现学生的创造力和个性。教师要运用各种教学方法和多种媒材，在传统中求新求变，激发学习的兴趣。

东方小学创新国画教学还要继往开来，在传承中创新，在发展中进取，这样才能使中小学的中国画教学朝着良好的方向迈进。

（蔡志东）

研发新课程　创造新生活

北京市通州区台湖镇中心小学

摘要： 我校是一所农村中心校，随着新课程改革的不断深入发展，我校积极推进学校课程建设。在艺术教育方面，学校通过加强艺术教育师资力量、创新艺术课程内容和形式开展艺术教育新课程的研发，希望借助新课程的研发来营造健康向上的校园新生活，培养学生健康的审美情趣，促进学生全面而有个性发展。

关键词： 课程体系　艺术教育　艺术生活

一、课程研发背景

我校是一所农村中心校，由于地理位置、社会环境及历史因素的影响，长期以来学校的艺术教育课程仅为音乐、美术和写字这三门学科课程，艺术教育课程从内容到形式都比较单一。此外，学校艺术教育师资力量薄弱，艺术课教师基本都是由语文、数学教师兼任或跨年级兼任。并且艺术课程教学没有明确的考核评价标准，也不计入升学成绩。因此，时常会出现语、数、英学科教学占用艺术课时间的现象，这导致艺术课教学课时严重不足。

随着新课程改革的不断深入发展，以及近年我校周边拆迁居民经济水平的提高，学生家长对艺术教育的投资和需求日益增强，这就导致学校在艺术教育方面存在的问题日益凸显。基于这一现状，我校积极响应新课改的号召，积极地推进艺术课程改革。现将我校艺术新课程研发的探索过程介绍如下。

二、艺术教育新课程研发

（一）优质师资助力新课程研发

针对学校艺术教师师资薄弱这一现状，2009 年以来，学校陆续有针对性地招聘具有艺术专业知识背景的大学本科及以上毕业生，同时对原有艺术教育师资进行专业性培训。截至 2016 年学校有专职音乐和美术教师 11 人，其中本科学历 8 人，研究生学历 3 人。这样的艺术师资队伍，既满足了学校艺术课程教学的需要，同时也成为学校艺术教育新课程研发的主力军。我校音乐和美术教师成立艺术教研组，每周举行教研组活动，总结分享教学经验，并在学校领导的指导下成立课程研发小组，制订课程研发计划和方案，在行动中进行研究。

(二)艺术课程目标

在"全面发展，弘扬个性"的艺术教育理念下，学校将艺术教育课程目标定为：

1. 通过研发新课程，使学生人人接受艺术教育，形成一定的艺术素养和审美情趣，并为有艺术特长的学生提供平台，促进其专业和个性的发展。

2. 通过研发新课程，创设崭新的校园生活，为学生终身的艺术兴趣或爱好打下基础。

3. 通过研发新课程，形成一套适合本校特色的艺术教育模式。

(三)艺术新课程内容

通过学校艺术课程教师的专业引领及其他各学科教师的共同努力，针对学校艺术教育方面存在的问题，在原有艺术教育课程的基础上，经过几年的艺术实践活动和理论论证，最终形成了"三四五"艺术教育模式。

"三个一"：每天一个大课间、每学期一次艺术展示活动、每学年一次体育艺术成果展。

"四节课"：形体与舞蹈、形体与健美操、器乐进课堂和电脑绘画。

"五个艺术门类"：器乐类、美术类、舞蹈类、工艺类和书法类。五个艺术门类中共开设有 17 门艺术课程(见表 1)。

表 1　艺术课外活动课程

活动课程类别	活动课程内容	艺术课程创造新生活
器乐	声乐	让音乐"唤醒"新生活
	古筝	
	葫芦丝	
美术	素描	在美术作品创作中"享受"新生活
	摄影	
	电脑画	

续表

活动课程类别	活动课程内容	艺术课程创造新生活
舞蹈	民族舞	用舞蹈来"展示"新生活
	街舞	
	艺术体操	
工艺	折纸	用工艺"设计、创造"新生活
	剪纸	
	面塑	
	泥塑	
	木刻	
	中国结	
书法	硬笔	用美的文字"书写、记录"新生活
	软笔	

1. 活动课程："三个一"活动，营造浓厚的校园艺术氛围。

(1)每天一个大课间是运动中的艺术

大课间活动时间为三十分钟，本着"全面发展，培养个性的"艺术教育理念，活动共分为两部分：一部分是全体学生的自编操活动。校园自编操是广播操和舞蹈的完美结合，既达到健身的作用，又展现出了舞蹈的美、艺术的美，配上欢快、动感的音乐，让学生在艺术的氛围中得到了锻炼和释放。另一部分是由有特长的学生组成的活动小组，包括：花样轮滑、花样跳绳、跳皮筋、街舞、艺术体操等。每到大课间时间，整个操场就是一个流动的艺术的海洋、欢乐的海洋。

(2)每学期一次艺术活动展示是孩子们艺术的展示平台

在每学期一次的艺术展示活动中，同学们或者走向舞台展示自己的成果、作品，或者现场为大家表演一段舞蹈、演奏一首乐曲。台上的同学从中积累着演出经验，品尝着成功的喜悦；台下的同学感受着艺术的魅力，享受着艺术的熏陶。

(3)每年一次的体育艺术成果展是师生的综艺展示大舞台

这是一个师生艺术特长集中展示的大舞台，学校将本学年内全校师生在

体育艺术方面的成果汇集于此，进行展示，并邀请家长和界内同仁前来观赏，借此来宣传我校体育艺术方面的成绩并分享成功的经验。

2. 校本课程："四节课"作为校本课程排进课表，走进课堂。为普及艺术教育成果，使全体学生在艺术教育方面都获得发展，我们改革学校艺术教育的课堂结构，大胆尝试，在一、二年级开设口风琴，三、四年级开始葫芦丝、五、六年级开设竖笛器乐课程各一节；一至四年级每学年分别开设形体与舞蹈或形体与健身操课程各一节，五至六年级开设电脑绘画课程。我们把校本课程排进课表以保障学习时间。通过这"四节课"的普及，来培养学生基本的艺术素养。起初各门课程没有现成的教材，全体艺术组教师在实践中摸索、创新、坚持以科研为先导，在实践中通过备课及课后反思，初步整理出一套艺术教育的校本教材。可以说我校艺术新课程的研发是在教师的教育行动中进行的，是针对我校学生的、来自教育实践的科研成果。正因为这样的研发特点，我校的校本课程"接地气"，深受学生的喜爱。在四节校本课上，学生们积极参与、善于交流并乐于分享，他们的艺术潜能得到了激发，个性得到了释放。

3. 特色选修课程："五个艺术类选修课"将兴趣打造为"特长"，让"特长"转化为"精品"。

学校通过调查学生和家长对艺术教育的需求，根据学生的兴趣特长和年龄特点，2014 年 9 月以艺术小组的形式开设了 5 个艺术类 17 门选修课程（见表 1）。艺术小组在每周一、周三和周五下午的第三节课外活动一小时中进行选修学习。这五门选修课打破了年级界限，以特长水平来编组，学生发展特

长，进行较为专业的学习。这五节选修课分科明确，严格制订教学计划、进度安排。每月开展一次学习成果展示，每学期各小组评选一次艺术小明星。艺术选修课的设置让每个学生都能找到自己的特长，并通过课程中较为专业的训练使"特长"转化为"精品"（每个有特长的学生每学期都要完成至少一项艺术作品）。

三、成果与收获

（一）形成了浓厚的艺术氛围

好学生不是教育出来的，是好老师和好环境培养熏陶出来的。在艺术课程研发的过程中，从教师、学生到家长，从教室、校园到家庭，共同创设出浓厚的艺术氛围。在这氛围中，学生人人接受艺术教育，人人喜爱艺术，人人具备一定的艺术素养和审美情趣。在这氛围中，学生发现自己，弘扬个性，彰显自我，享受学艺术带来的成功和喜悦。

(二)参加市区级比赛，硕果累累

通过新课程的研发及实施，学校的艺术教育蓬勃发展，在市区级各项比赛中获得了骄人的成绩，可谓硕果累累。

2010年4月获北京市第十三届中小学生艺术节班级合唱二等奖。

2011年4月舞蹈《校园变奏曲》在北京市第十四届中小学生艺术节比赛中获得二等奖。

2012年5月在北京市第十五届中小学生艺术节中荣获二等奖。

2013年4月舞蹈《鱼儿生生》在北京市第十六届中小学生艺术节比赛中获得二等奖。

2014年4月获北京市第十七届中小学生艺术节班级合唱二等奖。

2015年3月学校舞蹈团排练的舞蹈《花儿朵朵》在通州区比赛中荣获一等奖，4月代表通州区参加北京市比赛获得金奖。

四、新课程研发的改进方向

艺术新课程的研发，使我们深刻认识到，艺术课程的发展是一个连续、动态、不断发展和完善的过程。这就要求我们要不断更新教育观念，不断发现问题、不断解决问题、不断总结、不断反思和研究。下一步我们将进一步深化我校艺术教育新课程的研发工作，完善艺术课程的设置和校本教材的编写。在未来三年的时间中，使学校艺术教育在现有的基础上得到进一步发展和提高。

1. 进一步规范课程教学改革。继续发挥"四节课"在艺术教育普及方面的作用。让学生在日常的教育活动中得到艺术基本素养的提高。在两年的时间内，完成校本教材的整套出版工作。

在实际的教学中我们发现艺术与其他各学科有相互交叉、促进的方面，并且当艺术与其他学科彼此融合恰当时，会产生意想不到的效果。例如：英语教学中，英语剧《Lofty Mountain and Flowing Water》与古筝《高山流水》相结合，既弘扬了中国传统文化又体现了与时俱进，少年朝气蓬勃的精神风貌。该剧目在2015年北京市第四届首都学生外语展示系列活动通州区预选赛中获得第一名的好成绩。在学校校本课程"茶艺"中，茶道技能和形体表演将流线美、音美、舞美、意境美等多元素融合于一体，在无声中培养了学生体现美、感受美的能力，培育了他们的审美情趣。因此，今后我们将努力探究其他学科教学中的艺术因素，力求使艺术教育的作用最大化。

2. 全面深化"三个一"活动。完善五个艺术选修课的教材编辑、整理与出版工作。通过多种渠道发展学生艺术兴趣活动，使之进一步发展和提高。同时努力健全艺术教育评价制度，为艺术教育的持续发展提供制度保障。

3. 继续加强艺术师资队伍建设。通过自学、培训、比赛、最喜欢教师的评比表彰等多种渠道，加强艺术教师的整体素质，做好学校艺术教育发展的人才储备工作。

（郝冬华、张阿山、张峥）

儿童歌舞剧《Tom and Jerry》的探索

北京市通州区于家务乡中心小学

摘要： 本剧结合了动画片和童话故事中生动幽默的情节片段，丰富形象的动作语汇，新颖夸张的服装化妆，道具及趣味动感的音乐，描绘了一对水火不容的冤家：汤姆和杰瑞猫鼠之间的战争与故事。

关键词： 儿童歌舞剧　创作特色

一、学校艺术教育创新理念、思路与宗旨

于家务乡中心小学是一所具有民族特色的学校，特别注重音体美艺术教育，发扬学校民族特色，民族团结精神，鼓励学生团结友爱互帮互助。良好的艺术教育有助于弘扬中国精神，因为艺术教育既能培养学生以爱国主义为核心的民族精神，又能培养学生以改革创新为核心的时代精神。第一，开展民族艺术教育有助于增进民族团结。第二，开展艺术教育有助于构建和谐社会。第三，开展艺术教育有助于培养学生的创新精神。第四，开展艺术教育有助于实现人类发展的目的。

近些年，学校紧密围绕着"加强民族团结教育，促进学生全面发展"的办学特色项目，对学校整体规划，合理布局，并且着力进行以校园为主要空间，以物质形态、课外活动、精神环境为载体，以课外文化活动为主要内容，以学生活动为主体的学校校园文化建设，学校不断地为学生创造了开展民族艺术教育的条件，形成了初步具有特色的开展艺术教育场所。(1)开辟艺术教育活动场地。(2)加大艺术教育乐器服饰的购置和管理。(3)注重创设民族艺术教育的氛围。通过学校有计划有目的有过程的活动，在一个个舞蹈、一场场的校园剧歌舞剧、一台台的大小合唱、一次次的韵律操表演中，我们看到孩子真情实感的流露、良好人格的塑造、智慧火花的碰撞、正确价值观念的形成，艺术活动促使孩子异彩纷扬，促进了青少年身心的健康成长，为学校形成了一定的艺术教育的积淀，使学校具有了浓厚的艺术文化底蕴，丰富了学校艺术教育的内涵，培育了学生的中国精神。

二、活动背景、动机

为全面贯彻党的教育方针，落实十八届三中全会"改进美育教学，提高学生审美和人文素养"的总体要求，根据《学校艺术教育工作规程》（教育部令第13号），通州区教委决定在2015年举办北京市第十九届学生艺术节。

（一）活动主题

阳光下成长

（二）指导思想

1. 加强引导，重在育人。坚持社会主义先进文化方向，彰显社会主义核心价值观，通过开展具有时代特征、校园特色、学生特点的艺术活动，营造良好的育人环境，建设向真、向善、向美、向上的校园文化。

2. 立足普及、重在参与。面向全体学生开展健康向上、丰富多彩的艺术活动，展现学生热爱祖国、努力学习、立志成才、勇于创新的精神风貌；形成"校校有特色、班班有活动、人人都参与"的良好氛围，构建和谐校园。

3. 鼓励原创，重在创新。注重挖掘师生的艺术创造力，鼓励创作反映校园生活，弘扬时代主旋律，适合青少年特点的优秀作品。

（三）组织机构

主办单位：通州区教育委员会
承办单位：通州区青少年活动中心

（四）工作动机

我代表于家务乡中心小学，参加此项艺术节歌舞剧比赛任务。《Tom and Jerry》的创作充分考虑到儿童对动画人物的喜爱，从动画片中取材，从而满足了孩子们的心理需求，虽然取材于动画片，但其情节结合了童话故事老鼠偷油，绝非照搬照抄。舞蹈运用了拟人化的手法，从猫鼠大战戏剧化到猫鼠探戈之舞，再到将小老鼠们一网打尽，最后猫教育小鼠，让老鼠们自己意识到做错了。编排时以当今少儿独特的视角，加之儿童心灵活动中活跃的想象力，予以提高、深化、发展和升华，使得表现空间更加开阔，生动的情节令人耳目一新。

三、活动策划方案

首先认真学习文件精神，看明白活动的目的以及意义，熟读比赛细则以及要求，即儿童歌舞剧，人数不超过 15 人，时间不超过 12 分钟。根据故事情节找相关联的老师帮忙，如：音乐老师作曲，语文老师作词，舞蹈老师编排动作。

活动总负责人：王文刚　张宾

活动策划：何婷

活动安排：何婷

活动实施：何婷

活动时间：2016 年 5 月

参加人员：四年级学生

灯光音响：王宇

道具：张宾

文字校正：毛明艳

四、活动实施方案

前期准备：2016 年 1 月开始筹备歌舞剧

2 月方案、剧本、音乐落实

3 月前两周开始编排舞蹈动作及唱歌部分

3 月中旬歌舞剧完成，准备制作服装，道具

3 月底学校艺术节展演，录制光盘上交区里参加比赛

4 月中旬被选入参加通州区艺术节比赛决赛

4 月底获得一等奖

活动时间安排：从 3 月开始周一至周五每天间操、午休、下午第三节课在舞蹈教室训练。

3 月初开始学习唱歌部分及舞蹈部分

3 月中旬完成，并巩固细节

人员教师安排：

歌舞剧负责人：何婷

训练人：13 名学生

地点：学校舞蹈教室

五、活动教学计划

儿童歌舞剧《Tom and Jerry》

小型歌舞剧时常：7—10分钟

演员总人数：13人

故事梗概："月圆之夜"猫假装睡觉，小老鼠们嘴馋，就趁着猫熟睡着的时候去偷油喝。猫发现后和老鼠们追赶、打斗，最后凭借自己的智慧将老鼠们一网打尽，虽然猫抓到了老鼠，但是猫并没有惩罚小鼠们，而是教育小鼠，让他们改邪归正，以后不要偷油，小鼠们知道了好生活是要靠自己的劳动取得的道理，他们团结起来共同保护粮食，维护新家园。

第一部分：鼠探口风、计划偷油

M：等了好几天了，肉都长一身了，怎么还不见偷油的来呢？算了……不想了，我先睡一会再说……（道具：椅子）

S：这油我都惦记好几天了，今天说什么也要把它拿下，我先去谈个口风，咦？肥猫睡着了，好机会来啦……（小鼠们开始上场，欢快可爱的舞蹈动作使观众喜爱）

M：猫假装睡觉，故意让小鼠们偷到油，现场尝甜头，好让小鼠们中计

S：鼠队长看到猫醒后说：不好，肥猫睡醒了，一队跟我拖住猫，二队去尝油。（一队跟鼠队长搏斗，打倒了猫，二队去尝了另外的一壶油也就是肥猫的陷阱"酒"）

M：哈哈，终于中计了……

第二部分：鼠中计（歌剧＋探戈）

MC：我是一只聪明猫，老鼠也不是我的对手，虽然我看上去比较丰满。但是我就是一只聪明猫。

SC：我是一只机灵的小鼠，居然上了肥猫的当，虽然我看上去比较瘦小，算来算去我还是败给了肥猫。

第三部分：鼠被抓、猫教育鼠（对话）

M：老鼠过街人人喊打！你可知道为什么人类对你们这么深恶痛绝？

S：我……我……我只偷了一丁点……

M：想想你今天的行为吧？你一心想偷油，总想着不劳而获，窃取别人的劳动果实，这样可耻的行为怎么能不令人痛恨厌恶？

S：猫大哥，再给小弟一个机会吧！

M：亲爱的同学们，这样盗取粮食的小偷，你们说，我应不应该放过他？

S：（小鼠们小声唱到：应该、应该、应该）

M：那这样，看在鼠弟这么诚恳道歉的分上，我暂且饶过你，不过你要带着你这些小弟跟我走，我还要好好教育教育你们，可行？

S：可行、可行、太可行了……一切都听猫兄的……

结尾：猫鼠团结，共唱《劳动最光荣》（边唱边跳）

MS：太阳光金亮亮雄鸡唱三唱

　　花儿醒来了 鸟儿忙梳妆

　　小喜鹊造新房 小蜜蜂采蜜忙

　　幸福的生活从哪里来

　　要靠劳动来创造

　　（猫带领鼠下场）

六、活动教师笔记

日常训练

比赛演出

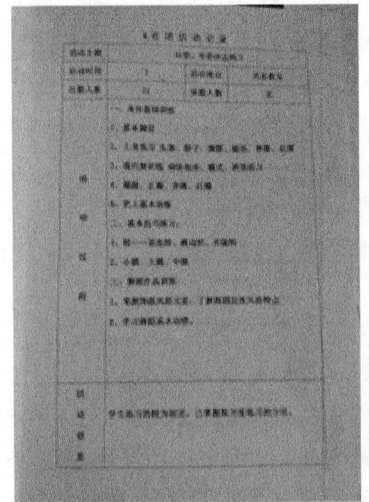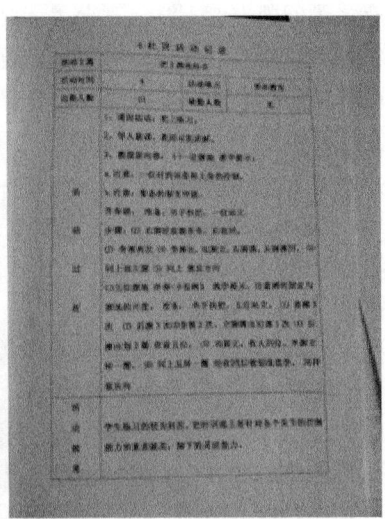

歌舞剧训练记录

七、活动成果

北京市通州区第十九届学生艺术节儿童歌舞剧一等奖

通州区于家务乡文艺演出优秀节目奖

八、分析与评价

1. 活动反馈

学生很喜爱这个歌舞剧，无论是表演的演员们还是观看的学生们都非常愿意看，因为他们都看过《Tom and Jerry》这个动画片，也知道老鼠偷油的童话故事，他们非常期待，剧情中的探戈舞及搞笑的歌剧更得到学生的赞美，也陶冶了学生的艺术情操。

家长们也都非常支持学生，每次排练都让孩子们准时参加。应该说，在艺术教育的道路上，我们正在认真而执着地探索着，辛劳之中也收获了累累硕果，并且得到了市区教委领导的肯定。第十九届学生艺术节已经结束，但我们的艺术教育之路任重而道远，我们会继续前行，为了于家务乡中心小学的学生们能全面、健康地成长做出我们的努力。

2. 理论分析

歌舞剧（opera）是将音乐（声乐与器乐）、戏剧（剧本与表演）、文学（诗歌)、舞蹈(民间舞与芭蕾)、舞台美术等融为一体的综合性艺术,通常由咏叹调、宣叙调、重唱、合唱、序曲、间奏曲、舞蹈场面等组成。编排儿童歌舞剧要以形式新颖、内涵丰富、贴近儿童、寓教于乐为主旋律,将音乐、舞蹈、戏剧、文学、曲艺等多种形式融为一体,弘扬真、善、美,陶冶高尚的情操。

一个好的舞蹈作品的出现,不仅需要好的舞蹈创作,同时也需要老师精心的排练。在幼儿舞蹈中,甚至排的重要性要超过编。所以掌握一些排练的技巧,可以让老师们的创作思想更能贯彻和实施;同时也能节省老师们的精力,更快更好地排练出舞蹈作品来。

(1)选择合适的演员:①较强的模仿能力;②较强的音乐节奏感;③ 动作比较协调;④ 在日常学习中表现力强;⑤在日常中显得比较聪明。

(2)演员听音乐,感受动作,多听音乐,激发幼儿学习的欲望。老师标准的示范不仅能激起幼儿学习的愿望,也避免在以后的学习中纠正不必要的错误动作;另外老师的身教比言传更有说服力。一个自身都不喜爱舞蹈的老师,也不可能教出喜爱舞蹈的学生来。

(3)学习主题动作,老师可以从中找出跳得比较好的孩子,在编排队形时不动声色地把他安排到重要的位置上。同时也不动声色地淘汰不适合跳这个舞蹈的孩子。在学习主题动作的过程中,老师可以进一步了解自己所创编的舞蹈适不适合幼儿表演。在正式进入排练前对创编出来的舞蹈进行修改,避免在以后的排练中过多地修改。

(4)在队形上学习动作,通过主题动作的学习,老师基本确定了演员。这时就可以进入队形的排练了。给学生排好队形后,学习在该队形上的动作,可以让孩子记忆更深刻,就提高了排练的质量。

(5)完整练习,等初步排练完舞蹈,就可以进行完整练习了。这里需要强调的是,完整练习的次数一定要有意识的控制。没有目的的一次次完整练习,会逐步降低幼儿对这个舞蹈的新鲜感,影响到他对这个舞蹈的学习兴趣和表演欲望。

(6)细排动作,对于舞蹈中的难点动作、精彩动作和表情,都需要老师进一步的细排。细排就是对于连接动作中的每一个细节都需要老师固定和强化。有质量的舞蹈作品都需要反复的细排和完整练习有机的结合。

九、对策与建议

根据此次歌舞剧的编排与活动演出效果,我们应该让每一个孩子都成为音乐财富的享受者、爱好者,从小就在心灵中植入真善美的精神基因。儿童歌舞剧富有趣味性、故事性、综合性、参与性的特点,符合儿童的心理特点和审美需求，受到孩子们的普遍欢迎。在参与儿童歌舞剧课堂学习、创编、排练、演出的活动过程中，孩子们丰富了情感体验，提高了运用语言、音乐和肢体动作表情达意的能力，增强了自信心、责任心和成就感，培养了集体主义精神和团队合作能力，有利于孩子快乐生活、健康成长和全面发展。

日常工作中首先要逐渐加强学生的音乐鉴赏能力，音乐的魅力就在于它通过音长、音高、节奏、和声等各种音乐要素，向欣赏者展现一个奇幻的、不一样的世界。对多媒体的过度依赖折断了学生想象的翅膀，第一，寓教于乐。教师在进行音乐鉴赏的过程中，可以将音乐鉴赏和故事背景联系起来，用生动有趣的故事来吸引学生。第二，寓教于听。音乐鉴赏能力的培养离不开"听"这个重要的环节。第三，寓教于写。音乐鉴赏的过程就是把抽象的感觉、感受转化成实际形象的过程，这个过程离不开语言的表达。学生看到自己的鉴赏成果，心中会涌起一股成就感，进而就更加有兴趣进行音乐鉴赏了。

歌舞剧音乐选择：

1. 确定歌舞剧的主题。

2. 选择音乐要符合主题。若使用电影的原声带，要使用同一部电影的或者相同类型的，保证这些音乐适合不同角色，并且有明显的节奏，易于舞蹈。

3. 请不同人来指导如何选择音乐，她可能会告诉你这个音乐是否适合，并且给你想不到的一些建议。

4. 根据舞者的性格选择音乐。不要为一个跳着强劲有力的舞蹈的舞者选择轻音乐或者欢快的乐曲。同样，也不要给动作舒缓的舞者选择快节奏音乐。

歌舞剧舞蹈编排：

1. 找主题音乐。有时，这两个步骤又是相反的。可能我们听到某首乐曲，有了创作舞蹈的冲动，然后根据这个音乐表现的主题进行舞蹈编排。

2. 找主题动作。找到合适的主题，合适的音乐之后，老师们常常会陷入无动作填充舞蹈的困境。切忌没有主题动作，只是把一个动作又一个动作的串连起来，不仅创作出来的舞蹈会空泛，而且舞蹈也缺乏连贯性和可看性。

3. 由主题动作延伸出小节动作。找到主题动作之后，根据主题动作的运动规律我们可以继续创编出几个小节动作来。

4. 串连小节动作。可以是队形的变换，可以是主题动作的再创造，也可以是符合这个舞蹈特征的技巧动作。

5. 加上必要的技巧动作。这里要强调的是，不是每个舞蹈都需要技巧展示的。不合理的技巧展示不仅不会增加舞蹈的质量，反而会降低舞蹈的观赏性，也会损害舞蹈的连贯性。

6. 在排练中修改。

（何婷）

一花一草总生情　寻访郁金香的花语

北京市房山区燕山星城小学

摘要： 我校注重学生综合素质的培养，注重文化与艺术的结合。为突出学校的艺术特色，不断完善校兴趣小组的成长，以特色、行动吸引更多的学生参与。通过社会大课堂的写生实践活动，和后续的对学生的相关内容培训，提升了学生主动探索、研究、创造以及综合解决问题的能力。同学们能够在实践中获取对艺术的启蒙，对自然之美的亲身感受和直接经验，让大家在轻松愉悦的综合实践艺术活动之中体验创造，在实践中学会艺术学习。

关键词： 自主实践探究　美术　写生

一、学校艺术教育创新理念、思路、宗旨

社会大课堂活动作为一门以学生自主实践探究为主的课程，更强调学生亲历真实的实践，在实践中解决问题，获取真实的体验。我校注重学生综合素质的培养，也具有较深的文化底蕴，注重文化与艺术的结合。为突出学校的艺术特色，不断完善校兴趣小组的成长，以特色、行动吸引更多的学生参与。我校加强艺术教育创新活动的力度，注重各类艺术活动的普及开展。注重阶梯性的培养学校艺术教育后备人才，使之逐渐成为学校艺术教育活动中的骨干力量。所以，结合我校地方特色与学校实际，开设社会大课堂活动，我们将"探究郁金香奥秘——花卉写生活动"作为我校本学期四年级的综合实践活动的主题之一。

二、活动背景、动机

《美术课程标准》中提出了"综合探索"学习领域，它是引导学生主动探索、研究、创造以及综合解决问题的美术学习领域，要求同学们能够在实践中获取亲身感受和直接经验，让大家在综合实践中体验创造，在实践中学会学习。对于高年级学生来说，他们知识面广、兴趣广泛，需要更广阔的空间去创作作品。而风景写生这种特殊的学习形式，不仅对于学生品德和知识体系的形

成具有影响，而且对于学生意志品质、对学生人格的形成、良好卫生习惯的养成，以及对学生知识认知都具有一定的影响。

　　"2016 北京郁金香文化节"在北京国际鲜花港召开。鲜花港举办郁金香展，鲜花港室外展区共种植近 100 个品种，400 余万株郁金香，规划了 26 个重点观赏区，并邀请荷兰库肯霍夫公园首席设计师着重打造了"梦中的富贵""郁金香的柔软时光""十二生肖伴我成长""七色彩虹""晨练序曲""心的涟漪"等七大主题景观。它不仅展示了普拉达美人、巴塞罗那、巴黎舞女、羞涩阿波罗、卡奈沃德乃斯、堂吉诃德等百余种郁金香，更有国内较为罕见的风信子、鸢尾、番红花、洋水仙等球根花卉，铺以特色无土栽培技术、盆器苗技术展示，除此之外，花海中还有代表荷兰本土风情的"拇指姑娘""木鞋"等园林小品。郁金香文化节首先充分借鉴了当前国际上最流行的主题展示模式和种植技术，以"欢乐鲜花港，精彩嘉年华"为主题，聚焦孩子和家庭，打造各具特色的室内外花卉景观。其次鲜花港的百花争艳的自然景观和亭台楼阁相得益彰，呈现出山明水秀浑然一体的宜人风光。美丽的自然风景和人文风景十分适合开展风景写生活动。

三、活动策划方案

　　开展学生活动前安全教育，活动前知识技法培训，集体出游参观，小组分开活动实践，活动总结，后续相关内容技法培训，学校年级活动展示，相关作品展览。

四、活动实施方案

（一）确立户外写生目的

　　开阔学生们的思维。通过户外写生，提高学生的写生能力，使学生更加直观地感受色彩，加深对绘画的理解与热爱。

（二）美术小组确定探究内容，开展观察写生

1. 郁金香在自然界的生长环境。
2. 郁金香的结构以及生长特点。
3. 郁金香的种类及外形区别。
4. 不同角度花卉和枝叶的造型特点。
5. 郁金香花丛的造型样式。

（三）活动形式

小组研究绘画。

（四）写生实践过程

1. 开展写生方法的教学热身运动
学生学习用笔画出不同的线条，表现不同的质感。
2. 教师实地示范和辅导教学
(1)学习构图形式
三线构图式，提示：三线为奇数，三线代表三个物体，奇数就是有多少之分，聚散之变。画面可呈现出节奏感。学习平行排列的花卉构图方法。

S形构图式，曲线构图动态，主体是路两旁的花卉静物，路边曲线作为配饰出现，曲线的出现多了一些柔美的动感，动静结合。
(2)观察与概括
教师指导观察造型景物的整体气势，高度提炼概括自然景观。了解花朵结构。重点观察分析一枝、一花、一叶，并对要写生的花冠、叶、树枝、干、梗、萼、蒂、蕊、苞、托等形态结构进行分析描绘。

（3）选择形态与角度

教师提示选好花卉入画角度，主要以结构清晰，造型美观和符合艺术审美习惯为原则。

（4）演示花卉和枝叶的描绘方法

提示：从不同的角度观察和表现花卉，注重表现花卉的各种不同形态，使画面丰富而生动。提示画花卉不仅要表现质感和形象，而且必须表现出它的特征。画花丛时注意主次烘托。

3. 组织学生感受并修改画面，完成写生创作

4. 收集写生作品，选取优秀作品公开展出

（五）活动后续

本次活动结束后，通过每周的美术小组的活动，老师和学生对收集来的素材进行整理，然后进行二次开发，让学生利用观察到的郁金香的花朵特点和结构知识，通过老师新教授的郁金香的黏土造型知识和串珠技法，去发现郁金香的美，解决由平面造型到立体造型的问题，让自己的作品通过双手变得更加自然，更加栩栩如生。

利用郁金香主题学生作品展览为契机开展活动，主要以四年级班级为单位展开，让每一个美术组的孩子的作品能够得到展示，展览展出了郁金香花卉文化、纸立体艺术、泥塑花卉艺术、花卉服装等设计教学成果。本次展览为我校同学的艺术风采和精神风貌提供了广阔的展示舞台，让每个孩子都能体验到成功的快乐、树立孩子们的自信心。展区精美的作品吸引了学生和老师们驻足欣赏、品味，成为学校里一道亮丽的风景。以教室班会展示等多种形式的活动使同学们的艺术才华得到展示，个性得到充分的张扬，兴趣得到极大的满足，从而激发了学习创作的欲望。

通过举办孩子们的作品展览，举办一次相关内容的美术展览，交流、回顾、总结学习成果，绘画兴趣小组活动在培养孩子绘画的想象力、创造力、表现力的同时，通过展示、表演等各种形式展示孩子们的所学，为孩子们搭建展示才华的舞台。

五、活动教学计划

综合实践活动后，美术小组 15 人每周二下午进行综合材料实践探索，场地为美术教室丹青苑。

六、活动教师笔记

【教案】

第一环节：搭脚手架——围绕郁金香风景写生主题，按"最近发展区"的要求建立概念框架

这一环节是风景写生前的准备阶段，包含以下几方面知识框架搭建：

第一，色彩基础知识及炫彩棒技法准备。

第二，花卉风景写生作品欣赏。

第三，教师的作画示范及学生的花卉风景画临摹。

第二环节：进入情境——将学生引入问题情境

纵横交错、高低不平的山坡，如何取舍？斑斓多彩、色彩微妙的花丛，色调怎样统一？细致入微的花朵是抓住整体还是抓住细节描绘，教师引导学生面对大自然，提出问题，进行讨论、分析、思考，寻找解决问题的方法。

如何取舍，选取景物，怎样组成一幅构图比较理想的画面？大自然是美丽的，但不是什么东西都能入画，什么都能引起美感。照抄景物，就会缺少概括和归纳，出现远近、主次不分，画面堆砌现象，可以利用小稿设计加以解决。

【活动记录】集体活动参观场地，教师现场演示，学生现场写生，小结展示，后续实践活动，展示汇报。

七、教学反思

外出实景写生完成返校，写生活动并没有结束，还应根据学生写生作品情况安排适当层次的综合材料的实践拓展和相关作品展示、展览活动，再一次激发学生情绪，使学生有机会进行诊断性和反思性学习。

首先，针对写生的作品和收集的照片素材进行二次开发，进行郁金香泥塑、纸艺等学习，为进行相关内容的展示展览做适当的准备。其次，展示展览活动应及时进行，以免因间隔时间太久学生失去兴奋度，不便于学生根据实景记忆进行反思诊断。第三，带队美术教师应该为作品的展示展览活动作实事求是的引言和总结，对写生作品色彩观察力、表现力的每一点进步进行鼓励；引导观赏师生的品评视角，以保护写生学生的自尊心和自信心；注意对优秀作品的收集整理，在合适的时间组织更高层次的展览活动，展现学生独特的艺术表现能力。

八、活动成果

通过本次活动让学生充分利用鲜花港的地方教育资源，开发了相关校本课程内容，让学生走出校园，通过观察、讨论、写生，利用不同方式创造了多种艺术作品。充分体现素质教育理念，使学生在实践中培养自主、合作、探究的学习习惯，提高绘画技能。体现课改理念，把课堂引向户外，为学生终身学习打下基础。让师生在活动中相互交流学习、共进，树立了团队协作互助意识，使他们拥有更多的集体安全感，拥有一个良好健康的心态，从而形成完善的人格！

这次的社会大课堂美术写生活动作为教育的组成部分，既提高了学生的审美能力与绘画能力，适应了课改的要求，活跃了学校的美术活动，达到了对学生进行审美教育主要目标，培养了学生健康、正确的审美观念；又培养了他们感受美、理解美、鉴赏美和创造美的能力，在表现美德行为过程中发挥学生的创造性。实践证明，孩子们喜欢这种活动方式，家长们满意这种教育方法。

1. 学生收获

通过参观写生与后续创作活动使学生了解郁金香花卉的知识、历史、文化、植物外形特色等，让学生体会到自己亲手做的造型各异的郁金香花所带给我们的飘逸清幽的独特韵味和令人心旷神怡的美景，使学生热爱家乡，热爱大自然，激发学生的艺术审美情趣，丰富课余文化生活。

知的收获（知识与技能方面）：通过学习彩绘，线描写生等相关知识及方法，学生能够掌握正确的观察方法：局部与整体相结合的方法，并能比较准确地认识对象的形态结构。通过泥塑、串珠等表现方式，学生能掌握不同造型方式，创作出新颖的与众不同的立体或平面作品，能够用艺术的方法表达自己对大自然美的感受和理解，从而用艺术的方式塑造景物的整体气势，并达到一种对自然客观的高度提炼概括。

情感态度方面：爱花、护花、画花、展花，是对美的向往和追求。孩子们在查阅资料获取花草知识的爱花、画花、做花过程中，培养了学生自主动手的社会实践能力，开阔了学生们的眼界，陶冶了学生们的情操；爱花、养花、护花培养了学生发现大自然的美，热爱大自然的美，创造大自然的美，呵护大自然的美的积极的生活态度。

意志品德方面：从学生最感兴趣的花卉形象入手，培养学生的思考能力；用规定时间练习，培养学生细心观察的能力和做事情的耐力持久力；利用泥塑彩绘等方式拓展了学生的写生练习空间，培养学生的创新能力。

过程与方法方面：通过欣赏郁金香花卉活动的开展泥塑活动、串珠活动、手绘活动、服装展示活动，开阔了孩子们的眼界，陶冶了孩子们热爱大自然的情操。通过不断地了解、询问，他们对周围的花草越来越熟悉。更加亲密接近大自然。同时培养了孩子们积极动手动脑的社会实践能力。孩子们争先恐后地拿出自己泥塑和手工艺作品，不厌其烦地询问着相关的问题，也增强了孩子们与人沟通和交往的能力，同时增加了自信心。

2. 作品成果

通过本次参观写生活动，边看边讲边记边画。使教学与观摩融为一体，让孩子们得以受益。我们组织孩子鲜花港写生活动与爱家乡教育相结合，让孩子们通过写生了解自然的知识，达到热爱大自然更加热爱自己的家乡的教育目的。通过这些活动，提高了孩子们的绘画水平与学习兴趣，增强了他们热爱祖国、热爱家乡的感情。社会大课堂活动让孩子们走出教室，走入社会，增加孩子们参与社会实践的机会，从而开阔了孩子们的视野、丰富了孩子们认识社会的经验。

创作的相关平面作品

立体造型作品

九、分析与评价

1. 活动反馈

美丽的郁金香就像我们这代青少年一样，生机勃勃地绽放，给春天增添了一道美丽的风景线。

——孙智芮

今天我们出来写生了，真令人难忘，郁金香有的火红，有的金黄，还有的洁白……虽然我没有画得那么真实，但我认为我画出了我心中的郁金香。

——赵茜媛

在郁金香的花海里我感受到的是那么美好，像仙境一样，我最喜欢那里了。郁金香有清单的香味，闻起来令我浑身轻松，所有烦恼都没了，我学到了很多三原色、近大远小透视画法等相关美术知识呢！

——唐雨菲

2. 理论分析

写生不仅培养了学生的观察力，还能培养学生的审美能力。教师在教学写生的时候，为了让孩子们画得栩栩如生，都会让孩子们走进大自然，让他们有足够的时间去认真观察事物的特征，抓住一些细节的描写，使写生作品更加贴近大自然。通过长期观察，孩子们会在活动中感受到大自然的美妙神奇，会更加热爱大自然，更加热爱生活，也能从小受到美的熏陶和培养。所以，教会学生如何写生可以提高学生的审美能力，还能促进学生对大自然的热爱之情。

十、对策与建议

学习线描写生，首先要建立正确的观察方法，即整体观察和特征观察。整体观察就是从整体出发，把各个部分联系起来进行观察，线描写生是从局部入手的，但每画到一个局部，心里要想着局部与整体的关系，眼睛要关照部位的变化，不要眼光只盯着笔尖那么一点地方而不顾其他。例如画花朵，不要仅仅盯着花头部位，同时要用眼睛的余光去关照整体花形，花蕊、花萼这些相关部位，这样才能做出准确的判断，画准花卉。

特征观察，就是发现特征，细心勾画，如郁金香有高矮、胖瘦、曲直变化，花型各异，色彩更是千差万别，在写生中必须锻炼对各类物象形状特征的敏感能力。

根据观察到的形象去画。写生时，要忠实于自己的真实感受，并努力把这种真实感画出来，尽量不要把过去画简笔画的方法用于线描写生，克服简单化、模式化的毛病。

总之，只有用心观察，用情描绘，才能用自己独特的造型语言表现出郁金香的美丽和优雅。

（张玲玲）

课本剧《丑小鸭》的"演"与"学"

北京市燕山羊耳峪小学

摘要： 随着近些年戏剧在课堂中的传播和推广，戏剧以变幻的多种样式进入教育等领域，课本剧课程顺应课改要求，不仅能够锻炼学生各方面的能力，还能提升教师的专业素质，我们的传统文化也将得以继承。

关键词： 课本剧　语文　戏剧

一、内容描述

课本剧就是把课文中叙事性的文章改编为戏剧形式，以戏剧语言来表达文章主题。本课隶属于"综合探索"学习领域。本课在已有知识的基础上，更加广泛地利用本学科和其他学科的已有知识、技能，展开探究式、合作式、开放式的学习，进一步发展学生以语文、表演为基础的综合能力。本课重在通过引导学生结合美术、音乐等学科内容，以台词中的动作为主线，分析人物内心并运用在表演当中，通过这种形式让学生，更好地感受和体会课文中所表达的主旨。

二、活动策划方案

1. 学生情况

我所教的二年级学生，对于这篇课文并不陌生，多次阅读过童话故事以及课文，通过以往的学习，对于分析人物内心的方法有所掌握，并能运用语文知识与技能，来解决问题。不过学生当中还有一些孩子没有表演经验，偶尔出现怯场现象，他们通常缺乏大胆的想象和有个性化的尝试。

2. 教学方式：

观摩法：通过师生共同表演课本剧《丑小鸭》，让学生现场观摩，拉近与教学内容的距离。

提问法：通过问题引导学生，让学生体会人物内心。

合作法：通过小组合作完成课本剧的角色刻画，并集体参与汇报展演。

讨论法：通过小组讨论，让学生在自主探究的过程中，获得新知。

演示法：通过教师的示范，让学生通过示范直观地感受表现人物内心的方法。

对比法：通过相同人物不同同学的表演进行对比，选择更适合的方式展现人物。

3. 教学手段：PPT 展示及背景音乐衬托。

4. 技术准备：

(1)PPT 制作多媒体课件，丰富学生的视听感受 。

(2)利用"会声会影"软件，对视频进行剪辑，选取最直观最精彩的部分，以提高课堂效率。

5. 教学目标：

(1)知识与技能：通过对课本剧的综合学习，了解《丑小鸭》剧本的特点，增强学生认识能力，发展创造力和想象力。

(2)方法与过程：通过观摩表演、小组交流、合作探究等方法，让学生掌握课本剧动作表演的过程，并汇报进行彩排演出。

(3)情感态度与价值观：感受剧中的思想内涵，激发学生综合学习的兴趣。

三、活动实施方案

教学过程					
教学阶段	教师活动	学生活动	设置意图	技术应用	时间安排
创设情境	（一）上肢、面部动作练习 （二）基础练习数数、绕口令	跟随音乐进行活动 学生练习	通过活动进入课程，激起学生兴趣并把学生的身体、面部以及口腔活动开，更好地进行台词和动作练习。	PPT、背景音乐	5
温故知新	（一）作者介绍 （二）自述课文	阅读交流	通过复述课文快速进入情境。		5
新课讲解	（一）台词动作分析：鸭妈妈 （二）台词动作分析：鸭哥哥、鸭姐姐 （三）台词动作分析：丑小鸭	分析、合作交流 及时评价他人的表演效果 小组彩排练习	通过观摩表演、小组交流、合作探究等方法，让学生掌握课本剧动作表演的过程，并汇报进行彩排演出。		10
实践操作	（一）出示第一幕最后一节 （二）结合学生表演出示动作再次进行练习	学生交流合作表演 通过推敲再次进行合作表演	通过前面对人物内心活动的学习，加入自己的理解诠释角色的动作进行演出。		10
分享交流	对别人的表演进行评价，并且完善自己的表演	讨论交流	对别人的演出进行评价后汲取别人的精华完善自己的表演。		5
效果评价	对于当天所学的知识在表演中的表情、动作、台词等问题的评价	根据综合实际填表	对本次课程的效果进行评价。		2

教学过程					
教学阶段	教师活动	学生活动	设置意图	技术应用	时间安排
归纳总结	对整节课同学在动作方面的表演进行归纳总结	学生聆听并对于教师的归纳进行总结	对于本课知识进行系统总结。	PPT、背景音乐	2
拓展提高	对于第二幕人物台词进行提示并留作业进行分析		对于台词中的重点词汇进行自我提炼，并结合本课知识进行预习。		1

四、教学反思

课本剧是贯穿于中小学以及高中甚至大学的课程，通过对人物动作的分析理解人物内心，也对学生的语文知识和功底有了一定的运用与积累，大部分学生乐于展示自己的言行，给他们提供了舞台，对于有些胆小的学生更是一个锻炼的好机会。在课程当中，我注意以小见大，从很小细节动作，联系生活实际让学生们理解人物，不过对于表演过程的单调性以及学生选择人物的范围较窄也是今后课程中应该注意的地方。

五、活动成果

2015 年参加燕山羊耳峪小学校本课程展示。
2015 年参加燕山羊耳峪小学童话节微课程展演。

六、分析与评价

(一)活动反馈

学生通过基础能力锻炼以及操作演练对学生的理解能力和团队合作能力都有了提升，并提升了语言运用能力。了解课本剧的特点，增强学生认识能力，充分发挥学生的创造力和想象力，演绎角色。通过观摩表演、小组交流、合作探究等方法，调动了孩子对于表演的积极性，增加了对人物的认识。

(二)理论分析

维果斯基的建构理论认为，教师应该在课堂中扮演学生的引导者、合作者、支持者，教师应该为学生获得新知，搭建"脚手架"。他认为教师不应该包办学生的全部探究过程；另外，也不能对于学生的困难置之不理。在本课教学中，我遵循这一理论，为学生感受新知和探究新知，搭建多角度多层次引导学习，让学生在感受、体验、交流的基础上，探究新知，培养学生综合运用知识解决问题的能力。

七、建议

在今后的教学当中，可以融入更多的经典课文进行编演，也可以让学生加入剧本编排的活动中，提升他们自编自导的能力，教师从中进行指导。

（郑楠、齐鑫）

翰墨戏韵 艺美黑小

北京市门头沟区黑山小学

摘要： 自 2010 年至今，京剧在黑山小学的校园里孕育开花近七年了。七年来我校以"唱京剧扬国粹，促文明创和谐"为主题，开展京剧校本课程的研究，将其纳入教育教学中，纳入孩子的日常生活中。特别是近几年，我校围绕"文墨书山 和雅学园"办学愿景，以京剧搭台，将京剧艺术与语文学科传统故事相整合，弘扬国粹艺术，传承非遗文化，打造京剧精品特色课程，让翰墨戏韵溢满黑小和雅学园，引导黑小少年在潜移默化中得到真善美的熏陶。

关键词： 京剧 美育

一、开发目的

通过京剧校本课程的开发与实施，来提高学生对京剧的了解、体验及认知度，从而感受京剧艺术的博大精深，提高学生艺术鉴赏力；同时给在京剧方面感兴趣有特长的学生搭建学习平台、提供展示舞台、培养京剧人才。

二、师资方面

我校聘请了北京戏曲艺术职业学院余派女老生王文端，中国戏曲学院研究生花旦青衣李妍霏，老旦教师周美娟，净行演员段龙梦等几十名京剧专业教师分别对学生进行针对性授课，特邀京剧名家朱宝光任艺术指导顾问。

三、授课对象

一至六年级学生分老生、小生、青衣、老旦四个行当进行学习，同时开设京胡、京二胡等器乐课程。一、二年级组全体学生整班授课、三至六年级采取社团形式对特长学生进行授课。学校每年编写京剧读本，引导学生学习京剧知识。每学期保证有近 400 余名学生接触或深入学习京剧。

四、课程内容

培养学生的表演能力，建立自信心，在不同的场合比赛中都能展现自我，以艺术表演能力带动其他学科学习自信。开发校本教材、校本课程已是教学所需，为此我校开设了京剧精品课程，5个行当＋3门乐器京剧类特色课程，每门课每一学期有20余课时，每课时由戏曲知识、历史人物故事、唱段教唱、身段表演几部分组成，每课时均以教唱训练课为主。

五、课程展示

1. 连续四年承办门头沟区文委少儿京剧专场演出。
2. 编辑印制京剧校本课程读本3册。
3. 学校京剧精品课程被《北京日报》《教育圆桌》《门头沟区教育》《门头沟区校外教育》等多家媒体报道。
4. 2016年5月成为北京戏曲职业艺术学院教学实训和生源基地。
5. 输送京剧学生：杨腾（老生）、张铭（老旦）到戏曲职业艺术学院，多人次获得市级奖项并获北京市艺术之星等称号。

六、课程实施

（一）2014—2015 学年度课程

我校的京剧课除教授教育部规定的京剧进校园剧目外，还拓展了其他有教育意义的传统戏。

一、二年级老生唱段多采用现代戏，如《穷人的孩子早当家》《浑身是胆雄赳赳》，传统戏如《三家店》，在教唱这段唱腔的同时让学生了解历史人物，唱腔的吐字发声，唱腔板式。另外还教孩子们身段练习。

三至五年级老生课加大难度，从现代戏《智取威虎山》中学习了杨子荣这个英雄的唱段，《共产党员》及《红灯记·党叫儿做一个刚强铁汉》通过歌颂抗日英雄、歌唱共产党员，让学生了解今天的幸福生活是革命先烈用生命换来的。

在传统戏上，我校拓展了教育部规定外的剧目，比如：《四郎探母》《辕门斩子》《坐宫》《焚绵山》《武家坡》《辛安驿》《凤还巢》《贵妃醉酒》《霸王别姬》《铡美案》《赤桑镇》《辕门斩子》等。

近期我们将重点排练的内容如下：

课程内容	行当	年级
梨花颂	青衣	三年级至六年级
	老生	
《赤桑镇》片段	老旦	
	小生	
	青衣	
《卖水》片段	花旦	一级年、二年级
	青衣	
《文昭关》片段	老生	一年级至三年级
《京歌、誓为京剧写新篇》	青衣	一年级至六年级
	花旦	
	老生	
《儿童京剧，孔融让梨》	老生	一年级至六年级
	青衣	
	老旦	
	花旦	
	小生	
	娃娃生	
	丑	

增加课程：

1. 京剧校园剧《孔融让梨》
2. 增开京胡、京二胡和月琴三种京剧乐器课，增加学生京剧素养。

今后设想：

通过几年的实践，我们感受到京剧进课堂，不仅仅是为了培养小演员，孩子唱得好当然好，但不一定所有孩子都要会唱，我们的目的应该是让他们熟悉京剧、了解京剧，学会欣赏京剧。同时还应让学生在学习京剧曲目过程中了解京剧人物的特点，学习人物的美好品质，在潜移默化中受到教育。从授课内容的设置到教学环节的设计，我们的教师团队都精心安排。接触到一个新剧目，首先给学生讲这些人物的故事，再通过人物讲唱段，最后才根据剧情教表演，让孩子们在表演中体会人物，学习精神。这种授课方式也得到了更多家长的认可与支持。我们将从以下五方面为孩子们提供更多的帮助。

1. 说，让京剧贴近课堂

京剧中蕴含着大量的故事典故，学校利用学校课程，将《京剧典故》进一步深化，让学生在一个个生动的京剧故事中了解了古代文化精髓，加深对京剧的认同。开发京剧校园剧，编写京剧校本教材。

2. 画，激发学生兴趣

利用学校课外活动的绘画课，挖掘京剧脸谱、京剧瓶子、京剧盘子等生活中的京剧元素。要求老师带领学生从京剧脸谱说起，了解不同的色彩、图案对人物性格的不同作用。

3. 演，锻炼孩子能力

从欣赏到亲自上台唱京剧，是每个学京剧的孩子最渴望的。为此，学校积极为孩子们搭建平台。

4. 奏，开发学生智力

让学生接触京剧乐器，今后，学生唱学生伴奏将成为我校又一道风景。

5. 看，开阔学生眼界

积极组织开展与京剧相关的各种社会实践活动，如参观京剧团、走访名角、观看京剧、参与演出等。

2015年5月27日我们承办了区文委组织的《群众大民星百姓文化年之戏韵门头沟黑山小学少儿京剧专场》演出。10月16日北京日报的记者们走进了孩子们的戏曲课堂，并用大幅版面以《少儿京剧唱响门头沟小学》为题报道了京剧课程的开展情况，他们说："在黑小京剧课堂上孩子们的精彩表现，令我们欣喜，我们相信，在京西的小学校里搭建的这方京剧舞台会越来越大。"

(二)2015—2016学年度课程实施

我校在原有京剧社团基础上继续完善课程设置、提升授课质量，坚持打造特长学生参与的精品课程。第一学期，我校的《孔融让梨》代表门头沟区参与北京市阳光少年艺术节优秀节目展演，小演员于鸣涵、张家澍等多次登上大舞台。2016年5月27日，我校的第四届京剧专场演出"翰墨戏韵 艺美黑小"在区影剧院上演，再次博得满堂彩。

七、"十三五"期间京剧课程规划

锻造京剧品牌课程。弘扬京剧文化，让更多的学生了解京剧、喜爱京剧，进行仁爱礼智信的教育；引进专业教师，规范课堂教学，提升师资力量；与北京戏曲职业学院合作，建立基地校；不断创新，将京剧与其他学科有机融合，开发京剧校本课程读本，加强戏曲通识教育；积极申请京剧金帆团，为学生搭建更为广阔的发展平台，创造更多高端的展示机会，开发潜能，培养更多的艺术新星，弘扬国粹传统文化。

锻造京剧品牌课程计划

年度	年度任务
第一年	1. 筹备京剧金帆团申请工作。 2. 以语文学科为试点，将京剧艺术与语文教材中的传统故事相整合，创编校园课本剧。
第二年	1. 构建京剧与国家课程整合体系，将京剧与其他学科有机融合。 2. 深化与北京戏曲职业学院的合作。 3. 提升京剧课程品质，打造京剧艺术新星。 4. 申请京剧金帆团。
第三年	1. 通过游学等形式，加强交流，将京剧课程带出校门。 2. 为突出学生打造个人京剧专场。 3. 召开京剧与学科融合研讨会。
第四年	1. 在每年五月专场演出的基础上，召集黑小京剧校友呈现《翰墨桃李 戏韵黑小》京剧专场演出。 2. 完善京剧金帆团申请及建设工作。
第五年	梳理学校京剧精品特色课程实施历程，全面总结品牌创建，争取做全区推广。

京剧是我们的国粹，弘扬优秀的传统文化，学校教育有责任来担当。京剧课程已成为我校的特色课程，京剧的学习过程，是让学生感受京剧的独有魅力，引导学生喜欢京剧的过程；是引导学生参与各项体验活动，了解京剧艺术的主要表现手段，进行艺术实践的过程；是引导学生在艺术作品中去自我体验、自我发现、自我创造，培育学生美好的情操与健全的人格的过程。

伴随着孩子们的成长，我们深深感受到了学校开设京剧课程的价值所在。学习京剧绝不仅仅是使学生会演一部戏，而在于使他们在感受舞台、亲近艺术的过程中，传承中华美德，弘扬民族艺术，收获快乐，体验成长。

我们会一如既往地坚持下去，相信有教委前瞻性的领导，有了社会各方力量的支持，有老师家长的积极努力，京剧艺术之花一定会在黑山小学美丽绽放，同学们一定会在黑山小学快乐成长！

（毛莹）

下篇　中学篇

演绎校园生活　让青春无忧

首都师范大学附属云岗中学

摘要：我校"青春无忧"心理剧社团成立于 2010 年，社团本着"演绎校园生活，助力生命成长"的原则，关注学生生活事件，挖掘心理健康教育价值，培养学生分析和解决心理困惑的能力，力争为学生提供更加适切的自主成长的教育生态环境，促进其对生活的思考、对生命的感悟，并建立与人、环境及社会的有效连接，最终形成积极、和谐的生命成长状态。由于剧本内容贴近学生生活，学生自主性强等特点，深受学生欢迎，成为学生发展与成长的有力支持力量。

关键词：心理剧　朋辈教育　亲子关系　航天精神

多年来，经过师生共同努力，我校心理剧社团已发展成为一个成熟的社团，社团招募、日常管理等工作均规范化、系统化，并且每个学期都编演新的心理剧目，例如《告别灰暗》《"坏"孩子的天空》《友谊青春》，以及《父亲的身份》等。在师生的共同努力下，社团取得了一些成绩，多次在市区级比赛中获得名次。如 2012 年 5 月，在北京市第十五届学生艺术节中获心理剧三等奖；2013 年 10 月，在丰台区第十六届学生艺术节中获得校园剧项目三等奖；2013 年 11 月，获丰台区第三届校园心理剧大赛三等奖等。

云岗是中国航天事业的摇篮，它承载着几代航天人的奋斗与辉煌，然而成就的背后却包含着每个航天人及其家人的艰苦付出，其间的辛苦与牺牲令人慨叹与动容。作为云岗地区唯一一所中学，其生源大部分为航天系统职工子弟，为此社团决定以航天科技人员的家庭生活场景为蓝本，编演了一部心理剧《云岗一家人》，以此向为中国航天事业奋斗和牺牲的人们致敬！

本剧编演于 2012 年，在 2016 年 4 月 24 日我国首个"中国航天日"来临之际，社团将此剧在原有基础上重新改编，增加了新的时代元素，使之更加完善，并作为我校纪念航天日活动内容之一向全校师生表演，获得了一致好评。

一、学校艺术教育创新理念、思路与宗旨

（一）新理念

1. 集群背景下教育实践探索

2014 年，在多方支持和配合下，我校创办了"云岗教育集群"，将云岗周边的教育资源进行整合，本着"合作共赢"的原则，充分挖掘集群内部教育资源优势，加强合作，互通互用，形成区域教育一体化战略态势。航天科工集团第三研究院是教育集群内单位之一，其中大部分子弟就读于我校。由于航天工作驻外性和保密性特点，航天职工子弟群体在青春期阶段心理成长过程中，既有青春期个体成长的共同困惑，又有独特家庭背景产生的心理困惑，对这一群体学生开展有针对性的"精准"心理疏导是非常必要的。它不仅帮助了学生解决亲子关系中的矛盾冲突，而且协调了教育集群内成员单位间的互动，促进了集群建设。

2. 生涯教育基础上的职业感悟

2015 年和 2016 年我校参与了我区组织的"职业生涯我体验"和"职业生涯我规划"两项生涯教育主题活动。学生通过采访身边各种职业人，获取了大量直观的职业信息，有的学生还进行了相关的职业体验。本剧是对航天科技职业背后信息的进一步挖掘，通过对职业信息延伸，进一步开阔了学生的职业思维，深化了职业理解。

3. 实践活动中的艺术教育

心理剧是对学生现实生活的艺术加工，它不仅是学生生活事件的呈现，而且还通过艺术加工，如典型人物塑造、悬念设置和戏剧冲突等；心理剧技术，如镜映、角色互换、投射等，以及各种舞台表演技术等，使心理剧编演达到艺术境界。在实践活动中，培养了学生艺术塑造能力和欣赏能力，这无疑是无声而有力的艺术教育。

(二)活动思路

搜集信息：学生通过观察法和调查法搜集自己以及同学的家庭矛盾事件

问题筛选：学生对收集到的家庭矛盾事件围绕亲子主题进行筛选

矛盾聚焦：师生对多项事件中的矛盾进行汇总、分析，确定典型冲突

方案拟定：师生共同拟定编演方案，统筹安排各项工作，如剧本、演员、剧务等

剧本编写：学生围绕主题对素材进行艺术加工，如人物设置、典型事件、矛盾冲突等

剧本初排：演员排练，并准备服装、道具等

细节修正：经过初步排练，学生对任务刻画和情节设置进一步修改、完善

全面排演：正式排练以及合练

演出及录制：学生在礼堂进行展演，并录制视频，在电子宣传墙上播放

(三)活动宗旨

1. 生源性原则

心理剧选材必须围绕学生的生活事件，是学生在校园、家庭或社会遇到并对心理造成了一定困惑的事件。

2. 自主性原则

活动应以学生为主体，由学生自主管理。社团设有团长和副团长各一名，主要负责社团工作整体安排；下设"编剧部""演出部""剧务部(含服装、道具、灯光、布景等)"三个分部，各由分部长管理，各负其责。各环节工作几乎全程由学生自行组织安排，教师只承担必要的协调与管理工作。

3. 科学性原则

一方面将在剧目中体现一些心理学原理，帮助学生科学地解决心理困惑；另一方面还应运用心理剧一些技术进行表演，使心理剧更加具有影响力。

4. 正向性原则

心理剧最终结局应积极正向，向观众(学生)传达社会主义核心价值观、营造健康和谐的人际关系氛围、积极面对生活的态度和实现自我的生命价值取向等。

5. 综合性原则

心理剧活动应不拘泥心理辅导的功能，通过心理剧的各个环节活动全面

培养学生各项能力，如问题解决能力、沟通技巧、管理筹划能力、艺术表现力以及舞台策划能力等。

二、活动背景、动机

（一）活动背景

1. 区域职业环境背景

云岗地区是航天事业发展的摇篮，其前身为钱学森筹建的国防部第五研究所（后改名航空航天工业部等），为我国航天事业做出了突出的贡献。本地区汇集了一大批高精尖人才，是高知密集区域。由于航天工作的机密性要求，很多航天人都默默无闻地奉献，并且经常在试验基地从事测试、实验工作，常年离家，对子女和家庭照顾较少。

2. 家庭教育矛盾背景

由于地区职业种类较为单一，大部分家庭职业背景基本一致。亲子沟通常因父母出差而运行不畅，同时子女由此会产生分离焦虑、缺乏安全感、亲子关系疏离和教养方式不当等问题，尤其到子女青春期时矛盾更加突出。

3. 学生心理发展背景

根据埃里克森的心理社会发展理论，个体经历青春期（12～18岁）阶段时的心理危机是"自我同一性和角色混乱的冲突"，青少年面临新的社会要求和社会冲突而感到困扰和混乱。同时另有研究发现，在亲子关系中得到父母支持的青少年能更好地寻求自我同一性，而与父母发生冲突处理不良的青少年更容易出现各种情绪和行为问题。所以，必须帮助学生理解家长特殊工作特点，构建和谐的亲子关系，最终促进学生心理健康发展。

（二）动机

1. 调整学生对家长陪伴责任缺乏的认知，引导学生理解和支持家长的工作，平稳度过青春期。

2. 为学生揭示父母工作的神秘与神圣，帮助学生协调与父母的关系，营造原生家庭和谐氛围，提高学生成长必需的家庭动力。

3. 加强亲子间相互理解与支持，为云岗地区航天职工解决后顾之忧，为我国航天事业做贡献，且维护地区稳定。

三、活动策划方案

(一)活动目的

我校为纪念首个"中国航天日"而举办的"感受航天魅力，播种航天梦想"航天日大型主题活动。为了向中国航天事业表达敬意，心理剧社团特编演《云岗一家人》一剧参与演出，旨在弘扬航天精神和文化，激发学生航天梦想，并引导学生学会理解家长，增强亲子关系，为学生健康成长营造和谐的家庭氛围。

(二)活动对象

"心理无忧"心理社团全体成员(14人)

(三)活动时间

2016年4月24日

(四)活动地点

礼堂

(五)活动人员安排

1. 总策划：高子涵(团长，进度掌控、项目整体统筹、与学校沟通等)
2. 负责人：崔莹捷(副团长，负责财务、考勤和纪律维护)
3. 编剧部：杨旻璠(部长，负责编剧兼导演)、雄蕊、左鹏洋
4. 演出部：孔珊珊(部长，负责排练、演出)、周晗、申宇畅、赵世雄、李颖、王雪梅、雄蕊、左鹏洋
5. 剧务部：王奥童(部长，负责服装、道具、灯光、布景等)、肖自强、曾雯

四、活动实施方案(2016年2月22日—4月22日)

根据学校社团时间安排，心理剧社团活动时间为每周一下午第七、八节课，故《云岗一家人》编演进程为：

2月22日，安排《云岗一家人》重新编演的各部门任务

2月29日，审核、确定剧本；安排排演进度及商讨剧务安排

3月7日—21日，按部门分别工作(排练、场景设计等)

3月28日，第一次彩排

4月4日，排练

4月11日，第二次彩排

4月18日，第三次彩排

4月22日，在"感受航天魅力，播种航天梦想"航天日主题活动中演出

五、活动教学计划

时间	人员	场地	活动内容
2月22日	全体成员	心理活动教室	安排《云岗一家人》重新编演的各部门任务
2月29日	全体成员	心理活动教室	审核、确定剧本；安排排演进度及商讨剧务安排
3月7日	全体成员	心理活动教室	按部门分别工作（排练、场景设计等）
3月14日	全体成员	心理活动教室	按部门分别工作（排练、场景设计等）
3月21日	全体成员	心理活动教室	按部门分别工作（排练、场景设计等）
3月28日	全体成员	礼堂	第一次彩排
4月4日	全体成员	心理活动教室	排练
4月11日	全体成员	礼堂	第二次彩排
4月18日	全体成员	礼堂	第三次彩排
4月22日	全体成员	礼堂	在"感受航天魅力，播种航天梦想"航天日主题活动中演出

六、活动成果

本心理剧最早完成于2012年5月，曾参加"北京市第十五届学生艺术节"心理剧比赛，获得三等奖。

2016年4月24日为我国首个"中国航天日"，心理剧社团特将原剧目加以改编，增加了更多时代元素，形成更加精彩的一部心理剧，在校园"感受航天魅力，播种航天梦想"航天日大型主题活动中演出，获得了师生一致好评。

七、分析与评价

（一）活动反馈

1. 学生反馈（选录）

4月22日，我们心理剧社团为全校师生表演了《云岗一家人》心理剧，受到了大家的热烈欢迎，我非常兴奋。回想从开学到现在我们的排练过程，感觉既紧张又劳累。在本周一的最后一次彩排时，总感觉还是有些地方不尽如人意，所以这次表演前虽然我没有上台演出任务，但仍紧张得不行。可是看看导演杨旻璠还是挺平静的，我就努力让自己镇定下来，决心不能让自己的紧张影响其他同学的发挥。

这次排演心理剧对我影响很大，最重要的是锻炼了我的组织管理能力：将十几个来自不同年级的同学组织起来，不仅要遵守纪律，还要彼此配合，是一件不太容易的事情。我逐渐学会了观察每位同学的特点，发挥他们的特长，让他们逐渐投入到自己的工作上。在老师的提醒下，我学会了任用分部长协助管理，大大降低管理的难度。

我会相信在心理剧社团中逐渐提高团队组织管理能力的。

——高二(1)高子涵

这个学期好不容易有机会参加心理剧社团，因为在学校电子屏幕上经常看见心理剧社团表演的心理剧，我好羡慕啊，就特别想参加！能够进入这个社团我真的特别高兴！可是进了社团才发现除了我和其他四名同学是初中部的，其他都是高中部的，我好紧张啊，不敢和高中部的同学说话，所以又有些后悔参加这个社团了。

在社团活动时我们几个初中部的同学坐在一起，不怎么和高中部的同学交流。但是在团长的安排下，我和周晗坐在了一起，她对我很照顾。我分配到了一个群众演员角色，虽然有些失望，但是周晗劝我不要因为角色小就不认真排练，而且还鼓励我慢慢积累经验，练好本领才能争取更好的角色。所以，每次排练我都很认真。这次演出后，老师还表扬了我，我感觉特别自豪。

通过这件事我认识到，做事无论多么细小，都不要放弃努力，只要坚持就一定会有机会的。

——初二(3)王雪梅

我在心理剧社团负责剧务工作。因为自己的计算机玩得很好，所以觉得做一些字幕、视频剪辑、播放什么的都是小 case。但是没想到舞台展示除了需要制作作品外，还要和其他同学配合才能发挥作品最好的作用，否则再好的作品也没有什么现实价值。经过多次磨合。我终于能够将作品融入同学的表演中了，达到了非常好的效果。所以，今后我制作电子作品时一定要了解使用背景和他人的需求，这样才能使自己的作品达到更好的效果。

因此，没有最好的作品只有更适合的作品。

——高一（4）王奥童

2. 教师反思

我校心理剧社团组建已有六年时间，虽然时间并不长，但经过师生共同努力，它已逐渐发展成为管理规范、氛围和谐的团队，受到学生们的追捧。回顾社团发展，我认为它有以下几个方面的特点和价值：

（1）帮助学生解决一些心理困惑，助力学生成长

如《"坏"孩子的天空》引导学生发现自己的特长，树立自信心；《时间都去哪了》帮助学生发现家长的辛苦以及对我们无私的爱；《友谊青春》让学生学会换位思考，掌握沟通技巧等。

（2）为学生提供更开放的交流空间，充分发挥朋辈教育功能

多年来心理剧社团坚持在初一、初二和高一、高二年级招新，目的是让不同学段的学生聚合在一个团队，让每位成员都学会与不同年龄的人交流，更广泛了解他人差异，学会理解与尊重。

（3）尊重学生的特点与感受，树立自主发展意识

根据每位学生的特点以及个人意愿选择自我在社团承担任务，尊重学生的选择，培养学生自我管理能力与自主发展意识。

（4）关注各环节运行，培养学生更多元的综合实践能力

心理剧演出是社团每个人共同努力的结果，将每个环节都能够开发成培养学生能力的训练机会，例如编写剧本锻炼写作能力、沟通能力；排练可以提升表演能力、合作能力、管理能力；剧务锻炼统筹能力、合作能力、信息技术能力等。

除此之外，心理剧还有助于学生宣泄不良情绪、有助于塑造学生良好的行为模式等方面都具有明显的优势。

总之，随着经验的积累，我校心理剧社团工作会更加成熟，学生在心理剧编演过程中也会获得更多锻炼与成长。

（二）理论分析

心理剧是由精神病理学家莫瑞努（Moreno）1921 年提出的。他指出，在安全的氛围中，参与者通过在演出中体验或重新体验自己的思想、情绪及人际关系等，将心理冲突和情绪问题逐渐呈现在舞台上，以宣泄情绪、消除内心压力，最终达到干预参与者心理问题的目的。

其主要特点为：

1. 强调以"行动"来体会问题而非谈论问题

随着参与者肢体的开放，其心理也逐渐开放，易于感知和体会自我的心理感受和困惑，便于自我问题的觉察与疗愈。

2. 强调内容的自发性和原创力

莫瑞努认为，人类社会化带来自发与创作能力被压抑，使人面对问题时不能创造出适当的反应，从而造成心理问题。而心理剧为参与者提供了恢复自发性与原创力的机会，帮助人类解决心理问题。

3. 强调互动关系

心理剧呈现的是一种互动过程，它为参与者在互动过程中提供观察与自省的机会，有助于个体获得领悟与心理帮助。

八、对策与建议

俗话说，"学海无边，知也无涯"。心理剧工作的前景非常广大，有待继续深入开发。基于对我校心理剧多年开发经验的积累，我认为心理剧应在以下几个方面改进：

1. 社团建设与团队文化建设相结合

社团日常管理尤其是纪律管理难度很大，这一因素制约了心理剧社团规模的扩大，限制了其心理健康教育的辐射强度和广度。鉴于此，可以尝试将团队文化建设引入社团日常管理工作中，建立团队制度和管理规章。这样就可以增加团队数量扩大社团规模，加强其心理教育的普及工作。

2. 举办心理剧站展演周活动

先以年级为单位进行选拔，然后再全校表演，扩大心理剧辐射规模，引导更多学生关注和思考自我生活实践和心理感受，为学生提供更多心理困惑的解决方法，帮助学生获取更强大的心理成长能量。

3. 邀请家长参与心理剧活动

便于家长更加确切地了解学生心理，增进彼此间的理解与沟通，为学生提供和谐的成长环境。家长不仅成为心理剧的观众，而且还可以参与心理剧编演全过程，察觉自我在亲子关系中的问题，便于及时调整教育行为。

《云岗一家人》剧本(略)

活动记录表

日期	2016年3月28日	地点	礼堂	负责人	高子涵
主题	第一次彩排				

一、演出部和剧务部分别工作

1. 演出部排练；

2. 剧务部布置舞台。

二、彩排

1. 两部门合练，初步预演；

2. 各部门对彩排分析，并提出修改意见。

主要问题：

(1)演员间相互配合不默契，表演不连贯、顺畅；

(2)电子背景图案与道具不协调；

(3)没有字幕，使剧情展现有些唐突。

修改意见：

(1)演员排练时应整体排练，加强合作；

(2)重新设计电子背景，并增加文字提示和画外音。

材料准备	成员自带《云岗一家人》剧本
反思	现场效果比预想的好，但仍需加强相互配合。

（潘睿华）

"经纶小舞台"的百态人生

北京市陈经纶中学

摘要： 为有效提升学生的语文素养，将校本课程落到实处，2015 年 9 月，我校本部初中语文组开始了将话剧表演作为校本课纳入教学课程的尝试，将话剧表演有机融入学生语文学习生活的学生语文能力素养提升实践中。我校全体语文教师与学生一起自行开发课本、生活作为剧本，自导、自演、自行化妆、自制道具地进行话剧表演以扩充学生的语文学习生活，引领学生在话剧创作与表演中拓展文学阅读，体味人生百态。将校园剧纳入语文教学课程，将话剧表演有机地引入学生的语文学习生活，不仅激发了学生语文学习的兴趣，提升了学生的语文素养，还促进了学生表演、鉴赏、心理等综合素质的提高。

关键词： 校园剧　校本课程　开发　实践

一、学校艺术教育创新理念、思路与宗旨

艺术教育作为学校实施美育的重要内容和途径，其独特的功能和价值已经越来越受到人们的重视。但是，长期以来人们对美育和艺术教育在认识上的局限，一直是制约学校艺术教育健康发展的关键因素之一。2010 年中共中央国务院印发了《国家中长期教育改革和发展规划纲要（2010－2020 年）》，指出要"加强美育，培养学生良好的审美情趣和人文素养"，并提出了"促进学生全面而有个性的发展""探索发现和培养创新人才"等重要的教育理念，这对学校艺术教育在新的历史起点上的科学发展提出了更高的要求。北京市陈经纶中学在艺术教育中也做出了自己的探索和实践。

学校艺术教育不是要培养艺术家，而是要培养全面发展的人。学校艺术教育包括艺术类课程、艺术实践活动和校园文化建设等方面。学校艺术教育不是针对少数有艺术天赋学生的精英教育，而是面向全体学生的素质教育，具有规定性、普及性和奠基性的特征，符合各年龄段学生的身心特点和成长

规律，让每一个学生都能够在艺术的熏陶中成长。我们学校让每一个学生都享有公平的接受优质艺术教育的机会，学校的艺术活动和演出不仅仅是展示的舞台，更是教育的平台，关注每一个学生的需求，为他们提供满足个性发展需要的机会。

另外，学校艺术教育坚持社会主义核心价值体系，具有鲜明的导向性。学校艺术教育不同于社会大众艺术、流行娱乐艺术，凸显育人特质，用人类优秀的文化艺术来引领青少年"向真、向善、向美、向上"。学校艺术教育要让青少年从小就得到高尚健康的文化艺术的营养滋润，在灵魂中植入真善美的基因。

学校的艺术教育植根于中华民族优秀的文化，并努力传承民族优秀文化。文化艺术是一个民族生存的精神土壤，也是一个民族赖以维系的非物质纽带。传承中华优秀文化传统，弘扬伟大的民族精神，用人类文明成果哺育青少年，是学校艺术教育责无旁贷的职责。艺术教育具有重要的化育、熏陶、浸润的作用，对一个人的终身发展具有长远的、基础性的影响。同时，也是传承中华优秀文化艺术的最重要的途径和最有效的载体，对于建设中华民族共有精神家园具有奠基性的作用。学生能够在《蒹葭》的吟诵中品味诗经的魅力，在《一代诗仙》的表演中感受文人风骨，在《城南旧事》中品味北京的味道。我们努力通过艺术教育，对广大青少年进行中华民族优秀传统文化教育，让中华民族优秀文化薪火不断、世代相传。

二、活动背景、动机

语文是重要的交际工具，是人类文化重要组成部分。《普通高中语文课程标准》提到"语文课程还应通过优秀文化的熏陶感染，提高学生的思想道德修养和审美情趣，使他们逐步形成良好的个性和健全的人格，促进德、智、体、美诸方面的和谐发展"。随着基础教育课程改革的不断深入，校本课程资源开发已成为一个热点备受地方教育行政部门和各级各类学校关注。在这样的背景下，话剧创作与表演的课程便应运而生了。

为了有效提升学生的语文素养，将选修课程落到实处，2015年9月，我校本部初中语文组开始了将话剧表演作为选修课纳入教学课程的尝试，将话剧表演有机融入学生语文学习生活和能力素养提升实践中。我校全体语文教师与学生一起自行开发课本，以生活作为剧本，自导、自演、自行化妆、自制道具地进行话剧表演以扩充学生的语文学习生活，引领学生在话剧创作与表演中拓展文学阅读，体味人生百态。将校园剧纳入语文教学课程，将话剧表演有机地引入学生的语文学习生活，不仅激发了学生语文学习的兴趣，提升了学生的语文素养，还促进了学生表演、鉴赏、心理等综合素质的提高。

校本课开设过程中结出了丰硕的果实，2015 年 12 月，学生自创话剧《Are You OK》获得朝阳区孙静修杯学生讲故事大赛二等奖和"最佳表演奖"；《彩博士的秘密》获得北京市科学表演大赛一等奖并在朝阳区社团嘉年华中展示演出；《一代诗仙》《蒹葭》获得双语诗歌节一等奖，并搬上了朝阳区经典诵读的舞台。校园剧为学生丰富自我、施展才华、提高艺术修养及品位，完善校园精神文明建设，提供了重要的阵地；多姿多彩的生活，寓教于乐的活动，在学生成长的记忆中增添了一笔绚丽的底色。

三、活动教学计划

(一)预演剧目

《经纶魂》《Are You OK》《彩博士的秘密》

(二)选剧理由

《经纶魂》通过半真实、半夸张的故事，让学生们深刻理解到陈经纶中学的建校史是多么光荣，是先驱者用鲜血与汗水才换来的幸福。让学生们既懂得珍惜现在的校园生活，又深刻理解陈经纶先生对新中国教育、慈善事业的奉献和意义。在理解张德庆校长、贺小兵校长的教育理念及付出的情况下，更加热爱自己的母校并为之奋斗。

李信在全剧的心理变化可以代表很多学生的内心活动，李信很幸运地在理解许多事情后，发现之前的不幸是一场梦，他还有机会重新开始。而我们的同学在学习、表演这篇剧本时也应该认识到，自己现在拥有的时间是很多人永远无法重来的过去。努力学习，珍惜当下，铭记陈经纶的历史，在母校陈经纶带着荣耀与使命感，为中华民族的崛起而读书。

《Are You OK》在幽默风趣的故事中让学生感受到漫漫的正能量。冬天，在一个周末的晚上。一个普通得不能再普通的加班族刚刚下班，为了犒劳自己一周的辛苦，他去便利店买了一袋水果。可是却在回家的路上遇到了摔倒在地的老人，扶与不扶之间，展现着社会主义正能量。

《彩博士的秘密》中的彩博士是一位化学家，每天都在试图用各种各样的化学方法制造出各种各样的颜色，还想方设法保留起这些颜色，学生们很喜欢这位实验狂人。彩博士不仅自己做实验，还教给大家实验的方法和道理，他有两个学生，也是他的得力助手。他们一起在科学实验的海洋里遨游，提升知识，增长见识，但是彩博士的心里一直有一个未曾提起的秘密……这部剧作贴近学生生活，体现了学生对环境的关注。

三台话剧从不同角度展示了学生生活、人生思考，对于启发中学生从不同角度思考人生、正确把握人生价值具有较强的教育意义。

(三)排练设想

1. 演员选拔

鼓励学生独立创造剧本，不拘泥于剧本。针对剧中角色台词进行个性选拔，力求能充分领悟剧中角色形象与性格。同时在语言表达方面吐字清晰，在动作方面自然协调，能对角色的创造有开拓性。

2. 排练地点

经纶书屋

3. 排练大体时间安排

每周一放学后时间，4:40—5:30

每周三放学后时间，4:40—5:30

每周五放学后时间，4:40—5:30

四、活动成果

1. 2015 年 12 月话剧《Are You OK》获得北京市朝阳区"孙静修"杯讲故事大赛二等奖。

2. 2016 年 4 月话剧《彩博士的秘密》获得第 15 届北京青少年科普短剧汇演一等奖。

3. 话剧《一代诗仙》、吟诵作品《蒹葭》参加"双语诗歌节"获得一等奖。

4. 2016 年 5 月朝阳有线《校园万花筒》采访话剧社活动。

话剧创作和排演的过程中，与获得奖项相比，更为重要的是学生在话剧创作与表演过程中的收获与成长。校园戏剧鼓励学生的创造性，唤醒学生的主体意识。剧本创作的过程中鼓励学生原创，建议学生将自己的个性展现在剧作当中。校园戏剧的参与者大多是一些痴迷戏剧的人，他们因热爱戏剧而聚合，尽管不排除一些参与者是抱着各种功利的目的参加剧社，但实践证明当他们参与其中之后，剧社内浓厚的艺术氛围也往往能激发起他们对艺术的热情，渐渐忘却了最初的功利动机。当学生进入到戏剧营造的世界，便从现实的各种监控中抽身出来，在心理上暂别现实中无处不在的枷锁，心灵进入某种自由的状态，自我就会在这种状态下被凸显、被观照。

校园戏剧强调情感体验和交流，重视对日常生活的参悟。学习生活是学生以自我为基点，通过理解与体验从内心建立一种秩序。依据这种秩序，个体才能与世界构成一种良性关系。校园戏剧在实践过程中更强调体验性和与个人情感的关联性。当学生要饰演某个角色的时候，他总是通过"化身"的方式来创造角色。演员要反复钻研剧本，把握人物性格，体验情感反应，并不断寻求最适当的外部表现形式，在心目中形成明晰、完整的艺术形象。通过对舞台和角色的体验，学生能更多地体察到社会生活的纵横广阔，人性的瑰丽多姿，还能了解人类心灵所能抵达的深度，这种学习就不再是单纯的知识积累，更是一种情感的磨砺，眼界的提升，使学生对社会、人生和自我的认知不再流于表面和概念，而有一种更深刻的洞察。

校园戏剧能激发内心激情，张扬学生的个性。蔡元培先生指出："盖群性与个性的发展，相反而适以相成，是今日完全之人格，亦即新教育之标准也。"他还指出："要有良好的社会，必先有良好的个人，要有良好的个人，必先有良好的教育。"校园戏剧最大的功能就在于激发人的热情，让学生发现自我的价值。排练的过程就是不断激发学生的想象力，不断地激发内心激情的过程。演员与演员之间，演员与导演之间，演员与幕后工作人员之间必然有一个相互协调、相互合作的过程。因此，每个人其实都处于这样的一种境遇：一方面他要创造艺术，发挥自由的想象，表现他独特的个性；另一方面他要与他人合作，总是处于一种社会化的关系中，个体始终在协调自我与他者的关系。这个时候，社会的力量和个体的力量都不可能唯我独尊，以自身的合理来消解对方的合理，结果是个人既张扬了个性，释放了激情，又学会了如何与人相处与合作，真正体现了个体价值取向社会价值取向的统一。

五、分析与评价

（一）活动反馈

陈经纶中学本部初中原创话剧荣获北京市一等奖

作者：ling　来源：北京陈经纶国际班　发布日期：2016-04-01　浏览量：22

2016年3月25日，由共青团北京市委员会与北京市科学技术委员会以及北京市教育委员会主办，北京少年科学院与北京青少年科技文化交流服务中心承办的第15届北京青少年科普短剧汇演在什刹海孔子学堂举行，陈经纶中学本部初中原创话剧《彩博士的秘密》参加汇演并荣获北京市一等奖。

北京陈经纶中学国际部（http://www.51guoji.com/cjl/）报道：2016年3月25日，由共青团北京市委员会与北京市科学技术委员会以及北京市教育委员会主办，北京少年科学院与北京青少年科技文化交流服务中心承办的第15届北京青少年科普短剧汇演在什刹海孔子学堂举行，陈经纶中学本部初中原创话剧《彩博士的秘密》参加汇演并荣获北京市一等奖。

《彩博士的秘密》呼应大赛"传播绿色文明，共推城市发展"主题，是本部初中学生在"话剧表演与创作"校本课程学习过程中，在"经纶小舞台"平台上自编、自导、自演而生成的一部精彩话剧。故事发生于化学实验室，剧情将环境保护和化学实验结合起来。演出过程中，彩博士用紫甘蓝散出的一色双变与曼妙五彩杯实验让现场观众为之惊叹，演员发出的"保护环境，人人有责"、"少开车，多坐车"承诺和倡议更是引起观众强烈的共鸣。

本部初中语文教研组以"读"为主线，以知行话剧社、心语文学社、经纶论坛为基地，构建"读写"、"读演"、"读悟"三位一体阅读课程体系，让学生在阅读中愉悦快乐，在写作中分享心得，在表演中体会趣味，逐步养成学生阅读与写作习惯和能力。话剧《彩博士的秘密》是阅读课程体系建设成果之一，有效锻炼了学生表达能力，培养了学生环保意识，提升了学生科学探索兴趣。

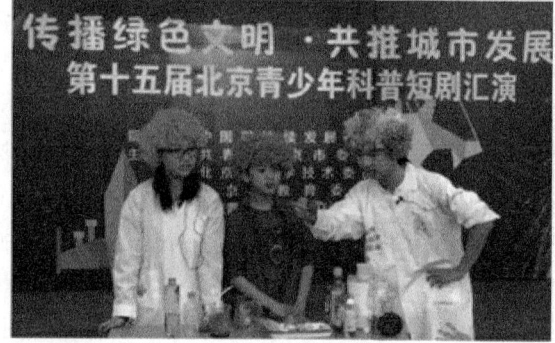

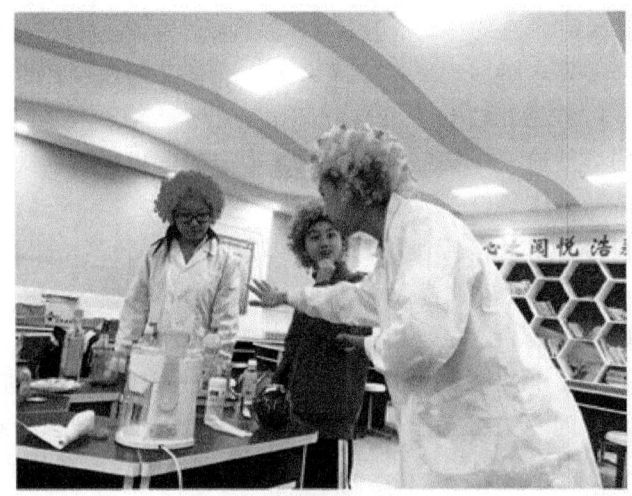

戏剧社排练

搭建个性平台　让学生自主成长

在陈经纶中学本部初中，学生会、志愿者联合会、学生科技协会和学生社团联盟等特色组织深受生的喜爱，学校通过这些组织搭建了学生自管自育的平台。

学生会是学校管理的一个重要层面，是学生自管自育平台的重要部分。学校放手学生会进行学生动的策划、组织和实施，有力提高了学生的自管自育的能力和意识，使学校的教育和管理更加贴近生，更有实效。

志愿者联合会每月确定一个活动主题，把全校师生团结起来，弘扬雷锋精神，把爱心和奉献带到园的每一个角落。

学生科技协会针对不同年级、不同兴趣的同学组织了多种类型的科技活动，有侧重校内普及的科节系列活动、专家讲座、纸飞机比赛、遥控车比赛、衍纸体验等，还有全国科普日体验、恩格贝沙科考、狮子座流星雨观测等进一步培养同学们兴趣特长的校外活动。

科协不少学生在北京市、朝阳区机器人大赛、金鹏科技论坛、青少年科技创新大赛等科技教育领重要赛事中崭露头角，收获颇丰。例如，单静轩同学的创新制作项目《带下降通道的可伸缩式柿子摘系统》荣获朝阳区青少年科技创新大赛一等奖；汪羽莹同学的研究项目《关于餐饮、家用废油定……

(二) 理论分析

使学生具有较强的语文应用能力和一定的语文审美能力、探究能力，形成良好的思想道德素质和科学文化素质，为学生的终身学习和有个性的发展奠定坚实的基础，是语文教学的根本任务，也是语文教师义不容辞的责任。

《普通初中语文课程标准（实验）》明确指出："通过优秀文化的熏陶感染，提高学生的思想道德修养和审美情趣，使他们逐步形成良好的个性和健全的人格，促进德、智、体、美诸方面的和谐发展。"话剧，作为一种独特的表演艺术，不仅可使学生在反复钻研剧本中把握人物性格，体验情感反应，并不断寻求最适当的外部表现形式，在心目中形成明晰、完整的艺术形象；还能使学生通过对舞台和角色的体验，更多地体察到社会生活的纵横广阔，更多地了解人性的瑰丽多姿，更多地了解人类心灵所能抵达的深度；更为主要的是学生在排练表演过程中，通过演员与演员之间，演员与导演之间，演员与幕后工作人员之间必然有一个相互协调、相互合作的过程，更能鼓励学生的创造性，唤醒学生的主体意识。

因此，我校语文组就有机地将校园剧作为校本课纳入高中语文教学课程、将校园表演有机融入学生语文学习生活。

校本课程即以学校为本位、由学校自己确定的课程。所谓校本，一是为了学校，二是在学校中，三是基于学校。为了学校，是指要以改进学校实践、解决学校所面临的问题为指向；在学校中，是指要树立这样一种观念，即学校自身的问题，要由学校中的人来解决，要经过学校校长、教师的共同探讨、分析来解决，所形成的解决问题的诸种方案要在学校中加以有效实施。

校园剧具有广泛的适应性与自由娱乐性，对一个不具备其他艺术才能的普通学生来说，凭着他们对校园剧的热爱，凭着他们对生活的直观把握和模仿力，就可以参与，以没有受过专业戏剧训练的学生作为主体的校园戏剧，天然地具有某种质朴的粗糙的草根味，它以自我娱乐为原则，在本质上更接近自由的游戏，这种只问过程，不问结果的单纯的快乐，对学生就更独具魅力；另外校园戏剧是一种低成本的活动，它不必像专业剧团一样花费大量资金来置办布景、道具、服装，一切可以因陋就简，只要有表演和观众，戏剧就可以成立。

将校园剧作为校本课程，有利于学生学习方式的改变，能为学生提供学习过程中的空间选择和内容选择，能体现教育内容的多元性和选择性。

课程目标：

1. 培养阅读古今中外文学作品的兴趣，从优秀的戏剧作品中吸取思想、感情和艺术的营养，丰富、深化对历史、社会和人生的认识，提高文学修养。

2. 形成良好的文化心态，学会尊重、理解作品所体现的不同时代、不同民族、不同流派风格的文化，理解作品所表现出来的价值判断和审美取向，做出恰当的评价。

3. 学习鉴赏戏剧的基本方法，初步把握戏剧的艺术特性。注意从不同的角度和层面解读戏剧作品，提高阅读能力和鉴赏水平。

4. 通过表演和创作戏剧的精彩片段，品味语言，深入领会作品内涵，体验人物的命运遭遇和内心世界，把握人物的性格特征。

六、对策与建议

1.传统戏剧的阅读、鉴赏、评价，可以借助校本课程，在教师的指导下，学会鉴赏、评价传统戏剧作品，把握传统戏剧作品的戏剧情节、主题思想、人物形象以及创作者的情怀。

2.教材课本剧改编、校园生活校园剧本创作可以让学生节选传统经典剧片段或将教材课文改编为课本剧，或原创师生校园生活的校园剧本开发出一系列校园剧，使之成为固定的校本课程。

3.戏剧表演对学生的学习有促进作用，他可以通过表演戏剧的精彩片段，品味语言，深入领会作品内涵，体验人物的命运遭遇和内心世界，把握人物的性格特征。

4.戏剧剧本本身具有一定的抽象性，让中学生直接阅读戏剧剧本把握剧情、分析形象、概括主题、体味人性是较大难度，学生通过表演来把握剧情、分析形象、概括主题、体味人性，就能化抽象为具体，寓教育于快乐。这是对语文戏剧单元教学模式的改革，对语文教学模式的一个创新探索。

5.校园剧表演让学生选择设计创作剧本内容，让学生自主体验作品的主题、情节与人物，对学生的学习方式也将是一次创新的探索。

（杨海龙）

方寸之间　创新无限

北京市第二十一中学

　　摘要： 我校把教师的专长、学校资源优势和学生的兴趣与需要三方面相结合，开发并实践出篆刻校本课程。以特色主题实践活动为单元，意在突出篆刻课程的传统文化、学科综合、实践应用等多重教育功能，提高学生审美水平和发现、体验、创造美的能力；培养德育、智育、体育、美育、劳育全面发展的学生；继承和发扬我国优秀传统文化，树立民族自信心和自豪感；实现我校"唯美"和"刻一方印章"的育人目标。

　　关键词： 篆刻　艺术　文化　创新

一、我校篆刻教育创新理念、思路与宗旨

　　随着社会的日益发展，科技的不断进步，信息时代的到来，人们的思维、生活逐渐被现代、新兴的事物占据，对于民族优秀传统文化如何传承与发展问题以及如何促进学生更健康、更全面的发展问题亟待解决。为此，党中央、国务办出台了一系列关于加强学校、学生教育，精神、文化传承的相关政策。我校的篆刻校本课程就是以党中央国务办文件和新课程改革为主要理论依据，以育人为本的教育理念为根本出发点，以传承国粹文化，激发学生学习兴趣，开拓学生创新思维为目的，将我校教师的专长、学校的资源优势和学生的学习兴趣与需要三方面相结合，自主开发并实践出篆刻校本课程。

　　篆刻艺术的传承与弘扬只靠篆刻家们来完成是远远不够的，民族瑰宝艺术应走向大众，让更多的人参与其中，齐心合力弘扬优秀的中华传统文化。中小学生课堂学习是一种最直接、最有效的途径。与篆刻专业有别，中小学篆刻课程目的不是培养高、精、尖的专业化人才，而是在于认识、了解篆刻相关基础知识，掌握篆刻基本技能，理解、认同祖国文化，为学生日后升学深造，扩大篆刻艺术文化影响奠定基础，为使优秀传统文化在信息化时代中依然能够绵延不断地发展做出努力。

　　根据新课改的基本实质与要求，我校的篆刻校本课程打破了复杂化、专

业化的传统教学模式，突出素质教育，由人文背景、知识与技巧、篆刻实践、成果评价四大块构建成课程总体系。课程最大特点就是将人文性、知识性与实践性三者有机结合，以 6 次特色主题实践活动为单元，突出篆刻课程的传统文化、学科综合、实践应用等多重教育功能，发挥学生的主观能动性，激发学生的创新精神，增强学生的实践能力。学生在实践中培养锲而不舍、持之以恒的精神，在创新中认识、体会、感悟、传承篆刻艺术文化。

二、篆刻教育背景、动机

我校篆刻校本课程的 6 次特色主题实践活动的设置是基于发挥学校教学资源、教师资源优势；尊重学生学习兴趣方向与知识接受与掌握能力；篆刻课程的普及性、全面性、创新性、实践性、综合性等特点；结合学校的办学特色和育人目标；将德、智、体、美、劳等多方面合为一体等几方面共同结合并提炼而出。我校篆刻校本课程将专业化的精英式教育转化为全体参与全面发展的普及化教育，为学生日后的专业化深造奠定基础，为传统文化的继承、发展、普及做出努力。一个单元设定一个主题，镌刻一方印章，不拘泥于传统素材的运用，突出学生主体地位，发挥学生主观能动性，激发学生兴趣，开发学生思维，挖掘学生潜能。学生通过篆刻课程的学习，不仅掌握了基本的篆刻知识与技能，而且通过篆刻内容和实践活动锻炼了精神品质和人格意志，获得了品德教育；通过对知识与技能的理解、掌握与内容、形式的创新，获得了智力教育；通过对篆刻技能的掌握与运用，和谐发挥学生身、手机能与力量，获得了身体教育；通过对经典印章的欣赏和自我印章的设计，提高了学生的审美水平和发现、体验、创造美的能力，获得了审美教育；通过自身实践得到成果展示，展现了双手创造美的精神，获得了劳动教育。篆刻是集书法、绘画、语文、历史等众多学科于一体的综合课程，学生通过一门课程的学习得到了广泛的人文知识，从而提升人文素养。

三、篆刻教育策划与实施方案

根据学前调查统计，我校上篆刻校本课程的学生除极个别外，其他都没有刻过印章，而大家选择上篆刻课是觉得这门课可以动手实践很好玩，为了增加学生的学习兴趣，激发学生学习主动性。我校的篆刻课程以党的十八届三中全会关于美育教育的部署与要求和新课程改革为主要理论依据，以育人为本的教育理念为根本出发点，让学生在课堂上快乐的"玩起来"，在玩中学习文化知识与篆刻技能。

在整个教育活动中，教师只是学习方向的引导者和解决学生学习疑问的解惑者。要突出学生主体地位，激发、鼓励学生有创造性思维，充分运用各种设计素材，给学生创新设计的权利，展现他们丰富的想象力和活跃的思维发散力。如印章中出现英文字母、单词、星座、卡通等文字和图像。

课程共 14 节课，前两节为基本知识与技法学习，之后分为 6 个单元，每个单元分 2 节课完成，共 12 节课。学生要随堂进行学习笔记的书写，并将学习心得体会书写于心得体会表栏内，这有效促进学生养成良好的学习习惯。学生在诵读、表演、竞猜、比赛等活动中以小组形式开展，明确组员分工，促进学生学习求识积极性，培养和锻炼学生团结合作意识与能力。

课程采用单元性评价，以各单元完成的作品为主要评价对象，也可适当对影响作品效果的因素进行评价。评价方式分为三种：其一，学生自评；其二，学生互评；其三，教师评价（主要针对学生的出勤、课堂表现、学习态度等进行评价）。

四、篆刻教育教学计划

工具准备：砂纸、篆刻刀、印床、印石、印泥、牙刷、镜子、毛笔（铅笔）、墨、宣纸、墨盘、报纸等。

活动名称	目标	地点	内容	成果	人数	时长
姓氏溯源与传承	探寻姓氏源流，传承中华文化。	课堂	1. 认识姓氏印 2. 了解自己姓氏历史 3. 设计、篆刻自己的姓氏印 4. 作品评价与学习总结	姓氏肖形印	30	2 节课
刻方名章伴成长	树立诚信意识，弘扬诚信美德。	课堂	1. 了解印章历史作用 2. 欣赏汉代经典印章，了解汉印形式、材料、内容等方面的多样化 3. 诚信演讲比赛 4. 姓名印的印面布局 5. 设计、篆刻自己的姓名印 6. 作品评价与学习总结	姓名印	30	2 节课

续表

活动名称	目标	地点	内容	成　果	人数	时长
花鸟鱼虫肖形印	感受万物之美，尊敬天地万物。	课堂	1. 认识肖形印 2. 了解肖形印分类 3. 设计、篆刻肖形印 4. 作品评价与学习总结	肖形印	30	2节课
寻访胡同刻瓦当	欣赏瓦当之美，感受瓦当文化。	胡同、课堂	1. 了解老北京胡同文化 2. 探究四合院里的瓦当 3. 瓦当的历史与分类 4. 瓦当风格入印 5. 设计、篆刻瓦当印 6. 作品评价与学习总结	瓦当印	30	2节课
崇实精神记心间	弘扬崇实精神，做优秀崇实人。	课堂	1. 了解崇实历史，探究崇实精神 2. 小组表演竞猜：我是合格崇实人 3. 设计、篆刻崇实精神成语印 4. 作品评价与学习总结	成语印	30	2节课
一日之迹惜光阴	学习珍惜时光，养成良好习惯。	课堂	1. 认识邓石如，欣赏"一日之迹" 2. "惜光阴"名言名句诵读小组赛 3. 设计、篆刻"一日之迹"印 4. 作品评价与学习总结	一日之迹印	30	2节课

五、篆刻教育活动记录

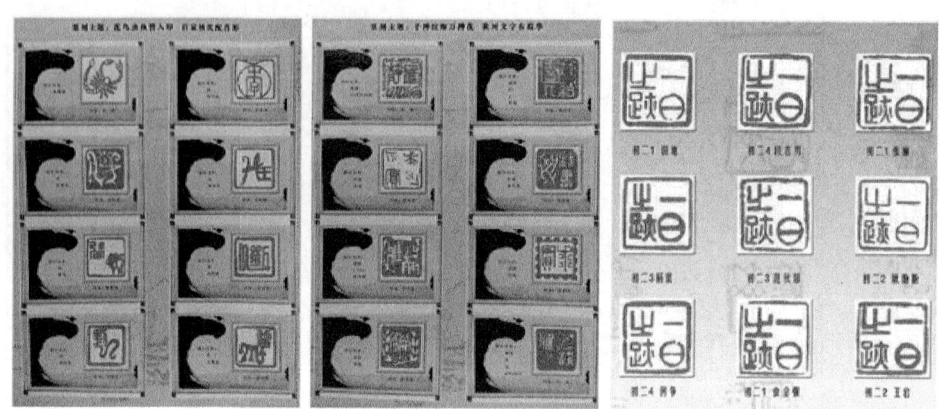

学生姓氏肖形印作品　　　　学生成语印作品　　　　学生"一日之迹"印作品

寻访胡同刻瓦当课堂教学记录

六、篆刻教育成果

我校通过篆刻课程的开发与实施，促进了学生学习方式的改善，满足了学生的兴趣爱好，促进了学生特长的培养。七年的篆刻校本课程，使学生们在篆刻出了一方方印章，完成了一件件作品的同时，也提高了个人动手实践的能力，更丰富了校园文化。学生们多次在区、市级艺术节等各种比赛中荣获金、银等诸多奖项，使学校也获得了良好的社会评价。

2012 年，我校的《篆刻》教材荣获了东城区基础教育课程建设优秀成果二等奖；2012 年，《方寸之间，有大教育——我校篆刻校本课程建设的实践与研究》荣获了第四届北京市基础教育教学成果奖三等奖；2012 年，"篆刻校本课程的开发研究与实践"被列入东城区"十二五"教育科学规划 2012 年度课题并荣获一等奖。2010 年 12 月《成长读者》第 12 期介绍了我校的篆刻课程的成果，中国语文报刊协会规范汉字书写专业委员会 2012 年第十二期《汉字书写》对我校的篆刻课程进行了题为《方寸之间有大教育》的报道。

（刘鹤）

语文实践活动中的审美

北京市第二十二中学

摘要：艺术教育重在学科内外的联系，重在学习过程，注重激发学生的创造潜能，能较好地整合知识和能力，尤其有利于在实践中培养学生的观察感受能力、综合表达能力、人际交往能力、收集信息能力、组织策划能力、互助合作和团队精神等。同时人生需要美，需要发现美的眼睛，仅靠书本所学，远不能体验生活之美、文化之美、人性之美。本文主要是探讨高中语文综合实践活动对于学生语文素养的培养，对学生审美能力的启迪。

关键词：语文实践活动　审美能力　美育功能

一、活动背景

面对中、高考改革的严峻形势，学生需要接触越来越多的中华传统文化，所以学生需要走出书本，走出教室，走出校门，走进广阔的社会大课堂中，多方面多层次地学习来自生活中的传统文化，相信对于他们能力的提升会更有助益。同时人生需要美，需要发现美的眼睛，仅靠书本所学，远不能体验生活之美、文化之美、人性之美。但从教学实际看，开展内容丰富、形式多样的语文实践活动仍是语文教学的一个薄弱环节，现在的语文教学在很大程度上将学生禁锢在课本、课堂这样一个相对狭小的空间，限制了学生语文综合能力及美育的发展。

为深化语文教学改革，丰富同学们的课余文化生活，根据市里统一安排，东城区教师研修中心为学校戏剧活动提供了展示的舞台，举办2015年东城区语文戏剧展演活动。活动得到了许多学校的积极响应，师生们在校园里开展了不同形式的戏剧活动，其中既有同学们创作的课本剧，也有重现的经典剧目。北京市第二十二中学、北京市第二十一中学联盟校的师生根据部分初中课文科目内容创编了一出剧目——《文·趣》。

二、剧本

话剧《文·趣》

人员分配：

陶渊明　张陌原

刘禹锡　郑旭辰

周敦颐　王嘉睿

杜甫　　焘奇

主线人物 1　杜玉

主线人物 2　刘祎

孔子　李明轩

子路　郭莹

颜回　于佳溪

同学 1　程艾婷

旁白　许帆

子夏　许帆

第一幕

时间：2015 年的一节语文课

地点：教室

所需道具：桌椅两套、语文书、铅笔袋

布景：舞台中央放置两把桌椅，上面放上两本语文书，铅笔袋（其中几只笔在外面）

演员：杜玉、程艾婷、许帆

（杜玉和同学 1（程艾婷）坐在椅子上）

旁白："在上语文课之前，杜玉和同桌正在聊着天。"

同学 1："唉，杜玉，你今天怎么又没写语文作业？昨天老师背的《爱莲说》你是不是又没背呀？亏你还是杜甫的第 20 代子孙呢，怎么就对语文一点兴趣也没有？"

（扭头看向杜玉）

杜玉："我就是不想写语文作业，不想背书！文言文有什么意思呀？看都看不懂，背了又有什么用？"

（说话时拿起语文书翻了翻，随后烦躁地把书扔在了桌子上）

同学1："可是……你要是这样学下去的话，以后考试怎么办呀？"（作担忧状）

杜玉："考试……唉，语文也就用来考考试了，还能有什么用？老说中国文化博大精深，我怎么就没看出来呀？"

（作不屑状）

同学1（警惕地扭头看了看门外，拍了拍杜玉的肩）："别说了别说了，语文老师来了！"

（整理了一下桌子上的东西）

杜玉："啊，怎么又是语文课呀！不想听！不想听！还是睡觉吧。"

（打了个哈欠，趴在了桌子上，语气厌烦轻蔑）

第二幕

时间：2015 年

地点：杜玉家

所需道具：桌椅一套、书包、语文书

布景：舞台中央放置一把桌椅、PPT 背景是杜甫的照片和杜甫一首著名的诗、书柜上摆满了杜甫的诗集

演员：杜玉、刘祎（小精灵）、许帆（旁白）

旁白："放学了，杜玉背着书包一蹦一跳地回到了家中。"

（杜玉一蹦一跳地跑回了家，将书包甩在了椅子上）

杜玉（激动地说）："终于回家了！老师又留了一堆作业……真烦！（打呵欠）不过我可不管那么多，先睡一觉再说，困死了！"（说罢便趴在桌子上呼呼大睡了起来（此处需要配音））

（杜玉睡着睡着，将语文书碰掉在了地上）

（小精灵（刘祎）从台侧走出，作摔倒状）

小精灵："哎哟！就这么把我扔在地上，有这么对待语文书的吗！"

（叉腰作生气状）

小精灵（摇了摇杜玉的肩膀）："嘿！杜玉！醒醒，醒醒！"

杜玉（迷迷糊糊地醒了过来，看到房间里面有个陌生人后吓了一跳，从椅子上摔了下来）："你你你……你是谁呀？！"（作惊讶状）

小精灵："我是谁？哼，我就是你的语文书呀！我可是每天都陪着你一起上语文课的！"

（转了一个圈，作调皮状）

杜玉："怎么可能！"（作惊讶状）

　　小精灵(跳过去给杜玉看了看自己的衣服)："不信你就看看，这都半个学期过去了，我的衣服还这么新，你怎么一点笔记也不记呀？"

　　杜玉(双手交叉抱于胸前，作不屑状)："我连课都懒得听，还记什么笔记？学语文有什么用呀？"

　　小精灵(跺脚，作生气状)："你说有什么用？你不是不喜欢文言文吗？来来来"(推着杜玉)

　　杜玉："干吗？"(不情愿)

　　"我还困着呢!"

　　小精灵(认真、耐心的)："你听我给你讲呀!"(杜玉点了点头)

　　"就在刚刚结束的习主席访美中，习大大在西雅图欢迎会中的演讲，就引用了诸多古文。就比如这一句吧，——中国人在2000多年前就认识到了'国虽大，好战必亡'的真理。中国历来奉行防御性国防政策和积极防御的军事战略。我愿在此重申，无论发展到哪一步，中国永远不称霸，永远不搞扩张。(顿一顿)这句话中的'国虽大，好战必亡'是什么意思，你知道吗？"

　　杜玉："嗯……国家即使再强大，如果好战也会灭亡？"

　　小精灵(赞许地点点头)："对，简单来说就是好战的国家必然灭亡，这句话出自《司马法》，这是我国古代重要的兵书之一。它辩证地分析了战争与国家兴衰的关系。你看，习主席只用了短短7个字便解释了为何奉行防御性国防的原因，这是多么精辟，由此可见古人的智慧啊。同时，习主席还在告诫那些总是想挑起战争的国家，要考虑考虑后果。"

　　杜玉(恍然大悟)："哦……我明白了，原来是这个意思，真是太妙了!"

　　小精灵："看来你终于看到古文的神奇了，我刚刚给你举的例子只是中国文化中的沧海一粟。你可别忘了，中国是有着几千年文化的文明古国，经过无数岁月的积淀的语言，是无比神奇与深奥的。(顿一顿)你不是还没背《爱莲说》吗？"(杜玉点了点头)

　　"这样吧，我带你去拜见拜见周敦颐老先生吧!"

　　杜玉(惊异的)："啊，这怎么可能!"

　　小精灵(神采奕奕的)："走着!"

　　(小精灵和杜玉作穿越动作)

第三幕

时间：北宋

地点：周敦颐府莲花池旁

所需道具：PPT 一座假山或一扇门

布景：PPT 背景荷花池

演员：杜玉、刘祎(小精灵)、张陌原(陶渊明)、郑旭辰(刘禹锡)、王嘉睿(周敦颐)

(杜玉、小精灵穿越到了周府荷花池旁)

小精灵："杜玉，杜玉，你知道这是哪儿吗？给你个提示，语文老师讲过的。"(戳了戳杜玉)

杜玉(摇了摇头)："我哪知道？语文课我听的都是东一句西一句，早忘了。(停顿)不好意思，我再仔细想想……"

杜玉(不由得挠了挠头，仔细想了想)："我似乎有点印象(停顿)……哦！我想起来了，这里不会就是周府的莲花池吧?!"

(杜玉和小精灵跑过去看)

小精灵(满意地点了点头)："你说对了，这里就是周府的莲花池。"

杜玉："哎呀，这也太漂亮了吧！"

(远处有脚步声传来，小精灵侧耳听了听，拽了拽杜玉的衣角。王嘉睿上场)

"杜玉，有人来了，我们先躲起来吧！"(两人猫着腰悄悄躲至假山石后)

(周敦颐缓步走至场中央，看着池中的荷花)

周敦颐(背着手，缓缓道来)："啊，予独爱莲，出淤泥而不染，濯清涟而不妖，中通外直，不蔓不枝，香远益清，亭亭净植。噫！菊之爱，陶后鲜有闻。莲之爱，同予者何人？牡丹之爱，宜乎众矣。"(无奈、惋惜)

杜玉(拍了拍小精灵的肩膀)："他这话什么意思?"

小精灵："就是说，对于菊花的喜爱，陶渊明以后很少听到了。对于莲花的喜爱，像我一样的还有什么人呢？对于牡丹的喜爱，那当然是有很多的人了。"

杜玉(恍然大悟)："哦！我明白了，老先生这是在借物喻人吧！借莲花的出淤泥而不染喻他自己在污浊的世间独立不移，永远保持清白的操守和正直的品德。"

小精灵(赞许地看了看杜玉，点了点头)："说对了！你悟性很高嘛！"

杜玉(激动、得意地提高了声音)："那还用说?"

(周敦颐察觉到假山石后有人，便转身走了过去)

周敦颐(警惕地喝问)："谁在那里?!"

(小精灵和杜玉从台侧走至台中央)

小精灵："茂叔先生，我们是来自21世纪的小精灵和杜玉。我们十分敬佩您的才识与高尚的节操，今日特地登门拜访，不知是否打扰先生了?"

周敦颐："原来是这样，不打扰不打扰，二位正好可以与我一同赏荷。"(摆摆手)

杜玉（小声地）："小精灵，这个周敦颐好像不太支持陶渊明的看法耶……我记得这学期我们学了一篇《桃花源记》就是陶渊明写的，《陋室铭》和《桃花源记》好像表达的也是同一个意思。"

小精灵："是呀，要不我施个法，让陶渊明和刘禹锡也来聚聚，让大家争论一番，这样也或许更有意思！"

杜玉（激动地）："好呀好呀！快变！快变！"

[小精灵做施法动作，张陌原、郑旭辰（陶渊明、刘禹锡）上场]

周敦颐（惊讶地看着刘禹锡和陶渊明）："你们是谁？"

刘禹锡、陶渊明（惊讶地看着周敦颐）："我是陶渊明，《桃花源记》的作者。"

"我是刘禹锡，《陋室铭》的作者。"

周敦颐："原来是梦得和元亮兄！久仰大名！我是周敦颐，创作了《爱莲说》。"

小精灵："你们好，我们是来自未来的小精灵和杜玉。"

杜玉（迅速出来纠正三人已经跑偏的话题）："据说你们三个人在乱世中的态度是不太相同的？"

陶渊明："是的。土地平旷，屋舍俨然，有良田美食桑竹之属，阡陌交通、鸡犬相闻。其中往来种作，男女衣着，悉如外人，黄发垂髫，并怡然自乐。这是我理想中人们的生活状态，与外面的乱世是截然不同的。我虚构的世外桃源成为人们的精神寄托，使人们在痛苦中找到寄托，得到安慰。同时也反映了广大人民反对剥削压迫、反对战争的愿望。"

刘禹锡："斯是陋室，惟吾德馨。苔痕上阶绿，草色入帘青。谈笑有鸿儒，往来无白丁。可以调素琴、阅金经。无丝竹之乱耳，无案牍之劳形。我所颂扬的是'惟吾德馨'，充分证明了'陋室不陋'，我想要展现的是我安贫乐道的生活态度和高洁傲岸的道德情操。"

周敦颐（看向陶渊明，微激动）："在此我要反驳一下陶兄与刘兄，你们二者虽然都有高洁的志向，可始终都是隐居了起来，并不与外界接触，消极避世。而我认为人需要'出淤泥而不染，濯清涟而不妖'。"

（在三人争论的过程中，杜玉和小精灵一直在旁边仔细听着）

杜玉（恍然大悟）："哦，原来是这么回事，每个人对待同一件事物都会有不同的看法，自然写出来的文章也就各不相同了，同为乱世，三人都有着不同的看法，所以才有了这三篇不尽相同的文章，古文真是深奥。"

小精灵（赞许）："你真是聪明！现在，我们去看看与你同姓的诗圣杜甫先生所生活的乱世吧！"

（王嘉睿、张陌原、郑旭辰下台）

（小精灵和杜玉作穿越动作）

第四幕

时间：唐

地点：泰山

所需道具：

布景：PPT做出泰山的背景

演员：杜玉、刘祎、焘奇、许帆

旁白："小精灵和杜玉穿越到了山东、河北一带，他们在此看到了泰山。"

小精灵（指向远方，跳了起来）："杜玉，杜玉！你快看，那就是泰山，诗人杜甫的《望岳》就是在此创作的。"

杜玉（激动地）："哇！那就是泰山？好雄伟呀！"

杜甫：（焘奇（杜甫）一边走上台一边吟诵道）

"岱宗夫如何？齐鲁青未了。造化钟神秀，阴阳割昏晓。荡胸生层云，决眦入归鸟。会当凌绝顶，一览众山小。"

［专心地看着泰山（与小精灵和杜玉有些距离）并没有发现小精灵和杜玉，朗诵完后下台］

杜玉（惊讶地）："咦?! 这首诗好耳熟……我好像学过的样子……"

小精灵（生气地拍了一下杜玉的头）："你当然学过！这可是你老祖宗杜甫写的诗！"

杜玉："哦哦哦我记得了，是《望岳》。"

小精灵："这首诗是作者青年时所作，是现存杜诗中年代最早的一首。24岁的杜甫开始过着一种漫游生活，诗中的字里行间都洋溢着青年杜甫那种蓬勃的朝气。以泰山和诗人的志向作对比，以泰山之宏伟烘托了诗人志向之远大，表现了一种高瞻远瞩的气魄。"

杜玉："哦，我明白了，也就是借泰山来抒发杜甫的志向。"

（恍然大悟）

小精灵："那你知不知道为什么后世将杜甫的诗称为'诗史'吗？"

杜玉："诗史……也就是他的诗描写了历史？"

小精灵："准确来说是我们可以通过杜甫的诗来了解唐朝的历史，杜甫生于公元712年，他青年时正值大唐盛世，而自755年起，安史之乱爆发，唐朝走向衰落，可以说，杜甫的诗，也就是唐朝的兴衰史。"

杜玉："哦，是这样。那《春望》这首诗便是描写的安史之乱时的唐朝了？"

小精灵："对，那我们一起去看看那时的长安吧！"

（小精灵和杜玉作穿越动作）

第五幕

时间：唐

地点：长安

所需道具：

布景：PPT做出长安城破败的背景

演员：杜玉、刘祎、秦奇、许帆

旁白："小精灵和杜玉穿越到了长安，却看到了长安城一片破败的景象。"

杜玉："啊，长安城怎么是这样！在我的感觉中长安城是非常宏伟的，怎么会是现在这一片破败的景象？"（十分惊讶、惋惜）

小精灵："因为安史之乱爆发，公元756年安史叛军攻下了长安，战火连绵不断，民不聊生，诗人也在去往投奔肃宗的过程中被捕，诗中明确写出了战乱带给人民的劫难也抒发了诗人忧国忧民的思想感情。"

杜甫：（上场，满面风霜、衣衫褴褛地、充满担忧地朗诵）

"国破山河在，城春草木深。感时花溅泪，恨别鸟惊心。烽火连三月，家书抵万金。白头搔更短，浑欲不胜簪。"

杜玉：（指着杜甫）"小精灵你快看！杜甫老先生又出现了耶！我们快追上去和他聊聊！"（小精灵和杜玉跑到杜甫旁边）

杜玉："子美先生！（鞠躬）请等一等！我们来自21世纪，我叫杜玉，是您的第20代子孙，我们想和您聊聊，不知道您有没有时间？"（一把拽住杜甫）

杜甫："哦？好啊好啊。"（吃惊）

杜玉："请问你对现在的唐朝有什么看法呢？"

杜甫："……"

杜玉："原来是这样，怪不得您的诗被称为诗史，以前家中随处都摆满了您的书，但我却还总觉得与您距离很远，通过这次的接触，不光是对您，还是对语文，我都有了更深的兴趣，谢谢您！"

杜甫（面带微笑、鼓励地说）："杜玉，你看你的名字就很好，一个玉字就能包含许多优秀的品格，希望你可以如玉一般，温润、坚强、洁身自好。但要记住，玉不琢，不成器呀！"

杜玉："我明白了！谢谢您！再见！"（用力地挥了挥手）

小精灵："通过你的祖先，你更深刻地体会到中国文化的魅力了吧？既然看过了乱世，也读过了诗史，那接下来我们就去拜访拜访孔子他老人家，去探究治理天下的方法，了解孔子对于大同社会的理想吧！"

　　杜玉："好呀好呀！我们快去吧！"

（小精灵和杜玉作穿越动作）

第六幕

　　时间：战国

　　地点：杏坛

　　所需道具：

　　布景：PPT 做出孔子杏坛讲学的背景

　　演员：杜玉、刘祎、李明轩、郭莹、于佳溪、许帆、程艾婷

（郭莹、于佳溪、许帆三人跪坐在台中，李明轩站在前面）

（杜玉和小精灵悄悄跪坐在旁边，静静地听着）

　　旁白："在这次旅途的终点，杜玉和小精灵来到了孔子讲学的杏坛，快来听听他们都在讲些什么吧！"

　　孔子："大道之行也，天下为公。"

（郭莹、于佳溪、许帆、程艾婷、李明轩五人齐读）："大道之行也，天下为公，选贤与能，讲信修睦。故人不独亲其亲，不独子其子，使老有所终，壮有所用，幼有所长，矜、寡、孤、独、废疾者皆有所养，男有分，女有归。货恶其弃于地也，不必藏于己；力恶其不出于身也，不必为己。是故谋闭而不兴，盗窃乱贼而不作，故外户而不闭，是谓大同。"

　　杜玉："大道之行？这是什么意思？难道是许多人在一条大马路上一起走？"（挠挠头，一副困惑的样子）

　　小精灵："哈哈！你这理解有意思！你接着听，看看孔子是怎么讲的吧！"

　　孔子（面对学生，提问）："你们谁知道大道之行，天下为公，是什么意思？"

　　颜回（起立）："意思是在大道实行的时候，天下是人们所共有的。"

　　孔子："对，那谁又知道我们追求的是一个什么样的社会呢？"

　　子路："嗯……（起立）因为现在正值乱世，民不聊生，所以《大道之行也》中的理想社会，就是根据现在的社会现实构想出来的，是一个没有阶级、没有剥削和压迫，人人平等的社会，是一种理想的社会形式，是对美好社会的构想。"

　　孔子（赞许的）："嗯！你说的很好！在当今的社会，能够做到这样……实在是难呐！当今的社会，动荡不安，尔虞我诈，人人自危，盗贼横行，与大同社会的和平安定实在是相差甚远呐！"

子夏（起立）："老师，那我们应当如何治理国家呢？"

孔子（呵呵一笑）："治理国家？那还离你太远。古之欲明明德于天下者；先治其国，欲治其国者，先齐其家；欲齐其家者，先修其身；欲修其身者，先正其心，也就是端正思想。之后完善自我修养，进而才能使家庭整顿有序。然后国家安定繁荣，最终才能使天下平定。修身齐家治国平天下，就是这个意思。"

杜玉："原来是这样联系的，人们在乱世中生活的非常不好，所以就极其盼望一个美好的大同社会，大道之行就是这样产生的。"（恍然大悟状）

小精灵："另外，在1998年美国克林顿总统访问西安时的讲话，也引用了《大道之行也》，我来给你说说。"

"原话是这样的：让我们给《礼记》这本历史古书的文字赋予新的意义：当大家走伟大的道路时，世界所有的人都将是平等的。

"克林顿所说的'当大家走伟大的道路时，世界所有的人都将是平等的'是《礼记》的《礼运》篇第一句话'大道之行也，天下为公'。"

杜玉："啊，原来是这样。"

小精灵："好了，时间差不多了，我们也该回到现实世界去了，杜玉，你看中国文化是如此的博大精深，是如此有趣，常言道'半部论语治天下'，由此可见我国古人是多么的有智慧，这传承了千年的文化，可不要从你们这一代消失哦，我们还会再次相见的，杜玉，再见！"（朝杜玉挥手，在灯光黑掉之后跑下台）

（灯光再次亮起，台上只剩下了杜玉）

杜玉（躺在舞台上，假装刚醒，一本语文书放在他旁边）

（拿起语文书，喃喃自语）："玉不琢，不成器，我记住了。原来，语文是如此有趣。我一定要好好学习，不辜负老祖宗对我的期望！一本小小的语文书，承载着中国几千年的文化，也启迪着现代的中国，更影响着未来的世界。让我……"

（刘祎出场）"我。"

（王嘉睿出场）"我。"

（李明轩出场）"我。"

（郑旭辰出场）"还有我。"

（张陌原、焘奇、程艾婷出场）"我们。"

（许帆、于佳溪、郭莹出场）"还有我们。"

（分）学好语文知识，

（分）传承民族文化，

（分）弘扬时代精神，

（齐）开创精彩未来。

（完）

三、活动成果

《文·趣》获东城区 2015 年语文戏剧展演活动特等奖；现已报名参加东城区十九届艺术节的比赛。

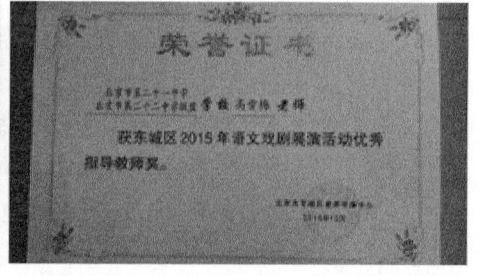

四、分析与建议

中国传统文化是千百年的历史积淀，它早已融进了中华民族的血液里。时至今日，传统文化已经渗透进了生活的方方面面，我们只有通过丰富的实践活动，才能细致入微地体验传统文化，感受文化之美，进而传承文化精髓。

语文是表达情感，交流思想感情，传递文化的工具，它具有两个特性，一是语文能力的形成，二是人文精神的锻造。"一个民族总是把自己全部的精神生活的痕迹珍藏在民族语言里。"（乌申斯基）新课程背景下，我们在强化语文课堂教学的同时，更应该给学生创造更丰富的实践活动的空间，引导孩子从中体味思想之美、文化之美，感受母语的力量，发展良好的个性，培养健康的情感。

（张冬梅）

《青鸟》飞翔

北京市第一六六中学

摘要： 在北京市第一六六中学这所百年老校里，我们一直进行着戏剧普及的工作。在金帆话剧团十周年之际，我们特别选择了获得过诺贝尔文学奖的经典剧目《青鸟》，同时也开展全校的戏剧普及工作。在排演过程中我们不断反思，结合学生们的自主性开展我校的戏剧教育。通过教学实践相结合的形式，使学生更大限度地了解戏剧，走进戏剧，体验戏剧从中带来的快乐和戏剧育人的目的，达到班班有戏剧，人人参与的目标。

关键词： 自主创新 大胆实践 快乐教育

一、金帆话剧团及戏剧校本课程

2005 年 10 月 15 日，北京市第一六六中学一群热爱戏剧的学生和老师，在玉兰树下，怀着对表演艺术的热爱，成立了北京市第一个中学生话剧团体——金帆话剧团。时光飞逝，年过十载，北京市第一六六中学金帆话剧团在 2015 年 10 月 15 日迎来了自己的十周岁生日。

在这十年里，这个社团由最初的十几名成员，发展成为四十多人的大家庭。在这十年里，话剧团从小剧场的片段表演起步，一步步迈向了人艺的舞台，并多次在东城区、北京市艺术节获奖。在这十年里，金帆话剧团的成员们曾和国家一级演员濮存昕一起讨论戏剧，曾远赴美国进行艺术交流，还曾带着戏剧史上的经典作品《罗密欧与朱丽叶》到英国参加莎士比亚诞辰 450 周年的戏剧节。话剧团的团员们，也从一群只是喜爱戏剧的普通同学，逐渐成长为热爱艺术、有着专业素养的"小表演家"。历经十年发展，北京市第一六六中学金帆话剧团作为东城区戏剧教育联盟的盟主，牵手东城区兄弟院校，在北京中学生戏剧史上谱写了自己的辉煌篇章。

大家在话剧团里收获快乐与成长，同时也将在探索戏剧艺术的道路上继续努力，不断前行。在我校金帆话剧团十周年之际我们特意选择了《青鸟》这部大戏精彩上演。

如今在我校博雅课程的引导下我们逐渐将戏剧教育普及给全校的同学，并完善我校戏剧校本教材的编写以及聘请专业的戏剧教师进行授课。同时在我校戏剧普及的过程中，通过游戏的形式使学生走进戏剧，运用体验的形式解放学生天性，大胆展现自我。通过戏剧的元素训练培养学生敏锐而细致的观察力、积极而稳定的注意力、丰富而活跃的想象力、敏锐而真挚的感受力、真实准确而合理的判断与思考力、灵敏而细腻的适应力以及鲜明的形体与语言的表现力。运用戏剧的手段帮助学生寻找生活中更大的舞台！

二、《青鸟》

1. 剧目的选择

我们认为话剧作为一门艺术，其中的教育不仅仅是综合文学、表演等方面，而是重在其中教给学生向真、向善、向美，建团以来始终以"爱"作为主题。此次选择《青鸟》作为剧目，是希望孩子们把《青鸟》中所蕴含的"探讨人生和生命的奥秘""重视道德和人生观的问题""寻找幸福""珍视幸福"等传递给更多的人。我们也希望通过这部戏的排演，教给孩子们感恩、母爱、哲理等人生的课题。其次，相信经过十年的发展和成长，一六六中学话剧团和话剧团的同学们有实力完成这部曾获得过诺贝尔文学奖的，融神奇、梦幻、象征为一体的杰作。

2.《青鸟》的含义

青鸟是一种常见的小型鸟类，类似麻雀大小的青蓝色小鸟，神话传说中为西王母取食传信的神鸟。在西方，青鸟象征着幸福、快乐以及对梦想与希望的追求，它还被誉为幸福使者。《青鸟》是这样一部作品，它通过两个小孩寻找青鸟的故事反映了作者对穷人生活的同情、对现实和未来的乐观憧憬。

剧中运用了意味隽永的各种各样的象征手法。青鸟包含着几层象征意义，它是独一无二的人类幸福的体现者，它又包含着大自然的奥秘，因此它既体现着人类精神的幸福，同时又体现着人类物质上的幸福，它既关系到现实生活，又关系到未来生活。作者用青鸟这样具体的事物来表示抽象的观念，他要说明，人类幸福是存在的，虽然我们总不能发现，以为离我们很远，但经过千难万险最终是可以找到的；即使会得而复失，也能再次找到。这种象征手法似乎比直白的述说具有更强烈的艺术效果。在剧中各种有形和无形的物质、各种动植物、各种思想情感、各种社会现象，甚至抽象的概念和未来的事物都拟人化了，给人的启发具体而形象。它具有童话剧的优美诗意，而一般的童话剧却没有它深邃的哲理意味。这些都是《青鸟》一剧成功的所在，它是追求美与光明的奏鸣曲。

三、排演过程

在庆祝金帆话剧团成立十周年之际也在选择剧本的过程中反复推敲。当我们第一次读这个剧本的时候就被深深吸引，有一种暖暖的感觉，尝试着将这个剧本推荐给学生。中学生演绎《青鸟》全本这是一个很大的挑战。整部大戏对于专业的艺术院校学生来讲也是很难完成的。但在我们戏剧教育文化背景下，我们不但完成了，而且在排演的过程中做了很大胆的创新。

1. 剧本改编

在 2015 年 2 月时候，我们在戏剧课堂选取了剧本当中部分段落让学生诵读，并让他们对所读段落发表感受，当时学生们中纷纷提出剧本比较拗口，篇幅过长。在这样的一个背景下，我们大胆实践，对剧本进行了改编，将《青鸟》本土化，更适合中国学生演绎。

2. 演员选择

在全部学生通读完剧本后，每个人都有自己对《青鸟》的认识和感受，我们对演员进行了选定。这部大戏有三十五个角色，每个角色都有很典型的人物特征。演员可以根据自己喜欢的角色进行自主选择，并通过诵读的方式呈现。我们一轮又一轮的诵读、选择，最终确定了每个演员角色的安排。

3. 对于角色的塑造

选择好角色后，每名同学都对自己所选择的角色写了人物小传。在撰写的过程中丰富人物性格，突出人物特点。同时我们本着九年一贯制思想，从我们的小学部挑选小演员，和初中部的学生们一起完成我们的表演。

4. 排演

学生们在课余时间，自主选择和自己有对手戏的搭档进行排练、磨合、对词。在这个过程中，学生们深刻体验人物塑造的同时，大胆表达自己的真实情感，不仅相互配合增强了团队协作的能力，而且还能够很好地照顾他人的感受完成排练。在课堂上看见学生们将排练成果完美呈现，心中莫大的欣慰。

5. 专家指导、演出

在学生排演过半，我们特邀请了人民艺术剧院的专家前来指导，将学生们自主排演的各个小片段进行串联，使整个话剧更加清晰、完整，在 10 月至 11 月期间进行带妆彩排，在 11 月 28 日将整出大戏呈现在众人眼前。

四、活动宣传及筹备

1. 活动宣传

在学校，我们将这部大戏通过课间操、自习时间推荐给每一位学生和老师。同时还邀请导演和我们的演员、老师们一起走进北京文艺广播电台进行宣传。11月24日，一六六中学召开《青鸟》新闻发布会，该剧总导演、学校代表、话剧团副团长及多位担任主演的同学共同参加活动。

2. 活动筹备

在组建剧组期间我们的领导小组也正式成立，各司其职保障我们的演出顺利进行。具体分工从略。

我们的高标准、严要求，确保我们的演出顺利进行，同时更加专业化。即使我们不是专业院团，也坚持对学生进行专业的戏剧教育，培养学校专业的教师队伍，为我们的学生保驾护航。

五、关于演出

11月28日，金帆话剧团的同学们演绎的诺贝尔文学奖作品《青鸟》，首次搬上北京市少年宫剧场的舞台。话剧拉开帷幕前，总导演刘小蓉说，"希望这次演出给观众带来震撼"。两个小时后，大幕落下，舞台上花束飘香，剧场里掌声雷动，观众们不论年龄大小，都沉浸在戏剧的魅力中，脸庞上露出幸福的笑容。

一六六中学话剧团是北京市首个中学生金帆话剧团。这场大戏，不仅是金帆话剧团的同学们献礼学校话剧团十周年的专场演出，也是首次由中学生艺术团体演出全本话剧《青鸟》，亦为诺奖获奖作品初次登陆北京市少年宫剧场。

　　《青鸟》是有"比利时的莎士比亚"之称的剧作家梅特林克的代表作。这部融神奇、梦幻、象征为一体的作品，讲述了两个孩子在思念之土、夜宫、森林、未来王国等地寻找象征着"幸福"的青鸟的过程，提出了一个永恒的问题：什么是幸福？该剧在国内外久演不衰，受到不同年龄观众的喜爱。

六、活动反馈

1. 来自媒体——北京晚报、光明日报、东城区教育新闻中心、新京报

北京中学生演绎话剧《青鸟》 11月28日，诺贝尔文学奖获奖作品《青鸟》，首次搬上了北京市少年宫剧场的舞台。北京市第一六六中学金帆话剧团的学生演员们热情洋溢地演绎了这场大戏。同学们经过了多次剧答排练、认真分析台词等多项准备，为观众带来了一场别开生面的演出。

本报记者　周宫正摄

新京报 教育WEEKLY 2015年11月30日 星期一

D08 一周播报

深度结盟校"同班不同学"

东直门中学与165中学新初一创新教学方式，并开启高中试点

两校整合师资，分层教学

翠微小学北校区展示主题课程

望京实验学校展示科技特色

同课异构探索教学改革

10所中小学获赠自行车启蒙教材

北师大亚太举办科学实践课研讨

48.9% 学生遭欺凌未求助

"教育科研月"聚焦教育改革

QQ智慧校园涵盖百种功能

华为阿里登上"最out雇主"榜

首都大学生微电影节开幕

166中学话剧团演绎《青鸟》

智慧教育北京开展

前程无忧布局精准人力资源服务

游乐水育课程激活孩子童年

300余家庭互动美国音乐大师

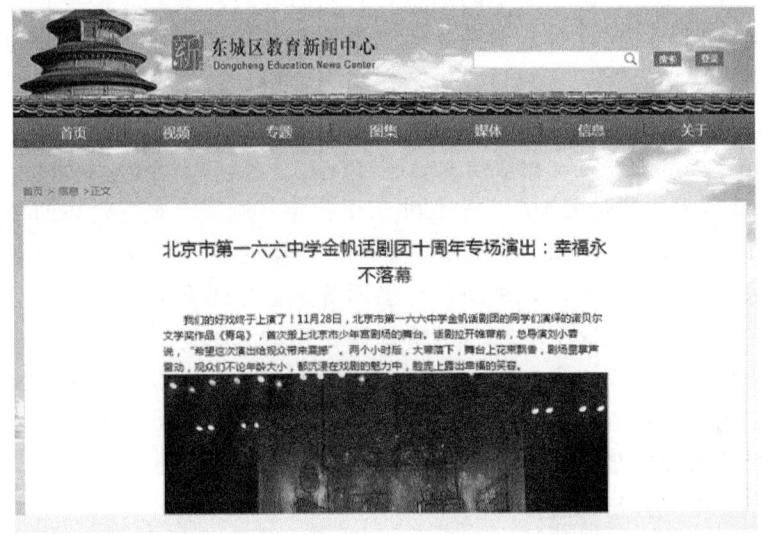

2. 来自演员

饰演狗一角的初二(6)班郭沛宇说，在充满未知的旅程中，他所饰演的狗始终陪伴在小主人身边，甚至营救主人于危难之中，这使他体会到狗的忠诚。

仙女的饰演者高二(2)班张誉潆说，这个角色远不止貌美和梦幻，她还有点神秘，有些疯疯，像个巫婆似的，所以特别有挑战性，她熟读剧本后才慢慢找到人物的感觉，完成角色的塑造。

高二(1)班吴锐桐说，自己饰演的"夜"十分抽象，很难把握，在与老师一起分析台词后，她忽然明白夜并不冷漠，而是内心充满温暖美好。排练时，她几度因为这个角色而热泪盈眶。

3. 来自老校友

昨天，66届高三学姐曾蕾、曾薇双胞胎姐妹携女儿、外孙女一同观剧。她们家曾住在人艺旁边的报房胡同，从小是看着人艺的话剧长大的，对话剧艺术非常热爱。

今早她用短信发来了观后感："借一六六中校友会副会长的光，在这寒冷的冬季得以到北京市少年宫剧场观赏世界经典名剧《青鸟》，确是幸事。《青鸟》由一六六中金帆话剧团演出，小演员们虽然表演稚嫩、青涩，但他们对话剧表演艺术的追求和努力值得大大点赞。表演的成功得益于选择了诺贝尔文学奖得主比利时作家的名著和北京人艺、中戏专业老师的辅导。作为中学生，在繁忙紧张的学习中排练六幕大剧足见他们的热情和毅力。看到他们，联想到母校传承了德智体全面发展的校风很是欣慰。我在母校八年(1960—1968)，学生会的社团活动丰富多彩，每到周四下午各兴趣爱好组就开始活动，唱歌、跳舞……不亦乐乎。我参加了朗诵组，人艺的表演艺术家周正是我们的辅导老师，每周四他一定准时地来到我们教室给我们讲课，那字正腔圆的发音和声情并茂的表演至今历历在目。后来在当老师时，我以字正腔圆讲课得到学生的爱戴，感谢母校的培养。"

这是李瑞芬的女儿发在微信上的感言：

"今天跟着妈妈带着小朋友来到北京市少年宫剧场，观看妈妈的母校北京一六六中学的金帆话剧团演出的话剧《青鸟》。现在的中小学生社团活动真是丰富多彩，不仅有乐团、舞蹈团、合唱团等，竟然还有话剧团。孩子们能在学习之余，在学校里这个平台上尽情发展自己的艺术爱好，真是要点一百个赞。台上的学生们投入地表演着，台下的学生们边看边点评，我们这么大的小朋友们看得虽认真，但剧情理解还是有困难。没关系，能懂得青鸟代表幸福，要努力去发现我们身边的青鸟就好。"

下面是李瑞芬给我的微信：

"我外孙虽然没有完全懂得青鸟的含义，但他很认真看，出剧场后他说：'找到的青鸟一次死了，一次变色了，一次飞了，唉，真是的！'当然我们又给他讲了话剧的意思，以利于他理解，他刚上小学一年级，理解力还不够！"

4. 来自导演

总导演刘小蓉表示，通过这部戏，同学们已渐渐懂得感恩，开始学会解读幸福。而选择《青鸟》作为剧目，是希望学生们把爱，把剧本中蕴含的"探讨人生和生命的奥秘""重视道德和人生观问题""寻找并珍视幸福"等理念传递给更多的人。

七、戏剧育人

《青鸟》这部话剧不仅对参演同学有很强的艺术教育意义，对其他观看的同学也有很大的影响。这台话剧取得的成功不仅来源于剧本的优秀，更离不开同学们的努力。当同学们看到舞台上表演精彩的演员就是平日和自己一起学习和玩耍的同学时，感受到了戏剧表演对于他们来说并不遥远，这有助于激发同学们对戏剧表演的喜爱。当学生们看到自己的好朋友能够把角色演得那么鲜活，那么感人，佩服的同时也感受到自己和舞台的距离很近，每个人都有机会登上舞台，每个人都是主角。我校努力为学生创造观赏话剧的活动，以加深学生们对话剧艺术的了解。同时，在学校开设的特色戏剧校本课程中，学生们学到了关于戏剧的很多知识，接受了一些戏剧表演技巧的训练。更值得一提的是，我们学校在戏剧普及的过程中开设的戏剧节比赛给了在校的每一位学生亲身体验戏剧艺术的机会。全校共有400人34个剧目参演。《青鸟》只是一个缩影，它展现了我校为学生开设校本艺术课程，为学生搭建艺术平台，让学生从理论知识到亲身实践，全方位提升艺术素养。

高二学生赵圣昱同学曾这样说过："通过观看《青鸟》，我不仅能够领略话剧艺术的魅力，同时能够体会到话剧中传递出的幸福无处不在的主题。看完这出话剧，我觉得我不应该总是抱怨生活中那些不如意的事情，而是以一个积极的心态去面对生活，抓住那些我们习以为常的幸福。"

的确，艺术来源于生活，并高于生活。我相信学生通过在戏剧课堂所学到的技能能够很好地运用到自己的生活中去。设想一下如果戏剧艺术脱离了生活，那就失去了它本身的意义。所以，我校在普及戏剧教育、培养优秀艺术人才的过程中，更注重让学生将艺术和生活相结合，在培养优秀艺术人才的同时，更培养会生活的人，让戏剧教育成为素质教育的载体，让戏剧真正育人。

（丁之强）

以音乐剧探索素质教育中的学生个性特长发展

北京市第一七一中学

摘要：2010 年起我校高二音乐课就开始开设音乐剧课程，但是尚属摸索阶段。2012 年加入了"开发音乐剧创作课程，探寻学生素质教育及个性特长发展性研究""十二五"市级规划课题，经过多次的培训及观摩活动，正式进入实践阶段，期间共排练剧目十余个，原创剧目《爱的信笺》获得第十六届艺术节一等奖。

关键词：音乐剧　素质教育　个性 创作

一、学校艺术创新理念、思路与宗旨

中国的普通高中音乐课程改革自 2004 年实践以来，全国已有 15 个省市自治区 96 万学生开始接受新课程授课，2007 年有 123 万学习新课程的高中学生毕业，到 2010 年全国所有高中全部实现了新课程教学。这次课程改革是全面推进素质教育的核心举措，目的是进一步在全国范围内推动素质教育的全面展开。

我校艺术教育在陈爱玉校长的指导下，一直坚持在初一至高二年级都开齐艺术课程，并且鼓励教师开发校本课程。最重要的是开创性地在中学艺术教学中实行选修课、走班制。在教育处领导的带领下，艺术课程教师积极开发丰富多彩的校本课程。

二、活动背景、动机

我校从 2010 年就开始在高二年级开设音乐剧校本课程，但一直是在摸索阶段，没有太多理论支持，也缺乏专家指导。2011 年，研修中心缪军老师成立"十二五"规划课题"开发音乐剧创作课程，探寻学生素质教育及个性特长发展性研究"。为了进一步提高教学、研究质量，我积极地参加了这个课题，并被缪军老师指定为课题副组长，负责开题报告的主要撰写及各实验校教师的联络。

三、活动策划方案

　　针对我校高中艺术课开课现状，在教育处领导的大力支持下，我成立了高中音乐剧社团，并开设了高二年级两个班的音乐剧选修模块，准备参加校级"体美日"演出及北京市第十六届艺术节比赛。

　　因为音乐剧属于小众艺术，所以首先实行多种形式的普及：在高一选修课，高二选修模块，音乐剧社团同时开设课程，最终选出了六个剧组参加了校级演出及艺术家比赛。

　　下面就以获得第十六届艺术节戏剧类一等奖音乐剧《爱的信笺》为例。

四、活动实施方案

学生都是校服，妈妈定妆照

爱的信笺

作词：张树晨 张梦馨
作曲：林启周

歌词：

集体舞＋合唱

A. 清晨的阳光　照耀着我脸庞

D. 背起书包　挺起胸膛

C. 甩掉瞌睡　眼睛都发亮

B. 又是新一天

集体说唱

一个忙碌的早晨

鸡飞蛋打好不热闹

哎呀作业放到哪里了

心里好烦恼

一个忙碌的早晨

作业总算是交齐了

长舒一口气

终于安全了

C. 卷子和课本满天飞

B. 收来的作业如山累

D. 书包成了反应堆

C. 纸张泻出如流水

A. 哎呀我的语文作业去哪里了？

集体合唱

早晨的时光匆匆忙忙

空气里弥漫着花香

窗外的鸟儿歌唱

我们的故事即将开场

我们的生活多姿多样

The life Beginning！

五、活动计划

参加人员：高一学生

活动内容：自编自导自演

活动方式：学生教师共同自创剧目

活动时间：每周两次集体排练　三小时　寒假集训一个星期

人数统计：20人

六、教师笔记

(一)活动记录

第一阶段

2011年10月—11月

跟随区里进度，研究开题报告、调查问卷、前测内容和评价标准及开题会事宜。

2011 年 12 月—2012 年 2 月

1. 进行本校相关问卷调查、前测评价及数据统计。

2. 参加区里音乐剧创作相关流程的专业培训。

第二阶段

2012 年 3 月—6 月

1. 在课堂教学中加强音乐剧创作所需相关知识学习和技能的培养。

2. 选择以选修模块、校本课程、研究性学习、学生社团的课程形式，并开展音乐剧创作课程。

3. 参加区里专业培训及课程实施指导。

4. 指导学生完成剧本创作及进行表演基础训练。

第三阶段

2012 年 9 月—2013 年 2 月

实践音乐创作。

剧本排练、伴奏实践、设计制作服装、布景、道具。

第四阶段

2013 年 3 月—6 月

1. 剧目合成、汇报演出、艺术节比赛（送演五个剧目）

2. 教师给予学生会考平时成绩测评。

3. 学生后期心得反馈。

第五阶段

2013 年 7 月—2014 年 6 月

收集、整理在课题实施阶段的经验与教训，方法与成果，剧目与案例做影音资料保存。撰写论文和汇编集。

后续

对参与本课程的学生继续跟踪，记录其成长发展的状况。

(二)教师的教学反思

(1)在不同的年级、不同水平教师面对不同能力的学生，具体实施和操作模式一定要有所不同

即使在同一地区同一城市，学校与学校之间的课程资源分布也存在着严重的不平衡现象，重点学校往往占有更多更便捷的课程资源，其自身也具有更强的课程资源开发的能力。新课程鼓励和要求学校根据自己的实际来开发课程资源，设置校本课程，这一方面是促进学校办出特色，同时也是促进课

程资源的配置更加合理。地方教育行政部门有必要统筹校际之间的优质课程资源,在新课程改革中,让优质课程资源最大限度地发挥服务作用。

我校为区级重点学校,高中的学生有将近三分之一是学过声乐、舞蹈、表演或者乐器的学生,每个高中年级还有近十名金帆合唱团的学生。这些学生在排练过程中起了非常大的作用。如何按需分配、合理利用这些资源是每个教师在最开始就要考虑的问题。我们建议学生按特长及非特长编配小组,6—8人一组进行剧目创作,但是由于学生之间的关系或者其他主观因素,出现某些组特长学生居多,而某些组可能一个有特长的孩子都没有的情况,直接造成某些剧组出现完不成排练内容的情况。这些都需要教师协调,针对不同剧组的情况制定不同的排练方案,问题最多的舞蹈和声乐方面,学生自主完成比较难,所以我在这方面辅导较多。即便如此,因为时间和能力问题,也出现了某一个剧组到最后没有完成剧本的情况。

《爱的信笺》剧组成员来自于高一学生,经过选拔产生,学生中有表演、编剧、声乐和钢琴特长的学生,整体素质较高。所以在排练过程中,我主要是起指导作用,剧本、作曲、舞蹈、表演等很多工作尽量让学生自己完成,包括现场钢琴伴奏都是学生自己承担。在排练后期,也出现了导演与演员的矛盾,经过老师的开解也都得到了解决。所以针对不同学情不同情况采取不同的指导方案也很重要。

(2)教师专业技能及热情的再提高

课程资源开发的价值还在于促进教师的发展。新课程对教师开发课程资源提出了明确要求。教师以往的专业发展主要集中于教学、教育手段和方式等,课程资源的开发对教师提出了新的专业能力要求,即课程开发的专业素养和能力。从这个意义上说,教师本身构成了课程实施中最有价值的课程资源。

此次课程开发对我无论在专业技能、心理学、领导能力、合作精神和投入热情都是一个新的挑战。三年下来,我在各方面能力有不同程度提高的同时,也暴露了很多的问题。

音乐剧是一个综合的艺术形式,要求唱、跳、表演相结合,而一个音乐教师不大可能拥有好几种专长,所以在实际指导中有时候感觉力不从心。在高校音乐剧的排演中,一般都是各方面都有相应的指导教师,而中学此课程还做不到这点。

教师参与度和热情直接影响排练效果。无论是社团或者选修课,排练中教师的引导和指导都是非常重要的因素。如何调动学生积极性,如何制订详细的排练计划,如何解决学生间的矛盾等等都是我们经常会遇到的问题,而这些都需要教师精心、耐心和恒心。如果教师在排练过程中不能做到精力和时间的付出，对于学生的排练效果会产生很不好的影响。

我们面对的都是90后的独生子女，很多学生的自尊、自我意识都非常强，所以从分组开始就会产生各种各样的心理问题。而作为音乐教师，因为平时接触学生时间比较少，不能及时摸透学生的心理活动，在某些组会产生摩擦和矛盾。解决这些问题是非常重要的，因为这些问题会直接影响排练进度和效果，所以对学生心理把握以后需要加强。

（3）如何争取更大更多的支持

A. 时间支持

就一个学期16周举例来说，每周学生只有一个课时四十分钟排练时间，一般我们会用四周时间来讲解什么是音乐剧并欣赏一些优秀的剧目，剩下的时间也就最多只有10周。所以作为一门只能利用课堂时间进行排练的选修课程，如何将有限的时间最大限度使用是让我们非常头疼的问题。如何解决？这就需要音乐教师和年级组长、班主任和学校负责领导各方面协调，在不影响学生学习的前提下在排练后期争取利用课间、放学后的时间来进行。

B. 资金支持

作为一门选修课程，在第一节课我们就告诉学生，一切以实际、从简的原则进行，所有服装、道具都争取零成本。负责道具的学生在面临了一个很大难题的同时，也给他们带来了很高的挑战。在众多的剧目中，形形色色的道具几乎都是学生们自己制作完成的，而从另一方面讲也是最大限度地发掘了学生的美术及动手能力。但同时，在有的道具和服装实在没办法自己制作时，学生通常会采用租的形式来进行，这也是让我们非常不忍心的一方面。所以如何争取到更多的资金支持也是我们面临的一个难题。

C. 场地支持

音乐剧排练需要一个比较大的空场和至少一架钢琴，而目前学校并不能保证每个剧组都有这个设施支持，所以在排练时也会对学生的积极性和发挥产生一定的阻碍作用。

综上所述，在普通高中实行音乐剧课程是可行的，学生在此课程中不仅锻炼了唱、跳、演、动手、编剧、导演等综合能力，同时也锻炼了与人相处、协调、领导等各方面的心理素质能力，更是发挥学生各方面特长、展现自我的一个非常好的平台。但我们更加能感受到，因为音乐剧的综合性，所以需要教师更多的努力和学校各方面更大的支持才能达到应有的效果。我们相信，当我们不断挑战自我不断学习，当学生能在此课程得到更多收获的同时，我国普通高中推广音乐剧课程的道路会越走越快、越走越宽。

七、活动成果

1. 一年来参与课程研究开发的学生近 200 名，共创作原创或改编剧目 15 个左右。

2. 收集照片、剧本、前测后测、视频、学生感想等资料。

3. 高二选修课利用正课排练的剧目共参与年级组、校级演出共十部。

4. 社团及选修课排练剧目参与 2013 年北京市第十六届艺术节比赛共获得一等奖 1 个，二等奖 2 个，三等奖 2 个的好成绩。

5. 音乐剧社团团长张树晨获得校"艺术之星"称号，并于 2014 年考入上海师范大学谢晋影视艺术学院。

6. 我参与了课题开题报告的撰写并担任课题副组长，担任结题报告的总撰写、书籍《音乐剧赏析与创作》副主编。

7. 撰写的论文《开发音乐创作课程，探索素质教育中的学生个性特长发展——北京市第一七一中学音乐剧课程开发成果总结》2014 年获区级二等奖。

8.《表演艺术手段之形体动作》参加了 2016 年"北京市中小学生德育精品课程"评选活动。

9. 2016 年上半年参加东城区艺术素质(戏剧类)测评组，参与戏剧测评细则的制定。

八、分析与评价

(一)前期调查问卷及能力测试

1. 戏剧创作表演能力测试

样题：教师将一本书掉在了地上，请学生自愿结合，用 15 分钟的时间即兴创编、表演一段表现这本书之所以掉在地上的一个小品。

测评标准：(1)情节合理、有新意。(2)能够表现人物之间的关系和各自的性格特点。(3)表演真实、自然、可信。(4)同组学生配合默契程度。(5)创作过程中，每位学生的表现是否积极，是否具有组织、协调能力。

2. 舞台美术创作能力测试

样题：学生用报纸、颜料在规定时间内为特定人物制作能表现其性格和年龄特点的造型设计。

评价标准：造型能突出人物性格和年龄特点，设计有新意。

3. 第一七一中学部分学生调查问卷分析

北京市第一七一中学高二音乐选修
学 生 问 卷 调 查

1. 你有何艺术特长或取得过何种证书?

A. 声乐　　　B. 器乐　　　C. 舞蹈　　　D. 绘画

E. 其他_____(请写出你的特长)

2. 你是否知道音乐剧,如果知道写出你所知道音乐剧的名称。

A. 不了解　　　　B. 了解　　　C. 非常了解

音乐剧的名称:_____

3. 你是否看过音乐剧?

A. 从未看过　　B. 看过但印象不深　　C. 看过并且非常喜爱

4. 你是否对音乐剧感兴趣?

A. 不感兴趣　　B. 比较感兴趣　　C. 非常感兴趣

5. 参与排练音乐剧,你愿意做哪方面的工作?

A. 表演　　B. 剧本创作

C. 编曲　　D. 道具以及美工(还有其他)

6. 你是否是一个愿意与大家合作和分享的人?

A. 不是,我很独立　　B. 是,我非常愿意

C. 有的时候是,比较情绪化

7. 你认为你是否能够善始善终地做事情?

A. 可能会改变　　B. 一定能够坚持　　C. 不清楚

8. 你希望通过课程使自己在哪方面有所提高?(可多选)

A. 表演　　　B. 演唱　　　C. 舞蹈　　　D. 领导能力

E. 音乐创作　　F. 舞美

9. 如果让你选择将来的职业,你会选择?

A. IT 行业　　　　B. 演艺工作者

C. 艺术工作者　　　D. 金融行业

E. 教育工作者　　　　F. 医疗工作者

G. 其他_____

10. 简单写出你对选修课排练音乐剧有何期待,希望在活动中获得什么(可以是知识,也可以是意志品质)

调查问卷统计

共 145 人,有多选。

	A	B	C	D	E	F	G
1	声乐	器乐	舞蹈	绘画	其他		
	18	52	7	23	56		
2	不了解	了解	非常了解				
	79	61	3				
3	没看过	看过	非常喜爱				
	36	82	27				
4	不感兴趣	比较感兴趣	非常感兴趣				
	19	104	24				
5	表演	剧本创作	编曲	道具及美工			
	55	45	21	50			
6	不是	非常愿意	比较情绪化				
	2	125	18				
7	可能	一定	不清楚				
	45	83	13				
8	表演	演唱	舞蹈	领导能力	音乐创作	舞美	
	79	55	38	73	38	22	
9	IT 行业	演艺	艺术	金融	教育	医疗	其他
	21	7	16	46	16	22	36

A. 没填的：27 人

B. 音乐剧方面知识的：25 人

C. 团队合作：27 人

D. 综合表演能力、排出一部音乐剧：66 人

(二)理论分析

新课程中设定高中音乐有六个模块内容：《音乐鉴赏》《音乐与戏剧表现》《歌唱》《音乐与舞蹈》《演奏》《创作》，除了《音乐鉴赏》模块为必修模块外，其他五个均为选修模块。现阶段，根据每个学校师资、课时安排及硬件条件，每个学校要开齐其他五个模块是一件很困难的事。随之带来的问题就是，不是每个学生都能根据自己的爱好去选择喜欢的模块，也就不能最大化地完成课标中对学生进行多元化发展及兴趣培养的目标。而音乐剧这种艺术形式，

是集多种艺术形式为一体，可以将音乐、舞蹈、戏剧表现、创作及文学、美术等各种艺术完美结合的现代艺术表现形式。它可大可小，可古典可现代，可高雅可流行，也是可以通过教师和学生的共同努力能够完成的创作课程。

所以，怎样才能在有限的音乐课堂中面向全体学生，培养学生的多元化素质发展，开发其各方面潜能是我们开发音乐剧创作课程的重要原因。

在高中音乐欣赏教学中，运用讲解音乐、分析音乐的传承方式进行教学几乎是普遍的做法。这种我教你学、我讲你听、以他人感受代替自身体验、以间接经验代替直接经验的传承式教学泯灭了音乐课程的自身魅力，不利于学生音乐兴趣的培养。

为了打破以上弊端，更好地推进音乐素质化教育，现阶段课程改革提出"以审美为核心""培养音乐兴趣爱好""面向全体学生，注重个性发展""重视音乐实践，增强创造意识"的思想。

个性发展，既是人的发展的需要，也是社会发展的需要。因此，它是素质教育的重要目标及核心内容。社会的进步，经济的发展，科技的提高，国际的竞争，都需要大批具有独特个性、完整人格、善于思考、充满批判精神和创造力的新型人才。社会的活力离不开创造，而缺乏个性就不会有真正的创造性。社会的活力是个体活力的体现，如果因个性窒息而使个体失去活力，那么整个社会就不会有旺盛的生命力。近年来，世界各国均对个性教育给予高度重视，关注个性发展，现已成为国际教育改革的一个核心问题。在联合国科教文组织和国际教育发展大会编著的《学会生存——教育世界的今天和明天》一书中，将"培养一个人的个性并为他进入现实世界开辟道路"作为教师的重要任务。联合国大会于 1989 年通过的《儿童权利公约》将"最充分地发展儿童的个性"作为教育的首要目的。我国新一轮基础教育课程改革亦对"个性发展"进行了新的认识，并将其纳入了课程改革的理念："教育面对的是一个个具有独特个性的学生，教育应促使每一位学生的个性发展。"

九、对策与建议

(一)教师面对课时紧张、学生表演经验不足的具体实施和操作模式

如果抛去课外和寒暑假加班排练时间，学生实际在课上排练的时间是相当有限的。如何在高中学生学习任务重、排练时间少的情况下实施音乐剧教学是一个很大的挑战。在课堂的普通学生，建议采用已有的剧本或者改编原著剧本进行排练，发挥有音乐特长的学生起到带领作用，将音乐演唱、舞蹈

学习放在课下先自行练习教师再进行加工辅导的形式进行。而社团的学生相对在戏剧等艺术表演力上会比较强（因为是经过挑选的学生），所以可以进行原创剧本的创作，音乐及舞蹈也都可以采取自行创作，教师辅导的形式。

(二)教师应不断地提升专业技能

普通中学没有专职戏剧教师，这就迫使音乐教师不得不进修学习音乐剧相关的知识，教师以往的专业发展主要集中于音乐教学、教育手段和方式等，音乐剧课程资源的开发对教师提出了新的专业能力要求，即音乐剧课程开发中的导演、编剧、表演、舞蹈、舞美道具、灯光、化妆等综合素养和能力。所以课程资源开发的价值还在于促进教师的发展，从这个意义上说，教师本身构成了课程实施中最有价值的课程资源。

我积极参加各级与戏剧有关的培训，自行购买音乐剧书籍和观摩优秀剧目。在学校领导的支持下，还参加了专业的戏剧培训学习，为进一步开展戏剧教育积累实践经验。

教师应该成为学生利用课程资源的引导者、开发者。要围绕学生的学习，引导学生在必要的时候走出书本，走出课堂和学校，充分利用校外各种资源，在自然和社会的大环境里学习和探索。教师必须具备根据具体的教学目的和内容开发与选择课程资源的能力，充分挖掘各种资源的潜力和深层次价值的能力。教师在一定程度上决定着课程资源的鉴别、开发、积累和利用，是课程资源的重要载体。

课程资源的开发将对教师的工作提出更多更高的要求，教师在获得专业成长的同时，也要付出更多的心血和努力。课程资源的扩展，使教师选择的余地加大，选择的机会增多。这样的优势是能够满足教学的多种需要，但同时也增加了选择的难度，这对教师自身素质的提高是一个挑战。

（褚玲）

话剧《赵氏孤儿》的艺术实践

北京中加学校

摘要： 以参赛剧目《赵氏孤儿》为例，介绍我校语文教学实践活动课程——话剧排练表演的具体做法，即以活动激发兴趣，以实践培养能力。

关键词： 话剧　创新实践

北京中加学校作为已有 19 年办学经验的中外合作学校，于建校之初就明确了"教育即服务"的办学理念，一直不忘初衷，坚持为学生学习和发展服务，真正实现了"培养具有中华情怀、国际视野、创新思维、应用能力、领导才能、服务社会的世界公民"的育人目标。

2004 年，我校正式启动校本课程建设工作，经过十几年的摸索、探究、修正、完善，各学科已经形成了独有的融中西课程之精华的成熟的课程体系。其中语文教学更是一枝独秀，开发了分布于高中三个年级的"胡同文化""话剧表演""《红楼梦》研读"等系列实践活动的特色课程。而每个留学海外的中加学子魂牵梦萦、刻骨铭心的始终是话剧表演，因为话剧表演调动了每个学生学习的激情，让学生实实在在地成为学习的主人，全面提高了学生的语文素养和社会生存能力。适逢良机，2015 年北京市通州区开展了首届中学生戏剧节展演活动，我校从高二年级七个教学班 21 个剧组中，推出了《赵氏孤儿》《群猴》两个剧组参加，赢得满场掌声，均获多项殊荣。谨以《赵氏孤儿》为例，简要介绍我们的做法，以期彰显我校以活动激发兴趣，以实践培养能力的语文教学思想。

一、活动策划方案

1. 划分剧组，挑选剧本、安排角色。
2. 打印剧本，背诵台词，熟悉剧情，分析人物形象。
3. 台词背诵考试，发声强化练习，达到声音洪亮、吐字清晰。
4. 训练台词与动作、表情的协调一致，指导走台、站位、上下场等。
5. 布置学生完成服装、道具、音效、电子背景、海报等。

6. 协调场地，训练灯光、音效、电子背景的配合，进行预演。

7. 约请化妆师，登记车辆使用，参加比赛。

8. 总结本次实践活动，完成写作任务。

二、活动实施过程

(一)学生话剧表演准备阶段

1. 划分小组

通过教师把关、学生自愿结合的方法，每个班级划分出3—4个剧组。其中历史剧《赵氏孤儿》剧组最终确定为9人。

2. 确定剧本

亚里士多德曾经认为，悲剧可以引起人们的怜悯和恐惧之情，使人们的情感得到宣泄和净化，达到生理和心理上的平衡，并由此培养良好的精神品格和道德风尚。本着主题积极向上、表演难度适中的原则，我们选取了林兆华版的悲剧《赵氏孤儿》，这也是北京人艺2003年推出的第一部大戏。

3. 修改剧本

《赵氏孤儿》的历史故事虽早已家喻户晓，但林兆华版《赵氏孤儿》的核心又绝不止于历史，它是对远古复仇的现代诠释。我们反复推敲后决定把剧本的主题修改为对道义的弘扬，以便于中学生理解与表演，这就使剧本修改遇到了重大难题；其次，原剧表演时长120多分钟，我们需要将其压缩到15分钟之内，且剧情要相对完整、矛盾冲突要激烈、出场人物要交代明白准确，难度可想而知。经过近一周的构思、选择、编订、修改，我们的《赵氏孤儿》初稿终于出炉。

4. 角色分配

根据学生的外貌、性格、声音等特点，我们安排学生饰演不同的角色，排练过程中再根据具体情况进行微调。

(二)学生话剧表演排练阶段

1. 熟悉台词和剧本

修改后的剧本打印成册，人手一份，利用课内外时间抓紧熟悉剧本、背诵台词。要求每个学生在规定的时间内不仅要熟练背诵个人台词，还要认真阅读林兆华版《赵氏孤儿》原著，熟悉整体剧情，也要熟知剧组中其他人的台词，以便于人物间台词对接。

2. 揣摩人物性格、情感

在充分熟悉台词和剧本的基础上，剧组认真展开讨论，各抒己见，再达成一致的认识，分析每个角色的人物性格、内心情感，仔细揣摩每句台词的语气、语调、语速、重音、停顿等等，一句句的反复练习；同时观看北京人艺出演的话剧《赵氏孤儿》，模仿、学习、借鉴。《赵氏孤儿》是二千年前的历史故事，教师要耐心引导学生突破时代隔阂，真正地走近角色、融入角色，体会人物的内心世界。

3. 形体排练与走台练习

台词虽然背熟了，可是一旦走上舞台，学生演员们大多动作僵硬、手足无措。教师要系统地教给学生形体、站位、走台、上下场的基本要求，反复排练，逐步将肢体语言与人物表情、台词结合起来。同时深入钻研剧本，深入了解角色，最终做到能够根据角色特点、台词内容自行设计角色的动作、表情等。

4. 设计海报、电子背景、音乐，准备服装、道具等

在学生导演的协调下，剧组成员分工合作，各司其职，协作完成海报设计、电子背景、配乐等，还要亲自动手制作药箱、襁褓等道具。最难的是服装的准备，《赵氏孤儿》属于古装戏，人物从公主、权臣、武将到侍从、婢女、民医，身份跨度极大。但是我们的学生克服种种困难，或买或借，在指定时间内准备好了所有角色的服装。

(三) 学生话剧表演彩排与比赛阶段

一切准备就绪，我们进入到紧张的彩排阶段。如何上场、退场，如何谢幕，演员之间如何走台、站位，电子背景、音乐如何配合，桌椅等道具如何摆放，场次之间如何衔接……所有的细节都要考虑周全，确保没有纰漏。校内整个高二年级的话剧表演考试结束不久，我们就接到消息：学校要选送两个剧组参加通州区首届中学生戏剧节展演。消息一出，同学们欢呼雀跃，都期盼着自己的剧组能够入围。经过反复斟酌，我们最后选出了《赵氏孤儿》《群猴》两个剧组。于是在接下来的两周内，我们继续加紧排练。

2015 年 11 月 28 日，终于到了表演比赛那一天，演员化好妆，穿好服装，在明亮的灯光下，在观众、评委、家长的注视下，这些学生演员从容不迫地登上舞台，或深情款款，或慷慨激昂。绚丽的古装、雅致的道具，烘托着主人公程婴富有磁性的声音。赵盾临危、公主托孤、韩厥舍身、公孙杵臼相助……剧情一步步向前推进，气氛越来越凝重，在悲壮的乐曲声中，程婴忍痛挥剑刺向自己的亲生骨肉！大幕徐徐合拢，观众仍沉浸在悲愤之中，倏然，掌声响起，大家如梦方醒，如雷的掌声顿时响彻全场，专家、评委纷纷点头。那一刻台前台后的老师、学生相拥而泣！

演出结束后，还有两位兄弟学校的教师特意赶过来，询问我们是不是有

专业人员指导，我们诚实而自豪地回答：真的没有！这是我校十几年特色课程积淀下来的成果。

(四)学生话剧表演总结提升阶段

话剧是一门留有遗憾的艺术。表演比赛结束后，我们继续组织学生总结经验，查找问题，反思细节上的瑕疵，以养成学生踏实谦虚的学风。然后布置学生写出心得体会，对整个话剧排练表演实践活动进行全面的总结。这次作文，学生有话可说，有内容可写，很多学生写了1500多字仍觉得意犹未尽。作文中，有的提出了对话剧排练表演的意见、建议，有的倾诉准备过程中的苦辣酸甜，也有的通过话剧小舞台写出了对人生大舞台的深刻见解。

三、教师活动记录

2015年9月6日—7日

教师选定参考剧本《赵氏孤儿》，确定人物角色9个，在班内商议讨论，最终确定适合角色的9名学生，组建话剧《赵氏孤儿》剧组，确认剧组导演以及剧务分工安排。

剧组分工合作计划

剧目名称：《赵氏孤儿》　　　　　　　　　　导演：姜博文

导演评分：根据个人态度、纪律表现和兼职情况公正评定，满分100分。				
姓　名	角　色	兼　职	导演评分	备注
姜博文	程婴	导演、主持人	100	剧组兼职：导演、文字编辑、剧本打印、海报、报幕词撰写、服装、道具、电子背景及音效。 班务兼职：主持人、电教、剧务。
王嘉显	屠岸贾	海报	95	
鲁浩	赵盾	海报	95	
陈家信	公孙杵臼	剧本打印	95	
刘紫玉	公主	道具、服装	100	
王静怡	侍女	报幕词撰写	95	
孙磊	韩厥	文字编辑	95	
刘岩毅	家将	文字编辑	90	
宋琪	宫女	电子背景	90	
林盈轩		宣传文字编辑	90	
温金豪		剧务	90	
魏高宇		电子背景、音效	85	

2015 年 9 月 7 日—11 日

教师和剧组导演商议修改剧本《赵氏孤儿》，选定剧本的前半部分，挑选主要情节，对剧本进行删改。以 15 分钟为限，将剧本压缩、串接、合并成话剧片段，重在表现程婴救赵氏孤儿于危难的大义。为使主题鲜明一致，将韩厥、宫女之死均改成主动为道义献身，以程婴侍女的规劝介绍故事背景，反衬程婴的临危不惧。

教师和饰演角色的学生商讨，将剧本中部分繁杂且艰涩的台词进行修改，尽量不改变原剧本人物台词特色，且又照顾到学生能够掌握的难度和长度。剧本成稿后打印成册，人手一份。

2015 年 9 月 14 日—18 日

教师督促剧组人员背台词，一周后台词考察。要求每个人物的台词都要熟练精准，各个人物能够顺接流畅。不合格的单独进行二次台词考试。两周后全剧组将台词熟练对接。

2015 年 9 月 21 日—10 月 16 日

剧组排练：教师指导，导演具体负责，指导剧组人员走场、定位、动作、台词情感把握，反复排练。

剧组按照分工准备话剧表演的电子背景 PPT、海报、背景音乐、报幕词、灯光特效、道具、服装租赁预定、化妆预定。

2015 年 10 月 19 日—23 日

教师审查剧组的表演，安排阶梯教室彩排，从报幕、拉幕、表演到谢幕，完整地走场一遍，电子背景、背景音乐和灯光全部就位。

彩排之后，教师和导演组织剧组开会，总结彩排中出现的若干问题。如：上下场衔接不够紧密、走位偏台、个别角色声音偏小或情感不够等问题。师生将问题逐一分析并提出解决方案。

2015 年 10 月 26 日

表演正式开始。导演组织全组成员提前半天准备换服装、化妆、道具等事宜。表演前背景、灯光、音效等剧务人员就位，报幕主持人就位准备。

演出圆满结束，全组人员谢幕，师生与家长合影留念。

四、活动成果

我校高二学生两个剧组参加通州区首届中学生戏剧节展演活动，在 20 所参赛学校中，脱颖而出，备受瞩目，获得评委和观众的一致好评。我校选送的《赵氏孤儿》《群猴》剧组均获得"优秀剧目奖"；北京中加学校获得"优秀组织奖"；我校学生王嘉显、鲁浩、陈家信、刘紫玉、孙磊、王静怡、刘岩毅、宋琪表演《赵氏孤儿》，荣获"优秀表演奖"；我校学生姜博文表演《赵氏孤儿》，荣获"最佳表演奖"；梁小军、陈颖洁两位老师荣获"优秀指导教师奖"。

五、分析与评价

"应用、审美、探究"是高中语文课程新课标的关键词，它概括了高中语文学习的基本途径和基本方法，集中体现了语文学习的新理念。同时语文课又是工具性和人文性的统一，工具性就要强调语文的实际应用，强调学生的语言实践。人文性的核心是人，是学生，强调学生才是学习的主体。话剧表演教学实质上就是语文教学中的实践环节。在这个过程中，学生自行完成道具、服装、化妆、海报等众多任务，真正学会了分析问题、解决实际问题；为吃透剧本，把握好人物形象，学生又学会了自主学习、主动学习、合作学习、研究性学习、创造性学习；在与剧组成员、老师、电教、社会工作人员的交往中，他们又学会了沟通与合作。在这个过程中，学生真正成为教学的主体，"从知识和能力、过程和方法、情感态度和价值观"等多个方面得到全面、和谐、充分和自由的发展。

爱因斯坦曾说，最有用的知识就是关于方法的知识。话剧排练表演恰好给学生提供了创造性解决问题的机会，每位学生都能在舞台上尽情释放，播撒青春的热情，感悟经典的魅力，不仅掌握了话剧表演的基本方法，还主动"学习对文化现象的剖析，积极参与先进文化的传播和交流"。

同时，作为一个荣辱与共的团队，话剧表演不仅提升了个人综合能力，更开发了集体的潜能，增强了剧组的凝聚力。期间，我们有过欢乐、流过泪水、有过争执、闹过脾气，但最后我们更加亲密，更加彼此珍惜。经过这次比赛，学生真正走向社会、接触社会，懂得了责任，懂得了包容，真的成长了、成熟了。

特别值得一提的是，这个剧组有个情况特殊的孩子，叫刘岩毅，他两岁半因医疗事故失聪，后植入人工耳蜗。他克服自身的重重困难，在大家的帮助下，顺利地完成演出任务。

与兄弟学校相比，我们最为骄傲的是：我们全员参与，人人表演！我们不是从全年级、全校挑选出的个别人进行比赛。每年到了话剧表演季，学生的学习热情空前高涨，课上课下，操场上、食堂里、楼道中处处可见学生或独自低头背诵台词，或两人一组反复揣摩一个动作、表情，或三五成群模拟如何站位，怎样配合效果最佳。学生真正投入，真正喜欢话剧表演课。每年毕业考试，都有许多学生眼含热泪回顾话剧表演考试，称这是高中三年里最难忘的一段经历，认为这段经历也必将影响自己的一生。

衷心希望这类深受学生欢迎、切实提高学生能力、培养学生审美意识的语文教学活动能越来越多，开展的范围也越来越广。祝愿"东风随春归，发我枝上花。""阳春布德泽，万物生光辉。"

六、演出反馈

忠义千秋耀华夏

那一刻，当程婴举剑砍向那个婴儿的时候，全场突然变得鸦雀无声。之后，是长长的掌声。

而我，早已泪流满面……

距离女儿和同学们表演的话剧《赵氏孤儿》参加通州区比赛已经快一年了。此刻坐在电脑旁，我眼前依然能清晰地浮现出当时的情形，甚至还能真切地感受到四个字：悲欣交集。

"悲"，是被中华民族的忠义精神所感动，是被孩子们鲜活、准确、生动的表演所感动。而"欣"，则是因为孩子们的成长与进步，要知道他们毕竟只是十几岁的少年，又怎么能将一个流传千古的忠义故事，拿捏得恰到好处，展现得淋漓尽致呢?!

自古英雄，必出少年。因为，忠义千秋耀华夏……

——刘紫玉之父刘军卫

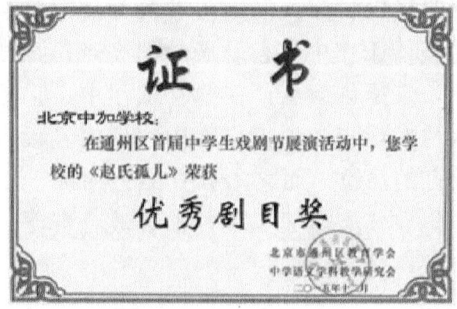

（梁小军、陈颖洁）

小小茶艺

北京市东直门中学

摘要： 东直门中学的办学宗旨是"让每一个学生学会做人，学会做事，学会做学问，学会自我发展，做到全人格发展"。在这一思想引领下，学校把培养和谐的人，作为艺术教育的终极目标。强化艺术教育是学校素质教育重要组成部分的理念，我校主要通过茶艺表演舞台展示来对学生进行艺术教育。

关键词： 茶艺表演　茶韵操

一、学校艺术教育创新理念、思路与宗旨

东直门中学的办学宗旨是"让每一个学生学会做人，学会做事，学会做学问，学会自我发展，做到全人格发展"。在这一思想引领下，学校把培养和谐的人，作为艺术教育的终极目标。强化艺术教育是学校素质教育重要组成部分的理念。在学校的整体工作中，它是展示的亮点；在教学工作中，它是结合点；在课程改革中，它是创新点；在德育工作中，它是切入点。东直门中学的艺术教育工作渗透在学校各项工作之中，发挥着很大的作用。这种和谐融入，提高了艺术教育的品位；而艺术教育品位的提升更加凸显了其不可替代的优势。东直门中学在拓展蓝天工程，整合教育资源，打造艺术品牌等方面做了有益的尝试。

二、活动背景、动机

北京市东直门中学 2015—2016 学年年度艺术节于 2016 年 3 月 31 日在北京市少年宫拉开了帷幕。整台节目以"青春"为主线索，以丰富多彩的表现形式，展示了具有东直门特色的艺术文化成果。

东直门中学始终把艺术教育作为开展素质教育的重要组成部分。努力满足学生不同艺术爱好和特长发展的需要，培养每一个学生健康向上的审美趣味、审美格调和审美理想，丰富学生的审美体验，着力提升学生的综合素养。

三、活动策划方案

成长是陪伴，成长是艺术与青春撞击出的奇妙火花。来自雍和宫小学的"小茶人"与东直门中学的学长们在舞台上共同演绎了《小小茶艺》。他们是学校中小学一体化艺术教育培养的受益者，在老师们的引领下，将艺术融入了自己的成长与发展，让艺术之光伴随他们一起长大。

四、活动实施方案

一对小姐妹先上台，姐姐在练习茶艺表演准备比赛，妹妹想让姐姐陪她玩，姐姐就趁这个机会和妹妹讲述中国的茶文化，见妹妹不解的样子，姐姐就给妹妹现场表演西湖龙井的冲泡，（起音乐）跳茶韵操的同学和旁边四位表演花茶茶艺的同学一起出场配合表演。

同学们都穿着茶艺表演服装，整场表演是唯美安静的，体现了中国茶文化的深意悠远。

五、活动教学计划

2016 年 3 月 31 日在北京市少年宫活动，其中中学和小学部同学共计 16 人参加了茶艺社小小茶艺的演出。

六、活动教师笔记

这次活动是中小学生的一次配合表演，融合了两边的特色，小学生天真活泼，中学生内敛沉稳，两者互补，使演出效果良好，深受好评。

台上短短几分钟的演出，台下同学们花了几个月辛苦练习，老师利用社团活动的时间培训学生，好的演出效果和师生的相互理解配合是分不开的。

七、活动成果

东城区副区长颜华、东城区人大原副主任金旭、东城区人民政府教育督导室主任付葵、东城区教工委副书记刘藻、教委副主任孔庆亮、督导室副主任段勇、北京市青少年活动中心副主任张京华等领导和东直门中学以及深度联盟校 165 中学、九年一贯制雍和宫小学的师生、家长代表参加了开幕式。

八、分析与评价

校园生活中的实景实录使舞台上下产生了强烈的共鸣，座无虚席的剧场不时发出会心的笑声和热烈的掌声。

她们唯美而充满青春活力的表演是校园生活的缩影，艺术涵养了人生，艺术开阔了视野，孩子们在亲身参与的过程中感受与品味艺术教育带来的美好。

（雷芸、任纬）

跨学科的艺术教育与学生核心素养

北京工业大学附属中学双桥分校

摘要："跨学科"是现代社会科技与文艺发展的主要趋势和潮流，当前教学不仅要注重学科内知识的传授和能力的培养，更要注重学科间知识和能力的渗透，因此，搭建一个可以让学生跨学科进行探究的平台尤为重要。艺术教育，它既可以培养学生的创意、想象力及表达能力，又可以让学生建立健康的生活方式。另一方面，艺术亦可作为一个媒介，让学生学习传统学科的内容。通过跨学科的艺术教育，特别是戏剧的表演，可以提高学生的人文修养和审美能力，同时对所学的其他学科加以运用，进而全面发展，达到核心素养的整体提升。

关键词：跨学科　艺术教育　核心素养　创新

一、活动背景、动机

为丰富学生的文化生活，培养学生的创新精神和团队合作意识，锻炼学生观察、思考、写作、表达、欣赏等能力；结合学校教学，我们为学生搭建了一个跨学科探究的演示平台，让学生综合运用所学的各学科进行科学探究、英语交流和实验表演，让他们感受科学的神奇与艺术的魅力，创作的乐趣和表演的愉悦，从而达到核心素养的提升。

上学期，我们接到了朝阳区通过英语情景剧比赛培养学生核心素养的通知，于是为了准备这两个比赛，我们进行了一系列的活动，以英语为语言媒介，以表演为表现形式，探究学校和生活中的科学知识，让学生发挥创意，培养学生的创新精神。学生们在老师的指导下，创作了英语情景剧《森之谜境》的剧本，并对演出进行了排练和创新。

二、活动描述

英语情景剧"森之谜境"的形成历时一个学期，参加了两个比赛——"朝阳区中小学生科技英语创意大赛"和"朝阳区中小学英语情景剧系列创意大赛"，分别荣获了"朝阳区中小学生科技英语创意大赛中学组三等奖""朝阳区中小学英语情景剧系列创意大赛中学最佳团队表演奖"和"朝阳区中小学英语情景剧系列创意大赛中学最佳剧本创作奖"。在两个比赛的打磨中，我们不断完善，最终形成了现在的可以上台演出的剧目。特别是在"朝阳区中小学英语情景剧系列创意大赛"中，《森之谜境》从一千多份作品里脱颖而出，作为精心挑选的六个节目之一，登上了中国木偶剧院的大舞台，参加了"不一样的我们"颁奖盛典的演出，并得到了各位领导及外教的高度赞扬。

片段一：大胆创作

学生们对那些经典的童话故事总是念念不忘，于是这便成为他们的创作灵感来源。他们没有拿来某个童话直接使用，而是进行了改编和融合。同时剧中还加入了生活中的科普知识，使得剧本在内容上更加丰富，不仅体现了团结友爱的主题和精神，还普及了科学知识，很有教育意义。情节上从开始的背景，中间跌宕起伏的高潮，到结尾的反转和美满的结局，整个剧目浑然天成。其中，有几处大胆的创作令人印象深刻。第一幕中，经过几次排练，我问到"如何增加一些细节，来让'魔镜'活起来？"学生们提出："巫师的'魔镜'可以进行投币啊！"为了把魔镜的"魔性"表现出来，他们还提出给魔镜配音，在几次排练之后，他们又提议将投币的次数增加为两次，以表现出魔镜的贪婪，反衬了巫师的邪恶，为下文的情节做好了铺垫。在第二幕中，他们要去寻找公主，为了突出寻找过程的艰辛，他们几次迷失，找不到方向。于是他们将生物课上学到的一个科学原理——"树叶的浓密辨别方向"编排了进去。所以在课余时间，他们对学校附近的树桩进行了探究，运用最简单的实验仪器，做出了一份实验调查报告，以验证实验原理的正确性。最后一幕中，我提出"当'公主'被抓后，她非常伤心，但是只靠面部表情来传达的话，对于坐在远方观看的观众来说，冲击力不强，那怎样才能更好地表现这种情绪呢？"他们先去做了功课，找了几种方式，最后经过讨论，决定使用歌剧《猫》中的经典片段，通过演唱的形式将这种情绪传达给观众，使得整个剧目的表现力得到提升。

片段二：激发表演

在本次表演中，女生要么不愿意演女巫，要么呈现不出那种"坏坏的"效果。最后通过几次排练，大家一致推选表现力最强的一名男同学来反串"女巫"。而这位同学也勇于接受了挑战。但是从他的演出来看，除了故意捏着嗓子说话之外，看不出他是"女巫"，所以我边思考边问他"除了声音，如何通过表演表现出你是个女巫呢？"他挠了挠头，琢磨起来。其他小演员们笑呵呵的提议到"你要妖媚一点"。他灵机一动，增加了一个化妆的环节："嘟嘴、抹口红、擦粉"，动作一气呵成、诙谐幽默，每次看到他的表演，其他小演员们都会笑场，足以见得他的表演是多么到位。

"女巫"的仆人，"狼"的表演者也很有表演天赋和悟性，通过不断的创作，使得情节更加出彩。当"公主"被抓到"女巫"的城堡后"狼"要看守公主，在公主演唱《memory》的片段时，"狼"只是待在一旁，面无表情，一动不动。于是我们便对这个角色进行了探讨。我问道："你觉得公主唱的怎么样？"他回答道："很好听！""那你是作为一个观众来听的，现在你是一个反派，你看守的人质在里面不停地发出声音，你会有什么样的感受呢？"他说："烦躁！哦！她的歌声虽然听起来很好，但对于我来说就是噪音。""对！非常好！说明你进入到了这个角色当中，因为立场不同，所以你们的感受便不同。那怎么表现她的歌声让你很烦躁呢？"他捂住了他的"狼"耳朵。"如果捂住以后还能听到呢？你会有什么更多的肢体动作呢？"这时，他弯下腰，整个身子都蜷缩成了一团，紧紧捂着耳朵。"还能再加深一步吗？她的声音让你很折磨，你都受不了了，怎么办？"这时，他捂着耳朵，在地上打起滚儿来，顿时，整个表演就变得丰满了。

片段三：呈现新颖

在剧本中"森林音乐会"的大背景下，动物们需要"动起来"来展示他们的活泼可爱。所以，我们设计了一些可以让演员们动起来的情节。

首先，融入了杯子歌。杯子歌是一个用杯子打节奏的节目，具有很强的韵律感。第一，大家都要练会并且能打出一定的节奏。他们在课余时间研究了这个节奏的打法，但是合在一起的时候，反倒开始出现过快或过慢的情况。这时有些人感慨道"我们太没有默契了！"我告诉他们"这是个节奏性很强的表演，不仅需要默契，还需要每个人都用心，用心倾听节奏，用心配合，我们通过排练，一定能打得更好！"于是孩子们不再着急，经过反复的排练，大家终于可以配合得天衣无缝了。这时，有的同学提出了一个很好的问题："我们的编排太单调了，一直都在重复一个动作。"我应答道："你说的很好，我们的确需要一些动作的变换。"于是，我们又调整了队形，增加了样式，还研发出了几个有难度的动作，经过精心排练，学生们通过不断地变化和不同的形式，既表现了杯子的灵巧，又打出了恢宏的气势。在登台表演中，在舞台追光的配合下，杯子舞迅速掀起了表演的第一个高潮，赢得了阵阵掌声。

其次，增加了甩葱舞。学生们有很强的幽默感，他们希望利用一切机会来表现个性。而甩葱舞是一个比较诙谐的舞蹈，他们利用生活中的大葱作为舞蹈道具，来表达他们的活力和幽默，以便表现出他们是一群热爱生活而又充满幽默感的动物们。在舞台上表演时，很多观众一边用手机拍摄，一边跟着音乐扭动，从观众的神情和动作来看，舞蹈感染到了每一位观众，并给演出带来了新一轮的高潮。

最后，以一段双人舞结尾。学生们提出将英国的传统宫廷风格舞蹈和交际舞相结合，既可以展示英语文化，又营造了一个浪漫的氛围，从表现形式上烘托并展现了一个完美的结局。

片段四：创设情境

在准备第二次比赛时，有的学生提出"怎么修改幻灯片才能让我们的舞台更有感觉呢？"针对怎样才能让舞台效果更好这个问题，学生们决定对幻灯片进行全面的创新。首先，给所有的实物增加音效。他们为每个背景都配上了相应的音效，以表现场景中的"恐怖"抑或"魔幻"，给森林、小河配上了声音，给人身临其境的感觉。其次，让图片动起来。他们将幻灯片的背景改成了动态图的形式，这样场面瞬间变得更加逼真、更加灵动。再次，用歌曲表达场景的变换。他们为每一个背景都插入了背景音乐，以便辅助演员更好地表达情绪。最后，他们还对道具进行了改造创新。在学校的协助下专门定制了一个仿真树桩，还购买了好几盆树和花草，使得表演的情境更加逼真，让演员们更加容易投入到表演中。

三、活动反思

在《森之谜境》的排练中，学生尝试了参与一项综合性艺术实践活动。这次活动激发了学生的创作乐趣，学会了团结合作，增进了分享交流，体验了多学科的融合，从而达到发展个性和创新精神。

首先，跨学科背景下的艺术教育实践体现了核心素养的文化基础。

文化是人存在的根和魂。文化基础，重在强调能习得人文、科学等各领域的知识和技能，掌握和运用人类优秀智慧成果，其中包括"人文底蕴"和"科学精神"。

本次项目需要学生亲自创作剧本，但是在剧本创作前，学生需要进行一定量的阅读找到灵感和素材，因此学生在准备活动中进行了大量的阅读积累，包括中文阅读和英文阅读，特别是在英文阅读中，他们接触到了不同的文化，不同的价值观，使得他们在剧本创作中提升了文化底蕴。而为了创作出具有知识性、科技性的内容，学生需要在他们接触到的各门科学类课程中认真学习，找到可以运用的科学原理。同时，他们要在生活中，对选用的科学原理进行试验探究，亲自动手体验科学原理的真实性，强化了他们的观察能力和动手能力，同时培养了他们严谨的科学态度和科学精神。

其次，跨学科背景下的艺术教育实践体现了核心素养的自主发展。

自主性是人作为主体的根本属性。自主发展，重在强调能有效管理自己的学习和生活，认识和发现自我价值，发掘自身潜力，有效应对复杂多变的环境，其中包括"学会学习"和"健康生活"。

在本次项目中，学生除了要学习英语之外，还需要学习一系列的音乐活动，有杯子歌、甩葱舞、美声唱腔以及最后的双人舞。这些内容是学生们以前没有接触过的东西。为了演出学生需要快速地学会这些技能，所以在排练中，学生学习非常认真，而且在课下进行了自主学习和探究，将整体的动作或者节奏掌握下来，最后在老师的指导下动作逐步变得更加流畅。现在互联网非常发达，有些学生已经有了自主学习的意识，会自发地上网进行学习，说明部分学生已经具有了主动学习的意识。

最后，跨学科背景下的艺术教育实践体现了核心素养的社会参与。

社会性是人的本质属性。社会参与重在强调能处理好自我与社会的关系，提升创新精神和实践能力，促进个人价值实现，推动社会发展进步，其中包括"责任担当"和"实践创新"。

四、对策与建议

在本次项目中，我们进行了大量的创新，不论是内容和情节还是表演形式和呈现方式，不论是幻灯片设计还是服装道具，都进行了大胆的创新和突破。他们不满足于把情节表现出来，而是在一次又一次的排练中，不断冒出新的灵感和想法，不断的改进，成为这次艺术实践真正的主体，他们具有很强的分析问题、解决问题的能力，也积累了一定的艺术审美经验，在表演中学生通过互评和自评发现问题，反思完善。这加深了学生的情感体验，进一步推动了后续的表演，教育的互动油然而生，艺术的美感、戏剧的真情得以迸发，让学生在艺术学习中通过艺术实践成为积极从事感知、探索、创造与反思的人。

从这两次活动中，我发现，每个孩子都有一个小宇宙，但是在平时不断重复的学习中，他们没有机会去释放这些能量，没有机会发挥他们的创造力，但是当给他们搭建一个舞台时，孩子们的潜能就完全被激发了出来。他们从台词、表演到剧本、情节，从幻灯片的设计到最后一次次的完善，处处都发挥着想象力和创新精神，我相信这种精神也会伴随着他们的成长而更加强大，希望他们的思想能从此插上翅膀，可以在创造的世界里到处翱翔。

（李媛）

话剧《项链》的实验与探索

北京市石景山区实验中学

摘要： 正值北京市首届中学生戏剧节活动期间，我校初三年级排演了话剧《项链》，剧本根据莫泊桑原著及地方戏剧本改编，指导教师为初三语文教师，参演学生为初三戏剧小组部分成员。这一话剧实验，既使学生对戏剧有了比较清晰完整的印象，体验了戏剧的魅力，又使学生丰富了文学素养，提高了审美意识和审美能力。

关键词： 话剧 审美能力

一、学校艺术教育创新理念、思路与宗旨

我校始终坚持"以人为本、持续发展"的办学理念，围绕"为学生选择未来奠基"办学思路，以"培养阳光健康、学有专长、懂得尊重、学会选择、大气担当的优秀学生群体"为育人目标，关注学生的基础学习能力和可持续学习能力，促进学生全面而有个性的发展，赢得了学生的喜爱、家长的信任和社会的认可，学校相继获得了数十项荣誉。

基于学校"为学生选择未来奠基"的办学理念，我们以"生涯发展"为核心构建实施了实验中学特色课程体系。该课程体系的框架与我们的教学楼俯瞰图类似，好像一把金钥匙。金钥匙寓意打开学生生涯发展之门，奠基未来美好人生。

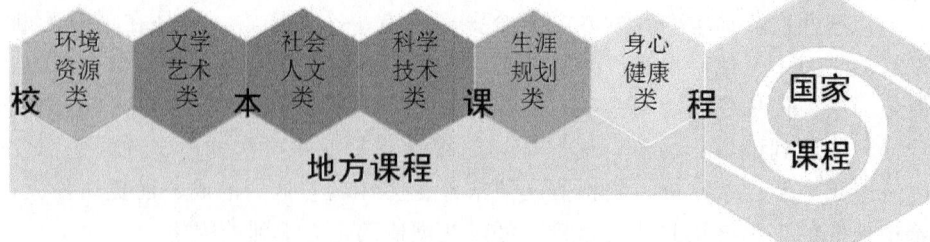

文学艺术类课程引导学生求"美"，这一系列课程带领学生去发现美、欣赏美和创造美，提高审美意识和审美能力，这是学生生涯发展的重要方面，也是实现幸福人生、提升生命质量的重要条件。

整把金钥匙具有丰富的课程内容，又因学生的不同特质和个性选择而有不同的结构呈现，就像钥匙上凹凸不同的齿沿，组成一把把总体结构类似、具体细节不同的金钥匙，从而开启属于每一个孩子自己的生涯发展、通向未来的大门。

二、活动背景、动机

正值北京市首届中学生戏剧节活动期间，我校初三年级排演了话剧《项链》，主要是为了让学生了解戏剧的魅力，对戏剧有比较清晰完整的印象，从而丰富文学素养。

三、活动策划方案

我校在初一、初二组建了"戏剧小舞台、人生大天地"的戏剧小组，排演了课本剧《桃花源记》，我把初三戏剧小组成员组织起来，排演了《项链》，大获成功。

四、实施方案

1. 阅读原著、修改剧本
2. 积极动员戏剧小组的学生报名参与
3. 学生自选角色、教师审核
4. 分场次排练、合练
5. 校内选拔胜出、区内展演胜出、市里汇报演出
6. 剧本（略）
7. 文案

（1）改编剧本：我改编了越剧剧本，让剧本尽量符合原著，尽量适宜话剧演出。

（2）阅读原著：莫泊桑的《项链》是高中教材选入的，初三的学生此前没有接触。为此，我先阅读原作品，把握主要内容及中心，再指导学生，让学生仔细把握所演人物的思想、性格特点，以便排演时更快进入角色。

(3)分场次排练、合练：每天中午我带学生在备用教室排练，先排主要人物，再合练。完成了初次彩排后，进而参与学校的选拔，被学校推选到区里。又经过一段时间的打磨、加工、重点排练，再次选送到市里展演。

8.服装与道具

服装：服装在网上租借，头饰自己制作。主演要换三次服装，从家居服到舞会裙，再到穷困的衣服。舞会裙是租借，家居服、穷困服是用老师的裙子改装的。

道具：全部自己制作。

五、教学计划

第一阶段：校内排练，研读剧本，分派角色，排练、合练。

第二阶段：区里展演，优化剧本，定制服装，重点指导，制作演出音乐、视频及道具。

第三阶段：市里展演，制作海报，细化演出事宜，准备展演。

1. 时间：每天中午排练

2. 地点：备用教室、多功能厅

3. 人数：11人

六、教师笔记

1. 教案

北京市石景山区实验中学教案

课题	话剧《项链》排练指导	授课时间	2016 年 12 月
教学目标	1. 知识能力： (1)了解话剧的表演技巧，在表演中提高审美能力。 (2)通过反复排练，体会作者的思想感情。 2. 情感态度：激发学生的创造性思维，把表演与内心体验有机融合。		
教学重点	指导主演玛丽的表演		
教学难点	领悟表演的真谛		
教学准备	熟练掌握自己所任角色的台词、方位		

教学过程	备注
一、导入新课 　　上次排练时，让大家回去再看原著，体会人物感情，今天我们接着斟酌，继续排练。 二、重现上节课内容 　　第一幕：玛丽家的场景表演重现，老师看后再斟酌修改。 三、斟酌修改第一幕玛丽的戏份 　　玛丽：玛丽我好似一朵花，（有花的美感）风韵娇媚谁不夸！（转圈）天生丽质温柔性，理该生活在富贵家。（向往）这厅堂，本该张挂丝绒幕，窗帘配上乔其纱。（有张挂的动作和点的细节）里外铺上红地毯，一圈豪华大沙发。（环顾四周）再把那高角青铜灯来点，（高脚要形象化）我坐在梳妆台前把眉画。（坐在桌前画眉）上帝呀，为何不知我心愿，颠倒安排错婚嫁。（不满现状）路瓦栽不过部里小职员，我只得苦守清贫度生涯！（无奈） 　　括号内提示表演重点。其中向往的神态和点的动作较难体现，不满现状和无奈的表演区分度也不好把握。 　　重点指导这几处： 　　1. 向往的神态：可以双手托腮、远眺窗外、出神、发呆，突然惊喜地跳起来，表现玛丽对富贵生活的渴望。 　　2. 点的动作：手指轻按一下、一下，像数数一样，从上到下。把玛丽向往的生活用此动作虚构出来。 　　3. 不满现状和无奈的表情：不满现状可把对上帝不公的怨气发泄出来，无奈可用双手环绕抱胸表示清贫，用摇头表示度生涯。 　　区别在于：不满是怨气，无奈只得安于现状。 四、服装与道具的运用 	

教学过程	备注
服装：此时玛丽穿家居的粉色连衣裙，适合西方人的装束。 道具：舞台一角是一把椅子，供演员表演用。其他均为无实物表演。 五、无实物表演的难点突破 　　丝绒幕、窗帘、乔其纱、红地毯、沙发、高角青铜灯、梳妆台这些都是无实物表演，其中高角青铜灯最难表演。因为学生没见过这灯。 　　我就从网上先找图片，再修改。有了感性认识，再表演可以神似些。 　　其他的都是生活中见到的或熟悉的，表演难度小多了。 六、指导后的重现表演 　　玛丽：玛丽我好似一朵花，（有花的美感）风韵娇媚谁不夸！（转圈）天生丽质温柔性，理该生活在富贵家。（向往）这厅堂，本该张挂丝绒幕，窗帘配上乔其纱。（有张挂的动作和点的细节）里外铺上红地毯，一圈豪华大沙发。（环顾四周）再把那高角青铜灯来点，（高脚要形象化）我坐在梳妆台前把眉画。（坐在桌前画眉）上帝呀，为何不知我心愿，颠倒安排错婚嫁。（不满现状）路瓦栽不过部里小职员，我只得苦守清贫度生涯！（无奈） 　　这次，效果有了明显变化。师生都很欣慰。功夫没有白费。	

| 板书设计：
　　第一幕：玛丽开场戏复排
重点：向往、点、不满与无奈
难点：高角青铜灯 | 作业设计：
1. 巩固这段表演
2. 熟悉第一幕中与路易的对手戏，下节课排练 |

教学后记： 　　如果不是语文老师，如果主演玛丽的学生对表演不热爱，如果不钻研原著及剧本，真难以想象怎样才能排演成功。

2. 活动记录

第一阶段：校内排练，师生共同研读剧本，学生自己选择角色，师生共同排练、合练。

第二阶段：区里展演，与区教研员一起优化剧本，在网上定制服装，重点指导主演排练，与音乐老师一起制作演出音乐、视频，师生共同制作演出道具。

第三阶段：市里展演，与计算机老师一起制作海报，与其他老师一起细化演出事宜，准备展演。

3. 教学反思

此次课本剧《项链》的排练与展演，使学生在充分理解小说中心思想的基础上，通过塑造角色熟练掌握了分析人物、分析情节的方法，对今后的语文教学有一定的指导意义。

课本剧策划工作存在一定不足，初三学生学习与排练时间冲突，学生的表演缺乏系统指导和培训，演出时主演更换服装也很费时，一定程度上影响了演出效果。这些问题在今后组织类似活动时要加以改正。

历时三个多月的排练、比赛、展演，终于结束了。回顾走过的路程，倍感辛苦，也倍感幸福。辛苦的是每个中午都是排练，展演都是周末；幸福的是与学生演员们建立了良好的师生关系，同时也有了小小的成绩。

七、活动成果

1. 演出与展示

2. 获奖情况

北京市石景山区实验中学戏剧节一等奖

北京市石景山区戏剧节一等奖

北京市中学生首届戏剧节展演奖

八、分析与评价

1. 活动反馈

学生：

很荣幸在初中阶段参加了学校举办的课本剧比赛，这是我一段非常美好而珍贵的记忆。学校组织和发展课本剧表演项目，极大地提升了我们的艺术素养，也让我们体会到了表演的快乐。

教师：

课本剧主题令人深思，表演入木三分，使学生在充分理解小说中心思想基础上，更通过塑造角色熟练掌握了分析人物、分析情节的方法，对今后的语文教学有充分指导意义。

艺术专家：

表演虽然略有几分青涩，但让人印象深刻，举手投足间充满青春活力，对戏剧冲突及高潮的处理能做到张弛有度，有板有眼。

当他们从小小的课堂走向学校的舞台，并勇敢迈出这一步时，他们的人生已经无限拓展。艺术之门并不遥远，它一直在等待年轻的、有梦想的人来敲响。

2. 理论分析

初三学生接触这个剧本有一定难度，我就把原著先给学生分析，再让他们根据自己个人情况选择角色，然后就是分块排演、指导，历时三个月层层过关，冲出学校、冲进区里、入选市里。

九、对策与建议

中学生在课内阅读经典名著，在课外改编排演，二者相辅相成，对加强文学修养大有裨益。我觉得在校内外大力推广艺术讲座，让更多学生了解、喜爱这类形式，对学习理解经典名著都是非常有益的。从 2015 年 9 月到 12 月，排练、展演《项链》的一大任务终于圆满结束，对于一个 50 岁的教师来说，既要担任初三两个班的教学任务，又要利用课余时间排练，真的是工作量极大。但我庆幸自己完成了这一光荣的使命，如果有下次，我还会尽自己最大所能，来承担这一工作。

（陈小英）

校园剧《永远的一二·九》的艺术实践

北京市第二中学通州校区

摘要： 近三年来在我校对戏剧校本课程的开发过程中，学校、教师、学生三方共同认定戏剧教育兼有教育性和娱乐性的双重特质。在戏剧课堂中"寓教育于娱乐之中"的体验式、情境式、交互式的教学方法可以自然地切换进教师与学生间，让学生从被动的知识接受者变为知识的实践者，通过戏剧角色的创作和表演去感知更加丰富的人生体验。

关键词： 戏剧教育　情境体验　舞台表演

一、学校艺术教育的宗旨与理念

我校作为区级示范类高中校，校长长期来一直重视艺术课堂教育学生的重要性，鼓励并要求学校内的艺术教师做到人人有特色，以创作适合青少年的艺术精品为宗旨。为学生提供专业的教学环境，给予艺术教师更多的交流学习机会。多年来已将艺术教育打造成我校的一大特色与亮点。在艺术课程的实施与评价机制中，足以体现出我校艺术课堂教学的规范与严谨，鼓励教师们大胆创新，实践新颖的教学方法，永不拘泥于现状。

二、作品的背景与创作动机

说到校园话剧《永远的一二·九》的创作动机就不得不谈到它产生的源头——戏剧校本课程。戏剧舞台表演课程作为高中选修的校本课在我校已开展了两年有余，这堂每周一次90分钟的戏剧课主要学习戏剧台词、形体、即兴小品表演。在课程中教师更多的不是口传身授的传统教学模式，而是给予学生们感知情境化的体验空间和氛围，并引导学生们在情境体验中去即兴表演，在即兴与学生间情绪的互动之中，随机碰撞出合乎情节发展的台词和情感表达。在这样的引导型课堂中逐渐增强学生的感受、感知能力，学习掌控在舞台表演时情绪的运用能力。

经过一个学期的学习之后，我们迎来了一个展示自己学习成果的机会：北京市第十九届学生艺术节的戏剧比赛。在接到比赛通知后，我和8名学生共同成立戏剧节小组。校园剧《永远的一二·九》的创作动机，是建立在平日里戏剧课程之上的，如果没有课程的依托和我与学生在戏剧教室内的磨合，就没有后面作品的诞生。戏剧课程是源头，也为我和学生们提供了在合适契机到来时把握住成功的实力。

三、作品的策划方案

教师和学生共同揣摩主题并编写剧本，在此过程中教师起到的是引导与定方向和作品基调和导演的作用，而学生们则负责具体撰稿、记录剧本与参加表演。反复讨论后，我认为作为高二、高一年级的中学生有能力塑造高于自己生活和超越当今年代的人物角色，他们也有义务通过自身的表演去抒发更加高尚的情怀，用自身行动去感染身边更多的同学们。我敲定了以一二·九学生运动作为参赛剧本发生的年代背景，学生们在经过认真的考虑后对我的创作方案表示同意。于是《永远的一二·九》校园剧小组正式组建。

四、作品的实施方案

1. 剧本（初期大纲版本）

在创作和排练实施的过程中我们的剧本会随时进行更完善的修改，很多细节是经过排练之后在现场进行修改的。每个学生在排练场都随时用笔记下自己改动过后的台词直到演出前最后一刻，我们仍在细节台词中有所改动。所以我们这份剧本，并不是舞台最终呈现的终极版剧本，而是最初的剧本大纲。

剧本《永远的一二·九》

时间：下午；场景：学生教室。

教室空无一人，学生的桌椅整齐的码放着。因为下午的缘故，如血一般的残阳正好散射在教室里，使得教室里红光一片。还有一些光照在了一角的黑板上。所以可以清楚地看到上面的字。国歌！起来，……这时外面响着警笛声，还有警察的哨声。人们呼喊的嘈杂声。

小凤从门外跌跌撞撞跑进来，衣服扣敞开着，看样子还跑丢了一只鞋。在摔了一个大马趴之后，仓皇躲进了黑板后面。

女生甲拖着女生乙从门外进来，女生甲头上裹着一块毛巾，从布里很明显的渗出了血迹。女生乙看样子腿受伤很重，而且在半晕状态。女生甲艰难的拖着半晕状态的女生乙，走到了桌椅旁坐了下来。女生乙趴在了桌子上，女生甲在教室里寻找什么，没有找到，就把自己头上的那块毛巾扯下来绑在了女生乙的腿上。女生乙被痛醒了，醒来看到女生甲脑袋上的血吓得惊呼起来，看来是受刺激了。女生甲抱住了她又安抚她。女生乙又进入半晕状态趴在了桌子上。

小凤从黑板后面探头出来，看见女生丙从外面跑进来，又把头缩了回去。

女生丙：我刚才在街上一直在找你们，哎呀！都受伤了。（说着就凑过去要忙活，被女生甲推出去摔了一个大跟头。）

女生甲：别假惺惺的，开学生会会你都表决了。到真请愿的时候你不来了，你说你算什么，缩头乌龟吗？汉奸吗？（女生丙委屈地哭了起来。）

女生丙：我不是缩头乌龟，也不是汉奸。是我妈不让我出来，把门都给反锁了。我也是撬窗户偷跑出来的呀。

女生甲：那你妈就是汉奸！

女生丙：别胡说，我妈不是汉奸。因为我爸那个病怕他着急所以才这么做的。（女生丙委屈地哭着，女生甲也不知说什么好，女生乙依然昏着。这时男生甲急匆匆来了。他看了看四周说道。）

男生甲：小凤和男生乙他们都没回来？（众人沉默，男生甲把手里的衣服摔在了地上，随手拿把椅子坐下。）

男生甲：我觉得咱们这么做。能起到什么作用。同学们好些都受伤了。还有好些找不到的。这么做是不是行不通呀。

女生甲：你是不是想退缩了，害怕了？

男生甲：我不是害怕了，只是觉得……（话音未落，女生丁疯狂地跑了进来，嘴里还喊着，警察来了，警察来了！众人都站了起来，半晕的女生乙也惊醒了。女生们畏缩在一起。）。

女生甲：怎么回事？（女生丁战战兢兢地说。）

女生丁：我跑回来时，后面老有个警察跟着我，咱们怎么办呀？（说着哇哇哇哭了起来，女生乙、丙也都跟着哭了起来。）

女生甲：哭有什么用！抄家伙！快点快点！（大伙也跟着动起手来，几个女生每人拿了把椅子，男生甲拎起桌子，大伙形成堡垒之势准备迎战。黑板后面一直伸着头看着的小凤还是吓得把头缩了回去。穿着警察服装的男生乙手里拿着警棍跑了进来。他看了看眼前的阵势扑哧乐了，警棍往地上一丢，顺手摘下了警察的帽子。）

男生乙：警惕性够高的啊，连我都要打呀。（众人这时才松了口气。）

女生甲：你怎么穿上这身皮了？

男生乙：说来好玩呀，有个警察穷追不舍呀，我和几个别的班的同学把他引到胡同里，架不住我们人多呀。这回可解气了，你一拳我一脚地把他给打晕了。为了掩护那些同学，我就套上这身狗皮让他们先走了。回来时还碰上了你，我和你打招呼你就是不理我，死命地跑呀。

女生丁：我以为你是真的呢。（说着大伙都笑了，刚才的紧张气氛缓解了许多。这时黑板在悄悄往门口移动。）

男生甲：不过，我认为咱们这么做是不是不妥呀，这么请愿也解决不了什么问题呀？

男生乙：你什么意思？

男生甲：这么无辜地牺牲我觉得不值得。

男生乙：你想退缩？

男生甲：不是，我不是想退缩，我是觉得这么干起不了什么作用。

男生乙：你觉得起不了作用，我还告诉你，东北都沦陷那么多天了，国民党起作用了？蒋介石起作用了？他放着外寇不抵抗，却要搞内战，这完全不顾我中华民族的生存，我们老百姓的死活。我们做这一点算什么。就是死也要抵抗到底。

男生甲：我不是那意思，我……

男生乙：我什么我，我告诉你，你就是想退缩，你就是个孬种！

男生甲：这么说有点太狠了吧，我……

男生乙：就是孬种！（男生甲有些急了。）

男生甲：我不是孬种。

男生乙：孬种！（俩人像斗鸡似的脸对着脸，僵持了一会儿。旁边的女生也不知所措。这时哗啦一声快移到门口的小风连同黑板一起倒在了地上，小风尴尬地爬起来，不知所措，人们似乎反应了过来。

女生甲：嗷，原来你早回来了，一直藏在黑板后面。（说着过去拽着小风的耳朵把他拖了过来。）

女生甲：跟大伙交代，你怎么回事？

小风：我……怕，我害怕，看那些同学们流好多血，警察他们肆意的乱打，我怕，我害怕。我……我是孬种。（说着小风趴在地上呜呜地哭了起来。人们也都沉默了，没有一个人说话。这时老师急忙走了进来。同学们都纷纷拥了过去。）

老师：你们还好吧，都回来了。全打散了，我找不到你们了。回来就好，回来就好。

女生甲：老师，我们下一步该怎么办？

老师：同学们，不管怎么说，你们今天的表现都非常好。当然有些同学害怕那是正常的，十个手指头伸出来还不一般齐呐，所以我们要多锻炼，多经历一些事。现在国难当头。作为中华民族的我们每一个人都要站起来，为国家，为民族献出自己的那一分力量。（老师看了看同学们，同学们似乎也鼓起了勇气。这时老师带头唱起了国歌。）

起来，不愿做奴隶的人们。……老师起唱，同学们依次跟上，最后合唱达到高潮，写有国歌字样的黑板被举了起来。

结束。

2. 服装设计图

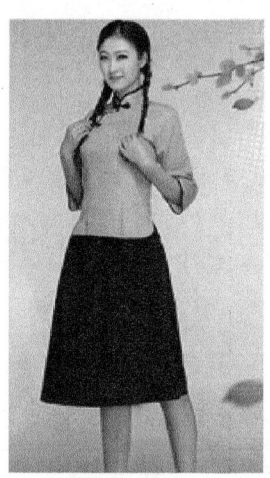

A 女学生服装正面造型照片

B 男学生扮演者的造型照

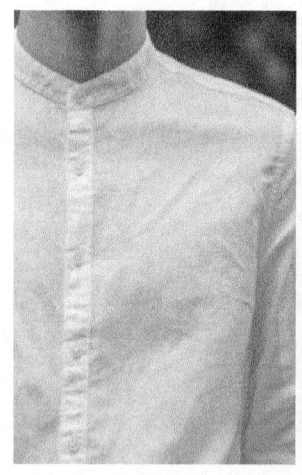

C 男演员衬衫设计图

D 女教师旗袍造型照

3. 舞台背景图

五、活动的教学计划

戏剧校本课程时间：每周四下午第九节课，时长 55 分钟。

戏剧比赛排练集训时间：每日晚自习时间 18：40—21：00。赛前一个月教师与学生坚持一个月集训排练。

场地：戏剧舞蹈排练厅。

六、活动成果

校园剧《永远的一二·九》荣获通州区第十九届学生艺术节表演类一等奖，辅导教师一等奖。并作为通州区唯一推荐选送剧目参加北京市第十九届学生艺术节决赛。

以下是学生在参加比赛时的剧照

剧照一（教室内的纷争）

剧照二（国破心碎、身负重伤）

剧照三(春雪融融)　　　　　　剧照四(我们是中国的鸟儿)

七、分析与评价

自参加我校的校园剧后收获颇丰,我们的剧本名为《永远的一二·九》这个是介绍一二·九运动的产生和由来的,光说一二·九无非历史书上那些描述措辞,但参加此次表演让我亲身体会到了那个时代的学生是如何热爱这个国家,那个时代的人是如何撑起民族大义的,让我重新认识了一二九运动,这少不了学校的支持和老师的帮助,记得那时剧本一下来是满怀的兴奋和激动,但文字要用身体和语言表达出来就有些难,大家都没受过这方面的训练,刚开始那段时间都挺难的,老师带着我们一遍遍地看剧本体会感觉音乐和画面激起了我们的感觉,音乐响起,那种感情自然流露出来,自己入戏也能感染台下的观众,受到好评也算是小有成就,我们的任务就是还原历史把观剧者也带入氛围,那才是成功的作品。我觉得咱们戏剧演出相比课本剧来说就是专业,行为举止都能充满表现力,让画面充满张力。课本剧无非就是一味说辞,剧情结构也是遵照样板从头到尾的死板。感谢学校能给我这次机会,让我体会到戏剧的艺术和舞台的魅力,对我们个人能力素养提升再添新枝。感觉非常棒,我也向学校呼吁多开展此类活动让其他同学能有幸参加。

——学生宋宇成

演了话剧《永远的一二·九》才渐知民国时期的那批有着与今天的学人迥然不同的风度、气质、胸襟、学识和情趣的学人们。他们的个性或迂或狷或痴或狂,但内里全不失风骨、风趣或风雅,这一点足以让我们学习。通过这部话剧让我更加深刻地体会到了现如今无战争无战乱的和谐社会的幸福,让我更加珍惜现在的生活。最重要的是让我了解了更多关于民国时期的知识和文化。我非常感谢老师给我参演这部话剧的机会,让我的人生更加完美!

——学生李聪楠

　　很多年没有近距离地与中学学生们交流过，这次受北京二中通州校区彭校长的邀约，观看并指导了学生们的戏剧表演，这是一部短剧，学生演员虽然青涩稚嫩，却含着饱满的情感和对戏剧艺术的热爱，孩子们的反应和表达是准确的，有冲动的。区别于过去中学生的课本剧，希望今后能看到更多的中学生们参与到戏剧创作的过程中。

——艺术专家、演员孙亮

　　戏剧教育在西方是完全融入中小学课程的必修性课程，而在国内戏剧课在课程设置中是缺失的，同时国内的中小学几乎没有戏剧专业科班出身的专业教师参与其中。提到戏剧更多的学生和教师会误以为是单调的课本剧，然而戏剧教育恰恰是一种有效的教学手段，它能拓展学生的领悟能力和感受，参与其中的学生能够被所参演的剧目打动与感染。基于以上只有戏剧课才具备的教学特性，我更加建议学生多看名著，多演名剧片段，而不是误以为戏剧只是休闲时大众娱乐的喜剧小品。提升学生的品格与品位是教师的责任，通过戏剧手段影响学生需要学校从课程上加以重视，更需要广大的艺术教师们提升自身的戏剧知识素养，给学生们提供专业的引导，让戏剧课有趣且有效。

（张婷婷）

话剧《蒲柳人家》与高中语文课堂的结合

北京市通州区潞河中学

摘要：我校遵循"让每一位学生人格健全、文质兼美、艺术生活"的艺术教育理念，让所有的学生能感受美的存在、欣赏美的魅力，更让艺术真正内化为学生的气质与境界，使学生不断提高审美情趣，学会创造美，为终身艺术、诗意地生活奠定基础。多年来，学校在语文课堂中开展"以演促写，为文学插上艺术的翅膀"活动，对书本进行二度开发，积极进行艺术教育的创新与实践。

关键词：艺术教育　语文课堂　二度开发　以演促写

一、学校艺术教育创新理念、思路与宗旨

艺术教育是审美教育，也是发展形象思维、激发创新意识的教育。多年来，学校遵循"让每一位学生人格健全、文质兼美、艺术生活"的艺术教育理念，让所有的学生能感受美的存在、欣赏美的魅力，更让艺术真正内化为学生的气质与境界，使学生不断提高审美情趣，学会创造美，为终身艺术、诗意地生活奠定基础。潞河中学在"建设学术性高中，培养创新型人才"办学目标指引下，旗帜鲜明地提出艺术教育应该承担的使命和责任，并为之而努力探索实践。作为中学，我校将艺术教育作为一种文化、一种素养、一种习惯、一种精神，融入学校整体教育，形成了由校园文化、课堂教学以及社团活动这三大体系支撑的艺术文化教育模式，并取得了丰硕成果。

二、活动背景、动机

中学语文教材，荟萃了古今中外的文学经典。充分挖掘教材内涵，是文学教育的最佳途径。在课堂教学中我们利用语文课的学科优势，打造文学课堂，融文学教育于每一节语文课中，大力培养学生的审美情趣，激发想象力和创造力。把校园文学与校本教研紧密结合，充分开发和利用通州地方文化

资源，着力打造出"运河·潞园文化"校本课程体系，编排出了自己的校本教材，作为校园文学研究的重头戏。

三、活动策划方案

文学社成员阅读通州乡土文学作家、我校知名校友刘绍棠先生的相关作品；确定以小说《蒲柳人家》作为脚本进行剧本改编；挑选有一定文学功底和富有表现力的学生成立话剧社，进行排演。

四、活动实施方案

《蒲柳人家》剧本（略）。

五、活动教学计划

时间：每周五下午放学后
人数：30 人
场地：文学社教室、学校舞蹈教室

六、活动教师笔记

任课教师	梁娟	授课年级	高一
教学课题：《蒲柳人家》话剧创作活动			
教学目标：1. 体悟人物性格、情感； 　　　　　2. 思考剧本人物塑造方法； 　　　　　3. 反思剧本创作中的问题。			
教学方法：表演、讨论			
教学重点：思考剧本人物塑造方法			
教学难点：体悟人物性格、情感			

教学用具：多媒体

教学过程	教师活动	学生活动	设计意图
一、介绍社团活动课程 近期，我们潞园文学社正在开展剧本创作活动。我们意在通过剧本的编写、排演，让社员们充分体会剧本创作的特点。请先看同学们的表演。	课程介绍		交代课程背景、目的
二、话剧表演 三、创作交流 （一）评论表演 1. 嘉宾点评（25分钟内测评） 2. 同学们，你们觉得谁表演得最好？为什么好？（语言语气语调神情动作，传达出了人物的性格、情感）		表演	体悟人物性格情感
（二）反思剧本创作 1. 在排演之前，同学们利用刘绍棠先生的乡土小说《蒲柳人家》，编写剧本，进行二度创作；现在同学们又把剧本搬上舞台，这是三度创作；经过这两次创作，同学们对于人物性格、情感的理解，前后有没有变化？ 2. 同学们觉得哪些台词、舞台动作提示，准确表现了人物的性格、情感？ 3. 下面我们看看表演之前，同学们创作的剧本有没有准确表达出主要人物的性格情感。（讨论学生剧本对第三幕的处理） 4. 总结改写思路，准备对剧本再编写、完善。	引导	讨论	思考剧本人物塑造方法 反思剧本创作改进思路

七、活动成果

2013年5月通州区社团展示活动中进行展演。

2013年6月作为课程展示，市区30多位专家到校听课。

2015年12月在通州区首届中学生戏剧节展演活动中荣获优秀剧目奖。

八、分析与评价

1. 活动反馈

学生们热情高涨，从阅读文本到剧本改编到排练话剧，全身心投入。学生说提高了他们对文本的理解能力、写作能力，艺术表现能力等。家长们也非常支持，说此次活动彰显了孩子们丰富而卓越的创造性，是学生读出自己的理解，创造人物的一个途径，通过戏剧丰富人生，陶冶性情，它是追求真善美的重要平台。

在通州区首届中学生戏剧节展演活动中，市教科院基教研中心刘宇新老师充分肯定了学生们的精彩演出。他指出，通过"以演促写，以写带读，以演促读，以评促读"的过程性训练，从关注细节和写作手法两大角度入手达到"表演带动挖掘文本，点评促进深度阅读"的目的。通过话剧演出学习语文既展现了学生的才华，更让学生的学校生活丰富多彩，教师在指导中、学生在表演中领悟语文的能力增强了，希望这种方式成为语文教与学的常态。

2. 理论分析

在排演之前，同学们利用课文，编写剧本，进行二度创作；现在同学们又把剧本搬上舞台，这是三度创作；经过这两次创作，同学们对于小说《蒲柳人家》中人物性格、情感的理解更深入，同时培养了学生们的业余爱好和文化素养。

九、对策与建议

课堂内外相结合，多鼓励原创剧本。组织校园话剧节，调动学生积极性，给学生们提供展示的平台。

（梁娟）

英语、科普与戏剧

北京市通州区北关中学

摘要： 本活动创设生活情境，将生活中的物理现象与英语学习巧妙融合，利用物理课上所学的减小摩擦的方法，以及杠杆、滑轮省力的原理，解决生活中的实际问题。孩子们虽然没有过人的力气，却用智慧的头脑，将课堂所学运用到实际生活中，最终将巨石放到石台上。本活动用表演的方式培养学生学以致用的意识和能力，同时培养同学之间的合作意识。

关键词： 探究精神　艺术教育创新实践　学以致用

一、学校艺术教育创新理念、思路与宗旨

艺术教育是基础教育的重要组成部分，艺术教育作为素质教育的一个实施手段，在实现学生的全面发展中起着不可替代的作用。艺术教育如同一把开启人类心智与情感大门的钥匙，在塑造人类超越自我、超越功利、超越自然的崇高精神境界的同时，也孕育着人们真、善、美的追求，所以有人把艺术教育形象地称为培养"全人的教育"。艺术教育不仅可以提高学生的审美观念，而且对提高学生思想道德素质和科学文化素质都有着深远的意义。为了激活学生的艺术细胞，提高学生的审美意识，培养学生的思维能力，学校开展一系列创新性的艺术活动，即与音乐、美术、表演相关的活动，以达到全面发展德智体美劳的目标。

二、活动背景、动机

积极开展学生艺术教育活动，艺术教育具有"以美感人，以情动人"的特点，它可以通过影响学生的情感，进而影响到学生心理活动的其他方面，产生潜移默化的效果。通过对学生开展艺术教育和文化艺术活动，寓教于乐，在美感中动之以情，在愉悦中晓之以理，让学生在表演艺术作品的同时陶冶情感，塑造个性，这对他们形成健康的心理素质十分有益。

三、活动策划方案

为提高学生的综合素养，学以致用，开展此次活动，为同学们提供展示个人风采的舞台，同时进一步提高其学习英语的兴趣。

(一)参赛形式及时间

3月中旬，学生代表学校参加通州区青少年活动中心举办的科技英语大赛；4月中旬代表通州区参加北京市的科技英语大赛。

(二)比赛办法和要求

演出内容和形式：以课本内容为基础，联系实际生活，自创自演的英语科普情景剧。节目表演时间15分钟，演员人数5人。

要求：道具自制，以简单、环保为主；参赛的节目，自编自演，自制 PPT。

(三)表演标准细则

节目内容：健康向上、富有思想性；形式活泼、主题突出、艺术性强；服装整齐、动作大方、整体效果好；学校重视、组织有序。

四、活动实施方案

组别：初中组
学校名称：通州区北关中学
剧本题目：Moving The Stone Smartly(巧移巨石)
参赛演员：
Narrator　赵喻晓
Lily　张梦迪
Kate　贾婉婷
Mike　刘博通
Tom　贾思晨
剧本内容：
Characters：narrator, Lily, Kate, Mike, Tom
N：Narrator　　L：Lily　　K：Kate　　M：Mike　　T：Tom

Place: In Lily's yard

Narrator: It is a winter morning. The weather is fine. Look, there comes Kate, Mike and Tom. They are going to Lily's home.

L: My parents are on business. I have to stay at home alone, I feel lonely, I am tired of staying at home and doing nothing. So I have invited my best friends to play games with me, but it is 9 o'clock now, I can not wait to see them now, my friends, where are you? Please come here soon.

The three: Hi, Lily! How are you?

L: Oh my dear friends, glad to see you all. Let us play games!

Narrator: They want to play games in the yard, but the problem is that there is a huge stone in the middle of the yard, if they want to play games they have to move the stone away… . But I do not think they can do that because they are too small.

M: Hi, Lily. Why is there a stone in the yard?

L: It is When summer comes, we often stay under the big tree to make us cool and we take it as a tea table for drinking tea. I did not think of that will give us the trouble. Iam sorry.

T: Let's move it away, but I think it is too heavy, maybe we can not do that.

M: I am strong, let's try.

The Four: The stone is too heavy to carry. Let's think about an idea.

L: Ask our neighbors for help.

K: Maybe we can do it by ourselves, let me see. I remembered an ancient Chinese story. The emperor built the palace, the huge stones were heavy and they did not have the modern machines to help them, so they waited winter to come, When the weather was cold enough , they would water on the ground and soon the ground was covered with ice. They could push the stones on the ice to the city, I think we can do it like that way.

T: It is a good idea, but I think we can find a better way.

M: I agree with you, Tom. I think it is a waste of time and a waste of water, and we have no time to wait several hours to make ice.

L: Oh my God, what should we do? Do you have a good idea?

K: Archimedes said, "Give me a pivot, I can prize up the earth. "

M：I have got an idea，we can put three small logs under the stone so we can carry it easily.

The three：Good idea，let's do it now.

N：How can they do? They dug a small hole with the spate under the stone，and they prized the stone with a lever. They pushed the stone to the stone next to the step finally，they are very happy，but the other problem is coming …. How can they put it on the high stone step?

L：Oh it is a big trouble，we are too small but the stone is too large，I think we can not carry it onto the step. What can we do?

T：Don't worry. In my physics class，the teacher taught us to use a machine equipment to carry very heavy objects easily，I know that but where we can get it?

M：It is easy，my uncle works in a nearby factory. Last year he helped us build our house with a movable block and the fixed pulley. We can get one from him.

N：Half an hour later，Mike is back with a movable block .

L：How can we tie the stone?

K：Easy ，get a stick and a brick we can make the stone a little up for us to tie it around the stone，and then we can use the pulley to lift it up to the step.

The three：OK.

T：Are you ready? I will drag the rope now.

The Four：One two three go.

N：The stone is lifted slowly and finally the three little kids put the huge stone onto the step，then they played games in the yard.

The end

组别：初中组
学校名称：通州区北关中学
剧本题目：巧移巨石
参赛演员：
Narrator　赵喻晓
Lily　张梦迪
Kate　贾婉婷

Mike　刘博通

Tom　贾思晨

剧本内容：

人物：解说员、莉莉、凯特、麦克、汤姆

N：解说员　　L：莉莉　　K：凯特　　M：麦克　　T：汤姆

地点：莉莉家的院子里

解说员：这是一个冬天的早晨，天气很不错。看，凯特、麦克、汤姆走过来了。他们将要去莉莉的家。

莉莉：我的父母出差了，我只好一个人待在家里，我感到闷极了，待在家无事可做真是无聊。我就邀请了我的朋友来我家玩，可现在九点了，我都等不急了，朋友们你们在哪里啊？快点来啊。

三个孩子：莉莉，你好！

莉莉：噢，很高兴见到你们，我的朋友们。让我们玩游戏吧！

解说员：他们想在院子里做游戏，可问题是在院子中间有一块巨大的石头，如果想要做游戏那么就要把石头移走，可我认为他们搬不动因为他们太小了。

麦克：嗨，莉莉，院子里怎么有块大石头啊？

莉莉：夏天来到时我们经常坐在树下乘凉，我们把石头当作桌子用来喝茶，我没想到它会给我们带来麻烦，真对不起。

汤姆：我们把它搬开，可它太重了，我们也许搬不动。

麦克：我很强壮，咱们试试吧。

四个人：石头太重了，搬不动。咱们想个办法吧。

莉莉：让邻居帮我们吧。

凯特：我们也许可以，让我想想。我记起来一个中国古代的故事，皇帝修建宫殿，巨大的石头很重，他们没有现代机器作为帮助，所以他们等到冬天天气足够冷时在地面上浇水，不久地面结冰，他们在冰面上把石头推到城里。我想我们可以用这个方法。

汤姆：好主意，可我想我们能想到更好的办法。

麦克：我同意你，汤姆。这个方法费水也费时间，我们可没时间等几个小时等待结冰啊！

莉莉：噢，天啊！我们该怎么做？你有好办法吗？

凯特：阿基米德说过，"给我一个支点，我能撬动地球。"

麦克：我有个办法，我们可以放三根圆木在石头下面，那么我们就能轻松的搬它了。

三个孩子：好主意！我们开始吧！

解说员：如何用杠杆把石头撬起来？他们用铁锹在石头下挖了个小坑，用杠杆把石头撬起来，放到滚木上。他们最终把石头推到了石台边，他们很高兴，但随之而来的问题是……他们如何把石头放到石台上去？

莉莉：噢！这是个大麻烦啊！我们太小了，我们该怎么办呢？

汤姆：别急！在物理课上，老师教我们用机械可以把重物轻松的搬起，但我们到哪里找机械呢？

麦克：这简单，去年我叔叔帮我们盖房子用到了滑轮，他在附近的工厂上班，我可以从他那里借到。

解说员：半小时后麦克带着滑轮回来了。

莉莉：我们怎么绑住石头？

凯特：这简单，拿一根木棍和一块砖我们可以使石头撬起来，把绳子绑到石头上，连接滑轮，随后我们用滑轮把石头吊起来。

三个孩子：好的。

汤姆：准备好了吗？我要拉绳子了。

四个孩子：一 二 三 拉。

解说员：石头被慢慢吊起来，最终孩子们把石头放到石台上，他们开始快乐地做起游戏来。

剧终

2011 年北京市中小学生科技英语创意大赛团体表演赛科技实验报告

	题目名称		MOVING THE STONE SMARTLY(巧移巨石)			
参赛学生	编号	1	2	3	4	5
	姓名	赵喻晓	张梦迪	贾思晨	贾婉婷	刘博通
	年级	初二	初二	初二	初二	初二
	区县	通州区	学校		北关中学	
指导教师	姓 名		张磊、刘维、蒋红侠		专业	英语
	所 在 学 校		北关中学			
	E—mail		Jhx025@126.com			

实验目的意义	1. 利用物理课上所学的减小摩擦的方法，以及杠杆、滑轮省力的原理，解决生活中的实际问题，将巨石放到石台上，从而培养学生学以致用的意识和能力。 2. 培养同学之间的合作意识。 3. 培养探究精神，体验成功。
实验仪器	纸箱(1 个)，包装纸(若干)，椅子(1 把)，杠杆(1 根)，滚木(3 根)，滑轮组(1组)，绳子(3 根)，铁锹(1 把)，砖(1 块)，3 根木头(固定滑轮组)。
实验过程和方法	1. 利用杠杆原理，将石头撬起，放到滚木上。 2. 利用变滑动为滚动，减小摩擦的方法，用滚木将巨石推到石台边。 3. 利用滑轮组省力的原理，把巨石放到石台上。
实验现象与分析	1. 利用杠杆动力臂长于阻力臂时省力，从而在不费力的情况下，使巨石被杠杆撬起。 2. 通过变滑动为滚动，减小摩擦，轻松将巨石推到目的地。 3. 通过滑轮组，石块被提起，安全地放到石台上。
实验结果	将巨石推到石台边，并且放到石台上

五、活动成果

2011 年 5 月，在通州区中小学生科技英语创意大赛团体表演中荣获二等奖。并代表通州区参加北京市比赛。

2011 年 6 月，在北京市中小学生科技英语创意大赛团体表演中辅导的学生荣获团体二等奖，我被评为优秀辅导教师。

六、分析与评价

1. 活动反馈

通过这次活动，取得了很好的表演效果和成绩，学生提升了学习英语的热情，增强了信心。学校以此为契机，大力开展艺术教育活动、学科实践活动。

2. 理论分析

通过问卷调查，学生普遍喜欢音乐、美术学科及其相关活动。教师观念没有从根本上得到转变。从事艺术教学的专业师资匮乏，专业教师的基本素质相对偏低。家长对艺术教育认识严重不足。目前的评价机制制约着艺术教育的健康发展。

七、对策与建议

(一)营造艺术教育健康发展的良好环境

转变观念，提高认识。在新一轮的课程改革的目标中指出"要使学生……养成健康的审美情趣和生活方式"。而实施审美教育，最根本的形式就是艺术教育。只有包含艺术教育的教育，才是完整的教育、全面的教育、和谐的教育。

投入到位，保证时间。由于艺术学科的特殊性，要求学校在艺术教学方面的投入要有一定程度的倾斜，必须保证教学所用各项设备落实，保证艺术教学时间落实，为艺术教育提供一个坚实的物质保障和时空保障。

(二)高素质的艺术教师专业队伍

培养艺术教师的事业心和责任感。作为一名艺术教师，重要的是热爱孩子，热爱艺术教育，对自己所从事的教育工作具有高度的责任意识，努力增强自己的吸引力、感召力和凝聚力，愿为它付出所有的心血。要把自己的"真情"融入艺术教学之中。

努力提高自身的专业素质。首先是提高自身在艺术方面的专业知识，如弹琴、舞蹈、绘画、书法等方面的能力；其次是提高自身在教育学、心理学方面的理论修养，加强教学实践方面的研究，多掌握一些儿童(少年)在艺术学习中的心理和行为特点；最后是努力提高自身的艺术修养，尤其是审美修养。

学校为艺术教师搭建成长的平台。学校要经常了解每位艺术教师的工作状况、思想动态，尽可能多地为教师创造学习的机会、提高的机会、展示的机会，让他们在艺术教育过程中实现人生价值，从而真正做到把自己的生命与艺术教育事业紧紧地联系在一起。

（三）加强艺术教学研究

鼓励艺术教师加强学习。艺术教师除了加强本学科教育理论的学习外，还要积极学习其他学科的教育教学理论。"它山之石，可以攻玉"，所有的学科都是相通的，要学会把其他成功的教学理念创造地借用到艺术学科中来。艺术教师还要学习基础教育阶段的艺术类课程标准，了解艺术类的课程性质和价值，掌握其中的有关基本理念。

开展艺术教学研究活动。学校要定期组织艺术教师进行集体备课，相互取长补短；组内人员要相互听课、评课，交流教学心得，撰写反思笔记；还可请非艺术学科教师深入艺术教学课堂，从不同的角度对艺术教学提出合理化建议。

（四）改革艺术教育评价机制

为了调动广大艺术教师的积极性和创造性，为了增强学生学习艺术课程的自信心，开发他们的学习潜能，各任课教师也必须改革以前用分数进行评价的唯一方式。可探讨使用语言评价，多用启发性、表扬性、充满关爱的语言去点燃孩子心灵深处的智慧之火。

（五）提高全社会对艺术教育的认识水平

利用召开家长会、开办家长学校等多种形式，向广大家长宣传艺术教育在素质教育中的重要地位，让家长了解"美育不只是美学知识的教育，也不是纯粹的艺术技法的教育，而主要是在培养学生审美感受力的基础上完善其人格，提高基本素质的教育"。孩子们学习的所有课程都息息相通，它们之间互为补充，互相促进。

创造各种机会，让社会各界朋友和家长了解学校的艺术教育现状。如每学期不定时地向家长开放艺术教学课堂，让他们走进课堂；举办丰富多彩的艺术活动，展示孩子们的最新艺术成果，让家长与学校、与教师、与孩子们一道分享艺术教育带来的成功和喜悦。

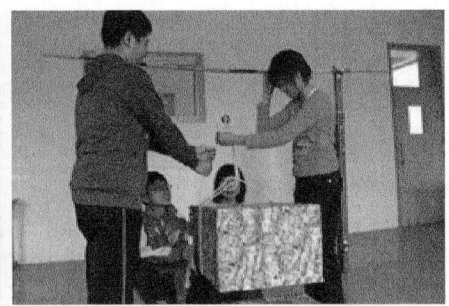

（蒋红侠、刘维）

启航艺术团对沐林矫治所的帮教活动

北京市通州区玉桥中学

摘要：我校启航艺术团受大兴区沐林教育矫治所邀请，前往沐林所青少年教导大队进行帮教活动，自由、平等、公正、法治为本次活动的主旨。我们通过前往沐林所的帮教演出活动，以期教育我们的学生做一个知法、懂法、守法的合格中学生。

关键词：艺术教育　普法　关爱

一、启航艺术团创新理念

通州区玉桥中学于 2011 年 10 月正式建立学生管乐团，至 2016 年 10 月管乐团重组为玉桥中学启航艺术团。我团以学生管乐团为主体，兼顾舞蹈、齐唱、朗诵等表演形式。建团初期，依据上级领导部门要求，我团将艺术教育创新实践活动作为主要工作内容。

现今，北京市各区县、各中小学都在如火如荼地开展艺术教育工作，涌现出众多优秀的艺术团体。作为一个稚嫩的学生团体，我们认真地进行自我分析，并且结合现今北京市艺术教育整体发展趋势，制定出符合我校现状的发展方向，暨努力争取在北京市中小学生艺术节取得优异成绩的同时，侧重于社会公益演出活动。

根据我们的粗略统计，现今北京市中小学学生社团从事社会公益演出活动的团体并不多，我们将此作为我校艺术教育与德育教育相结合的一种创新方式。

二、启航艺术团创新思路及宗旨

传统的艺术与德育的结合，通常会采取选择学唱励志歌曲，编排美德话剧等，这些多是在校内进行的艺术活动。随着媒体传播途径、方式的飞速发展，中学生对于当下新鲜事物能够很快地了解到。继续采用这种传统的教育形式，对孩子们的吸引以及教育意义已经大打折扣。当孩子对活动已经丧失兴趣的时候，这个活动也必将不存在很好的教育效果。

随着党的十八大提出社会主义和谐价值观，并下发《关于培育和践行社会主义核心价值观的意见》。我团认真研读、学习上级领导部门传达的文件精神，将24字社会主义核心价值观的基本内容作为我团艺术教育工作的主旨。

一个偶然契机，我团联系到大兴区沐林教育矫治所青少年教导大队，并接受该队邀请前往进行帮教活动。针对本次活动，我团将自由、平等、公正、法治作为本次活动的主旨。通过前往沐林所的帮教演出活动以期教育我们的学生做一个知法、懂法、守法的合格中学生。

为了让我团团员能够受到普法教育，贯彻社会主义核心价值观中的法治理念，经过我团负责老师与该大队民警协商。本次活动将由沐林所的警官为团员们做普法宣传教育，并且组织团员参观监区、观摩该大队训练、聆听民警讲述犯罪案例、失足青年自我悔过等。让团员亲身经历、体验高墙内的生活，直观感受到违法行为对自身、对家庭、对他人、对社会的危害。

三、活动背景及动机

在当下，青少年犯罪事件屡屡发生，甚至有部分事件在社会上已然造成极其恶劣的影响。我们寄希望于这一次的活动能够让我们的团员清楚地认识到遵纪守法对于自身、家庭、社会的重要性。并且，通过民警的讲述，让我们的团员学会在面对威胁、侵害的时候采取正确的方式去面对。通过法律来保护自身的合法权益不受到非法侵害。

启航艺术团观摩沐林所青少年大队队列表演

另外，前往这里帮教演出，我们也要考虑到团员们的心理承受力，以避免这次帮教活动对我们团员产生不良影响。沐林教育矫治所在押服刑人员均为轻型犯，以及即将刑满回归社会的人员。在演出之前，我们已经专门为学生们做了有针对性的介绍，让他们清楚地了解自己将要面对的是一个怎样的特殊的团体。这样，团员们和他们面对面相处时，心理压力会相应地减少很多。

参观监区

民警普法宣传活动

启航艺术团演出活动

启航艺术团全体团员与沐林教育矫治所民警合影留念

近年来，我国经济高速发展，社会持续进步，社会各个方面取得了前所未有的发展，但另一方面，各种违法犯罪活动也在不断加剧、愈演愈烈。其中，以未成年人犯罪问题尤为突出。我国未成年人多达 2.2 亿，约占全国总人口数的 17％。未成年犯罪已成为全社会关注的社会问题，已满 14 周岁不满

18周岁这一年龄阶段被犯罪心理学家称为"危险年龄"段。未成年人由于生理、心理原因，存在认知能力较差，人格不健全等主观因素与社会环境不良的客观原因综合作用，造成了近几年来未成年人违法犯罪呈上升的严峻形势。

四、活动意义

我校希望通过本次活动，能够向失足青年传递爱心，让这些孩子能够感受到来自同龄人、来自学校、来自社会的关爱，以期让迷失的孩子能够快速找到光明平坦的人生路。同时，艺术团团员走进青少年管教所演出的同时也是一种教育活动，让我校部分学生感受法律对青少年违法行为的约束。我校将引导这些同学成为"文明守法中学生标兵"，在校园内进行普法、守法宣传活动。

五、活动概况

1. 活动主题：点燃新希望，关爱同龄人。
2. 活动对象："启航艺术团"团员、沐林矫治所
3. 地点：沐林教育矫治所会议厅
4. 活动时间：2016年7月18日
5. 活动形式：艺术团演出、管教中心民警普法教育、参观青少年大队监区、对话失足青少年、失足青少年节目展示。
6. 活动内容：

管教中心民警普法教育：宣传青少年犯罪危害，面对困境时如何应对避免自身违法及遭受违法行为侵害等。

启航艺术团帮教演出活动流程：

开场曲：《歌唱祖国》《歌声与微笑》《BANG BANG》《今夜爱无限》《战争之歌》《空想的罗马风格》《拿波里舞曲》《友谊地久天长》

声部小节目：长笛《明天会更好》，黑管《鸿雁》，萨克斯《天路》《漫漫人生路》《乡间小路》，小号《又见炊烟》，歌伴舞《YOU RAISE ME UP》，沐林所青少年教导大队合唱曲目，圆号《感恩的心》，齐唱《让爱住我家》，失足青年自我悔过，与艺术团成员共勉，互赠礼品仪式，沐林所青少年教导大队赠送启航艺术团书画作品两幅。我团赠送沐林所励志书籍24本，礼物7件。

六、活动实施方案

(一)活动目的

宣传法治社会观念,加强学生知法、懂法、守法的意识。通过对话沐林所青少年教导大队队员,让学生了解到参与、实施违法行为对自身、家庭、社会所造成的危害。

(二)活动时间安排

1.4 月 29 日接受沐林教育矫治所邀请前往帮教演出活动。

2.5 月 3 日—6 日起草活动策划方案。

3.5 月 9 日—13 日相关单位、部门协调本次活动内容安排。

4.5 月 16 日—20 日选取本次演出曲目,双方协商演出细则。

5.5 月 21 日—6 月 11 日发放本次演出合奏曲目乐谱,组织学生分声部练习。

6.6 月 12 日—24 日察看沐林所演出场地,再次确认本次活动流程。学生开始合曲练习,并练习声部小节目,进行整体彩排。

7.6 月 27 日—7 月 8 日学校进入期末工作时间,艺术团活动暂停。双方最终确定演出细节,沐林所发送正式帮教演出邀请函。

8.7 月 9 日—11 日艺术团集中训练,全天进行乐队彩排及声部节目练习。

9.7 月 18 日艺术团赴沐林教育矫治所演出。

(三)活动保障及安排

1. 活动保障

(1)本次活动参与团员 27 人,参与教师 9 人,家长志愿者 3 人,总计 39 人。

(2)车辆使用:租用 45 座大巴一辆。

(3)沐林所提前安排演出场地,依据商议结果协调座椅及音响。

(4)团员准备励志读物共计 24 本,准备礼物 7 件。

(5)沐林所青少年教导大队队员亲手制作书画作品两幅。

(6)演出曲目共计 17 首作品,艺术团合奏曲目 8 首,各声部 7 首,歌伴舞一首,合唱作品一首。沐林所青少年教导大队合唱曲目一首。

2. 活动流程安排

(1)活动时间:2016 年 7 月 18 日下午 14:00 抵达沐林所。

(2)14：20办理入所手续，全员安检。

(3)14：40开始布置演出场地。

(4)15：00开始观摩沐林所青少年教导大队队列展示。

(5)15：30参观所区环境及监区布置。

(6)15：45沐林所民警进行普法宣传活动。

(7)16：00正式开始启航艺术团帮教演出。

(8)16：50开始互赠礼品环节。

(9)双方负责领导做总结发言。

七、活动分析及评价

(一)活动分析

本次活动旨在通过与沐林教育矫治所的帮教活动，增强我校师生知法、懂法、守法的意识，进而加强学生们对于法治社会的认识，宣传社会主义核心价值观。通过艺术演出的形式，让同学们以自己的特长为社会和谐发展贡献一份力量。沐林所主要以轻刑和即将释放的在押人员为主，并且有一个青少年教导大队，我们希望这次活动通过同龄人之间的交流，帮助在押人员更好地回归社会、融入社会，让他们能够珍惜即将到来的自由生活、幸福生活。

(二)活动评价

本次帮教活动自确定之日起，历经2个多月的时间。我校艺术团同学精心准备的节目取得了很好的效果，本次活动得到沐林所青少年教导大队的民警及在押人员的高度好评。该所领导在总结时对于艺术团的演出给予极高的赞誉，多次提及启航艺术团的到来增强了沐林所的艺术教育气息，丰富了该所在押人员的生活内容，唤起了在押人员对于自由生活的向往。这是一次成功的、有积极意义的帮教活动，希望沐林教育矫治所能够和玉桥中学启航艺术团将这种帮教活动持续开展下去。

在本次帮教活动结束以后，启航艺术团全体团员对于违法行为所造成的恶劣影响有了更为清晰的认识。当他们发现，在沐林所当中只有相对自由的时候，很多团员感慨："自由真好！"更为明显的一个现象是，在沐林所演出结束以后，团员们对合理运用法律解决问题有了更深一步的认识。多数同学清楚地认识到，自己的无知鲁莽将会承担怎样的后果，这对于同学们理性处理问题、矛盾、纠纷提供了一个很好的警示。

（张鑫）

推进校本开发课程《合唱》的建设

北京市平谷中学

摘要： 我校有《合唱》校本开发课程，并有一支高中学生合唱队。通过多年的合唱校本课程的开发与实践，我校师生共同演绎了大量的古今中外名曲。合唱不仅促进了学生的音乐兴趣，使学生得到全面发展，而且培养了学生集体观念、与人合作能力和合作意识。

关键词： 合唱　训练

在刚刚结束的第十九届学生艺术节区级比赛中，平谷中学学生合唱团当之无愧地获得了第一名的好成绩。高兴之余，也想对这么多年来一直坚持合唱课程的实践活动做一总结。

多年来，我校在校本课程开发上面下了很大功夫。合唱作为一门综合艺术，简便易学，每个人都可以掌握，同时它是合唱队员所具备的各种音乐知识、音乐要素与技能技巧综合掌握的表现形式。通过参加合唱的训练能学习到音乐的各种知识，并且合唱能够促进学生的音乐兴趣和培养学生全面发展。合唱主要上课形式是集体训练方式，它的面广而效率高。通过训练使合唱中多声部的和声效果更加和谐统一均衡，声音主体得到充分的表现，将声音艺术之美发挥到了极致，抒发了人的思想感情，表达人的意志和愿望，给人以美的享受，并以其丰富、深刻、动人的艺术感染力震撼人心，引起人们的共鸣。同时在合唱教学中培养学生的集体观念和与人合作的能力、合作的意识，增强组织性、纪律性等特点，只有把个人放到集体中去，才能和谐统一。为此，在学校的校本音乐教育中，合唱具有十分突出的意义，学校应该为学生创造实践锻炼的舞台。如果当今的学生从小学到高中，学校没有举办合唱班际歌咏比赛为学生提供参与展现的舞台，那么对学生来说无疑是一种不完美的音乐教育。

一、高中生现状分析

1. 认识到参与合唱活动是提高音乐素养不可缺少的组成部分。由于近几年音乐教育功能的不断显现，有相当一部分学生在提高自己学业的同时，很希望成为全面发展、有一定欣赏品位和艺术修养的人，对合唱活动有比较强烈的求知欲望和参与性，认识到参与合唱团既可以学习音乐知识，也可以用歌声来抒发自己的情感，缓和平时高度紧张的学习精神，使学习的效率提高，焕发青春的气息，这些自我提高的认识是最让教师欣喜和有效利用的，应使之成为学生合唱活动的有效支撑点。

2. 认为高中合唱活动吸引力不大。部分学生表现在对合唱教学内容上有自己的看法和要求，由于老师选择合唱的题材、作品对于学生来说，学生不能接受或不能理解，遇到对自己口味的歌曲能引起一定的学习兴趣，否则，参与欲望不强，对此，教师应合理选择合唱曲目，调动学生的学习积极性，也可以通过教师自身努力，转变为学生参与合唱的积极因素。

3. 认为高中阶段学业紧张。参加合唱活动是浪费时间影响学习。高中教育在高考指挥棒掣动下，应试教育的环境下，只看几门主科的成绩，无人问津音乐素质，觉得把时间花在合唱上并不划算、浪费时间、不务正业，应该把时间用在应试的文化课上，这部分学生对于会考和高考的学科相当重视，认为参加合唱活动，会影响自己的毕业和升学，因此，具有这种认识的学生是教师感到最困难的，也是更需要努力争取的。

针对学生存在的认识，老师积极宣传引导学生的参与，消除学生的片面认识，高中音乐教育是义务教育的补充，是学生通过九年义务的音乐学习的综合运用，高中的合唱活动更加突出显现。

二、高中学生合唱训练

高中学生合唱每年都要吸收新队员，主因是毕业离开合唱团，合唱队员的选拔彰显重要性，通过课堂教学发现人才，学生自愿参加等形式选拔优秀学生组织校级合唱团，定期精心排练，确保精品合唱节目以供演出、比赛及观摩交流。

在训练发声、力度、音域、速度、节奏等都应从易到难、从简到繁、从慢到快，要持之以恒，要少而精、循序渐进，学生的合唱要取得进步，就要坚持合唱基本功的训练，又要根据合唱的不同阶段的水平，需要针对性地解决存在的作品演唱问题，举办交流演出观摩活动，从而提高合唱队的实践能力。

1. 视唱能力的训练。

合唱不能急于求成。首先要加强音准训练和节奏训练，为合唱教学打下扎实的基础。

a.音准训练。演唱歌曲的先决条件是音准，因此音准训练是十分必要的。在音准教学中，要求学生学唱单旋律或音阶（或较难的半音阶），同时必须重视练耳，耳朵听不准，就谈不上唱准音，因此，在唱音阶的同时，教师还可以弹奏简单的乐句听起唱起，逐步发展和弦，直至较难的旋律音程。在让学生听唱的基础上，可进行听记练习，通过听音视谱、视唱来提高辨别音高的能力，在音准教学中，老师应注意多做示范性唱奏，让学生对音准有了认识之后才能少用琴或者不用琴。

b.节奏训练。培养学生良好的节奏感，是合唱教学的一个重要方面，可加强平稳节奏的训练，不同时值的附点音符节奏训练、切分音节奏训练、三连音节奏训练、变化节奏训练及两部交错节奏训练等，以提高学生节奏变化的反应灵敏性。

2.歌唱技能的训练。

（1）姿势训练。良好的姿势是学习歌唱的第一步，也是学生歌唱技能的基础，教学中，教师要随时纠正学生不正确的歌唱姿势，如翘下巴、挺肚子、牙关紧闭、嘴张不开、眼睛乱看等毛病，要让学生一参加合唱就养成正确的歌唱姿势，养成良好的歌唱状态，身体自然直立，全身保持松弛，双脚稍微分开，重心站稳，头部端正，双眼平视，上胸敞开，小腹微微收拢，面部表情自然等。

（2）呼吸训练。气息是歌唱的重要保证，正确的呼吸、清晰的咬字对唱好一首歌曲也起着非常重要的作用。呼吸训练时可进行一些纯呼吸的练习。如闻花、抽泣、呵气、咳嗽、高音喊叫等，体会吸气、呼气的动作和位置，在纯呼吸训练的基础上，可进行呼吸控制练习，如吸气到控制再到呼气……使学生逐步学会有节制地控制气息的能力。在气息训练中，保持是关键，气息的运用要控制，保持要求吸入的气息要深，打开喉咙保证发音通畅。纠正一些歌唱时不良现象。如：耸肩、胸上抬、脖子紧张，口腔打不开。

（3）发声训练。歌唱时的发声必须是高位置的头声发声，这是一条非常重要的教学原则，在训练歌唱发声时，先要考虑的是学生具有优美动听的音质，而不是音量，要充分考虑学生的生理特点，可先用轻声带真声，再以假声找头声，逐渐扩大共鸣腔，去解决自然声的局限，也可用母音"呜"，音色稍暗、柔和，用它进行训练也容易找到头腔共鸣，克服喉音大声吼唱，位置低、声音"炸""虑""白""咧"等毛病，可以用母音"啊、唉、依、欧、呜、吗、啦、喽、哩、来"等，训练口形、咬字吐音等普通存在的问题，通过训练不同声母韵母的口形，使学生学会自然圆满的发声，逐步养成习惯，以保证合唱时声音协调统一，在训练中，因材施教，增强信心和耐心，勤于练习，多予鼓励，分析示范，用单音或选择歌曲中的乐句来训练，逐个练习解决，使整个合唱队在比较快的时间内和谐统一，用美好动听的歌声来表达作品的思想内容和情感风格，以丰富多彩，优美动人的声音感动、激励、鼓舞和吸引听众，一起获得美的享受，得到教育和感染。特别是要强调合唱是集体多声部和谐统一的音响，所以声音的发声训练最忌讳个性化过于突出，要注意合唱意识的培养，克服个性化的声音，尽量使自己的音量、音色、共鸣、吐字等与合唱队员统一起来。

（4）声音训练。声音的训练是合唱中解决和谐统一的重要手段，在男女声部的训练中，音准、音色、音量、气息的控制及声音的位置都极其重要，针对男女声的嗓音及生理特点分别进行训练，男声的自然声区为主，上高音比较困难，注意解决男低与男高声部的胸腔和头腔共鸣；女声一般的自然声区比较小，注意解决女声中出现真声"大本嗓"问题，女高音大多数是以假声为主，所以上高音比较容易，女声的训练易于男声，但是只要针对男女的特点，坚持科学声区、吸气的选择与训练，注意女声的"换声点"，鼻口同时吸气，要求男声的喉头稳定，声音洪亮，共鸣统一，防止舌头往上翘往后收缩及脖子用力，声音僵硬等不良现象。

（5）音色训练。训练合唱队员具有统一的音色，合唱不同于独唱，它是集体的艺术，不论它有多少队员，他们的演唱都是表现共同一个主题，共同的艺术形象，描绘同一幅景色，烘托同样的气氛，抒发同一种情感，所以无论对音色、力度、速度、表现等都提出了特殊的要求，就是统一协调音色、力度、速度、表现，才能创造共同的音乐主题和艺术形象。

（6）和声训练。在歌唱技能技巧及歌唱能力培养的基础上，可对学生进行和声基本训练，坚持对学生进行三度、六度、四度、五度等听音训练及模唱，这种训练可以从旋律音程开始，逐渐到和声音程，从分声部默唱到视唱，从单声部训练到两个声部的合唱练习，随着和声训练的不断深化，就可以开始接触轮唱，二部合唱甚至混声四部合唱的歌曲了。

（7）指挥训练。指挥是合唱的灵魂，主要是将凝聚着合唱曲目所要表达的艺术构想和思想内涵化为手势动作，协调合唱团员的行为，激发歌唱的声、情、韵达到预期的理想效果，因此，指挥的动作恰当、准确与否决定着合唱的成败，以"手势"与各种眼神，细微肢体语言暗示来代替说话，主动把握着音乐的趋向，是动是静、是刚是柔、是强是弱、是快是慢，全靠指挥给予气口之前准确的预备动作一刹那间预示出来，把歌曲的起、承、转、合准确清楚生动地传递给每一位合唱队员，指挥的动作要"准"，除了拍子准确外，更要有明确的目的，要使合唱队员从指挥的每个动作中得到启示，指挥的动作要"精"，要巧妙而节省，不要"华而不实"，也要避免从头到尾按图式平均使用拍子，要突出重点。可以说合唱表演过程作品演绎的完整性及演唱效果好坏，直接取决于指挥的处理及指挥的训练，这就需要教师对学生进行歌曲的演绎、解释和排练，启发学生的想象力，引导理解作品的内涵和感觉，从而给出较为正确的手势，同时也体现指挥的音乐技能、文史知识、社会阅历、心理张力等方面的素质及素养。

（8）钢琴伴奏。钢琴为合唱伴奏，既是钢琴伴奏艺术中的一个重要组成部分，又是整个钢琴演奏艺术的一个重要艺术命题，它可以使合唱具有新颖、广阔的艺术表现天地，而且可以充分发挥钢琴单独完成多声部演奏的神奇功效，从而使合唱与伴奏完美结合，相映生辉。要通过和声织体的衬托，复调性与副旋律对比的衬托，主题并置对比的衬托，色彩重叠的衬托，声部带状进行的衬托，并且是在指挥的统一指挥下进行，与合唱人声密切配合，吃透合唱歌曲的意蕴神髓，这样既发挥钢琴"乐器之王"的本色，又为合唱的演绎注入新的活力与神奇的效果。

三、高中学生合唱训练需处理的问题

高中学生合唱训练与专业合唱团的训练是有差异的，在训练中尽可能用学生喜欢而熟悉的语言与动作来表达训练要求，多以形象的说明表达抽象的概念，充分发挥学生的听音乐与演唱模仿能力，更多侧重于精神上鼓励，并结合学生的年龄特点考虑。

1. 处理好选择合唱曲目与合唱队员期望的关系。合唱曲目选择是非常重要的环节，曲目选择适合合唱队现有实际演唱能力，要考虑合唱队的年龄结构特征，要考虑学生的兴趣取向，认知能力和艺术鉴赏能力，选择的曲目在思想性、艺术性方面，要有针对性；还要考虑合唱队现有的艺术表现能力。合唱队声音的控制力如何，音色调节、力度变化、音域范围、音准节奏变化处理驾驭，多声部演唱中各声部和谐、平衡、演唱语言表达，是否有领唱队员及领唱队员的演唱能力等诸多方面能否达到演唱作品的艺术要求，作为教师不容忽视所选的作品自己是否有能力驾驭，能否对于作品准确、细致的分析、处理，设计好排练方案，运用合唱的指挥手势及表情来调动每位合唱队员的积极性，较好完成作品的艺术再现。

2. 处理好"情"与"声"的关系。"情"是目的，"声"是手段，因为声乐作品是人类按照一定的方式用声音来表现人的思想感情，表现人的意志和希望。

情感表现为最终目的，而声音训练是其达到完美的重要途径，通过训练，使声音具有直接美感，才能最终完成作品中"情"的艺术创造，所以我们在选择曲目时要选择适合队员年龄特征和能引起队员兴趣的歌曲，然后用科学的方法富有启发性的手段，使队员在合唱时获得应有的艺术感受。

3. 处理好"气""声""字""行腔"的关系。以气带声，字正腔圆是"气""声""字""行腔"的高度概括。古人云："气为声之本，气粗则音浮，气弱则间薄，气浊则音浊，气散则音竭。"练气要注意根据自己的嗓音条件，制定切合实际的练嗓计划，创造新的生理机能的适应性，从易到难。咬字与吐字要审字辨音，以字的头、腹、尾各种不同的口腔形态，在有规律组合中正确发音，可先从语言朗读、诗词朗读、歌词朗读练起，结合旋律练习，练腔实际上是演唱的呼吸、发音、共鸣、咬字、吐字，抒情叙意的综合练习，要考虑先想声音后唱，想呼吸状态，克服声音主观性，保持高位置，保持声带张力，依字行腔，腔随字走，都说明了字与腔之间的辩证关系。因此，练气、练字、练腔是嗓音发声训练的一个完整体，它们之间也必须产生不可分割的关系。

4. 处理好声部的主次、明暗的关系。合唱是一种多声部、综合性强的艺术，讲究各声部协调统一，也包括合唱与乐队，钢琴伴奏的协调统一。所谓协调统一，即各声部在围绕主题声部的艺术表现上展开的相互协作的艺术创造。"好花要有绿叶配"就是指相互协作支持协调统一。合唱中要特别注意声部的主次、明暗的关系。如有的合唱团，他们在声音的训练方面没什么毛病，节奏音准也较好，演唱也很投入，单声部训练时吐字也很清楚，但在合唱演唱过程中，合唱队演的词都有些模糊，让听众听起来很费劲，甚至听不清唱的歌词的内容，这其中的主要原因就是：各声部的主次、明暗关系处理不好，主旋律声部不明显，每个声部只顾唱自己的，声部之间不能相互"照应"，不会"退让""切入"，这就是通常所说的缺乏"合唱意识"，另外，乐队或钢琴伴奏在合唱进行中也需注意这一关系。

5. 树立素质教育理念，营造合唱教学良好氛围。

(1)提高思维，促进智力发展。参加合唱团训练可以使学生身心健康，发声对多种器官协调发展，提高思维能力、促进智力发展，合唱训练是益智的过程，眼要看、口要唱、脑要思、耳要听，各器官同时启动，协调一致。这种特殊的训练，充分发挥了学生的思维能力。另外，合唱指挥的每一个细小动作和意图，要求学生敏捷地做出反应，这些能力的培养有益于学生的智力开发，使左右脑协调发育，学习上会得到事半功倍的效果。雨果说："开启人类智慧的宝库有三把钥匙，一把是数学、一把是文字、一把是音乐。"合唱是音乐表现的一种综合的艺术形式，它充分发挥个人的思维想象创造力，使人变得更聪明。

（2）弘扬传统，陶冶审美情操。参加合唱训练活动可以使学生树立传统美德。合唱所体现是"真"，最能体现出中国传统哲学中的"五常"，即"仁、义、礼、智、信"。合唱于群体，依赖于群体。有共同的创作目标和共同产生和谐之音的心灵素质。每个人所发挥的声部支持作用都会产生由衷的感激和爱意。这是真正的团队精神，集体主义，合唱最能体现协作精神，互为存在的前提，只有别的声部音准好且表现适度，自己声部才有正确的音高和平衡的可能，此为"仁"。"达己必先达人，利己必先利人"此为"义"。合唱最能体现谐和，此非平分秋色之意，而是对主旋律的友善的支撑。支撑而不盖主，为主而不凌弱，此为"礼"。合唱是智慧的行为，良好的音质、敏锐的和声感觉、准确的音高和良好的读谱能力，是一个合唱队的智力条件，强烈的爱好产生乐感的智慧，此为"智"。合唱以天籁造境，变众人之心为指挥之心，指挥的一招一式，能够产生特定的效果，语不惊人死不休，此为"信"。

（3）发展个性，树立集体意识。参加合唱训练可以发展学生个性，增强自信心，树立集体意识。合唱是一项群体参与的艺术形式，为了使更多的学生得到锻炼，通过合唱的训练与实践相结合，达到表现音乐内容，树立音乐形象，传递思想感情，提高学生的心理素质及实际表演能力，在训练与实践中磨炼意志，潜移默化地受到各项教育，为了使自己的歌声与集体融合，往往在课后自觉刻苦地练习，用自己的毅力、自信心去克服合唱中所遇到的困难，当合唱获得成功后他们又会比平时更开心、更激动。"历经了苦痛，才懂得珍惜"。通过参加合唱发挥了学生的优点，增强了他们的自信心，磨炼了他们的意志，个性也得到发展，从而提高学生的综合素质。

合唱艺术是要通过歌声来表达思想感情。一首内容健康、旋律优美的优秀歌曲通过广大合唱队员的共同努力得到了表现，对青少年的思想、道德、情操、品德等的优化具有春风化雨般的作用，合唱艺术是音乐中最大众化、最普及性和教育性，参与最广泛的艺术形式，因而具有最强的艺术感染力。在学校中组织合唱团要充分发挥学生的人才资源，积极有组织、有计划地开展合唱训练参与社会实践，使学生热爱音乐，从而提高学生的音乐素质和综合能力，这是一位音乐教师应尽的义务。以合唱为载体，使广大学生重视音乐教育发挥音乐教育的作用，在学校构建文化校园、和谐校园中发挥作用。

多年的合唱校本课程的开发与实践，师生共同演绎了大量的古今中外名曲，增长了太多见识，参加了许多市区级的展演和比赛，均获得不小的反响并取得很好的成绩，成为平谷中学一贯的品牌，成为全区中小学合唱的标杆。高中学生参加合唱活动是一项益智育人的活动，同时高中学生合唱训练是一项长期的、复杂的、常新的工作，需要我们音乐老师常抓不懈，用心体味，勇于探索、善于总结。只有这样，我们的学生合唱活动才会向更高、更快、更好的方向发展，从而推进我们的音乐教育事业，为构建和谐校园、和谐社会，为推进用生命影响生命，让每个生命更精彩的校园理念而更加努力！

（刘兰苏）

初中阶段民族传统美术校本课程的实践与探索

北京市平谷区第五中学

摘要：为了寻找传统艺术与现代教育更好的契合点，我校在初中阶段开发和实施民族传统美术类校本课程，并探索出一条初中阶段民族传统美术校本课程开发与实施的道路。本文从四个方面进行了详细的阐述，首先是课程的背景及意义；其次对前期准备（包括基础课程美术教材分析、学生学习现状、教师的专业现状、当地相关课程现状与美术资源的调查与梳理）进行了详细说明；再次，对课程的实施（包括课程实施原则、课程实施的方案与策略）做一论述；最后对课程实践的成效与思考做一总结分析。

关键词：民族传统　美术　校本课程

在 2016 年中央电视台的春节联欢晚会上，福建泉州提线木偶、西秦刺绣虎头鞋的镜头夺人眼球，谭维维演唱的《华阴老腔一声喊》撼人肺腑，在 2016 年北京的高考作文题——请以"'老腔'何以令人震撼"为题，写一篇议论文——在网络上和朋友圈激起一片旋涡，也成为一段时间内大家都在讨论的话题，"老腔"成为近期人们口中传统文化的代名词。作为一名基础教育工作者，深感"老腔"的新时代意义值得深思。在学校，我们曾不断尝试着"老腔"与现代教育的契合点，只是对于学校开设的基础课程来说，收效甚微。一年以来，随着新课程改革的不断深入，校本课程的开发正成为学校现在和今后的一项重要任务，同时也为教师插上了一双翅膀，我校的几位美术老师，紧跟时代的脚步，完成校本课程的开发，并在实践中趋于完善，探索出一条初中阶段民族传统美术校本课程开发与实施的道路。

一、背景及意义

在当今世界各种思想文化相互激荡、相互冲撞的潮流下，社会文化生活多样而活跃。中国民族文化跻身于其中，在全球化的发展中受到了冲击。中国民族文化如何进一步发展，是摆在我们教育工作者面前的一个重大而紧迫的课题。传统文化的回归，对传统文化价值的进一步挖掘，将为当代美术教育涂上浓墨重彩的一笔。

我校地处郊区，受大背景的影响，校本课程正处于积极开发阶段，学校校本课程资源的开发和利用成为众多教师一项新的任务与使命。我们的美术老师也在跃跃欲试，希望在这一大背景下展示才华，做些贡献。经过讨论，我们认为中国传统的民族艺术寓意深刻、形式多样、种类繁多，有非常深厚的历史积淀和文化内涵。而如今，有些艺术形式已经到了濒临失传的境地，如果不及时保护和抢救很可能会慢慢消失，正迫切需要年轻一代的学习、继承与发展，作为美术教师，我们有责任去研究、去整理、去继承、去发扬。因此，我们希望开发出适合学生、适合校本建设，更加丰富、更具个性、更能激发学生学习兴趣的校本课程，初步建立民族美术教育的课程体系，形成一定的课程成果。

其意义在于：

1. 从学生发展的角度来说，其一，我们将大大调动学生的学习兴趣，培养学生主动学习的习惯，锻炼动手能力，促进他们富有个性的发展。其二，激发学生热爱祖国、热爱民族文化的情感，让学生成为民族文化的继承人，为民族艺术的发展做贡献。

2. 从教师发展的角度来说，通过吸收教师参与校内的课程建设，调动教师教研积极性，促使教师转变教育观念，提高素质，帮助教师成长，促使其向研究型教师转变。

3. 从学校发展的角度来说，课程的设立，将会使我校形成具有特色的校本课程体系，从而为我校的发展提供更大空间和更多特色。

4. 从推广价值的角度来说，民族艺术是最具感召力的艺术种类，是所有艺术的母本，我们将探索出选择、吸收、利用民间资源于学校课程建设的具体方式、方法和基本原则，以及各种资源的教育价值在课程建设中如何实现的途径和方法，可以为其他学校提供具有实践意义的、可操作的经验。

二、前期准备

在课程开发前期，我们进行了充分的准备与考察，其中包括现有基础课程美术教材分析，学生学习情况分析，教师专业特长与兴趣爱好，民族美术资源与当地教育发展现状等，得到的结果如下：

(一)基础课程美术教材分析

在初中必修的美术教材中，有一些内容是与民族美术相关的，如山水画、花鸟画教学，一方面尤其片面，教材关注的只是传统绘画，相对于博大精深的中国民族艺术，学生学到的只是一小部分。另一方面，从每周仅仅一节必修的美术课上，只能是蜻蜓点水，收效微乎其微，对民族文化的普及与传承几乎没有意义。如果把民族艺术与现代教育模式结合起来，利用校本课程进行教育，无疑是一项开拓性的实验，它不仅有利于保护和抢救人类非物质文化遗产，更是探索美术教育的新途径，其积极的特征不言而喻。

(二)学生学习现状

由于我国现行的教育制度导致的学生对数理化等考试科目的过度重视，对传统文化的提倡力度很小，学生学习的目的更多地体现为通过文化考试进入理想学校，造成了学生并不关心、不关注中国传统文化。在民族美术方面，我们的中学生所呈现出的都是一知半解，只略微懂些皮毛。美术课上，当老师为学生展示一些传统美术作品的时候，学生们普遍感觉新奇，都很感兴趣，但是当老师继续追问其艺术特征、发展沿革、制作(创作)技巧时，他们全都哑口无言了，当老师问学生有没有意愿利用校本课时间学习相关知识与技法时，很多学生呈现出积极的态度，这还是值得我们欣慰的。初中学生身心发展由少年期向青春期过渡，可塑性很大，是掌握基础知识、基本技能的最佳时期，能够进行逐步深化、系统化的学习培养。

(三)教师专业现状

我校的美术组是一个具有较强的教科研意识的群体。五位美术教师均长期工作在教育教学第一线，教龄均在 15 年以上，积累了大量的教学经验，教师们都承担或参与过市、区级课题研究，有不断进取的精神，有一定的研究成果。老师们对民族美术教育具有很高的热情，对民族文化与民间美术有相应的基础研究，在某一方面或几方面都有一定的特长，多次参赛获奖。张晟怿老师书法造诣颇深，现为中国书协崔胜辉导师工作室成员；廉百利老师的中国画和根雕、篆刻艺术颇有特色；张艳霞老师作为北京市骨干教师，是平谷区和北京市课题的负责人，热爱书法、绘画和传统民间染织工艺；毛彩洪和李小英老师是较为年轻的老师，但她们潜心钻研，剪纸、陶艺、国画作品总能得到各方好评。

(四)当地相关课程现状与美术资源的调查与梳理

针对于各种校本课程的开发，我们很高兴地看到，一些传统美术形式已扎根于我区的个别的学校，也有一些优秀的成果呈现。但摆在我们面前的问题是，由于教师条件和硬件设施的限制，往往一所学校只有一种美术形式孤零零地竖着旗子。很明显，一种传统艺术孤立地存在于学校，其突兀的感觉也是不言而喻的，其延展性的缺失也必然成为课程进一步发展的羁绊。就这一问题，我们几名老师试图从选择的一部分传统艺术入手，开发多门校本课程，逐步扩大，建立这些课程之间的联系。

中华民族民间的美术形式品种极多，而且它们有各自的目的、用途、风格、特征，有供赏玩的造型艺术，亦有以实用为主的工艺美术，如：传统绘画、书法、彩塑、木雕、根雕、陶瓷、竹艺、刺绣、染织、民族服饰、皮影、剪纸、编织等等，可罗列的太多，丰富多彩。在众多的艺术形式中，我们参考本区其他学校开设的课程、本学校的硬件条件、学生兴趣、教师能力等方面因素，缩小了筛选的范围，初定从其中的中国画、剪纸、蜡染、扎染、陶艺、木雕、皮影进行客观分析考察，于是我们五位教师拜访了我区洙水村皮影传承艺人王云先生，观看了我区王培兰女士的剪纸作品，走访了奇石城一个又一个门店，转了一个又一个民间集市，集市上的刺绣鞋垫、葫芦雕刻、字画、古玩摆件、民间染制的服装等都吸引着我们，回到学校，每位老师针对每种形式课程逐一梳理，拉出条件清单，写出可行性操作方法、过程、问题和效果预想，又在学生中进行兴趣调查，几次讨论会议后最终确定了开发书法、扎染、剪纸、雕刻、软陶五门校本课程，每位教师承担一个科目。

三、课程的实施

我校美术教研组承蒙北京市教科所张熙所长、北京师范大学丛立新教授、平谷区特级教师张宝青老师的指导，在校领导支持与全体美术老师的努力下，与学校其他课程协调，建立了课程。

(一)课程实施原则

校本课程与其他课程一样，都属于学校教育活动，但校本课程又有其自身的特点和规律，我们确定课程实施必须遵循如下基本原则：

1. 特色性原则

校本课程的开发和实施，不仅要有鲜明的美术学科特色，更要有自己的风格和个性化特征，所以教师既要把课程融入民族艺术的文化底蕴中，又要与时代精神紧密结合，教学内容的选择要联系学生生活实际，让学生与课程产生共鸣，争取既新颖又独特。

2. 自主性原则

课程定位为以实践活动为主的课程，知识的传授要少而精，课堂要以学生自主活动和实践为主，教师要加大有效指导，多给学生尽可能多的时间思考、想象、探究、实践，重视激发学生创新精神和培养学生实践能力。

3．趣味性原则

课程要"关注学生的学习兴趣和经验""激发学生的学习兴趣"。课程内容要化繁为简，化深为浅，生动有趣，丰富学生视觉、触觉和审美体验，着眼于激发学生持久的学习兴趣。

（二）课程实施的方案与策略

1．在整个课程的开发与实施过程中，每位教师负责自己选定课程的具体事宜。招生初期，可以利用美术课等时间积极宣传，将课程介绍给学生，提出招生要求（可进行提前测试）。学生自主选择，填写第一意向和第二意向，学校将打破原有的教学班，根据学生报名情况，征求相关教师意见与要求，分别进行筛选，确定学员名单。课程的学员应控制在十五到二十人，建议课程刚刚起步阶段，以初一年级学生为主。

2．充分利用学校各专用教室，各课程负责教师根据需要开出所需物品、设备、材料清单，统一上报学校，统一购置。上课时间遵循学校统一安排，五门课程同时开课，每周两课时，固定在每周三下午第七、八节课。

3．教师加强学习与相互交流，整合资源、筛选、修改、提炼素材，设计教学内容，为学生提供学习参考资料。

4．丰富多彩的教学活动。

学生的学习应是多种通道、多种形式的，我们的教学不能只是基础知识与基本技法的训练，还要将其变成一种艺术行为，甚至是文化活动。注重反映和丰富地表现生活，让学生在课程中将文化层面的意义实践出来，并懂得寻找、运用传统文化因素，在作品创作中得到更深刻的体验与提升。如书法课结合古诗词语境的修养，为校园文化建设贡献了力量，校园的走廊里就能够看到学生们一幅幅优秀的作品，这些作品潜移默化地影响着众多学生；软陶课结合十二生肖的造型艺术，开展了"我为父（母）送上生日祝福"的活动；剪纸课上，老师设计了"我爱家乡美"活动，因为正值平谷区桃花节隆重开幕的庆典，孩子们用心设计的剪纸作品深切地表达着自己对家乡的浓浓爱意……

课堂上，小范围的作品展示交流会随时与学习实践穿插进行。学期末，学校综合其他课程，举办了以"和谐校园　幸福成长"为主题的大型展示活动，其中包括舞台表演和物化成果展览，我们的课程成果无疑成为这次大型素质教育展示活动的重要组成部分。舞台上，我们的现场剪纸表演、书法表演、扎染服装的模特表演博得了一阵又一阵的掌声；展览区，剪纸、扎染的两面高墙、软陶和雕刻的几个展示台总能使观赏的家长、学生、教师队伍不时驻足，远观、细品、拍照留影，甚至有家长还在书法展示区提笔挥墨，一显身手。可以说，这些展示交流的活动使学生的劳动得到肯定，也给他们带来成功和喜悦，增强了自信心和自豪感。

5. 课程评价方案。

(1)学生评价

学习态度：优秀——态度积极，大胆质疑，主动探究实践。良好——态度端正，主动参与，认真完成各项任务。合格——态度较端正，能参与活动，按时完成各项任务。

实践作品：优秀——主题明确有创意，作品效果突出，在同学间有示范作用。良好——作品效果良好，能自主完成作品。及格——能在老师或同学的帮助下完成作品。

(2)综合性评价

课程善于发现学生的闪光点，及时进行鼓励、表扬。关注实践经验的总结与提升，教师带领学生积极参与各项活动，提高课程的影响力和认知度。

四、成效与思考

课程实施一年以来，收获颇丰：

1. 课程的实施促进了学生学习方式的改进，激发了学生的学习兴趣和自信心，有效地发展了学生的爱好和特长。

2. 为学生提供了一个发展的空间、创意的舞台，唤醒了学生创造的潜能。课程开设以来，全校共有多人次在市、区各项美术比赛中获奖。

3. 在不断的研究探索中，教师的教育观念有很大变化，提高了教育教学水平，更提高了美术教师开发课程的主动性和实践能力，充分发挥了创新潜质。

4. 我们的五门校本课程从一定程度上为传承民族艺术做出了贡献，甚至为其注入了新的生命活力，初步形成了我校校本课程的教育特色，也提升了学校在地区的影响力。

站在课程建设的高度，我们要继续做的还有很多，还需要更深入的研究，多参加有针对性的课程理论培训，提升专业能力。在逐步完善的过程中，细化、改进课程纲要，设计、编写课程教材，体现课程的更大价值。我们希望有更多的教师参与到我们的研究中来，希望有更多的人参与到民族文化的传承中来。

（张艳霞）

农村合唱教学之初体验

北京市平谷区第七中学

摘要：音乐作为一种艺术形式广受人们喜爱，其中学校合唱教学的重要性正被人们慢慢认识，然而在我国的农村学校合唱教学却不是这样。农村中学音乐教师有责任和义务把合唱教学做好，促进学生全面发展。本文阐述了农村中学的合唱教学在音乐教育中的地位和面临的问题以及农村中学的合唱教学存在的另一种形式"合唱队"教学的一些体验。

关键词：农村中学　音乐教育　合唱教学

音乐教育是美育的重要组成部分，而合唱又是音乐教育的主要部分，它是声乐的最高形式，同时也是我们新课标明确提出的一个重点内容。通过合唱，可以使学生领会艺术的真、善、美，提高欣赏水平，培养高尚情操和集体合作精神。合唱是一种要求声部清晰、均衡，声音和谐的优雅艺术。它以其独特的魅力深受大家的喜爱，童声合唱以其高雅、清纯、甜美的艺术魅力和广泛的普及性深受孩子们的喜爱。这几年，我们区举办了很多的合唱比赛活动，但由于种种原因的限制，学生的合唱水平都不太高，尤其是农村中学与城区教学之间差距显而易见。为什么呢？因为在农村，合唱教学没有引起相应的重视。尤其是在经济发展水平低的农村学校。另外，长期以来农村存在着片面追求升学率的问题，教师和家长普遍对音乐教育认识不足，误以为学习音乐是不良行为，学好数、理、化才是正道。所以，对音乐教学的开展，他们往往持否定态度。除此之外，中、高考中没有音乐科目考项，不利于农村中学合唱发展。

一、农村中学的合唱教学在音乐教育中的地位

合唱是中学校园活动的重要艺术形式。对中学生进行合唱训练利于学生音乐思维的培养，集体意识和音乐情感的形成，还利于提高学生的艺术修养和团结协作能力，全面发展学生音乐素质。统计表明，合唱歌曲在中学音乐

教材中占得比例很大，年级越高，比例越大。显然，教师不能在中学音乐教学质量提高的过程中轻视合唱教学，它对音乐教学质量的提高起着十分重要的作用。合唱教学既能培养学生的节奏感、音高感和声感，帮助学生理解和掌握各种音乐表现手段，培养合唱必需的、科学的、高位置的发声方法以及各种歌唱技能技巧，又能增强学生的集体观念及群体意识，开阔农村中学生的眼界，锻炼他们的胆识，促进与兄弟学校的交流。

二、农村中学的合唱教学在音乐教育中面临的问题

（一）学生水平不一

合唱歌曲的学习需要学生具备较高的技能和技巧。在日常音乐教学中，不同班级、不同学生的音乐基础、合唱能力、歌唱水平和习惯参差不齐，因此合唱教学不能很好地开展。

（二）对合唱歌曲的认识不足

学生整体合唱观念薄弱，对声部和谐的体会不足，没有成功经验，因而提不起来兴趣。在实际训练过程中，往往会发现，学生花费了很多精力学会了两声部旋律，而一合唱，音效就很差，常常出现攀比声部，不懂协作的现象，而教师往往又缺乏信心。在教学中，往往会采取拼凑的方法处理合唱歌曲，教法机械，学生感到枯燥，没有创意。因此，基于农村合唱教学面临的种种问题，为了全面推行素质教育，丰富学生的校园文化生活，启发学生学习音乐的兴趣，培养学生的音乐审美能力、艺术修养及表现能力，弘扬学生个性发展，营造和谐的校园文化氛围，我校成立了校级合唱队。

三、合唱队活动方案

1. 目的要求
（1）精选七、八年级有唱歌艺术天分的学生，带好合唱学生。
（2）个别辅导天赋好的唱歌学生，培养好歌唱的特长生。
（3）排好两首合唱歌曲，《太阳出来喜洋洋》《库斯科邮车》。
（4）创建学校良好的唱歌氛围，活跃学校的艺术气氛。
2. 训练时间
每周一、四下午课外活动时间 4：30—5：30

3. 训练地点：多媒体教室

4. 训练对象：七、八年级学生

5. 实施措施

(1)精心挑选队员，对新队员的音色、音准、节奏、旋律感觉等进行认真训练。

(2)面对基础不同的队员进行分组训练，并分别指导，力求全队的均衡发展。

(3)遵守合唱规章制度，争取每次训练都不缺人，保障训练都能正常进行，保障合唱的训练效果。

(4)真抓实干，按照计划将每一课堂落到实处，完成辅导任务，确保训练有出好成绩。

(5)加强合唱队的管理，经常向学校汇报训练情况，并做好各班班主任的配合工作。

四、活动计划

合唱是一门综合性的艺术，它要求合唱队员具有一定的视唱水平及乐曲欣赏水平后才能进入合唱训练。因此，合唱课必须对学生进行声乐、乐理、视唱练耳、乐曲欣赏等项目的训练。为了科学地安排好每一节课，确实做到教有所获、学有所得，我采用了综合教学法，即集视唱练耳，节奏、乐理、歌唱、欣赏等于一体的立体式交错教学法。

1. 听音(练耳)模唱

第一步，教师先弹奏 C 大调音阶一次，接着给学生一个音(标准音)a，然后分别让学生听出 10 个单音：1、3、5、6、7、4、2、3、5、1，第二步，三个音为一组，依次弹出，弹三组，让学生先用"啦"模唱，最后要求学生唱出唱名，如第一组 1、3、5，第二组 2、4、6，第三组 3、5、7。

2. 乐理教学

采用有讲、有练、有问、有答的启发式进行。比如讲解音程时，可用生活中两地之间的距离叫作路程进行导入，接着讲音程——两音之间的音高距离，并说明这个距离使用"度"来做单位计算的。还可结合音响效果，区别大小二度、大小三度、大小七度等不同音程。

3. 乐曲欣赏

乐曲欣赏则要根据欣赏的具体内容进行精心设计，对于所欣赏乐曲的作者、乐曲的时代背景、乐曲的结构等都要给学生加以具体说明，欣赏乐曲的时间不宜过长，教师一定要根据合唱团学生的年龄特点、生活实践进行生动形象的比喻式和启发式授课。

4. 合唱教学

刚入合唱团的学生都未进行过正规发声训练。声音"白"而"扁"，气吸的浅、位置低、口腔张不开、下巴紧，针对各种不同的情况，我采用了如下方法进行。

(1)重视发声训练

学生一般爱唱歌，不愿多进行发声练习，认为发声训练枯燥无味，提不起兴趣。我就首先给学生讲发声练习的重要性与必要性，告诉学生声乐与其他学科一样都需要进行基本功训练。比如要写好字，就需先进行基本笔画的练习。要跳的远，就要先进行短跑训练。发声训练达到一定程度，在演唱歌曲时就比较顺利，这样使学生在思想上开始重视发声。发声要遵循由易到难、循序渐进的原则。一开始的练声曲调多以级进为主。我认为开始训练使用元音"u""yu"进行发声练习对学生气息的支持、音色的统一、声音的位置很有益处。如"u"能使声音集中、利用口腔和后鼻腔的共鸣使声音放松及高位置歌唱，由于口形收拢、能够改变叫喊、紧压的声音习惯。"yu"能使气息下沉而把声音提高到头部的后上方并使喉部放松。

(2)不同的训练方法

在声乐教学中，我细致地分析和研究每个学生的不同条件和发声特点。然后根据他们的实际情况制订不同的训练计划。例如有的学生闭口母音发的较好，开口母音发的较差，我就采用闭口母音带开口母音的练声曲练习。待学生有了一定的感觉后再努力让闭口音与开口音统一起来。

(3)呼吸训练与发声训练同步进行

气息是发声的动力，只有掌握正确的呼吸后，才能获得理想的声音。我采取呼吸训练与发声练习同步进行的方法。首先要求学生掌握正确的呼吸法，即胸腹式呼吸法。要求学生自然、放松，在吸气式肩膀不要上提，气息不要吸的过多，吸到肺的底部，腰带周围有向外扩张的感觉，并用搬重东西时憋住气和闻花时气息的感觉启发他们体会气息的位置。学会正确的呼吸之后，可进行一些纯呼吸练习，如：慢吸慢呼、快吸快呼、呼吸控制训练等。经过一段时间的练习，学生在发声练习中逐步感觉到气息的支持，并运用到歌唱中。

(4)努力做到字正腔圆

正确的咬字吐字是歌唱技巧中不可缺少的一部分。我要求学生将不太容易读的字用汉语拼音标好。每首歌词都要用普通话朗读，随时注意纠正不正确的咬字吐字，结合发声训练不同声母、韵母的正确口形，使学生逐步学会自然圆润的发声。

在进行合唱队训练期间的第一首歌曲四川民歌无伴奏合唱《太阳出来喜洋洋》时，我首先先分析了一下：歌曲旋律自由，音域只有六度，歌曲中大量运用石柱土家族自治县"罗儿""朗朗扯光扯"等具有地方特色的衬词，流露出歌者愉悦自得的心情，也使这首歌更加的生动形象，具有强烈的艺术效果。接下来，因为学生在小学的时候已经把主旋律基本上能哼唱下来。所以在学唱主旋律上节省了很多时间。但合唱不是主旋律唱好就可以的！记得刚开始在教学《太阳出来喜洋洋》的时候，学生就使用 f 的力度来唱，明明是 mp 的力度怎么会用 f 的力度唱呢？这让我刚开始就有想后退的感觉！但我没有后退！我首先先给学生们复习了一下力度符号，然后我跟孩子们一起想象了一下太阳升起时的情景，又利用了指挥的一些技巧夸张地表现了出来，学生看到像"猴子"一样的老师开心地把第一句"太阳出来了"既缓慢又轻松的唱了出来。教唱第二首歌曲《库斯克邮车》的时候，这首作品孩子没有欣赏过甚至都没有听说过，先开始，对于两个声部的旋律，我让学生先唱低声部，因为高声部往往是主旋律声部，比较流畅、好记、好学、音量也易发挥，唱起来较舒展。而低声部旋律的流畅性却差一些，难学、难记。所以，我采取先入为主的方法，趁学生还未接受高声部旋律前，先让他们接受低声部旋律。这样，他们同样会感到一种新鲜感。另外，在训练合唱时，老师对学生说，合唱是一门集体艺术，绝不能突出某几个人或某个声部，它需要我们大家共同努力和配合默契，这样声音才能达到水乳交融。尤其是学生在初步练习歌曲的合唱时，不容易把握各自声部的旋律，就会跑调。可以用课堂乐器来帮助把握旋律。学生有时唱的不准，但乐器演奏出的旋律是准的。合唱前做一下简单的合奏练习，在奏、听的基础上再唱也可以避免合唱时的跑调。实践证明，内容丰富、有趣的合唱队教学，学生不感到疲倦，气氛活而不乱，动而有序，避免了单一的教学方法带来的单一和枯燥，极大地调动了学生的学习积极性，同时大大地提高了学生的音乐素质。

五、活动成果

一分耕耘一分收获，在领导的大力支持下，经过师生的共同努力，合唱队取得了不俗的成绩：2012 年荣获北京市艺术节合唱比赛中学组一等奖；2014 年北京市中小学艺术节中我校合唱《太阳出来喜洋洋》《库斯克邮车》荣获区级二等奖。2012 年由于我校合唱成绩突出，为本校推送 40 多名市级优秀特长生。这40多名优秀特长生都在中考总成绩中加了6分。

总的说来，合唱是一门非常严谨而又精深的艺术，要求音色统一、声部协调、音量均衡，必须经过严格而科学的教学训练，才能取得良好的艺术效果。现如今农村中学的合唱教育已经引起相关部门的注意，音乐教师有义务把它做好。我们的农村一线教师要倍加努力，尽可能的利用有限的资源和设备，科学地、系统地、因地制宜地运用合适的方式方法进行教学，保证农村中学的合唱教育得到良好发展。让农村中学的孩子们也能唱出美妙、和谐的旋律……

（陈静、邢海霞）

《鸿门宴》的探索

北京市大兴区第一中学

摘要：一群学生为戏剧节排练，扮演项羽的学生却没有来，其他学生按照自己的理解，分别饰演了自己心目中的项羽。通过学生之间的讨论和表演，丰富了项羽的形象，探讨了学生由阅读产生的疑问："鸿门宴上，项羽为什么不杀了刘邦"？

关键词：阅读　体验　理解　诠释

一、艺术教育创新理念

一直以来大兴一中的艺术教育都坚持以全面提高教育教学质量为中心，让每个学生都成为艺术教育的受益者，从教育教学实际出发，结合课堂教学，创设教育情境，将艺术引入生活，将生活升华为艺术。坚持艺术教育的育人导向，把社会主义核心价值体系融入到生动丰富的艺术教育活动之中，使之内化为学生的自觉精神追求，帮助学生形成正确的价值观和审美观。

二、活动背景、动机

本次戏剧实践源于一次视导课，当时在篇目选择上，我颇为踌躇，一方面《鸿门宴》一课是经典课程，有无数经典课例可供学习，另一方面，这样的课程很容易陈陈相因，毫无新意，死气沉沉。所以我确定教学目标就是切实解决学生的问题，以学生的问题解决作为教学主导，所以布置学生自主翻译《鸿门宴》，阅读《项羽本纪》和《高祖本纪》鸿门宴相关内容，在阅读过程中，每个同学提出五个以上的问题，可以是关于情节设置，也可以关于人物行为动作，也可以是字句深意分析方方面面，只要有疑问，就勇敢地提出来，把问题汇总给我，由我一并筛选分类。陆陆续续收到学生的问题，发现大多数问题集中在对项羽的行为的不理解，绝大部分同学的问题集中起来，就是对鸿门宴上核心问题：项羽为什么几次错过机会不杀刘邦。最终我们通过细读文本，形成了自己的认识，这些促使我有了思考，我们应该鼓励孩子表达自己，而且形式也不应该只是在课堂上肤浅的讨论，应该让每一个孩子代表自己，说出自己的理解，所以我借鉴了《六个寻找剧作家的剧中人》的戏剧表达方式，让孩子们借由戏剧的方式表达自己对经典的认知和解读，把戏剧和学习生活联系起来，以戏剧的形式表现自我。

三、活动策划方案

第一阶段：组织剧本，组织全体学生用简洁的语言描述自己心目中的项羽，并且精选三到五个细节表现项羽的形象。

第二阶段：综合总结项羽形象，选取典型细节，设置三个不同形象的项羽。

第三阶段：按照《六个寻找剧作家的剧中人》的戏剧表达方式，组织故事。

第四阶段：组织全体国学社成员以及指导教师在全年级范围选角，对演员进行基本戏剧表演指导。

第五阶段：排练并修改剧本细节。

第六阶段：展演，参加大兴区中小学生戏剧节比赛，参加北京市第一届中学生戏剧节展演。

四、活动实施方案

《鸿门宴》剧本

时间：现代某次学生排练

地点：排练厅

人物：刘邦、范增、项庄、樊哙、项伯、司马迁、掌官

（司马迁在舞台上执笔书写。幕后音：沛公旦日从百余骑来见项王，至鸿门，谢曰："臣与将军戮力而攻秦，将军战河北，臣战河南，然不自意能先入关破秦，得复见将军于此。今者有小人之言，令将军与臣有郤……"项王曰……）

司马迁：项王曰……唉……

（司马迁拂袖而去。）

（掌官上。）

掌官：这人呢？怎么还不来？

（掌官坐在原本项羽坐的地方，模仿项羽。）

（刘邦和樊哙打闹上。）

刘邦：快点，快点，要迟到了。

樊哙：人家是设了鸿门宴要杀你，你这么着急送死干吗？

（刘邦推开樊哙。）

刘邦：过几天就要演了，我们都还没排练几次，（指了指掌官）这身三脚猫功夫，怎么上台啊！

掌官：关我啥事啊？

樊哙：你看看，这项家的人都没来，你刘邦倒是先到了。

（范增急上。项庄、项伯比剑上。）

掌官：来了来了。

刘邦：你看，这不到了。

范增：（略带歉意）唉，这这，（左顾右盼）苏玉哲呢，怎么还没来？

樊哙：你们项家的人倒问起我们刘家来了。

项庄：我们还以为他早到了。

项伯：一定是又睡过了。

刘邦：那先开始吧，他来了再说。

樊哙：怎么开始啊，他是主角啊。

（项庄、项伯示意范增让掌官演。）

范增：不，不。

刘邦：行，就你了。

范增：不行不行！

掌官：叫我干啥呀？

刘邦：项羽没来，你代替他呀！

掌官：（口吃）那，那，那敢情好呀。

范增：不行不行，（学口吃）就，就你这样，还，还演，演项羽呢。

（掌官要打范增，被刘邦拦下。项庄、项伯在樊哙面前比剑。）

樊哙：（打断比剑，长啸一声）啊！别闹了！

刘邦：哎，那你来演吧！

樊哙：我？可是我……

项庄：别可是了，我等不及要比剑了。

掌官：不，不行！

范增：好！就你了，快开始吧，时间不多了。

樊哙：唉，那好吧。

（大家开始准备排练。）

刘邦：项将军，我和你合力攻打秦国，将军在黄河以北作战，我在黄河以南作战，但我自己没有料到能先进入关中，灭掉秦朝。现在有小人的谣言，使您和我发生误会。

（这里本来应该是项羽说话，樊哙低着头没有反应，范增咳嗽。）

范增：（推了下刘邦）说话呀！

项羽：（毫无反应）

项伯：（提醒）说话！

刘邦：让你一个屠狗的演将军，你还不好好演？

项羽：屠狗起码痛快！手起刀落！让我演我就演屠狗将军！来来来！

刘邦：那么将军这是原谅在下了？

（范增多次向项王使眼色，再三举起他佩戴的玉玦暗示项王，樊哙看了一眼，不理会。）

项羽：我项羽岂会是心胸狭隘之人！

（范增亮出玉玦，樊哙拿过，范增抢回来。）

范增：项王，既然误会已然解开，（夸张示意）不如让项庄舞剑助兴可好？

项羽：好！项庄！

项庄：在！

项羽：军中没什么可供娱乐的，就劳烦你舞剑助兴！

项庄：诺。

（项庄起身舞剑，时不时地向刘邦刺过去。项伯挡住，项庄再次刺向刘邦。）

樊哙：停！

（所有人定格，樊哙不紧不慢移出去拿盾牌。整理情绪后急上。）

樊哙：啊！

（樊哙挡住项庄。）

项庄：你怎么这么早就上来了？

樊哙：你刺他我不就要挡住吗？

项庄：你记错了！我这还设计了一大段动作呢！你看，（边说边演）我先是青龙摆尾，然后是移花接木，最后是百步飞剑！

掌官：还没我演的好呢。

范增：行行行，这段后面再说，我们继续。

（樊哙走回项羽的位置，拿起面具戴上。）

项羽：来者何人？

（樊哙跑回去。）

樊哙：在下樊哙。

（樊哙回到项羽的位置，戴上面具。）

项羽：赏酒！

（樊哙跑回去。）

樊哙：咕咚咕咚。

（樊哙跑回项羽位置，拿起面具。）

项羽：赏生猪腿。

（樊哙跑回去。）

樊哙：嗷嗷嗷。

（樊哙气喘吁吁，将盾牌扔在地上。）

樊哙：不行不行，我演不了了。

刘邦：又怎么了？

樊哙：我这一个人怎么演两个角色啊？这么一大段对话，跑来跑去的，累死我啊！

刘邦：略过不就好了？

樊哙：略过就没戏啦！

范增：那我们再把前面的排一遍吧。

樊哙：排啥呀！要我说，如果我是项羽，（拉过刘邦，突然地勒住脖子）我就杀了这刘邦！

刘邦：还好你不是。

（项庄刺刘邦。）

项伯：哎哟，你这刘家军的人怎么来投靠我们项家军了？

项庄：你项伯还不是吃里扒外！

樊哙：你想，这项羽可是西楚霸王，他要是杀了这刘邦，那这天下不都归他了？

刘邦：你到底是我的人还是项羽的人？这《史记》中明明是你用秦始皇的例子让项羽动摇了。

项伯：不，明明是因为项羽的英雄情结，他才不屑这样杀掉刘邦。

樊哙：什么英雄情结，明明是优柔寡断……

范增：好了，不要争了，再来排一遍吧。

樊哙：又让我演优柔寡断的？我可不干！

掌官：我，我！

范增：唉，（对樊哙）行行行，就按你理解的排。

刘邦：这怎么可以，书上不是这样写的啊。

范增：反正也没规定一定要按课本上演啊。而且也不知道苏玉哲还来不来了，这样刚好六个人，就这样排吧。

项庄：那我和他的比剑？

樊哙：比剑比剑，你就知道比剑。你到时候听我的命令就好。

（六人再一次准备排练。此时樊哙饰演项羽。）

刘邦：项将军，我和你合力攻打秦国，将军在黄河以北作战，我在黄河以南作战，但是我自己没有料到能先进入关中……

樊哙：哼，好一个没有料到。所以你是想要称王称霸，骑在我西楚霸王的头上了吗？

刘邦：我……

樊哙：你还特意派遣将领把守函谷关，怎么，是怕我攻进去取了你的性命吗！

刘邦：不！我……我是为了防备其他盗贼的进入和意外的变故。我现如今退军回到霸上，正是为了等待大王的到来啊。

樊哙：好，那我来了！项庄！

项庄：在！

樊哙：军中没什么可娱乐的，就劳烦你舞剑助兴，奖赏奖赏这等刘沛公忠臣！

项庄：诺！

（项庄舞剑，刺向沛公。沛公倒地。）

范增：等等！

樊哙：怎么了，亚父？

范增：不应该是这样的。

（刘邦从地上跳起来。）

刘邦：没错，历史怎容你篡改！

项庄：是他下命令让我刺的啊。

范增：不，我是说项羽不应该是这么霸道的。

樊哙：不霸道怎么能叫西楚霸王！你范增不也让项羽杀了刘邦？

范增：虽然我演的是范增，可是我并不认同他的做法。

刘邦：就是，照你这么演，西汉可就变成了西楚了！你别忘了，你樊哙可说，大王若是横行霸道，最后也是和秦朝一个下场。

樊哙：行行行，说不过你们，那还是按照之前的演？

范增：不，之前的也感觉不对，项羽鸿门宴之后才自立为西楚霸王，之前答应项伯好好待刘邦，宴席之上，不应该是心中没有决断，也不应该是霸道无礼。

　　樊哙：那到底怎么演？

　　范增：这样，我来试着演项羽，我们再排一次。

　　樊哙：好好好，看你能演出个什么好项羽来！

　　项庄：那我呢？

　　众人：听指令！

　　掌官：听，听，听指令！

　　（众人再次准备演。）

　　刘邦：项将军，我和你合力攻打秦国，将军在黄河以北作战，我在黄河以南作战，但我自己没有料到能先进入关中，灭掉秦朝。现在有小人的谣言，使您和我发生误会。

　　范增：怀王曾和诸将约定："先打败秦军进入咸阳的人封作王。"现在沛公你先打败秦军进入咸阳，理应封作大王，这其中并没有什么误会。

　　刘邦：非也非也，现如今我已经封闭了宫室，退军霸上，等待大王到来。特意派遣将领把守函谷关的原因，是为了防备其他盗贼的进入和意外的变故。

　　范增：不不不，你才是大王，何须退兵。

　　刘邦：不，将军，我……

　　范增：你我二人原本就是结拜兄弟，不必如此拘泥。军营中没有什么可以娱乐的，不如让项庄舞剑助兴，兄弟你意下如何？

　　刘邦：我……

　　范增：项庄，还等什么，还不快舞剑助兴？

　　项庄：（刚刚有些迷糊）哦，是！

　　（项庄舞剑，准备刺向沛公。樊哙正准备手持盾牌上，两人比试中项庄有些占上风，樊哙倒下，项庄刺向刘邦。）

　　刘邦：错了错了，你应该在樊哙抵御几下之后就退下啊。

　　项庄：我……我……

　　樊哙：你什么你，比剑比剑，就知道比剑，这是排练，不是比剑，你能不能用点心！

　　范增：算了算了，我们再来一遍，我觉得刚才项羽的语气还是有些不对。

　　（范增准备坐下，项伯说话，范增又站起身。）

　　项伯：没错！我觉得刚刚那个根本就不是项羽。

　　项庄：你又没见过项羽，你知道项羽是什么样的？

　　项伯：我就是觉得刚才的作风完全不符合西楚霸王的作风。

　　范增：什么意思？

　　项伯：我心目中的项羽行得端，做得正，靠的是真本事，哪用这样不正当的计谋除掉沛公，更何况，他们曾为结拜兄弟。

　　樊哙：这我认同，项羽应该是个真英雄。

　　刘邦：真英雄最后还不是被我刘邦灭了。

　　项庄：乌江不渡，（耍剑）这是气节！

　　樊哙：你小子别耍了，你这么了解项羽，那你来演啊！

　　项庄：那可不成，我是要舞剑的！

　　项伯：照我说，项羽根本就不该设这鸿门宴。

　　樊哙：就是，直接杀过去不就好啦！

　　项伯：不，项羽他是个英雄。既然早就规定好了谁先攻入咸阳谁就是王，那他就会讲信用，不去争夺什么王位。

　　刘邦：贤弟所言极是。

　　项伯：少乘机占便宜。

　　范增：可这《史记》上就是这么写的啊，难道司马迁错了？

　　项伯：司马迁又不是历史的见证者，他还不是听别人说的。

　　樊哙：不不不，项羽就应该在鸿门宴上杀了刘邦，省的什么四面楚歌，十面埋伏的。

　　刘邦：就知道打打杀杀的。这不过就是顿饭，何必想得那么复杂。

　　范增：你们这说来说去的，项羽他到底是怎么想得？

　　（众人看项庄。）

　　项庄：看我干吗？我又不是项羽。我是项庄！反正我知道，项庄舞剑意在沛公。干嘛想得那么复杂，书上怎么说，我们就怎么演。

　　刘邦：就是，马上就要演了，时间真是不多了。

　　项伯：司马迁也不过是将自己的想法写了出来。我们就把我们想的排出来就好了。

　　项庄：就是！看剑！

　　刘邦：别闹！（突然想起）唉？项羽呢？他怎么还没到啊？

　　樊哙：这鸿门宴的主人都不来，还摆什么鸿门宴。

　　范增：唉，算了，今天也不早了，我们回去再想想台词，明天继续排吧。

　　刘邦：那小子要是明天还不来可怎么办？

　　樊哙：管他呢，我们自己排！走！

　　（樊哙下。）

　　项庄：唉！樊哙你怎么走了？你走了我可杀刘邦了啊！

　　（刘邦赶紧下，项庄追着刘邦下。）

项伯：你敢杀沛公？

（项伯追着项庄下。）

（范增看着项庄的背影摇了摇头，下。）

掌官：唉，什么乱七八糟的。

（掌官下。）

（此处可加入幕间音乐等形式再现历史）

（司马迁上。）

司马迁：唉，憾未能亲身赴那鸿门之宴啊！

（司马迁拿起笔继续伏案而坐。）

幕后音：沛公已去，间至军中。张良入谢，曰："沛公不胜桮杓，不能辞。谨使臣良奉白璧一双，再拜献大王足下，玉斗一双，再拜奉大将军足下。"项王曰："沛公安在？"良曰："闻大王有意督过之，脱身独去，已至军矣。"项王则受璧，置之坐上。亚父受玉斗，置之地，拔剑撞而破之，曰："唉！竖子不足与谋。夺项王天下者，必沛公也。吾属今为之虏矣！"

（全剧终。）

五、活动教学计划

2015 年 10 月 17 日组稿完成原创剧目《鸿门宴》

人数：430 人　　地点：大兴一中

2015 年 10 月 31 日培训戏剧表演 8：30—12：00

人数：8 人　　地点：北师大附中

自 2015 年 11 月至 12 月 29 日，工作日每天下午 4：30—6：00 独立指导

人数：7 人　　地点：四楼空教室

六、教师笔记

《鸿门宴》教学设计

（一）教学目标

1. 概括《鸿门宴》情节，使学生初步形成简洁概括的观念。

2. 通过细读文本来解决学生提出的核心问题（鸿门宴上项羽为何不杀刘邦），训练学生细读文本的意识和能力。

3. 细读文本，通过文本中项羽自身的动作、语言分析项羽的心理、性格，解释项羽为何不在鸿门宴上斩杀刘邦。

（二）课前准备

1. 学生自主翻译《鸿门宴》，解决字词句问题。

2. 辅助阅读《高祖本纪》《项羽本纪》，着重阅读鸿门宴前后相关描写，了解当时项羽与刘邦的身份与关系。

3. 针对《鸿门宴》文本提出自己的疑问，汇总给教师，作为本课设计的出发点。

（三）教学过程

1. 学生梳理"鸿门宴"情节。

提示：概括要简洁，初步掌握要素串连法。写人记事的文章，一般有时间、地点、人物、事件（包括起因、经过、结果）等基本要素。只选取主要人物或者对故事情节有推动作用的人的行为作为陈述对象，说清"谁""做了什么"即可。

2. 学生讨论解决本文核心问题：鸿门宴上项羽为何不杀刘邦。

（1）细读文本，圈点勾画出项羽和刘邦的动作及语言，简要标注你的认识。

（2）小组讨论，指出你认为能解释项羽不杀刘邦原因的细节，说说理由。

（3）细读各个文段，分析项羽的动作语言背后的深意。

3. 问题的答案就在文本中，而我们却没有读出来，原因是什么？

（1）缺少文本细读的意识。

（2）缺少史识观，受成见的影响，人云亦云，不能独立解析文本细节深意。

4. 练习

细读文本，试分析范增召项庄刺杀沛公时所言："不者，若属且皆为所虏！"与后文受玉斗击之所言："吾属今为之虏矣！"两句表达效果的差异。

5. 教学反思

鸿门宴上核心问题：项羽为什么几次错过机会不杀刘邦。

所以我设计解决这个问题，将问题分为两个部分，项羽杀刘邦理由与机会（学生自主分析文本，方法指导：圈点勾画，概括）和项羽不杀沛公的理由，这两方面分析结束，答案就很明确了，但是在试讲之后，我发现了很严重的问题，这个课的设计大而全，但是时间有限，而且重点不突出，所以我把自己的疑问跟教研员商讨，这两方面分析过程中是否要展开？或者学生梳理圈点文本，之后例举在幻灯片里，中心议题变为后面的讨论，分析如何看待项羽不杀刘邦的史实？关于中心议题，我甚至想过移转：（1）我看项羽其人。（2）学生讨论，你如何看待项羽不杀刘邦这一史实？（3）你如何评价项羽所作所为？

再一次细读学生的疑问和包老师给我的指导之后，我意识到了问题在于我每一步的教学设计训练的目的不明确，求高大上，求全，但是并不是在关注文本本身，其实核心问题通过文本细读就可以找到答案，而其他的辅助材料只是验证我们的观点认识的正确性，不至于让我们偏离了主体认知。

在上完正课后，有幸得到了专家的指导，使我对教学设计的每一个环节的意义和作用有了更深刻的认识，第一个环节概括，我展示的参考范例其实不仅是简洁概括的要求，而且都是四字情节梳理，它也体现了思维逻辑形式美感的统一，高层次思维提升要求可以更高远一些，让学生体会到语言的生动性和趣味性也是语文教学的一个重要目标。另外，细节分析上，樊哙与刘邦的话语如出一辙，分析其中的深意。细读文本，试分析范增召项庄刺杀沛公时所言："不者，若属且皆为所虏！"与后文受玉斗击之所言："吾属今为之虏矣！"两句表达效果的差异。

课堂教学时学生研习文本全靠自学，所以在一定程度上，对文本的熟悉度，精准把握度不够，以后还要在教学中对学生的情况有更多的、更准确的把控和预期。所以我以戏剧的形式帮助所有学生进行深层的文意解读，每个学生都能够独立的形成自己的认知和解读，每个人都参与其中，以戏剧的方式表达自己，是个有益的尝试。

七、活动成果

2015 年 12 月 15 日下午访学团视察加演
2015 年 12 月 29 日区中小学生戏剧节比赛
2016 年 3 月 19 日—20 日北京市比赛，展演两天

八、分析与评价

（一）活动反馈

我曾今导演过不少专业戏剧，可是学生们的戏剧，让我看到了戏剧艺术的希望，他们对这种艺术形式的理解和热爱，他们身上的热情和活力，他们强烈的表达自我的愿望，都使这部戏充满了艺术的魅力。

——导演颜永琪

这部戏是原创，让学生积极参与创作和表演过程中，更为难得的是剧本和表演都充满戏剧的张力。

——北京市语文学科教研员连中国

这部戏是本次戏剧节展演中的新鲜原创，很有青春的味道，反映现实生活，解决现实问题。

——北京市基础教育研究中心专家刘宇新

学生表达自己的思考，在整个过程中自己对戏剧形式有了深刻的认识，带动了其他同学的专题学习，很有借鉴意义。

——大兴区教师进修学校教研员包书珍

孩子能参与创作的过程并且表达自己对经典的独到见解，给学生创造了参与区级、市级比赛和展演的经验，感谢学校和老师。

——学生家长

戏剧艺术与教育教学相结合的有益尝试，对学生的审美和艺术鉴赏力，艺术表现力大幅度的提升帮助很大。

——大兴区教委

(二)理论分析

根据布莱希特推崇的"陌生化方法"，利用艺术方法把平常的事物变得不平常，揭示事物的因果关系，暴露事物的矛盾性质，使人们认识改变现实的可能性。但就表演方法而言，"间离方法"要求演员与角色保持一定的距离，不要把二者融合为一，演员要高于角色，驾驭角色，表演角色。

本剧目从教学实践中来，试图引导学生更深入理解经典名著名篇，要求学生用更精练、更具艺术凝聚力的方式表达自己的思考，从而促进学生在戏剧审美、艺术欣赏方面造诣的提升。

九、对策与建议

中学生参与戏剧表演已经不是新鲜事，但是学生对戏剧这种艺术形式的理解还处于萌芽阶段，所以就不能只局限于以往的成功经验，例如引入戏剧名作进课堂，在课堂表演课本剧，走出去欣赏经典剧目这个层面，要让更多的孩子参与其中，从发现生活诗意，到有强烈表达意愿，用戏剧语言制造冲突，表达自我，寻找自我价值，同理很多其他艺术形式：朗诵、诗词创作、绘画都可以很好地与课堂教学融合，促进学生审美认知发展，提高学生综合素质。重要的就是要帮助孩子将模糊的意识具体化，将表现的冲动合理化，给孩子展示自我的机会，帮助孩子形成自主表达的能力，将艺术深入孩子的生活，变成生活的常态。

(薛凤瑜)

后　记

　　艺术教育是熏陶人的美好心灵的最佳途径，是提高人力资源水平与质量的助推器，它培养和谐、理想社会所需要的人的审美素养。艺术教育使用不同形式传播审美理念，愉悦心灵的同时播撒审美种子。艺术教育还可以在全球范围内传播与展示不同国家、民族的艺术，促进艺术交流，推动世界和平。

　　北京市学校艺术教育之所以走在全国前列，在于北京中小学一直在进行着多维的艺术教育创新实践的探索。本书是从所征集的北京中小学艺术教育的近百篇案例中精选而成的，充分、全面反映了北京学校艺术教育的创新实践的成果。它们符合党和国家的美育方针政策，全面落实立德树人根本任务，践行着社会主义核心价值观；体现了时代精神和美育的核心理念，遵循学生身心发展和艺术教育规律，提高学生的审美能力，培养学生的想象能力，以艺术促进学生的身心和谐发展。

　　这些案例涉及艺术课堂教学、艺术社团、艺术创作、艺术训练、艺术演出、艺术＋不同学科、艺术与自然、艺术与生活、艺术与品德、艺术与民族文化、校本课程等不同方面。它们都有自己的艺术教育观念、背景与动机、计划与方案、具有措施过程、活动记录、师生反馈、教师反思、问题与建议。无论是课堂教学，还是课外活动，都具有独创性、新颖性、实用性。

　　本书案例所涉及的学校，都在研究着不同的艺术教育途径，构建体现时代特点、满足学生需求、适应学生发展的艺术课程体系，挖掘语文、历史、英语、科学等各学科的艺术教育要素，使艺术教育与不同学科课程深度融合；创建符合艺术教育特点的开放课堂；实施艺术性的教学手段，寓教于乐；结合本校特点，开设校本艺术课程，突出学校艺术教育特色；大胆进行中小学艺术创作的实验，激发学生的创造力；营造良好的艺术教育环境，以艺术的理念助力学校建设，让学生拥有艺术探索和艺术表达的自由空间，使学生在有艺术品位的环境中，建立归属感和融入感；引导学生走入艺术场馆、大自然等，在活动中发现艺术、体验艺术、实践艺术，开阔艺术视野。

　　我们希望，在新的艺术教育的创新实践上，北京市中小学担当起构建人类命运共同体的艺术教育新使命，将艺术教育与高科技的结合；艺术教育与未来世界潮流结合；艺术教育与创新人才结合；学校艺术教育与家庭、社会的结合；艺术教育与其他学科的结合；艺术教育与和平意识、人类命运共同体意识、环保意识等结合；艺术教育与文明、艺术传承结合；艺术教育与互相学习、交流、借鉴的意识结合，培养具有大视野、大志向、大目标、高素质、高能力的完美的人。

2017 年 10 月